(Nie) poszła za Niemca

Piotr Roguski

(Nie) poszła za Niemca

Opowieść historyczno-literacka

Katowice 2018

Recenzenci
prof. dr hab. Wiesław Rzońca
dr. hab. Tomasz G. Pszczółkowski, prof. UW

Opracowanie graficzne
Marek J. Piwko {mjp}

Redakcja
Grażyna Musiałkowska-Pieprzyk

Redakcja techniczna
Edyta Czerny

Korekta
Anna Gaudy

Ilustracja na okładce pochodzi z książki: A. Liepe, *Die Spinne. Roman aus der Ostmark,* Berlin 1902

Copyright © by „Śląsk" Sp. z o.o. Wydawnictwo Naukowe, Katowice 2018

ISBN 978-83-7164-966-0

„Śląsk" Sp. z o. o. Wydawnictwo Naukowe
ul. J. Ligonia 7, 40-036 Katowice
tel.: 32 258 07 56, faks: 32 258 32 29
e-mail: redakcja@slaskwn.com.pl, handel@slaskwn.com.pl
www.slaskwn.com.pl

Opowieść dedykuję El

Spis treści

Wstęp / 13
Obcy – swój / 14
Radość czy zmartwienie? / 14
Miłość, małżeństwo... / 15
Od Wandy legendarnej do Wandy współczesnej / 17
Dwie drogi do nieba / 20
Siła stereotypu / 20
Opowieść / 21

Rozdział pierwszy
Wanda, co nie chciała Niemca / 25
Literatura uzupełniająca / 41

Rozdział drugi
Mariaże dynastyczne / 43
  1. Niemieckie żony Piastów / 43
     Rycheza Lotaryńska (Richeza), królowa Polski / 44
     Święta Jadwiga Śląska / 51
  2. Mariaże Jagiellonów / 57
     Jadwiga Jagiellonka, żona Jerzego Bogatego (Georg der Reiche), księcia bawarskiego / 59
  3. Mariaże władców elekcyjnych / 62
     Brzydka królewna / 62
     Teresa Kunegunda / 63
  4. Romantyczna miłość. Eliza Radziwiłłówna i Wilhelm Pruski / 67
Literatura uzupełniająca / 73

Rozdział trzeci
Książę kanclerz ostrzegał... (Przeciw germanizacji) / 75
  1. Polska „walka o życie lub śmierć" / 75
  2. Nauka, którą przyjmujemy na duchową korzyść naszą... / 82
  3. Przez wieś ciągnie się błotnista ulica... / 85
  4. Uścisk alabastrowych ramion Polek / 88
  5. Niemcy w polskiej tradycji popularnej / 90
  6. Brać go, brać, a mścić się za nasze... / 97

7. Polak! – cóż to jest? – spytała drwiąco / 103
8. Lorenz Trinkbier vel Wawrzyniec Tryncza / 107
9. Szwabska krew / 109
10. Duszę mu zaprzedała / 111
11. Nie była Wandą, była Felcią / 113
12. A jaka ona była delikatna dla męża / 115
13. Inter os atque offam multa intervernire posse... / 119
14. Kiedy poszła za niego, zgrzeszyła ciężko, śmiertelnie... / 126
15. Polska Circe, czyli Jak świat światem nie będzie Niemiec... / 133
16. Żydówki są dobre do flirtu, Polki do kochania, a Niemki do zakładania obory / 139
17. ...bo jest katoliczką i Polką / 149
18. Jemu nie wolno ożenić się z Niemką / 152
19. Nigdy nie będę żoną pańskiego syna... / 154
20. Mamsella / 157
Literatura uzupełniająca / 163

Rozdział czwarty
Poczciwy Niemiec i podstępna Polka (Ostmarkenliteratur) / 165
1. Od „Afrodyty znad Wisły" do „Erynii" / 166
2. „Deutsche Sprichwörter" Karla Simrocka / 172
3. Swój dla swego / 173
4. Tej przepaści nie da się nigdy zlikwidować / 174
5. Niemiecka miłość, polska miłość / 187
6. ...a teraz wprowadź ofiarę! / 191
7. Historia miłości jako historia męki / 194
8. Ta mała polska czarnowłosa... / 196
9. Ona albo śmierć / 198
10. ...dotychczas kochałam moją biedną Polskę, teraz kocham ciebie! / 201
11. Czy małżeństwo między Polakami i Niemcami może być szczęśliwe? / 208
12. Niemiecka obrączka / 211
Literatura uzupełniająca / 223

Rozdział piąty
Krwawiąca granica (Literatura niemiecka o Polsce 1918–1939) / 225
1. Miłość od początku skazana na niepowodzenie / 226

2. Gdy poślubisz Polkę, nie jesteś już moim synem / 231
3. Wiedziała, z której strony go podejść / 242
4. Co będzie z dzieckiem, którego ojcem zostanie Polak, a mamą Niemka? / 253
5. Ja trzymam stronę męża... / 260
Literatura uzupełniająca / 263

Rozdział szósty
Pękły okowy. Walka o polski Śląsk / 265
1. Powstania śląskie w literaturze polskiej / 265
2. ...darzyła miłością Niemca / 268
3. Wybrał Polkę Jadwigę / 271
4. ...może dlatego ukochała Polskę właśnie? / 277
5. Czuję, żeś jest Polką! / 279
6. ...jak kamień rzucony ręką przeznaczenia / 282
Literatura uzupełniająca / 285

Rozdział siódmy
Kiedy miłość była zbrodnią (Niemcy 1939–1945) / 287
1. Rassenschande / 287
2. Raport spod szubienicy / 296
3. Scenariusze, które napisało życie / 300
   Historia Józefa Jurkiewicza / 300
   Bronia i Gerhard / 302
   Elwira i Fortunat / 304
   Anni i Henryk / 306
   Wilhelmine i Antoni / 309
4. Niemieckie dzieci polskich ojców / 310
Literatura uzupełniająca / 313

Rozdział ósmy
Szwabska dziwka (Okupacja) / 315
1. W polskim miasteczku / 315
2. Czerwone jabłuszko / 321
3. Puff w KZ Auschwitz / 324
4. Od „podstępnej Polki" do Rassenschande / 327
Literatura uzupełniająca / 329

Rozdział dziewiąty
Co warta jest miłość w czasie wojny? / (Polskie obrachunki) / 331
1. ...nie wyobrażam sobie, żeby Oleńka mogła pana pokochać / 332
2. Ożenił się ze Szwabką, z taką, za przeproszeniem, szkopską zdzirą... / 341
3. Sztandar wygląda z okna, nie z serca, można go wywiesić także pod przymusem / 345
4. ...w czasie wojny miłość jest więcej warta niż kiedy indziej. Każda miłość / 347
5. ...wstydziłam się tej bezsensownej miłości, borykałam się z nią, a jednak zwyciężyła / 350
6. Ten ból jest wyłącznie mój / 352
7. Dwie drogi do nieba / 355
Literatura uzupełniająca / 357

Rozdział dziesiąty
Niemieckie powroty i rachunki / 359
1. Dlaczego Polka, dlaczego obca? / 359
2. Miłość Enerdówki / 363
3. On wdowiec, ona wdowa / 368
4. Miałam świadomość, na jakie niebezpieczeństwo się narażamy / 375
5. Miłość w czasie Solidarności / 377
6. Małżeństwo w ramach projektu / 382
7. Gołąb i dziewczyna / 384
Literatura uzupełniająca / 387

Rozdział jedenasty
Polska bieda: wypędzeni do raju… / 389
1. Uciekłam z kraju: przesiedleńcy, azylanci, uciekinierzy… / 389
2. Cudzoziemski mąż / 390
3. Był to po prostu interes / 393
4. Moja niemiecka żona / 396
5. Biuro matrymonialne „Wanda" / 407
6. Miłość zwariowanej Polki i głupiego Szwaba / 409
7. I o to mi właśnie chodziło! / 415
8. Niedźwiedź kocha myszkę / 418
Literatura uzupełniająca / 421

Rozdział dwunasty
Od nienawiści do miłości (Powrót zainteresowania wojną czy handel starzyzną?) / 423
1. Ten Niemiec był moją wielką miłością / 424
2. Choć sympatyczny, ale wróg / 427
3. Człowiek ubrany w niewłaściwy mundur / 430
Literatura uzupełniająca / 432

Rozdział trzynasty
Współczesna Wanda (Niemiecki portret młodej Polki) / 435
1. Małżeństwa mieszane a Kościół katolicki / 435
2. Poszła za Niemca / 437
3. Polka-Europejka / 440
Literatura uzupełniająca / 443

Rozdział czternasty
Nowa wojna niemiecko-polska (o dzieci) / 445

Rozdział piętnasty
W poszukiwaniu tożsamości / 451

Zakończenie
Czy w małżeństwach polsko-niemieckich dociera się jakaś nowa forma współżycia? / 463

Dodatek
Jak postrzegać problematykę małżeństw polsko-niemieckich? / 467

Noty o autorach / 471
Zusammenfassung / 479
Źródła ilustracji / 489

Wstęp

Pomysł zajęcia się tematem małżeństw mieszanych polsko-niemieckich zrodził się na prowadzonym przeze mnie seminarium literackim w Instytucie Slawistyki Uniwersytetu Kolońskiego w początkowych latach naszego stulecia. Najliczniej na zajęcia meldowali się wówczas przedstawiciele pokolenia studentów, których rodzice przybyli z Polski do Niemiec w latach osiemdziesiątych XX wieku. Ci młodzi ludzie byli dwujęzyczni i w pewnym stopniu dwukulturowi. Pozostali uczestnicy były to osoby dość przypadkowe, nie zawsze studenci. Najczęściej Niemcy (Niemki), pragnący dowiedzieć się czegoś więcej o języku i literaturze aktualnej dziewczyny (chłopaka), czy już żony (męża) o polskich korzeniach. Słowem, grupy mieszane, jak bohaterowie tej opowieści.

Ze zrozumiałych względów temat miłości i małżeństw binacjonalnych cieszył się dużym zainteresowaniem. Wielu uczestników seminarium pochodziło z rodzin mieszanych lub takie zakładało. Stara legenda o „Wandzie, co nie chciała Niemca" intrygowała i zarazem bulwersowała. Niektóre młode Polki, zwłaszcza urodzone już w Niemczech, często o niej nie słyszały, bądź „unieważniały" jej przesłanie, uchylając się od odpowiedzi na pytanie o własne pochodzenie i związane z tym faktem powinności. Znamienne, że studenci unikali określeń narodowych i świadomie pomniejszali, czy wręcz bagatelizowali kwestie narodowościowe. Był początek dwudziestego pierwszego wieku.

Zaproponowany przeze mnie na zajęciach materiał historyczny i literacki był dobierany i prezentowany jako dwugłos polsko-niemiecki. Nie tylko dlatego, by zachować proporcje ważności. Sam w sobie prezentował się niezwykle atrakcyjnie, odkrywając nieznane oblicza tego aspektu obustronnych kontaktów. Poza tym poruszał serca i wyobraźnię młodych słuchaczy, prowokował do dyskusji. Te układały się w ciągi pytań i odpowiedzi. W końcu pomysł przybrał książkową formę opowieści o dziejach miłości i małżeństw polsko-niemieckich na przestrzeni wieków. Historiach prawdziwych, które pisało życie, jak i fikcyjnych, wymyślonych przez literatów. Trudnych, pogmatwanych, pękniętych, bolesnych, rzadko szczęśliwych – jak zmienne i dramatyczne, pełne napięć, konfliktów, uprzedzeń, dramatów czy wręcz tragedii ludzkich są wielowiekowe stosunki polsko-niemieckie.

Obcy – swój

„Obcość" już z definicji określa nie-swojego, któremu co najwyżej można okazać współczucie. Rzadszym zjawiskiem jest tolerancja, a wyjątkowym – akceptacja.

Gorzej, gdy „swojość" przemienia się w obcość Czy miłość między obcym a swoim, a w jej następstwie mieszane (obco-swoje) małżeństwo i mieszane (swojo-obce) dzieci, znosi granice, jest syntezą?

Radość czy zmartwienie?

Właściwie tytuł opowieści powinien brzmieć od „*Wandy, co nie chciała Niemca*" do „*Wandy, która go zechciała*". Co się stało, że jeden z fundamentalnych polskich mitów antyniemieckich przemienił się w swoje przeciwieństwo? Czy sprawili to sami Niemcy siłą męskiego uroku, sławy, majątku lub innych atrakcyjności, czy też, jak się to często zdarza w życiu, decyzję panny zmieniły okoliczności, które z pierwszego „nie" uczyniły końcowe „tak"? Ileż to dąsających się i dumnych dziewcząt, zaklinających się, że nie pójdą za Niemca, skończyło w jego ramionach i łóżku? Ile sprzeciwiło się najświętszym zasadom i „zdradziło" (kraj, wiarę, rodzinę), nosząc krzyż potępienia do końca życia? Ile zakochało się szczęśliwie i założyło trwałe rodziny? A stare panny, rozwódki czy wdowy, czyż nie miały (nie mają) prawa do ułożenia sobie nowego życia, marzeń o spokojnym i dostatnim życiu przy boku dobrodusznego Niemca w domku z ogródkiem? Historia pełna jest wszystkich wariantów.

Jedno wydaje się pewne. Czy zakochani chcą tego czy nie, ich związek uczuciowy nie jest wyłącznie ich prywatną sprawą. Zahacza o powiązania rodzinne, rówieśnicze, towarzyskie, sięga wspólnot wyznaniowych i narodowych. Trudno określić wszystkie czynniki warunkujące akceptację „obcego". Doświadczenia historyczne pokazują, iż określają je makrostruktury sprzyjające wrogości lub pokojowej koegzystencji. Nie chodzi nawet o stereotypy etniczne, które zawsze funkcjonowały, lecz o panujące ideologie. Wielowiekowa historia polsko-niemiecka poucza nas, jak łatwo zakorzenia się w sercach i umysłach nienawiść oraz pogarda i jak długo trwa.

Czy młodzi ludzie, pełni witalności, marzeń, planów na przyszłość muszą ulegać presji czasu, woli tyranów, opinii większości? Czy też mają prawo do niezgody, przeciwstawienia się naciskom?

Niedawna przeszłość potwierdza, iż nawet w okresie nazistowskiego terroru młode serca i ciała lgnęły do siebie, mimo świadomości, że spotka je za to straszliwa kara. Jak ocenić te decyzje? Czy były i pozostaną świadectwami odwagi, aktami desperacji? Ocena równie trudna, jak trudne do ujawnienia i zrozumienia są tajniki ludzkiego serca.

Miłość, małżeństwo...

Niby to proste, a jednocześnie skomplikowane, jak wszystko w życiu. Gdy sprawy biegną swoim torem, nikt o nic nie pyta – zresztą o co? Ale częściej słyszy się i czyta o nieszczęśliwej miłości, nieudanym związku, zawiedzionych uczuciach, nadziejach. Wtedy pojawia się refleksja i pytanie „dlaczego"? Czy nietrafność doboru partnerów wynika z ryzyka podejmowanych kroków, niewłaściwie lokowanych uczuć, czy najprościej mówiąc: ze szczęścia lub pecha w życiu? A może są pewne „stałe" związku, które z góry określają stopień jego trwałości, względnie ułomności?

Mądrość pokoleń podsuwa nam odpowiedź. Mniej ma do powiedzenia na temat gwarancji sukcesu, w rodzaju rady Czepca dla Poety z *Wesela* Wyspiańskiego: „weź pan sobie żonę z prosta: duza scęścia, małe kosta", za to sporo mówi o różnicach, *a priori* skazujących jakiś układ na porażkę. Należą do nich w pierwszym rzędzie mezalianse, wynikające ze starych jak świat odmienności w statusie społecznym i materialnym. Do głosu meldują się także inne czynniki, jak odmienności rasowe, narodowe, wyznaniowe. Nie gwarantują ani ułatwiają młodym szczęścia, przy byle okazji wystawiają ich związek na kolejną próbę, której mogą nie sprostać.

Małżeństwa mieszane, w tym polsko-niemieckie, należą do grupy o podwyższonym stopniu ryzyka. Wielowiekowe doświadczenia we wzajemnych stosunkach, zwłaszcza silnie negatywne stereotypy, ciążą nad rodzącym się uczuciem. Zakochani od pierwszego dnia konfrontowani są z pytaniami, które z miłością teoretycznie nie mają nic wspólnego, a jednak... Muszą sobie i otoczeniu wyjaśniać, dlaczego właśnie ona („ta Polka"), dlaczego właśnie on („ten Niemiec"), jakby nie było innych partnerów (partnerek) w ramach tej samej nacji! Te pytania padały „od zawsze". Zadawali je rodzice, krewni, znajomi, przyjaciele i wrogowie w domach niemieckich i polskich. Wszystko jedno, czy zerkniemy do niemieckich powieści z 2 połowy XIX wieku, rozgrywających się na terenie Prowincji Poznańskiej, czy z lat dwudziestych XX wieku, dziejących się na Górnym Śląsku, stwierdzimy, że wszystkie wyrażają głębokie niezadowolenie, a nawet zdecydowany sprzeciw wobec małżeństw polsko-niemieckich. Ich autorzy widzą i wieszczą najgorsze: zdradę uczuć i interesów narodowych, utratę dzieci na korzyść drugiej strony, aż po zbrodnię „pohańbienia rasy". Nawet enerdowska socjalistyczna poprawność w stosunku do „bratniego kraju" nie wyeliminowała obaw z repertuaru trosk rodzicielskich.

Początki są piękne i obiecujące, ale im dalej w las... Przecież, nawet jeśli między partnerami nie ma problemów, zjawiają się one wraz z kontaktami rodzinnymi, towarzyskimi, niemały wpływ ma sytuacja polityczna i to po obu stronach związku. Siła uczucia nie zawsze wzrasta proporcjonalnie do przebywanej wspólnie drogi, bywa raczej odwrotnie i tylko nielicznym udaje się dotrzymać przysięgi, którą składali bez większej troski o przyszłość.

Powiada się, że w małżeństwie musi kiedyś „zaiskrzyć", a powodów jest bez liku, o czym wie każdy, kto choć raz stanął na ślubnym kobiercu. Komponent odmienności etnicznej nie ułatwia wspólnego życia, jest dodatkowym lub głównym źródłem narastających problemów. Więcej opowieści słyszałem o nieudanych małżeństwach mieszanych, więcej napisano książek o nich niż o związkach szczęśliwych „do grobowej deski". Niniejsza opowieść ilustruje powyższą tezę wybranymi przykładami z długiej listy literackich historii obierających za temat miłość i małżeństwo polsko-niemieckie.

Od Wandy legendarnej do Wandy współczesnej

U źródeł legendy leży konstatacja-dyrektywa „nie poszła za Niemca". Współczesne biura matrymonialne doradzają co innego, oferując bogaty wybór kandydatek i kandydatów, na przekór legendzie. Oferty zawierają wyselekcjonowane informacje o wyglądzie, wieku, wyobrażeniach i życzeniach zainteresowanych, przemilczają sprawę miłości, o której w tym momencie trudno mówić. Ma się ewentualnie narodzić, gdy wszystko się ułoży, dopasuje, co wcale nie jest takie proste i oczywiste. W niektórych wcześniejszych przekazach i tekstach literackich autorzy również komplikowali motywy postępowania królowej Prapolaków, wplatając wątek miłosny, co czyniło historię obojga (zakochanych) i ostateczną decyzję Wandy bardziej dramatyczną.

W najwcześniejszej wersji relacje układały się nadzwyczaj prosto: po jednej stronie „pewien tyran lemański", pragnący zniszczenia „tego ludu", po drugiej – piękna królowa owego ludu, nie siłą oręża, a mocą swojego „niesłychanego uroku", prawie nadludzkiego, zwycięża wroga. Jasno zdefiniowany wróg miał oblicze Niemca i został pokonany przez powaby polskiej dziewczyny.

Niby wszystko jest oczywiste, choć nikt nie wie, ile może być w legendzie *O Wandzie, co nie chciała Niemca* prawdy, a ile zmyślenia. Jak to w legendzie. Wracano do niej i modyfikowano, aż przez wieki utrwaliło się przekonanie, iż uosabia szczególny rodzaj poświęcenia, właściwy tylko rodzajowi żeńskiemu. Odrzuca starania wroga o względy i rękę, niejako *a priori*, wyłącznie z patriotycznego powodu. Nawet jeśli krwawiło serce! Dlaczego jednak (zakochany) wróg podejmował wysiłki skazane na niepowodzenie, to ciekawa zagadka. Tłumaczę sobie, że jest coś fascynującego, a zarazem niepokojącego w logice opowiadania. Rozważmy. Po stronie przymiotów przedstawicielki własnej nacji opowiadacz stawia młodość, piękno, odwagę, niezłomność, zatem wszystko co uosabia dobro oraz szlachetność i znajduje przychylność bogów. Nikt i nic nie może im się oprzeć. To bardzo wzmacnia poczucie własnej narodowej wartości. A wniosek? W zderzeniu ze złem, brutalną siłą militarną, ostateczne zwycięstwo odnieść musi wyższa racja moralna – przyobleczona w figurę pięknej Polki. To nasz kapitał zakładowy, ale czy jeszcze produktywny?

Legendę, przy której ogrzewały się przez wieki patriotyczne serca, trzeba zestawić i z inną prawdą. Nierzadko przecież zdarzało się w przeszłości, a współcześnie zdarza się nagminnie, że Polki wychodziły za mąż za Niemców. Dlaczego? Na przełomie XIX i XX wieku, w czasie powszechnej mobilizacji do walki o przetrwanie narodowe, kwestia małżeństw polsko-niemieckich wysunęła się na pierwszą linię konfrontacji z wrogiem. Pytanie „kto kogo zwycięży", musiało wkroczyć w sferę uczuć i intymności życia rodzinnego. Miłość, a w jej następstwie małżeństwo, przestała być sprawą prywatną zakochanych i ich rodzin. Bohaterowie literaccy, po jednej jak i po drugiej stronie frontu, tracili na indywidualności, a zyskiwali na wyrazistości narodowej. Ich uczucia, myśli i postępowanie stawały się wzorem lub antywzorem postawy patriotycznej. Pisarz Traugott Pilf wykładał we wstępie do książki z roku 1905:

> Przypadek, że polski chłopak wprowadzał do swojego domu dziewczynę niemiecką, nie zdarzał się zbyt często; zwykle Niemiec żenił się z Polką. Ale jedno było w obu wypadkach pewne: dzieci zostawały katolikami i mówiły po polsku. A i niemiecki mężczyzna naginał się lub był naginany, chylony ku wodzie mowy polskiej jak naddająca się, giętka wierzba.

Młodym Polkom, urodzonym pod koniec dwudziestego wieku, wybór niemieckiego chłopaka jako ewentualnego kandydata na męża dostarczał całkiem innych, można rzec „przyziemnych" i praktycznych problemów. Monika Moj, rocznik 1979, od dwudziestu lat mieszkająca w Niemczech, podzieliła się w piśmie „Zarys" swoimi spostrzeżeniami na ten temat. W numerze 8 z 2009 roku pisała:

> Oczywiście w związku partnerskim na pierwszym miejscu liczą się uczucia, a nie pochodzenie ukochanej osoby. Jednak później, gdy wielkie uczucia nieco przygasają i zjawia się codzienność, zaczyna się myślenie „co dalej?" Nagle zauważa się, że nie ma się podobnych wspomnień z dzieciństwa. Nie odczuwa się tego samego do polskich przebojów, czy nie śmieje się z komedii Stanisława Barei. Wspólne życie nie staje się też prostsze, gdy zjawia się potomstwo. Czy dziecko będzie wychowywane w obu językach, czy kiedyś opowie się za jednym? Co się stanie, gdy dojdzie do rozwodu i jedno z rodziców zdecyduje się opuścić Niemcy? Dziesiątki pytań, które trzeba sobie zadawać. Z pewnością małżeństwo mieszane może także funkcjonować bezproblemowo, niezależnie dla którego kraju bije nasze serce.

Obawy młodej dziewczyny związane z doborem odpowiedniego partnera życiowego, z którym chce się to życie przeżyć, nie mają nic wspólnego z tradycją legendy o Wandzie, patriotycznymi obowiązkami 2 połowy XIX wieku czy przekleństwem „pohańbienia rasowego" lat wojny i okupacji. Pochodzenie partnera, partnerki, rozważane jest przez Monikę Moj przede wszystkim w kontekście trwałości związku. Na ile różnice, które do niego wnoszą, mają nieuchronną moc destrukcji, a na ile powstające napięcia dadzą się osłabić i załagodzić? Autorka jest świadoma złożoności uczuć ludzkich i skomplikowanego charakteru wynikających z nich związków. Na uwagę zasługuje fakt, iż narodowość partnerów schodzi w jej myśleniu na dalszy plan i nie stanowi już przeszkody, o którą może (mogło) rozbić się każde, nawet najgorętsze uczucie.

Dwie drogi do nieba

On i ona: dwie narodowości, dwa języki, dwie konfesje. Ale jedno uczucie, jedna rodzina, wspólny stół i łóżko. Mimo różnic - wspólnota dnia powszedniego, wspólne dzieci, troski i radości. Jak się porozumiewali, dogadywali? Świadectwa historyczne i literackie mówią o „naginaniu się" jednej połowy do drugiej. Z reguły do języka niemieckiego naginali się Polacy, czy to ze względu na obszar (Poznańskie, Śląsk), na którym przebywali, czy z potrzeby lub korzyści jego opanowania. Rzadko który Niemiec (Niemka) na tyle władał językiem polskim, by stał się on środkiem rodzinnej komunikacji, chyba że w trakcie długoletniego praktykowania. Całkiem odmienna sytuacja panowała na Śląsku. Wszyscy byli tu u siebie. Mieszkali obok, sąsiadowali, znali się od dziecka, często zakochiwali i żenili. Mówili „po swojemu", jedni kontaktowali się w polskim-śląskim, drudzy po niemiecku i na użytek dnia codziennego wystarczyło do wspólnej komunikacji. Gdy trzeba było pomodlić się żarliwie, gorąco, tak z duszy i serca, chodzili do swoich kościołów ze swoimi książeczkami. I to Panu Bogu nie przeszkadzało.

Siła stereotypu

Rozważyć i wyważyć „za" i „przeciw", poddać obiektywnej narracji długą i zmieniającą się wraz z okolicznościami historię miłości i związków polsko-niemieckich to zadanie równie trudne, jak poddać obiektywizacji stereotypy etniczne. One zawsze istniały, wzmacniane lub osłabiane, zakotwiczone solidnie w mentalności zbiorowej, odpowiadające ludzkim potrzebom tworzenia uproszczonego obrazu świata. Skoro nie można się ich pozbyć, wyeliminować z rejestru potrzeb, trzeba im się przyglądać, rozbierać na czynniki pierwsze, analizować mechanizmy powstawania i funkcjonowania. Na czoło pilności działań analityczno-poznawczych wysuwają się zwłaszcza te, które dotyczą uprzedzeń narodowych i wyznaniowych. Siła tych stereotypów jest ogromna, odpowiada za niejedno nieszczęście. Szczególna rola w dziele komunikacji międzyludzkiej przypada kulturze, której fenomen polega na tym, iż może stanąć po obu stronach frontu. Może przyłączyć się i współtworzyć front konfrontacji, z jasno definiowanymi celami zdeprecjonowania strony przeciwnej, może też przyczyniać się do łagodzenia negatywnych osądów, odczuć, obrazów, napięć oraz konfliktów narosłych w czasie. Literatury polska i niemiecka pełne są utworów, których autorzy świadomie obierają którąś z postaw, aktywnie angażują się politycznie. Nie bez znaczenia dla odbioru dzieła pozostają jego walory artystyczne. Słabe talenty produkują jednowymiarowe teksty propagandowe, bardziej ambitni starają się tworzyć światy bogatsze, o wyrazistszych charakterach czy wymyślniejszych intrygach. Warto podjąć trud przyjrzenia się każdej z prób kreacji związków polsko-niemieckich. Od wzajemnego zainteresowania, sympatii, przeradzającej się w miłość i małżeństwo po krótkotrwałą fascynację, kończącą się zerwaniem, czyli negacją. Dla polskiego historyka to również okazja, by podjął krytyczny dialog z dziełami obcej i własnej literatury. Niejednokrotnie przyjdzie mu stwierdzić, jak celne obserwacje i osądy zawierają. Zwłaszcza, gdy dotyczą cech narodowych, w tym dokuczliwych dla nas samych wad i przywar.

Opowieść

O miłości można mówić i pisać na różne sposoby. Zdecydowałem się na dokumentację i prezentację ważnych dla tematu źródeł historycznych oraz tekstów literackich z obu kręgów kulturowych, obierając za formę narracji – opowieść snującą się przez wieki. Dopiero w perspektywie historycznego oglądu („długiego trwania") trudnych relacji polsko-niemieckich widać, co jest w nich elementem stałym, a co zmiennym. Co budowało granice między ludźmi, a co je burzyło! Czytelnik z łatwością wychwyci też prawdę, iż miłość do „obcego", naruszająca (łamiąca) *tabu* społeczne czy narodowe, zawsze naraża się na niechęć, niezrozumienie, odrzucenie, potępienie, czy wręcz surową karę.

Na dobór materiału literackiego, a on stanowi trzon opowieści, miały wpływ dwa czynniki: jego reprezentatywność i dostępność. Z typowaniem przykładów z literatury polskiej był mniejszy kłopot, choć i tu można by pewnie coś ulepszyć, jakieś pozycje pominąć, inne dodać. Trudniejszy okazał się odpowiedni do tematu dobór tekstów niemieckich. W tym zakresie pole do udoskonaleń poszerza się znacznie. Chodzi zwłaszcza o kwestię ich reprezentatywności. Moje decyzje są wynikiem koniecznego, obciążającego wyłącznie konto autora, kompromisu. A każdy wybór czy dobór jest kompromisem. Podobne rozstrzygnięcia padły w zakresie ich prezentacji.

Poglądy poszczególnych pisarzy, opowiadających historie miłości polsko-niemieckiej, starałem się wyłuskać w takim stopniu, by wyrażały zarówno pojedyncze opinie autorów, jak i układały się w główne tendencje epoki. W przypadku literatury niemieckiej, właśnie z powodu jej hermetyczności językowej i trudniejszej dostępności, zdecydowałem się na bardziej szczegółową prezentację utworów z częstszym niż zwykle odwoływaniem się do tekstów. Rozbudowane omówienia uznałem za praktyczniejsze od zamieszczenia na końcu wyodrębnionego źródłowego dodatku do książki. To, co z perspektywy specjalisty wydać się może zbędne, natrafi z pewnością na zainteresowanie mniej przygotowanego czytelnika.

Właściwie rzadko która prezentacja materiału historycznego i literackiego obywa się bez dodatku ikonograficznego. Jest on niezbędnym składnikiem i uzupełnieniem tez książki, czasem skuteczniej działając na wyobraźnię odbiorcy niż niejedna fraza zdaniowa. Dlatego też tak starałem się dobrać materiał ilustracyjny, by czytelnik miał wyobrażenie o przedmiocie książki, czyli o czasie, miejscu i bohaterach (historycznych lub fikcyjnych) prezentowanych historii oraz zdarzeń. Wybór uzupełniają podobizny autorów.

Maksymilian Piotrowski, „Śmierć Wandy" (1859)

ROZDZIAŁ PIERWSZY
Wanda, co nie chciała Niemca

Dlaczego u źródeł naszej państwowości i zbrojnych konfrontacji z zachodnim sąsiadem pojawia się jako ikona mądra, piękna, wojownicza, a w dodatku zwycięska władczyni, nie do końca wydaje się jasne. Być może, jak zdecydowanie twierdził na początku XX wieku Aleksander Brückner, był to jedynie „kiepski, bo nielogiczny wymysł W i n c e n t e g o"[1]. Gdybyśmy przyjęli jednak, że ten przekaz nie został całkowicie wymyślony (zmyślony) i jakaś cząstka realiów odłożyła się w legendzie, czy zyskalibyśmy wystarczające tłumaczenie dla żywotności legendy, odświeżanej i modyfikowanej dla potrzeb zmieniających się okoliczności historycznych? Krytycyzm historyków, łącznie z uogólniającą a nad wyraz gorzko-ironiczną uwagą Brücknera:

> Jaką „dobrą" literaturę „Wanda" z czasem zdobyła (...) w ciągu XIX wieku, powszechnie wiadomo; kiepski, bo nielogiczny wymysł W i n c e n t e g o zastąpiono najbujniejszą, bo niczym nie krępowaną fantazją: każdy poeta powiedział sobie: wolnoć Tomku w swoim domku, zarówno N o r w i d, jak K r a s i ń s k i czy W y s p i a ń s k i[2].

nie zdał się na nic. Zwyciężyła wizja literacka, zwłaszcza romantyczna potrzeba mitologizacji własnej przeszłości, dotarcia do korzeni bytu narodu. To z tych mrocznych pradziejów „wydojrzewały", jak pisał Cyprian Norwid:

---

1 A. Brückner, *Mitologia słowiańska i polska*, wstęp i oprac. S. Urbańczyk, Warszawa 1980, s. 295.
2 Tamże.

(...) typy, będące jakoby zbiorowości umysłu utwierdzeniem, a przeto mistycznie istniejące – a przeto bardzo naturalnie i wcale konsekwentnie odpominać się muszące pod koniec narodu dziejów[3].

Ojcem historyczno-literackiej legendy jest mistrz Wincenty Kadłubek, autor średniowiecznej *Kroniki polskiej*, nieskąpiący i innych niezwykłych informacji o bajecznych dziejach Polaków. Wersja Kadłubka, jako przekaz wyjściowy, warta jest przypomnienia w całości:

Ona tak dalece przewyższała wszystkich zarówno piękną postacią, jak powabem wdzięków, że sądziłbyś, iż natura obdarzając ją, nie hojna, lecz rozrzutna była. Albowiem i najrozważniejsi z roztropnych zdumiewali się nad jej radami, i najokrutniejsi spośród wrogów łagodnieli na jej widok. Stąd, gdy pewien tyran lemański srożył się w zamiarze zniszczenia tego ludu, usiłując zagarnąć tron niby wolny, uległ raczej jakiemuś (jej) niesłychanemu urokowi niż przemocy oręża. Skoro tylko bowiem wojsko jego ujrzało naprzeciw królowę, nagle rażone jakby jakimś promieniem słońca: wszyscy jakoby na jakiś rozkaz bóstwa wyzbywszy się wrogich uczuć odstąpili od walki; twierdzą, że uchylają się od świętokradztwa, nie od walki; nie boją się (mówili) człowieka, lecz czczą w człowieku nadludzki majestat. Król tknięty udręką miłości czy oburzenia, czy obojgiem, rzecze:
Wanda morzu,
Wanda ziemi,
obłokom niech Wanda rozkazuje,
bogom nieśmiertelnym za swoich
niech da się w ofierze,
a ja za was, o moi dostojnicy, uroczystą bogom podziemnym składam ofiarę, abyście tak wy, jak i wasi następcy w nieprzerwanym trwaniu starzeli się pod niewieścimi rządami!
Rzekł i na miecz dobyty rzuciwszy się ducha wyzionął,

---

3 C. Norwid, *Pisma wybrane*, oprac. W. Gomulicki, Warszawa 1980, t. V, s. 405.

Życie zaś gniewne między cienie uchodzi ze skargą.
(...) Ponieważ nie chciała nikogo poślubić, a nawet dziewictwo
wyżej stawiała od małżeństwa, bez następcy zeszła ze świata[4].

Autor *Kroniki wielkopolskiej* z 2 połowy XIII wieku przejął opowieść od Kadłubka. Po opisie przymiotów Wandy: powabu i wdzięku, jednających serca wszystkich, stwierdzał:

Ona z wielką rozwagą w pogardzie mając małżeństwo kierowała królestwem polskim z wielkim pożytkiem wedle pragnień narodu. A wieść o jej piękności dotarła do pewnego króla Alemanów. A kiedy nie mógł nakłonić jej do małżeństwa ze sobą ani darami, ani błaganiami, zebrał wiele wojska i zbliżając się do ziem Lechitów usiłował napaść je jako wróg, łudząc się nadzieją i pragnąc przy pomocy srogich gróźb i obelg rzucanych przez żołnierzy skłonić Wandę do swoich życzeń. Wspomniana królowa Lechitów nie lękając się wcale wyszła wraz ze swymi naprzeciw jego potędze. Rzeczony zaś król widząc, że przybyła razem ze swymi najdzielniejszymi zastępami, nie wiedzieć, czy tknięty miłością, czy oburzeniem, powiedział: »Wanda morzu, Wanda ziemi, Wanda powietrzu niech rozkazuje i bogom nieśmiertelnym za swoich niech składa ofiary! Ja zaś za was wszystkich, dostojnicy, ślubuję zmarłym uroczystą dań, aby tak wasi potomkowie, jak i waszych następców, starzeli się pod kobiecymi rządami.« Zaraz potem przebiwszy się mieczem zakończył życie. Wanda zaś uzyskawszy od Alemanów porękę wierności i hołd powróciła do kraju i za tyle chwały, za takie zwycięstwo złożyła bogom w ofierze samą siebie skacząc z własnej woli do rzeki Wisły; schodząc do krainy zmarłych spłaciła dług ludzkiej natury.

Do czego potrzebne było kronikarzowi wielkopolskiemu zmienione zakończenie wydarzeń? Opowiadał ją i komentował we-

---

[4] Przy cytowaniu źródeł znanych i powszechnie dostępnych nie podaję szczegółowego opisu bibliograficznego.

dług literackich wzorców antycznych oraz średniowiecznej epiki rycerskiej, w której kwestie miłości, honoru i odpowiedzialności tworzyły nierozerwalną całość. Stąd analiza zachowań bohaterów konfliktu podporządkowana powinna być przede wszystkim kodeksowi postępowania rycerskiego.

Wanda „w pogardzie mając małżeństwo" (warto odnotować, że kronikarz nie wyostrza kwestii plemiennych ani uczuciowych bohaterki), odrzuca starania zalotnika, czym naraża się na jego gniew. Świadoma słabości własnego położenia militarnego, zadłuża się u bogów prośbą o wsparcie. Po pomyślnym dla niej rozwiązaniu konfliktu bogowie domagają się (milcząco) zadośćuczynienia i tak dochodzi do logicznego samoofiarowania się. Skok „z własnej woli do rzeki Wisły" jest spłaceniem długu, zarówno „ludzkiej natury" jak i królewskiej, wobec pomyślnej interwencji nieba. Innego – honorowego – rozwiązania nie było.

Równie logiczne jest zachowanie „króla Alemanów". Porażka, w obliczu dostojników i własnego wojska, wymagała aktu kompensacyjnego, czyli ofiary, którą wódz składał z siebie. Zagadkowy za to, nawet dla kronikarza, pozostawał główny motyw czynu samobójczego. Relacjonując wiernie za Kadłubkiem przebieg mitycznych zdarzeń, wtrąca od siebie znamienne „nie wiedzieć", nie będąc przekonanym, czy w tym wypadku zasadniczą rolę odegrało uczucie odrzuconej „miłości" ze strony króla, czy jego „oburzenia" z powodu obrazy majestatu władcy. Kronikarz nie wyprowadza wniosków z zasugerowanej przez siebie alternatywy. Zrobili to za niego inni, późniejsi pisarze.

Jan Długosz, autor monumentalnej *Historii Polski*, pisanej w latach 1455–1480, niewiele w niej zmienił. Przy zachowaniu głównych zawężeń opowiadanej historii znacznie ją tylko rozbudował, przydając też niemieckiemu protagoniście imię Rytygier (Rytogar), które przejął z jakiegoś wcześniejszego niemieckiego źródła. Jak udowodnili badacze[5], łączyć je należy z bohaterem *Heldenepik* – Rüdigerem von Bechelaren. Wersja Długosza:

---

5 J. Banaszkiewicz, *Rüdiger von Bechelaren, którego nie chciała Wanda: przyczynek do kontaktu niemieckiej Heldenepik z polskimi dziejami bajecznymi*, w: „Przegląd Historyczny", t. 75, 1984, nr 2.

I tak, gdy pod rządami Wandy Rzeczpospolita kwitła, ówczesny książę niemiecki Rytygier sławny rodem i potęgą, sąsiad Królestwa Polskiego, gdy usłyszał o przymiotach dziewicy Wandy, którą opiewano w wielu krajach, mając nadzieję tak piękność, jak i Królestwo Polskie posiąść, wysłał posłów z prośbą o rękę Wandy pod groźbą wojny. Lecz Wanda, która całe życie ślubowała spędzić w czystości, niczyimi prośbami ni poselstwami nie dała się pozyskać i z niczym odesłała posłów. Książę niemiecki Rytygier widząc, że nie może jej skłonić ani prośbami, ani podarkami do małżeńskich związków, w poczuciu wzgardy i odmowy zebrał ogromne wojsko i wkroczył do Polski, chcąc wywalczyć orężem to, czego nie mógł uzyskać prośbą.

Dalej wypadki potoczyły się wedle znanego scenariusza. Ciekawy jest komentarz kronikarza do finału losów Wandy:

> Za tak wielkie i znakomite zwycięstwo, za pomyślność, którą przepełnione było jej całe życie więcej niż innych śmiertelnych, wpierw rozkazała przez dni trzydzieści odprawiać modły do bóstw we wszystkich świątyniach za pomyślne zakończenie wojny, a gdy je zakończono, siebie samą postanowiła ofiarować bogom, ulegając błędowi swej epoki, ponieważ wówczas sądzono, że czyn taki jest miły bogom, bohaterski i wzniosły, a podobno też dlatego, żeby to nieprzerwane powodzenie i szczęście nie przyciemniło się jakimiś przeciwnościami.

Długosz potępił pogańskie praktyki samoofiarowania się dla pozyskania względów ówczesnych bóstw oraz zakorzenione przesądy o skuteczności tychże praktyk w obliczu mrocznych sił, by „nie zapeszać" powodzenia i szczęścia.

Renesansowi autorzy utrwalili wizerunek „pięknej dziewicy" Wandy. U Klemensa Janicjusza w epigramie z cyklu *Vitae Regum Polonorum* (Żywoty królów polskich, 1563) odnajdujemy stwierdzenie:

> Odmówiła dziewica, piękna Wanda, ręki,
> O którą się dobijał tak teutoński wódz.
> W wojnie z nim zwyciężyła. Więc Niemiec ze wstydu
> Zabija się rzucając na swój własny miecz.
> A zwycięska dziewczyna modli się: „Bogowie,
> Wam dziewictwo me złożę, bowiem dzięki wam
> Nie posiadł go Rotogar!" – i z tymi słowami
> Rzuca się na ofiarę w rwącej rzeki głąb.
> Niech Baktr Semiramidę sławi, niech Scyta
> Swą Tomyris – ma Polska kogo bardziej czcić!
> Mogą dorównać tamte Wandzie sławą wojen,
> I berła – ale śmiercią dorówna jej któż?

Oprócz antycznych konotacji (zestawienie z Semiramidą i Tomyris, pięknymi i zwycięskimi władczyniami) w wierszu Janickiego pojawia się element narodowej dumy ze swojej bohaterki. Można i należy czcić własnych herosów, jak czynią to inni. Ale czerpać satysfakcję narodową ze śmiertelnej ofiary zwycięskiego wodza można chyba tylko w sytuacji szczególnej gry między nieuchronnym przeznaczeniem, wolą bogów (Boga) a interesami własnej nacji. Janicki nie rozpoczął jeszcze eksploracji mesjanistycznej wizji dziejów Polski, co odkryją dopiero romantyczni poeci.

Całą elegię XVI w księdze II cyklu *Elegiarum libri IV* z roku 1584 poświęcił Jan Kochanowski „bitnej Wandzie, co Polskiem władała plemieniem" (przekład Kazimierza Brodzińskiego z roku 1829). Poeta streszcza dzieje „najpiękniejszej spomiędzy Sarmatek", które wyczytał w kronikach i dziełach poprzedników. Wspomina wybór Wandy na królową i starania o jej rękę wielu konkurentów, wśród nich Rytygiera, słynnego z rodu, bogactwa i męstwa rycerza teutońskiego. Wanda odrzuca wszystkich zalotników, jedynie Rytygier, nie mogąc pogodzić się z odmową, grozi odwetem. Licząc się z taką reakcją, Wanda sposobi się do zbrojnej konfrontacji, ale i nie zaniedbuje wsparcia bogów:

> To co u mnie najświętsze, w najwyższej jest cenie,
> Piorunie! Po zwycięstwie przyjm za dziękczynienie.

Z przychylnością Pioruna rusza do boju i zwycięża, Rytygier zaś ginie, „powaliły go (sarmackie) groty". To nowy element w legendzie. Zaciągnięty dług u bogów musiał być oczywiście spłacony. U Kochanowskiego mamy podwójną ofiarę: najpierw ofiarowuje Wanda „upominki" ze zdobytych na nieprzyjacielu łupów, a w końcu – siebie:

> Bogi! od których przyszła odwaga i siła,
> Żem napaść wroga w sprosną ucieczkę zmieniła,
> Niech nie mówią, że w trwodze wyrzeczone śluby,
> Przepomniałam niewdzięczna, gdym wolna od zguby,
> Cóż droższego nad życie? – To dziś z waszej ręki,
> Przy sławie odzyskane wam daję w podzięki.

To wypowiedziawszy, rzuca się z „ostrego brzegu" do Wisły.

Znacznie później klasycystyczny pisarz Franciszek Wężyk podjął z wielkopolskiej wersji legendy zapomniany wątek uczuć bohaterów, a łasy to kąsek dla dramaturga[6]. Wandzie poświęcił Wężyk dwa utwory: *Dumę o Wandzie* (1820) i pięcioaktową tragedię *Wanda* (powstanie 1811–1815, druk 1826).

Już w epicko-heroicznej dumie pobrzmiała wyraźnie historia miłości obydwojga. Jak dowiadujemy się, o rękę Wandy starali się różni potężni władcy, lecz wszyscy zostali odprawieni z kwitkiem nie zdobywając jej serca. Warunki Rytygiera są twarde. Mimo iż pada dumne zapewnienie: „uwielbiam Wandę", wraz z nim pojawia się jednak groźba: jeśli nie zdobędzie jej po dobroci, weźmie siłą! Mimo to nasza Wanda wcale nie jest niechętna Rytygierowi i – mimo przestróg opowiadacza – łatwo popada w sidła własnego serca.

> Strzeż się, dziewico, wdzięcznych ust rycerza!
> Uczyń z twej cnoty miłości zaporę!...
> Lecz ona zbytnie uczuciom swym zawierza,
> Widzi go, słucha i gore.

---

6 Chronologicznie rzecz biorąc, wcześniej temat Wandy wykorzystała Tekla Łubieńska w tragedii *Wanda, królowa polska*. Premiera sztuki odbyła się w Warszawie 17.04.1807 r.

Decyzja rady jest jednak odmienna, starszyzna nie chce za pana „gnębcy nieszczęsnej ojczyzny", co w konsekwencji oznacza wojnę. Serce władczyni popada w konflikt z obowiązkiem i powinnością wobec narodu. Co wybierze? Nieszczęśliwa Wanda decyduje się na desperacki krok. Wysyła wiernego giermka do Rytygiera z następującą propozycją:

> „Idź do dumnego, co nad brzegiem wody
> Rozłożył w hufy krwi chciwe mordercę,
> Niech się stąd cofnie, wynadgrodzi szkody,
> A wtenczas... oddam mu serce.
> Idź do lubego, a dzielnymi słowy
> Odkryj mu tajne, które zadał, rany".

Poselstwo spełza na niczym, obydwa wojska sposobią się do walki i... następuje znany przełom w akcji. Wojsko Rytygiera nie chce „walczyć z niewiastą", porzuca broń i wraca do domu. Zawiedziony i zdesperowany postawą swoich rycerzy („upokorzony podwójną obrazą") Rytygier:

> Jęknął z rozpaczy, a podniósłszy rękę,
> Utopił w sercu żelazo.

Na reakcję zakochanej Wandy nie trzeba było długo czekać:

> Nieszczęsna Wanda, bacząc, co się stało,
> Ściśnięta żalem, postradała zmysły;
> Pragnienie śmierci w piersiach jej zawrzało
> I wskoczyła w nurty Wisły.

Całe wydarzenie kwituje autor-opowiadacz znamienną pointą:

> Zginęła nędzna w niezbędnej potrzebie.
> Płacze ją Polska i wielbi dopóty;
> Dla niej – kochanka, dla kochanka – siebie,
> Życie oddała dla cnoty.

Wanda złożyła ofiarę w imię podwójnej cnoty. Jako władczyni poświęciła siebie dla wyższego dobra własnego ludu, rezygnując jako kobieta z prawa do miłości.

Ten sam schemat kompozycyjno-ideowy powtórzył Wężyk w późniejszej o sześć lat pięcioaktowej tragedii *Wanda*. Ze względu na rozmiary utworu scenicznego rozbudowaniu uległy siłą rzeczy niektóre wątki. O rękę Wandy starają się czterej zalotnicy: dwaj cudzoziemcy – książę Słowian (Wielkiej Morawii) Samomir oraz Rytygier i dwaj ziomkowie – Skarbimir tudzież Władywoj. Interesująco brzmią oferty zalotników, ale na ich tle oferta Rytygiera jest doprawdy imponująca. Ustami posła składa obietnicę:

> Ofiarując wam przyjaźń i swe silne ramie,
> Przysięga, że praw kraju w niczem nie przełamie;
> Że swe życie poświęci na wasze wysługi:
> A godło związków z światem, przemysłu, żeglugi,
> Przez które słynie wszędy kraj jego ojczysty,
> Składa Bogom w ofierze ten trójzęb złocisty.

Odpowiedź Wandy wedle legendy może być tylko jedna – nie! Ale w uzasadnieniu przeciwwagą dla ewentualnego własnego szczęścia, czyli miłości i macierzyństwa, jest pełna świadomość odpowiedzialności władcy za kraj, podporządkowanie swoich uczuć interesom ogółu.

> Obieram za małżonka lud mój ukochany:
> Z nim się łączę na zawdy ślubem nierozdzielnym;
> A dziewictwo poświęcam bogom nieśmiertelnym.

Deklaratywność takiej postawy nie budzi wątpliwości. Kiedy bowiem dochodzi do spotkania i rozmowy obydwojga na zamku krakowskim (Rytygier maskuje się jako własny poseł), na nieustępliwość Wandy Rytygier reaguje zaskakującą propozycją:

> Cóż znaczy wola ludu, prawo, obowiązki,
> Gdy idzie o najsłodsze w życiu ludzkiem związki

Rytygier twe anielskie uwielbiając wdzięki,
Nie żąda twego berła, samej pragnie ręki.

Konflikt serca i racji stanu może dopełnić się tylko tragicznie. Strony muszą podjąć walkę, składając siebie i własne uczucia w ofierze. Finał jest znany. Po nim następują uzasadnienia –

Wandy:

Uległam nieprzełomnej wyroków potędze...
Niewierna moim ślubom, lecz wierna przysiędze,
Siebie samą mym bogom poświęcam w ofierze.
Rzucając się w nurty Wisły:
Przyjmijcież ducha mego Ojcze! Rytygierze!

Arcykapłana:

Płaczmy: lecz nie sarkajmy na niebios wyroki.

Kiedy zestawimy tragedię Wężyka z innymi utworami epoki poświęconymi legendarnej postaci Wandy, natrafimy na zadziwiające jej podobieństwa do niemieckiej tragedii romantycznej *Wanda, Königin der Sarmaten* (Wanda, królowa Sarmatów), autorstwa Zachariasa Wernera. Ten żyjący w latach 1768–1823 poeta i dramaturg, którego zalicza się do pierwszego pokolenia romantyków niemieckich, choć zdecydowanie mniej od nich znany, opublikował w 1810 roku w Tybindze tragedię w pięciu aktach nawiązującą do słynnej legendy[7].

Werner znał Polskę; pracował w Warszawie, Płocku, Piotrkowie, czyli miastach, które po drugim rozbiorze weszły w skład państwa pruskiego. Jego trzecią żoną była osiemnastoletnia Polka.

---

7 Prapremiera sztuki odbyła się już w 1808 roku w Weimarze pod patronatem J.W. Goethego.

By uświadomić sobie rodzaj i skalę podobieństw tragedii Wężyka i Wernera, warto pokrótce streścić wcześniejszy o piętnaście lat utwór niemieckiego autora.

W akcie pierwszym czytelnik poznaje Rüdigera, księcia Rugii, który z wojskiem podąża pod Kraków, by zdobyć rękę Wandy, pięknej i dzielnej królowej Sarmatów. W dłuższej opowieści ujawnia bohater wiele informacji dotyczących swojej przeszłości. Jako piętnastolatek został pasowany na rycerza i wyruszył w świat w poszukiwaniu przygód, a także dla zdobycia koniecznego doświadczenia w kunszcie rycerskim. Gdy usłyszał o niezwykłej postaci królowej Czechów, Libuszy, zapragnął ją poznać. W powszechnej opinii uchodziła ona nie tylko za piękną i mądrą niewiastę, ale także za wieszczkę, kontaktującą się ze światem bogów, a przez to potrafiącą przepowiadać losy ludzi i narodów. Przebywając anonimowo na dworze Libuszy, dostrzegł wśród licznych pięknych dziewcząt Wandę, krewną królowej, „klejnot Sarmacji", najpiękniejszą ze wszystkich. Młodzi zakochali się w sobie od pierwszego wejrzenia, lecz z powodu obowiązków Rüdiger musiał opuścić dwór i ukochaną. Teraz, po dziesięciu latach, gdy Wanda została królową, postanowił ją odzyskać. Gdy to sobie przysięgał, ukazał mu się duch Libuszy, nakazujący powrót do kraju spod Krakowa, albowiem jego gwiazda chyli się ku upadkowi. Na prośbę, by dał mu Wandę, duch odpowiada, iż „Miłość może się rozwinąć, gdy gwiazdy świecą jasno", dając tym samym do zrozumienia, iż ich losy są już przesądzone. Rüdiger nie chce zaakceptować przepowiedni i słowami „To co zacząłem, dokończę!", przystępuje do realizacji zamierzenia. Wysyła do Wandy posłańca, a sam w przebraniu pielgrzyma dołącza do poselstwa.

Akt drugi toczy się na dworze królowej Wandy. Władczyni w otoczeniu kapłanów, dwórek, wojowników i ludu składa ofiary bogom za ich dotychczasową przychylność. W trakcie uroczystości pojawiają się głosy ważnych dygnitarzy, że tron Sarmatów powinien otrzymać wsparcie młodej silnej ręki męskiej, słowem – królowa powinna wyjść za mąż. Oferują się dwaj wielmoże, ale Wanda zdecydowanie odrzuca ich ofertę, wygłasza przy tym pean na cześć prawdziwej miłości. Czytelnik dowiaduje się przy okazji, iż wcześniej była zakochana, ale uczucie to wygasło, pozostała jedynie tęsknota. Zdeklarowana jest też poświęcić się własnemu ludowi, choć w głębi czuje jeszcze dawniejszą miłość. Wobec bogów składa przysięgę: „Służyć tylko ludowi, nie łącząc się z żadnym mężczyzną. Nawet, gdybym go odnalazła!". Przysięga, złożona wobec bogów i ludzi, ma moc wiążącą! W tym momencie zjawia się na dworze obce poselstwo. Po wysłuchaniu przybyszów Wanda obwieszcza im, co właśnie ślubowała, zatem powinni jak najszybciej odjechać, skąd przybyli. Nie rozpoznany Rüdiger postanawia pozostać na dworze i szukać innego sposobu dotarcia do serca dawnej ukochanej. W ogrodzie zamkowym spotyka Ludmiłę, ogrodniczkę, która staje się jego sojuszniczką.

W akcie III następuje właściwe zawiązanie dramatycznych wypadków. Od Ludmiły dowiaduje się Wanda, że Rüdiger skrył się na dworze. Dochodzi do spotkania. Wracają wspomnienia, dawne fascynacje, które przetrwały rozłąkę i są równie gorące teraz. Nie czas jednak na wyznania miłosne. Oba wojska sposobią się do walki, Sarmaci czekają tylko na sygnał królowej, ta zwleka. Niebo rozdzierają błyskawice jako widomy znak obecności bogów. Wreszcie zaczyna się krwawe starcie, kończące się porażką wojsk Rüdigera. On sam uchodzi z życiem, a to tylko dzięki wydatnej pomocy Wandy.

W akcie IV czytelnik poznaje konsekwencje stoczonej bitwy. Wojsko opuszcza Rüdigera, on sam, porzucony, musi teraz skonfrontować się ze zwycięską Wandą. Zjawia się ponownie duch Libuszy i wygłasza ogólne prawdy, w tym proroctwa dotyczące niezwykłej potęgi miłości w powiązaniu z losami człowieka i uniwersum. Gdy znika, następuje zadziwiający zwrot w dotychczasowym postępowaniu królowej. Oto Wanda wyznaje miłość Rüdigerowi i ofiarowuje mu zaręczynowy pierścień. Powołując się na proroctwa Libuszy, staje się piewczynią miłości, wobec której bledną wszelkie wcześniej składane deklaracje czy przysięgi:

> Czy coś może oprzeć się miłości,
> Czy miłość nie jest najwyższą przysięgą?
> Na jej usługach jest los i natura.
> Ty byłeś, jesteś i pozostaniesz mój.

Wydaje się, że wbrew okolicznościom i przeciwieństwom losu zatriumfuje ludzka miłość. Jednak reakcja Rüdigera zaskakuje Wandę. Oświadcza, iż skoro nie zdobył jej w sposób właściwy rycerzowi, a został zwyciężony, zgodnie z kodeksem musi umrzeć! Oczekiwania i wyobrażenia obydwojga rozchodzą się. O innej prawdzie niż ludzkie pragnienia i ambicje przypominały inskrypcje na pierścieniu, który Wanda podarowała kochankowi. Mówiły o odwiecznej mądrości, o wierności zasadom i złożonym przysięgom. Dopiero teraz bohaterowie pojmują zależność własnych losów od wyroków bogów. Weszli w kolizję z tym co nieuchronne, co święte i nie ma dla ich miłości ratunku, muszą zginąć. Jeszcze w tym akcie Rüdiger przebija się mieczem. Ukazujący się duch Libuszy wygłasza kolejną sentencją, iż dopełniło się, co zostało zapowiedziane na początku.

Akt V to kulminacja dotychczasowych zdarzeń. Pogrzeb Rüdigera, stylizowany na pradawny pochówek bohatera z orszakiem panien i młodzieńców, symbolizuje według romantycznych wyobrażeń złożenie do grobu ludzkiej miłości. Następnego ranka ma odbyć się inna uroczystość, święto dziękczynienia dla bogów, którzy przyczynili się do zwycięstwa Sarmatów. I oto zaskoczenie: ich królowa pojawia się w zaręczynowym wianku, co wywołuje powszechną konsternację. Jak rozumieć ten znak, co zapowiada? Wanda wie, co robi. Święto dziękczynienia oznacza dla niej zaślubiny ze śmiercią. Z wyciągniętymi ku niebu ramionami rzuca się ze skały w nurt Wisły.

Kiedy porównamy oba utwory Franciszka Wężyka z tragedią Zachariasa Wernera nietrudno o skojarzenie, że polski autor hojnie korzystał z pomysłowości dramaturgicznej i ideowej autora niemieckiego. O nieznajomości utworu Wernera nie może być mowy, Wężyk dobrze znał język oraz współczesną sobie produkcję literacką Niemców. Otwartą pozostaje odpowiedź na pytanie, czemu tak postąpił.

Wątpliwości nie budzi kierunek dokonanych zmian. Choć Wężyk znał założenia filozoficzno-literackie romantyków niemieckich i częściowo podzielał ich poglądy, jako twórca ukształtowany przez wzorce klasycystyczne, im pozostał wierny do końca, a zmarł dopiero w 1862 roku. Prawidła poetyki klasycystycznej dopuszczały wiele elementów, które odnaleźć możemy i w dramacie romantycznym, jak tragizm postaci, tematykę miłosną czy psychologiczną motywację wydarzeń, ale nie dawały przyzwolenia na jakąkolwiek fantastykę czy metafizykę. Ta z kolei stała się mocną stroną romantycznego teatru. Siłą rzeczy nie spotkamy w tragedii Wężyka „ducha Libuszy", legendarnej władczyni Czech, która w tragedii Zachariasa Wernera odgrywa ważną rolę jako istota obdarzona proroczymi zdolnościami.

Legenda o Wandzie zainspirowała kolejne pokolenie poetów-dramaturgów. Do starożytności słowiańskich sięgnął Zygmunt Krasiński, planując trzyczęściowy dramat pod tytułem *Wanda*. Udało mu się zrealizować część pierwszą (1837/38), reszta pozostała w fazie projektu. Trudno ustalić przyczyny zaniechania pracy nad dramatem, prawdopodobne wydaje się przypuszczenie, iż sama materia konfliktu nie okazała się dla młodego autora wystarczająco pociągająca. W liście do Konstantego Gaszyńskiego z 6 czerwca 1837 roku pisał:

> Kilka rzeczy on [tj. ZK, przyjaciel adresata – przyp. PR] zaczął, ale dalej ich ciągnąć nie umie, nie chce mu się. Wandy mit jest przecudownym dla poety, który pod jego postacią pojmie wieczne losy Polski zagarnianej ciągle cudzoziemszczyzną, a wołącej zawsze w przepaść skoczyć niż się poddać[8].

Fascynacja bajecznymi dziejami i mitologią słowiańską nie wystarczyła, by w próbie konfrontacji pogańskiej Polski z chrześcijańskim już rycerstwem niemieckim ujrzeć rdzeń prawdziwego dramatu, na miarę *Irydiona*.

Legenda zapłodniła wyobraźnię innego nie byle jakiego autora, mianowicie Cypriana Kamila Norwida. W czasach młodości, wędrując po Polsce, odwiedził Franciszka Wężyka w 1842 roku w Minodze pod Ojcowem. Wrażenia z odbytej podróży i roz-

---

8 Z. Krasiński, *Listy do Konstantego Gaszyńskiego*, oprac. i wstępem opatrzył Z. Sudolski, Warszawa 1971, s. 164.

mów ze starszym kolegą zaowocowały ważnym dla tematu dziełem: dwiema redakcjami *Wandy*, czyli *Rzeczy w obrazach sześciu*. Pierwsza redakcja, pochodząca z roku 1847, niestety gdzieś mu się zagubiła. Niezrażony tym faktem, podjął Norwid w 1851 roku drugą próbę, a jej tekst nazwał „zupełnie oryginalnym, lubo w myśli ogólnej jednoznacznym z poprzednim". Ta uwaga samego autora upraszcza wszelkie porównania i domysły.

Co wnosi utwór Norwida do romantycznej, a nawet szerzej: ogólnej recepcji popularnej legendy? Precyzyjną odpowiedź na postawione pytanie znajdziemy w listownej odpowiedzi Józefa Bohdana Zaleskiego, jakiej ten udzielił Norwidowi po lekturze utworu (pierwszej wersji), który był mu notabene dedykowany. W liście z 27 stycznia 1848 roku Zaleski pisał:

> Poemacik Twój godziłoby się nazwać M y s t e r y u m p o l s k i m: utajonym głosem dobrej nowiny od przeszłości gdzieś ku przyszłości. Wybornieś sobie postąpił, żeś obraz swój zamknął w szczupłych rozmiarach, ściśle w obwodzie tradycyjnego wątku: bez fantazjowania w szerszych rozmiarach, bez wprowadzenia intrygi miłosnej lub gry namiętności, które by wnet skoślawiły rzecz, a co gorsza sponiewierały uroczą pamiątkę, bijącą w oczy pokoleń ludową mogiłą.

W dalszej części uwag dokonał Zaleski ważnej, nawet dla naszych czasów, rekapitulacji funkcji starej legendy:

> Twoja Wanda jest wedle ludu: Wandą, co nie chciała Niemca, pogańską patronką narodowości polskiej, a więc białą, dziewiczą, niepokalaną i takąć zostać ma dla wyobraźni naszej na wieki. Głównemu temu warunkowi uczyniłeś zadość w przekonaniu moim. Nie chcę się sadzić na pochwałę, ale Wanda twoja niewoląca, narysowana *con amore*[9].

---

9 *Korespondencja Józefa Bohdana Zaleskiego*, wydał D. Zaleski, Lwów 1901, t. II, s. 87–88.

Kolejne nawiązania, zarówno w literaturze polskiej jak i niemieckiej, nie wprowadzają nowych elementów do uformowanego przed wiekami podania *O Wandzie, co nie chciała Niemca*. Zmianom podlegały poetyki przekazu legendy oraz jej rola w pedagogice narodowej. Z oczywistych powodów funkcja patriotyczna mitu „Wandy" nasilała się, gdy naród odczuwał zagrożenie,. Wtedy budziła sumienia i mobilizowała do realizacji patriotycznych powinności. Kiedy w 1916 roku powstała kolejna dziejowa potrzeba, Wanda Pławińska skierowała do młodych „junaczek" broszurkę *Z życia dzielnych Polek,* prezentując kilka kandydatek do naśladowania. Wanda otwiera ich poczet. Uzasadnienie autorki:

> Najdawniejszą bohaterką polską, która się stała niemal synonimem miłości ojczyzny, jest, znana każdemu prawie dziecku wyszłemu z niemowlęctwa, Wanda, córka Kraka. Legendarna to postać zamierzchłych czasów Polski, w których gadka kłóci się z prawdą, dając wyraz temu głębokiemu ukochaniu ziemi własnej, jakiem odznaczają się i odznaczały po wsze czasy prawdziwe Polki.

W podsumowaniu portretu Wandy młode czytelniczki odnajdywały wszystkie cnoty, jakimi odznaczać się powinny przyszłe bohaterki-patriotki:

> Czy w tej, czy w tamtej formie legenda ta przedstawia nam kobietę-bohaterkę odważną i walczącą, miłującą kraj aż do ofiary życia, posiadającą piękną, nieustraszoną duszę i szlachetny charakter, a więc cnoty zdobiące bohatera-junaka.

Pisarze ani czytelnicy minionych epok nie wyobrażali sobie, by przekaz legendy utracił swoją moc sprawczą, ani tym bardziej, by przemienił się w swoje przeciwieństwo. Okazało się jednak, o paradoksie!, że Wanda, która przez wieki miała zniechęcać dziewczęta polskie do oddania ręki niemieckiemu chłopakowi, w połowie XX wieku posłuży za szyld reklamowy wielu polskich biur matrymonialnych w Niemczech.

Literatura uzupełniająca

Kosellek G., *Reformen, Revolutionen und Reisen: deutsche Polenliteratur*, Wiesbaden 2000

Kumaniecki K.F., *Podanie o Wandzie w świetle źródeł starożytnych*, w: „Pamiętnik Literacki", Lwów 1925/1926

Labuda G., *Studia nad początkami państwa polskiego*, Poznań 1988

Łukaszewicz-Chantry M., *Wanda – sarmacka amazonka w poezji łacińskiej w Polsce*, w: „Terminus" 2014, z. 1

Maślanka J., *Literatura a dzieje bajeczne*, Warszawa 1990

Mortkowiczówna-Olczaków H., *Podanie o Wandzie: dzieje wątku literackiego*, Warszawa 1927

Niewiadomska C., Wanda, w: *Legendy, podania i obrazki historyczne*, Warszawa 1922

Samsonowicz H., *O „historii prawdziwej": mity, legendy i podania jako źródło historyczne*, Warszawa 1997

Herman i Regelinda ("uśmiechnięta Polka"). Posągi w katedrze w Naumburgu (XIII w.)

ROZDZIAŁ DRUGI
Mariaże dynastyczne

1. Niemieckie żony Piastów

Jednym z instrumentów uprawiania aktywnej polityki zagranicznej były małżeństwa dynastyczne. Tworzyły one bardziej lub mniej trwałe sojusze, tak potrzebne dla utrzymania władzy. Przyjmuje się, że w dobie piastowskiej około 70 małżeństw polsko-niemieckich, w tym 47 przypadających na średniowiecze[10]. Te liczby dowodzą, jaką wagę przywiązywali Piastowie do koligacji z zachodnim sąsiadem. Gerard Labuda w monografii króla Mieszka II stwierdzał:

> (...) małżeństwa między członkami rodów dynastycznych nie zawiązywały się na zasadzie wzajemnej skłonności, lecz z reguły służyły potrzebom politycznym, umacniały sojusze, torowały drogę do zacieśniania stosunków kulturalnych, nieraz kończyły się rozwodami i nieporozumieniami, ale zawsze pełniły swoją rolę ponad uczuciami i działaniami jednostkowymi. Do takich należał też związek małżeński Mieszka i Rychezy[11].

Małżeństwa dynastyczne są świadectwami przede wszystkim interesów politycznych obu układających się stron, nic lub niewiele mówią o zwykłej, życiowej stronie związku. Dopiero „wieść

---

10 K. Jasiński, *Polsko-niemieckie powiązania dynastyczne w średniowieczu*, w: *Niemcy – Polska w średniowieczu. Materiały z konferencji naukowej zorganizowanej przez Instytut Historii UAM w dniach 14–16 listopada 1983*, pod red. J. Strzelczyka, Poznań 1986.
11 G. Labuda, *Mieszko II król Polski (1025–1034): czasy przełomu w dziejach państwa polskiego*, Poznań 2008, s. 109.

gminna", plotka lub świadectwa zwolenników i przeciwników uchylały rąbka tajemnicy pożycia małżeńskiego. Badacza interesować będzie w równym stopniu sfera intymna związku, jak i kontakty z obcym otoczeniem współmałżonka (-ki), rzutujące na stosunki między nacjami i między kulturami, kształtujące wzajemne postrzegania, stereotypy itd.

Warto zauważyć, że wśród małżonek Piastów pojawiło się kilka Jadwig, począwszy od Jadwigi, córki Bertoda III, żony Henryka Brodatego, znanej jako św. Jadwiga Śląska. Dalej były: Jadwiga, córka Henryka I, hrabiego Anhaltu, żona Bolesława II Rogatki, zwanego też Łysym, wnuka św. Jadwigi; Jadwiga, córka Henryka III Białego, prawnuczka św. Jadwigi, żona Henryka Wettina, a później Ottona Tłustego, hrabiego Anhaltu oraz Jadwiga, córka Henryka V Brzuchatego, żona Ottona, syna Ottona V Długiego. Tą drogą imię Jadwigi stało się popularne w Polsce, z czasem uchodząc za czysto polskie.

Wśród piastówien wychodzących za książąt niemieckich najsłynniejszą była Regelinda (989–ok. 1030), córka Bolesława Chrobrego, żona Hermana, margrabiego miśnieńskiego. Pamięć o niej jako o „śmiejącej się (uśmiechniętej) Polce" przetrwała wieki dzięki naturalnej wielkości posągowi nieznanego artysty, który zdobi katedrę w Naumburgu.

Rycheza Lotaryńska (Richeza), królowa Polski

W katedrze kolońskiej w kaplicy św. Jana za wielkim ołtarzem znaleźć można niewielkich rozmiarów klasycystyczny w formie grobowiec. Pod łacińskim napisem istnieje inskrypcja w języku polskim: *Tu spoczywają szczątki Rychezy, królowej Polski, małżonki Mieszka II, matki Kazimierza – Odnowiciela państwa polskiego.*

Szczątki Rychezy trafiły do katedry w roku 1817, po rozbiórce kościoła św. Marii ad Gradus, w którym została pierwotnie pochowana w 1063 roku.

O losach Rychezy, córki Erenfrieda zwanego Ezzonem, palatyna reńskiego i Matyldy, siostry cesarza Ottona III, rzekomo zadecydowano przy okazji wielkiej polityki, która rozegrała się w roku 1000 przy okazji pielgrzymki Ottona III do Gniezna na grób św. Wojciecha. Jednym z gwarantów koncepcji *Renovatio Imperii Romanorum*, czyli odnowienia starego imperium w duchu unii państw chrześcijańskich, której patronował papież Sylwester II, miało być małżeństwo między synem Bolesława Chrobrego a siostrzenicą Ottona. W roku 1000 były to jeszcze dzieci: Mieszko mógł mieć około dziesięciu lat, Rycheza – około pięciu.

Jednak, jak udowodnił Gerard Labuda, sprawy wyglądały inaczej[12]. W dwa lata po wydarzeniach gnieźnieńskich zmarł cesarz Otton III. Jego następca Henryk II nie podzielał planów poprzednika i zamiast długotrwałego pokoju doszło do nowych wojen. Ponieważ żadna ze stron konfliktu nie zdobyła zdecydowanej przewagi, potrzebny był ponownie pokój i w kontekście tych wydarzeń należy mówić o snuciu planów małżeństwa Mieszka z Rychezą. Do oficjalnych zaślubin doszło najprawdopodobniej w Zielone Świątki roku 1013 w Merseburgu, a uczestniczyli w nich obaj władcy: cesarz Henryk II i Bolesław Chrobry.

Ówczesny kronikarz niemiecki pisał:

> Wielu miało nadzieję, że przez ten związek małżeński *regnum Sclavorum* zostanie złączone z *regnum Teutonicorum*, co wielu nie uważało za czczą nadzieję[13].

Po śmierci Bolesława Mieszko II koronował się na króla, a Rycheza została pierwszą królową Polski. Urodziła trójkę dzieci: Kazimierza, zwanego później Odnowicielem, Ryksę oraz Gertrudę.

Kryzys w małżeństwie, a następnie w państwie, zaostrzył się około 1030 roku. W wyniku niestabilnej sytuacji Mieszko II uciekł do Czech, zaś władzę przejął książę Bezprym. Rycheza podjęła wówczas jedynie słuszną chyba decyzję. Kronika z Brauweiler wymienia trzy powody, dla których opuściła męża i potajemnie wyjechała z Polski:

---

12 G. Labuda, *Mieszko II król Polski*, op. cit., s. 27–28.
13 P. Schneider, *Königin Richeza, Polen und das Rheinland. Historische Beziehungen im XI Jahrhundert / Królowa Rycheza, Polska i Nadrenia. Stosunki między Polakami i Niemcami w XI wieku*, Posen und Pulheim b. Köln 1996, s. 64.

> (...) królowa Rycheza, dokonawszy rozwodu z królem mężem swoim tak z powodu nienawiści i podjudzania niejakiej nałożnicy (...) zmieniwszy ubiór, z kilku pomocnikami w ukryciu pomagającymi jej w ucieczce, jak też ze wzgardy dla nieznośnego jednocześnie i barbarzyńskiego godnego wzgardy obrządku Słowian, przybyła do Saksonii do cesarza, przez którego została z czcią przyjęta; i on też sam nie mniej wspaniałymi darami od niej został uczczony, otrzymał bowiem od niej dwie korony, jej własną i małżonka króla, a zezwolił jej z tym samym upoważnieniem jak długo będzie żyła, nosić ją z tą samą czcią w jego, jak i jej własnym królestwie, z przysługującą jej całkowicie nagrodą[14].

Według Gerarda Labudy zapis kronikarza niemieckiego jednoznacznie świadczy o wywiezieniu insygniów królewskich do Niemiec przez samą królową Ryrchezę, za zgodą oczywiście Bezpryma. Miało stać się to w roku 1031.

Mieszko, odzyskawszy utracone rządy, nie sprawował ich zbyt długo. Zmarł w 1034 roku. Niektóre źródła podają, choć nie daje im wiary Labuda, że Rycheza zjawiła się jeszcze w Krakowie, by w imieniu niepełnoletniego Kazimierza sprawować władzę. Jej rządy nie cieszyły się popularnością, wkrótce też została przez możnowładców wygnana z kraju.

Rycheza nie powróciła już do Polski (najprawdopodobniej po wyjeździe w 1031 roku). Zamieszkała w dobrach rodzinnych Saalfeld w Turyngii, skąd kierowała przygotowaniami do przywrócenia Kazimierza na tron, co jej się udało w 1038 roku. Za zgodą cesarza używała dożywotnio tytułu królowej Polski.

W 1047 zakończyła ziemskie rachunki, złożywszy śluby pobożności. Zmarła 21 marca 1063 roku w Saalfeld. Pochowana została nie w klasztorze w Brauweiler, rodzinnej fundacji, jak sobie życzyła, lecz w wyniku decyzji skłóconego z rodziną arcybiskupa kolońskiego Anno II w kościele pod wezwaniem św. Marii ad Gradus w Kolonii.

---

14 G. Labuda, *Mieszko II*, op. cit., s. 71.

Z powodu licznych darowizn na rzecz kościoła i pobożnego życia cieszyła się w lokalnej społeczności opinią świętej.

Gall Anonim w *Kronice Polskiej* wystawił Rychezie pozytywne świadectwo:

> Po śmierci więc Mieszka, który po zejściu króla Bolesława żył niedługo, pozostał jako mały chłopaczek Kazimierz, z matką z cesarskiego rodu. Gdy zaś ona swobodnie wychowywała syna, i królestwem, jak na sposób kobiecy, zaszczytnie zarządzała, zdrajcy wypędzili ją z królestwa z powodu zawiści, zaś jej chłopaka zatrzymali z sobą w królestwie, jako przykrywkę swego oszukaństwa.

Późniejszy kronikarz Wincenty Kadłubek diametralnie zmienił tę opinię, obarczając winą Rychezę:

> Jedni bowiem mówią, że po śmierci Mieszka żona jego ujęła ster rządów, gdyż nie śmiała powierzyć królowania małoletniemu jeszcze synowi. Ponieważ jednak wydawała się zanadto gwałtowna, a nawet jakichś osiedleńców i pachołków swoich Niemców zaczęła wynosić nad rodowitych ziomków, choć ci mieli pierwszeństwo, upokorzona przez obywateli zestarzała się na wygnaniu, zostawiwszy bardzo jeszcze małego Kazimierza pod wierną opieką dostojników. Zaledwie nabrał sił męskich, spotkała go niezasłużona kara wydziedziczenia. Dostojnicy bowiem obawiając się, żeby nie mścił się na nich za krzywdy wyrządzone matce, jego również podobnie wygnali.

Do utrwalenia złej sławy Rychezy w historiografii polskiej przyczynił się zdecydowanie Jan Długosz. Nie cenił absolutnie rządów Mieszka II, pisząc o nim rzeczy najgorsze:

> Od początku panowania (...) okazał się człowiekiem gnuśnego charakteru, tępego umysłu, niezgrabny, w radach nierozsądny, w działaniu słaby, mało zdatny do spraw większej wagi.

Na tle tak słabego intelektualnie polskiego władcy, Rycheza wypada co prawda zdecydowanie lepiej, ale jako córa obcego plemienia nie mogła zyskać przychylności kronikarza polskiego. Zarzucał jej, że

> Niewiasta umysłu wprawdzie męskiego, w wierze chrześcijańskiej wprawdzie nie opieszała, cnotę i pobożność miłująca, ale której rządy ani staranne ani narodowi przychylne Polakom się nie podobały. Niepomna płci swojej i słabości niewieściej, głucha na rady roztropniejszych ludzi, szczęście obrała sobie za narzędzie swojej ślepoty. Jęła pogardzać narodem polskim, szydersko pomiatając wszystkimi, i z swym rządem kobiecym rozpierając się samowładnie.

Polityczna ocena roli Rychezy, jaką odegrała w historii Polski, prawie całkowicie usunęła w cień wartość i znaczenie innych działań, które dokonywały się za jej pośrednictwem. Już tylko specjaliści z zakresu wczesnopiastowskiego budownictwa sakralnego, czy znawcy zabytków piśmiennictwa średniowiecznego są w stanie docenić wagę pośrednictwa niemieckiej księżniczki. Była ona współinspiratorką wzniesienia pierwszych kościołów na wzgórzu wawelskim w Krakowie i przyczyniła się do sprowadzenia zapomnianego dziś kultu „kolońskich świętych": św. Gereona, św. Feliksa i Adaukta. Z jej imieniem związany jest jeden z pierwszych roczników polskich: *Rocznik Rychezy*. Do skarbów łacińskiego piśmiennictwa polskiego średniowiecza należy *Modlitewnik Gertrudy*, córki Mieszka II i Rychezy. Starsza część zabytku zawiera *Kodeks (Psałterz) Egberta*, wykonany początkowo dla arcybiskupa Trewiru Egberta, który stał się własnością rodu Ezzonów, a następnie jako posag ślubny Rychezy trafił wraz z nią na dwór Mieszka II. Część młodsza to *Kodeks Gertrudy*, darowany przez matkę córce z okazji zamążpójścia, poszerzany z czasem o modlitwy jej autorstwa. Warto dodać, że w późniejszym okresie księga dostała się wnuczce Gertrudy, Zbysławie Światopełkównie, żonie Bolesława Krzywoustego, również jako posag.

Literatura polska do postaci Rychezy wracała rzadko, a jeśli już to jako do postaci drugoplanowej wobec trzech władców: teścia, Bolesława Chrobrego, męża, Mieszka II i syna Kazimierza zwanego Odnowicielem. Z tych rodzinnych powiązań widać, że przypadła jej ważna rola na dworze Piastów. W przypadku Rychezy mamy do czynienia, czego mieli już świadomość architekci związku, z postacią wyrazistą, znającą swoją wartość z racji powiązań z dworem cesarskim. Była też osobą wykształconą, znawczynią sztuki. Przeniesiona w realia polskie, w otoczenie ludzi o odmiennych zwyczajach i obyczajach, w obcy język, nie bez przeszkód i trudności budowała swoją pozycję, broniła interesów rodowych. Trudno się dziwić, że natrafiała na niechęć czy wręcz wrogość. Gdy dochodziło do sytuacji kryzysowych, stawała się łatwym celem ataków przeciwników sojuszu z Niemcami, umacniania się nowej wiary, odejścia od starych obyczajów. Jako Niemka skupiała na sobie nienawiść całego frontu antygermańskiego, czy szerzej, antycudzoziemskiego. Tytułowy bohater powieści Józefa Ignacego Kraszewskiego (*Masław*, 1877) tym właśnie argumentem uzasadnia rebelię przeciwko Kazimierzowi: „z niemieckich matek, poniemczałe rodziły się dzieci – pokurcze". Kraszewski dopuszcza do głosu również Rychezę. Pod koniec życia, wygnana z kraju, odmawia synowi swojej zgody na wyprawę przeciw Masławowi. W bezpośredniej rozmowie, gorzko sumuje doświadczenia polskie:

Rycheza, obraz Jana Matejki

> Raz jeszcze tylko powtórzyć muszę, iż się to nie po mojej woli dzieje, że tego nie chciałam i nie chcę (...) Ci ludzie wygnali mnie precz sromotnie, zmusili miłość waszą do ucieczki i mamy się jeszcze dobijać tego mizernego królestwa?

Wielki fresk stanu umysłów oraz idei Europy przełomu X i XI wieku, a na tym tle polityki pierwszych Piastów, stworzył Teodor Parnicki w dwutomowej powieści *Srebrne orły*. Wydana pierwotnie w 1944 w Jerozolimie, później w 1949 w Polsce, już w 1951 została zakazana przez cenzurę i oficjalnie wycofana z bibliotek. Nowej władzy książka Parnickiego nie spodobała się z prostego powodu – zawierała obrazy i akcenty niezgodne z duchem krzepnącej w siłę ideologii realizmu socjalistycznego.

Próbę rehabilitacji postaci i zasług Rychezy podjęła Jadwiga Żylińska w dwóch książkach, które mniej są powieściami historycznymi, a bardziej zbeletryzowanym opisem dziejów wybranej postaci. Mowa o *Złotej włóczni* z 1961 roku i o pracy *Piastówny i żony Piastów* z 1975 roku.

Na wzmiankę zasługuje powieść Karola Bunscha *Bracia* z 1976 roku. Dopiero w *Posłowiu*, które na dobrą sprawę powinno pełnić rolę wstępu, wyjaśnia autor cel i metodę swojego pisarstwa historycznego:

> Ponieważ celem mojego pisarstwa jest przyswojenie czytelnikom w sposób przystępny wiedzy o dziejach ojczystych, w przedstawieniu faktów i osób historycznych przyjąłem jako zasadę zgodność z wynikami nauki historii (...) Ale nazbyt często jednak, wobec braku lub niejasności źródeł, historycy reprezentują odmienne stanowiska (...) W takich wypadkach służy mi prawo wyboru, którego dokonuję, wyboru (...) czyje argumenty są dla mnie bardziej przekonywające.

W optyce Bunscha Mieszko II okazał się słabym i niezdecydowanym władcą, którego przytłoczyła Rycheza: „piękna i wykształcona, ale starsza od niego, oschła, dumna i władcza". Znamienne też słowa wypowiada narrator o projekcie Bolesława Chrobrego mariażu syna z księżniczką niemiecką:

> Gdy zmarł ojciec, a teść pogodził się z cesarzem, przestał się liczyć z Rychezą, małżeństwo z nią stało się ciężarem, niczego w zamian nie dając. Niemcy są i pozostaną wrogiem, sprzymierzeńców należy szukać gdzie indziej.

Święta Jadwiga Śląska

W panteonie małżeństw polsko-niemieckich związek Henryka (Jędrzycha) I Brodatego z linii Piastów śląskich z Jadwigą, córką grafa bawarskiego Bertholda IV Andechs-Meranien może uchodzić za szczególny. Ze względu na osobę małżonki.

Jadwiga, urodzona, jak podają różne źródła, około 1176–1180 roku, wcześnie została przeznaczona do stanu małżeńskiego.

> Do tego stanu nie tak z chuci swej, jako z woli rodziców swoich przywiedziona, żyła z nim jako druga Sara, nie cielesności ani upodobaniu rozkosznemu, ale samemu wychowaniu dziatek, z rodzenia się – jako mówi Apostoł – zbawienia swego przy wierze i dobrych uczynkach spodziewając, służyła

– pisał Piotr Skarga w *Żywotach świętych polskich*[15].

Zawarła je zatem z woli rodziców, mając podobno zaledwie 12 lat. Jej mąż był odpowiednio starszy, miał 18–20 lat, przyjmując, że urodził się około 1168–1170 roku.

Jadwiga znalazła się we Wrocławiu na dworze ojca Henryka, Bolesława Wysokiego, około 1186–1190 roku, więc na ten czas datować trzeba ślub, choć niektórzy autorzy podają, że odbył się on na zamku w Andechs, skąd młodzi małżonkowie wyruszyli na Śląsk.

Wiemy, że Jadwiga otrzymała staranne wychowanie i wykształcenie w klasztorze sióstr benedyktynek w Kitzingen. Dalsze jej życie związane jest ze Śląskiem.

Było to życie wedle norm epoki pod każdym względem wzorcowe. Jako żony i matki, księżnej wspierającej radami męża, łaskawej dla poddanych, wreszcie osoby nadzwyczaj pobożnej, miłosiernej i słynącej z dobroczynności.

Pobożność, praktykowana surowo na co dzień, stała w pewnym sensie w kolizji z obowiązkami małżeńskimi. Kościół i w tej sytuacji znajdował zadowalające rozwiązanie. Powinności dy-

---

15 P. Skarga, *Żywoty świętych polskich*, Kraków 2011, s. 240.

nastyczne wymagały rodzenia dzieci, więc je rodziła, ale ciągle pamiętała o przestrzeganiu „czystości małżeńskiej". Antonius Hornig, hagiograf św. Jadwigi z połowy XV wieku, w szczególnej ekwilibrystyce słownej łączył w jedno obydwa obowiązki: wobec męża i wobec ideałów życia cnotliwego:

> Gdy tylko poczuła, że obyczajnie była ciężarna od czcigodnego owoca, nie przybliżała się do posłania swego męża i unikała zjednoczenia z mężem (i) pozostawała do okresu po narodzinach dziecka oddzielnie[16].

Pomagały jej w tym zbożnym dziele nie tylko regulacje Kościoła dotyczące kwestii wstrzemięźliwości seksualnej małżonków, ale i jej własna pomysłowość:

> (...) zbawiennymi prośbami i napomnieniami nakłaniała swego wielmożnego męża do ćwiczenia się razem z nią w dobrowolnej powściągliwości od żądzy cielesnej każdego roku przez cały Adwent, wszystkie Suche Dni[17] czterech pór roku i wszystkie piątki, w wigilie i uroczystości świętych i w niedziele...[18].

Czyli było dni „czystości małżeńskiej" doprawdy sporo:

> (...) razem z swym mężem powstrzymywała się często przez miesiąc, a czasem przez ponad sześć tygodni, a niekiedy nawet osiem tygodni, choć w tym czasie dzielili ze sobą łoże, jednak bez wymieszania ciał.

---

16 *Legenda o św. Jadwidze. Legende der hl. Hedwig*, oprac. ed. i tł. niem. Trude Ehlert; współpr. nauk. i posł. Wojciech Mrozewicz; tł. pol. Jerzy Łukosz, Wrocław 2000.
17 „Suche dni" oznaczały dni postu obchodzone na początku każdego kwartału w środę, piątek i sobotę.
18 Tamże.

Można powiedzieć nawet, że w natłoku zakazów trudno było znaleźć odpowiednią chwilę do współżycia. Żaden z hagiografów nie wypomniał św. Jadwidze, ani jej spowiednikowi, ale czy w ogóle można coś wypomnieć świętej(?), że nie do końca posłuchała zaleceń samego św. Pawła. W pierwszym liście do Koryntian apostoł wypowiadając się w kwestii małżeństwa nakazywał przecież:

> Nie zaprzestawajcie współżycia ze sobą, chyba że za wspólną zgodą na krótki czas, aby skupić się na modlitwie. Potem jednak powróćcie do siebie, aby szatan nie kusił was, wykorzystując to, że nie potraficie zapanować nad waszymi pragnieniami.

Jadwiga urodziła siedmioro dzieci. Pierworodnego, Bolesława, zmarłego w dzieciństwie, powiła – jak podaje *Księga Henrykowska* – mając 13 lat, 3 miesiące i 7 dni. Kolejni synowie to Konrad Kędzierzawy, który w młodym wieku zginął na polowaniu, i Henryk II. Do tego cztery córki: trzy zmarły w dzieciństwie (Agnieszka, Zofia, Anna) oraz Gertruda. Syn Henryk II, zwany Pobożnym, objął po ojcu rządy, lecz nie cieszył się nimi długo, zginął w 1241 roku pod Legnicą w walce z Tatarami.

Biografie Jadwigi informują, że ostatnie 28 lat życia przeżyli małżonkowie w ślubie czystości. Ona miała w chwili podjęcia decyzji 35–39 lat, on odpowiednio więcej – był dobrze po czterdziestce. Z całą pewnością to Jadwiga była inicjatorką „pobożnej separacji", na co uzyskała zgodę (może ją wymusiła?) i męża, i błogosławieństwo biskupa. Jak bardzo była bezwzględna w realizacji postanowień i jak radziła sobie z „szatanem pokus", pokazują dalsze jej kroki. Choć małżeństwo istniało formalnie, uczuciowo oddaliła się całkowicie od męża. Chłód we wzajemnych stosunkach przybrał drastyczne formy.

Św. Jadwiga Śląska, rys. J. Matejki (1885)

Zagubiony Henryk popadł w konflikty o władzę z dostojnikami Kościoła, co skończyło się nałożeniem ekskomuniki przez papieża Grzegorza IX. Trzeba przyznać, że Jadwiga znalazła się w niewygodnej dla siebie sytuacji – z jednej strony powinna okazywać lojalność wobec legalnego wciąż małżonka, a z drugiej – być posłuszną zaleceniom Kościoła. Nie wahała się jednak, którą opcję ma wybrać. Biedny Henryk, mimo ponawianych próśb o spotkanie, nie doczekał się wizyty żony. Umarł samotnie. Na szczęście papież zdjął z niego klątwę i odrzucony małżonek mógł zostać pochowany zgodnie z obrządkiem kościelnym.

Jadwiga po śmierci męża i syna całkowicie odizolowała się od świata; zamknęła się w klasztorze cysterek w Trzebnicy, który sama ufundowała, gdzie też zmarła 14/15 października 1243 roku. Los nie oszczędził jej i innych ciosów, przeżyła prawie wszystkich swoich najbliższych.

Uwagę biografów przyciągnęły zwłaszcza dwie cnoty Jadwigi: pobożność i dobroczynność.

Wychowana w klasztorze sióstr benedyktynek zachowała na całe dalsze życie nie tylko głęboką wiarę, ale i potrzebę życia wedle cnót ewangelicznych, czyli cnotę skromności, surowości wobec siebie, pogardy dla ziemskich dóbr i potrzeby czynienia dobra innym. Hołdowała ideałom średniowiecznej ascezy, przestrzegała postów, nosiła włosiennicę, umartwiała się w jedzeniu i piciu. Jak czytamy w *Żywocie św. Jadwigi*:

> Gromiła bowiem w swoim ciele pokusy mieczem pokuty, kiełznała zwierzęce namiętności, poskramiała swawolę swoich myśli, kierując się do żyźniejszych łask i pożytku wewnętrznych cnót w człowieku. Przestrzegała bowiem postu codziennie z wyjątkiem niedziel i niektórych szczególnych świąt, kiedy to czasami dwukrotnie się pokrzepiała[19].

---

19 *Toć jest dziwne a nowe. Antologia literatury polskiego średniowiecza*, oprac. A. Jelicz, Warszawa 1987, s. 98.

Słynęła również z roztropności i dobroczynności. Nauczyła się języka polskiego, by móc lepiej kontaktować się z członkami dworu i poddanymi księcia Henryka. Fundowała szpitale i przytułki, opiekowała się potrzebującymi, myślała nawet o przestępcach, dla których wyjednywała łaskę na poprawę przez pracę.

Do legendy przeszła jej surowość dla własnego stroju, a zwłaszcza upór w chodzeniu boso (co skutkowało oczywistymi uchybieniami w higienie osobistej, ale to już oddzielny temat). Gdy mąż próbował przez spowiednika nakłonić ją do noszenia butów, nosiła je, owszem, ale przymocowane na sznurku. Jednym z atrybutów jej świętości są buty trzymane w ręce. Inne to: krzyż, księga, figurka Matki Bożej, makieta kościoła oraz różaniec.

Jadwiga zmarła w opinii świętości, a na jej potwierdzenie ze strony Kościoła nie trzeba było długo czekać. Na ołtarze wyniósł ją papież Klemens IV już w 1267 roku. Musiały zatem wiele ważyć u współczesnych świadectwa bogobojnego życia, jak i cudów poczynionych za jej sprawą. W *Żywotach świętych* (pierwsze wydanie 1579) Piotr Skarga wylicza je w następującej kolejności:

> Cudy niemałymi Pan Bóg pokazał, jako jej modlitwę miłą sobie miał, bo oczy dwiem mniszkom, jednej krzyżem świętym, drugiej psałterzem swym, krzyż im czyniąc na oczach, przywróciła. Dwu świeżo obwieszonych zdjąć z szubienice kazała, którzy jej modlitwą, z wielkim postrachem tych, co na ich śmierć patrzyli, ożyli. Niewieście jednej, która w niedzielę żarna obracała, drewno, którym trzymała robiąc, w rękę wrosło, na modlitwę Jadwigi świętej z ręki jej wypadło. Zasnęła raz z świeczką w ręku nad książkami, które czytała; dogorzała świeczka na księgach, a żadnej szkody ogień nie uczynił[20].

Ale to nie wszystko. Posiadała również dar jasnowidzenia, o czym donosi szczegółowo Skarga. Miała przepowiedzieć datę śmierci męża i syna oraz własnej. Co stało się 15 października 1243 roku i znamionowało kolejne cudowne wydarzenia. Jak pi-

---

20 P. Skarga, *Żywoty...*, op.cit., s. 260.

sze Skarga, przyspieszając tym samym decyzję papieża Klemensa IV o szybkiej kanonizacji. Inny hagiograf, ks. Piotr Pękalski[21], dorzucił kolejny cud Jadwigi.

> Klemens IV papież mając sobie przełożone dowody o świętobliwym życiu Jadwigi i o cudach do procesu jej kanonizacji, za Urbana IV rozpoczętego lubo przywiezione dowody już były dostateczne, chciał on jednak przekonać się osobiście o jakim cudownym za jej przyczyną wydarzeniu. Pierwej nim został kapłanem, następnie papieżem, służył w wojsku i miał żonę; ta powiła mu córkę, która utraciła władzę widzenia; odprawiając Mszę św. prosił Boga, by za wstawieniem się Jadwigi do kanonizacji przedstawionej, jeśli jest rzeczywiście świętą, jego córce wzrok łaskawie przywrócić raczył; jakoż po odprawionej Mszy św. córka Klemensa zaraz wzrok odzyskała. Cudem tym upewniony Papież zapisał Jadwigę w poczet świętych Bożych, w Witerbii d. 15. października 1267 r.

W 1680 roku kult św. Jadwigi obowiązywał już w całym Kościele, podobno dzięki zabiegom króla Jana III Sobieskiego. Jej wspomnienie wyznaczono na dzień 16 października.

Święta Jadwiga jest patronką Śląska i pojednania polsko-niemieckiego. Wyraził to najpełniej papież Jan Paweł II w homilii 21 czerwca 1983 roku:

> W dziejach tych stoi ona jakby postać graniczna, która łączy ze sobą dwa narody: naród niemiecki i naród polski. Łączy na przestrzeni wielu wieków historii, która była trudna i bolesna.

Na stronach internetowych licznych parafii pod wezwaniem św. Jadwigi znaleźć można przykłady modlitw do świętej w różnych intencjach, do wyboru w formie prozą lub wierszem. Wybieram modlitwę poetycką:

---

21 P. Pękalski, *Żywoty świętych patronów polskich*, Kraków 1862.

Jadwigo święta, z cnót swoich przesławna,
Ciebie ma we czci cały naród z dawna,
I za Patronkę przed Bogiem uznaje,
Opiece Twojej poleca swe kraje.
Fundujesz klasztor, zbierasz dziewic grono,
Mieścisz w nim córkę Bogu poświęconą.
I sama biorąc sukienkę zakonną,
Dajesz się Bogu na służbę dozgonną.
W modlitwach, postach byłaś ustawicznych,
Ubogim służąc w potrzebach ich licznych.
Słynęłaś darem proroczym, cudami,
Wstawiaj się, prosim, do Boga za nami.
Boże, co w świętych przedstawiasz nam wzory
Pogardy świata, głębokiej pokory;
Spraw to, abyśmy ich przykładem żyli,
Ciebie kochali, a światem gardzili.

2. Mariaże Jagiellonów

Polska za Jagiellonów prowadziła aktywną politykę europejską, czemu podporządkowane były kojarzone małżeństwa. Z dzieci Kazimierza IV Jagiellończyka, których miał w sumie trzynaścioro, trzy córki wydane zostały za książąt niemieckich. Najstarsza, Jadwiga (1457–1502), wyszła za księcia bawarskiego Jerzego Bogatego. Zofia (1464–1512) wyswatana została margrabiemu brandenburskiemu Fryderykowi Starszemu Hohenzollernowi (Friedrich V von Brandenburg-Ansbach). Ciekawostką jest, że ich syn Albrecht został w 1510 roku ostatnim wielkim mistrzem krzyżackim. W 1525 po przejściu na luteranizm złożył Zygmuntowi Staremu, a więc swojemu wujowi (!) ze strony matki tzw. hołd pruski, stając się świeckim księciem, lennikiem króla polskiego. I wreszcie, Barbara (1478–1534) poślubiła księcia saskiego Jerzego Brodatego (Georg der Bärtige).

Najwięcej przekazów pozostało po mariażu Jadwigi i jej poświęcam oddzielny szkic.

O małżeństwie Zofii wiemy znacznie mniej, ale są to szczegóły interesujące. Pertraktacje trwały blisko dwa lata, zanim strony porozumiały się co do zasadniczych kwestii, w tym finansowych. Początkowo ślub miał się odbyć w Poznaniu, ale pod wpływem uporu ojca pana młodego zmieniono miejsce na Frankfurt nad Odrą. Do oblubieńca, liczącego sobie dziewiętnaście lat, piętnastoletnia Zofia wędrowała prawie miesiąc w warunkach zimowych. Ślub odbył się 14 lutego 1479 roku, po czym nastąpiła uczta weselna, nie taka jednak jakiej oczekiwali goście z Polski. Jak pisze Jan Długosz, było:

> (...) tak licho i ubogo, że nawet dworzanom królewskim nie dano zwykłej strawy, a senatorowie królewscy, rycerstwo i inni urzędnicy, którzy z narzeczoną królewną przyjechali, żadnych prawie nie otrzymali upominków.

Po śmierci Zofii, która nastąpiła w 1512 roku, Fryderyk zarządził wystawną konsolację. Gdy porównamy obie uroczystości, możemy je sobie różnie tłumaczyć: pierwszą – skąpstwem ojca pana młodego, drugą – chęcią uczczenia kochanej małżonki. Zofia urodziła osiemnaścioro dzieci, Fryderyk przeżył ją o dwadzieścia cztery lata.

Barbara zamężna za Jerzym Brodatym, księciem saskim, urodziła mu dziesięcioro dzieci.

Z prawnuczek Władysława Jagiełły dwie panny Jagiellonki wyszły za książąt niemieckich. Jadwiga (1513–1573), córka Zygmunta I Starego i Barbary Zapolyi, poślubiła Joachima II Hektora, elektora brandenburskiego. Nie była jego pierwszą żoną. W roku ślubu (1535) Jadwiga liczyła sobie dwadzieścia dwie wiosny, Joachim o osiem lat starszy był wdowcem z siedmiorgiem dzieci. Małżeństwo nie było udane, towarzyszyły mu utarczki obu stron, głównie z powodu języka i wyznania. Jadwiga nie znała niemieckiego, więc otaczała się dworzanami polskimi, na co mąż patrzył krzywym okiem. Również przejście Joachima II na luteranizm zmusiło teścia do interwencji, by ten zezwolił żonie na trwanie w wierze katolickiej. W 1551 roku w wyniku wypadku Jadwiga została kaleką, co doprowadziło do kompletnego rozkładu małżeństwa. Jadwiga urodziła sześcioro dzieci.

Zofia (1522–1575), córka Zygmunta Starego i Bony Sforzy, poślubiona została Henrykowi II, księciu brunszwickiemu. Było to osobliwe małżeństwo. Panna młoda (ślub odbył się w 1556 roku) liczyła sobie trzydzieści cztery lata, co na ówczesne warunki oznaczało mocno zaawansowany wiek staropanieński. „Pan młody" był właściwie starym człowiekiem (67 lat) i w dodatku „po przejściach". Pierwsza żona, Maria, urodziła mu jedenaścioro dzieci. Henryk II miał jednak nadzwyczajne siły witalne i na boku utrzymywał romans z dwórką żony. Ta obdarzyła go dziesięciorgiem dzieci, do których przyznał się oficjalnie. Z powodu jurności niechętni nazywali go „dzikim Heinzem".

Dlaczego rodzice Zofii zdecydowali się na taki krok, a musieli o wszystkim wiedzieć, można wytłumaczyć sobie tylko potrzebą wypchnięcia starzejącej się panny z domu rodzicielskiego.

Zofia nie doczekała się potomstwa, męża przeżyła o siedem lat. Jako osobliwość należy odnotować, iż po śmierci Henryka, który był ostatnim władcą katolickim w obszarze Dolnej Saksonii, przeszła na luteranizm i w tej wierze zmarła.

Jadwiga Jagiellonka, żona Jerzego Bogatego (Georg der Reiche), księcia bawarskiego

W wielodzietnej rodzinie króla Kazimierza Jagiellończyka była najstarszą córką, w związku z czym otrzymała na chrzcie imię Jadwiga, na cześć Jadwigi Andegaweńskiej, żony dziadka Władysława Jagiełły. Urodziła się 21 września 1457 roku.

Szukano dla niej męża celowo wśród książąt bawarskich, miała bowiem przyczynić się do zabezpieczenia granic Polski od południa, czyli Czech, o które Jagiellonowie toczyli spór z Maciejem Korwinem. Wybór padł na Jerzego Bogatego (1455–1503), syna Ludwika IX Bogatego, księcia bawarskiego z Landshut. Strona niemiecka liczyła z kolei na wzmocnienie swojej pozycji w związku z groźbą najazdu tureckiego.

Układające się strony szybko doszły do porozumienia w kwestiach zasadniczych, pojawił się jednakże inny, dość istotny problem wypływający z bliskości pokrewieństwa. Przyszli małżonkowie okazywali się „trzecimi dziećmi". Dziadek Jadwigi po kądzieli, Albrecht II Habsburg, i babka Jerzego, Małgorzata Habsburżanka, byli rodzeństwem. Poselstwo do papieża Sykstusa IV usunęło i tę przeszkodę, przywożąc dyspensę na małżeństwo.

Na początku października 1475 roku rodzice odprowadzili 18-letnią córkę aż do Poznania, skąd w towarzystwie bardzo licznego i bogato wyposażonego orszaku wyruszyła przez Berlin na południe Niemiec. Podróż była długa i męcząca, trwała około dwóch miesięcy. Jadwiga dotarła do Landshut 14 listopada 1475 i jeszcze tego dnia odbył się ślub w kościele św. Marcina. Ale co to był za ślub! Uroczystości weselne zaszczycili dostojni goście: cesarz Fryderyk III i jego syn Maksymilian oraz wielu wielmożów obu narodów, w sumie około 10 tysięcy osób. Połączone orszaki: polski i bawarski wypadły imponująco. Zgromadzona publiczność podziwiała nie tylko urodę księżniczki z Polski, ale i świetność towarzyszącego jej rycerstwa. Wydarzenie musiało doprawdy robić wrażenie, skoro po wiekach powróciła pamięć o nim.

Jadwiga Jagiellonka. Nieznany artysta z kręgu Maira von Landshut (ok. 1530)

Małżeństwo Jadwigi Jagiellonki ze starszym o 2 lata Jerzym Bogatym nie było udane. Mimo iż doczekali się pięciorga dzieci, nie stanowili przykładnej rodziny. Jerzy okazał się człowiekiem rozwiązłym, prowadzącym hulaszczy tryb życia. W 1485 oddalił całkowicie Jadwigę z zamku w Landshut, zamykając ją w osamotnieniu na zamku w Burghausen. Zmarła tamże 18 lutego 1502 roku.

Postać Jadwigi i jej małżeństwo popadłoby pewnie w zapomnienie, jak wiele podobnych, gdyby nie inicjatywy późniejszych epok. Jak donoszą źródła, w 1880 roku malarze z pobliskiego Monachium wygrzebali z archiwum „starą historię" i uświetnili główną salę w landshuckim ratuszu scenami z wesela roku 1475. Właściwy powrót do wydarzeń sprzed prawie 500 lat nastąpił nieco później, gdy zachwyceni tym odkryciem obywatele Landshut powołali do życia towarzystwo mające przypominać historyczne wypadki. W roku 1903 rozpoczęła swoistą karierę, trwająca do dnia dzisiejszego, nowożytna wersja dawnego wesela. Mieszkańcy Landshut wybierają książęcą parę, która uświetnia symboliczny ceremoniał przybycia gości z Polski, zaślubin i hucznego wesela w formie historycznego widowiska kostiumowego. Wcześniej powtarzane corocznie, aktualnie co cztery lata, mobilizuje mieszkańców i przyciąga rzesze turystów.

W niemieckiej tradycji przetrwała również pamięć o niebywałej urodzie Jadwigi. Wspominali o niej nie tylko kronikarze. W 1979 roku pisarka Marlene Reidel opublikowała w wydawnictwie Sellier w Monachium bajkę dla dzieci, opatrzoną rodzajowymi rysunkami. Opowiada w niej, jak to w bajce, że:

> Dawno, dawno temu, daleko za czeskimi lasami, w dalekiej Polsce żyła piękna księżniczka. Nazywała się Jadwiga, a kto ją zobaczył, miękło mu serce. Dla każdego była miła, serdeczna i czuła. Brwi nad jej oczami były jak zakrzywione księżyce, a włosy rozpościerały się jak jedwabny płaszcz wokół jej ramion.

Dowiedział się o pięknej polskiej księżniczce książę bawarski i zapragnął oddać ją swojemu synowi, który był:

> (...) młody, wysoki i silny, w wieku właściwym do ożenku. Dlatego ojciec rozglądał się za narzeczoną dla niego. Jadwiga, polska księżniczka, wydała mu się właściwa.

Książę stał co prawda niżej od króla, ale – powiada autorka – książę bawarski był bogaty, bogatszy nawet od króla polskiego, ten więc nie sprzeciwiał się małżeństwu. Poczyniono wielkie starania do wesela, przygotowano bogaty posag. W końcu po długiej podróży przybyła oczekiwana księżniczka:

> Zgromadziła się cała śmietanka towarzystwa, najprzedniejsi książęta i szlachta landowa. Rycerze na koniach, w błyszczącej zbroi, utworzyli uroczysty szpaler. Narzeczony jechał na

czarnym koniu obok karety Jadwigi. Na głowie miał kapelusz zdobiony piórami i kosztownymi perłami.

Po bardzo uroczystym ślubie, wydano wspaniałe przyjęcie. Kogo tam nie było:

Szlachta, książęta, królowie, do tego sam cesarz, rycerze, jeźdźcy konno w pełnym rynsztunku, mieszczanie, artyści, żołnierze, a także chłopi, sztukmistrze...

Pito, jedzono, śpiewano, tańczono, zabawiano i kochano się. Potem odbyły się pojedynki oraz turnieje rycerskie...

Opowieść, jak w każdej bajce o pięknej księżniczce i bogatym księciu, kończy się *happy endem*. Nie opowiada się przecież dzieciom, jak wygląda prawdziwe życie. I tak je poznają.

3. Mariaże władców elekcyjnych

Brzydka królewna

Anna Katarzyna Konstancja (1619–1651) była córką Zygmunta III Wazy i Konstancji Austriaczki, z rodziców już nie najmłodszych. Król liczył sobie 53 lata, królowa 31. O Annie Katarzynie zachowały się przekazy świadczące z jednej strony o jej licznych przymiotach charakteru, z drugiej o braku urody, czy dosadniej mówiąc – o brzydocie. Była niskiego wzrostu, mało foremnej budowy ciała, odznaczała się bladością cery. Trudno się przeto dziwić, że wystąpiły problemy z wydaniem jej za mąż. Po licznych zabiegach znaleziono kandydata, którym okazał się książę neuburski Filip Wilhelm. W lutym 1642 roku przyjechał do Warszawy, gdzie 8 czerwca odbył się ślub. Twierdzi się, że młoda para wkrótce wyjechała do Nadrenii, zabierając ze sobą niebagatelny posag. Niektóre przekazy wspominają o pięćdziesięciu, inne o siedemdziesięciu wozach wyładowanych kosztownościami. Z pewnością była to cena, jaką zapłacono za Annę.

W *Diariuszu podróży po Europie* Włocha Giacomo Fantuzziego można przeczytać ciekawą informację dotyczącą dalszych losów królewny Anny Katarzyny Konstancji. Zwiedzając Neuburg, siedzibę księcia Filipa Wilhelma, Giacomo Fantuzzi odwiedził i kościół pałacowy pod wezwaniem Najświętszej Marii Panny. Pod datą 14 września 1652 roku zanotował:

> W kościele tym wiele pięknych, drogocennych wyrobów ze srebra zobaczyć można (...) darowanych, a także przez ostatnią księżniczkę, młodą żonę Jaśnie Oświeconego młodego księcia, Jaśnie Oświeconą Annę Katarzynę Konstancję, księżniczkę polską, siostrę tamtejszego króla, która zmarła nagle w ubiegłym roku w Kolonii, jak mówiono, z powodu radości, jakiej doznała na widok swego małżonka (...) zwycięsko z wojny powracającego. Jak gromem rażona, w jego obecności martwa padła, gdy tylko razem do pierwszej ze swych komnat weszli, nim jeszcze usiąść zdążyli.

Przypuszcza się, że Anna chorowała na serce.

Teresa Kunegunda

Michał Komaszyński, współczesny biograf Teresy Kunegundy, pisze:

> Losy Teresy Kunegundy są dziejami wielu ówczesnych królewien. Po szczęśliwym dzieciństwie na dworze rodziców została wydana w młodym wieku za mąż. Dzięki związkowi z Maksymilianem Emanuelem stała się władczynią jednego z najpotężniejszych państw Rzeszy[22].

Dzieciństwo, urodzonej w 1676 roku Teresy Kunegundy, było na tyle szczęśliwe, na ile pozwalały losy rodziny królewskiej, obficie obdarowywanej potomkami, lecz i trapionej częstymi zgo-

---

22 M. Komaszyński, *Teresa Kunegunda Sobieska,* Warszawa 1982.

nami potomstwa. Maria Kazimiera w pierwszym małżeństwie z Janem Zamoyskim wydała na świat w sumie pięć córek, które wcześnie zmarły. W związku z Janem Sobieskim urodziła sporo dzieci, niektórzy badacze doliczyli się siedemnastu ciąż, ale tylko czwórka chowała się zdrowo: trzej synowie i Teresa Kunegunda.

Dorastające dziewczęta z królewskich domów już dość wcześnie przymierzano do odpowiedniego zamążpójścia. Decydowały przede wszystkim interesy dynastyczno-polityczne. Wokół wydania czy pozyskania młodziutkiej Teresy Kunegundy zaczęły się zabiegi najprzedniejszych dworów europejskich. Po nieudanych koncepcjach mariażu z orientacją austriacką czy duńską, na horyzoncie oczekiwań rodziny królewskiej pojawił się owdowiały właśnie elektor bawarski Maksymilian Emanuel (1662–1726). Widoki na małżeństwo królewny Sobieskiej z księciem Rzeszy odpowiadały bardzo Marii Kazimierze. To ona wraz z najstarszym synem Jakubem, który *notabene* przyjaźnił się z przyszłym szwagrem, wzięli sprawy w swoje ręce. Projekt małżeństwa poparła Francja, mając nadzieję na pozyskanie sojusznika w walce z Austriakami. Również Maksymilian Emanuel, zliczywszy korzyści polityczne i finansowe, zaczął skłaniać się do poślubienia królewny Sobieskiej. Po długich pertraktacjach ustalono, że posag Teresy Kunegendy wyniesie pół miliona talarów, płatny w ratach.

Teresa Kunegunda Sobieska.
Autor nieznany (XVIII w.)

Ślub dziewiętnastoletniej Teresy Kunegundy ze starszym o czternaście lat Maksymilianem Emanuelem, wdowcem, odbył się *per procura* w Warszawie 15 sierpnia 1694 roku. Dopiero w połowie listopada młoda oblubienica wyruszyła w długą podróż do Brukseli. Małżonkowie spotkali się po raz pierwszy na początku stycznia 1695 roku nad Renem. Miodowy miesiąc upłynął pod znakiem wzajemnego zauroczenia, radości i balów. W sierpniu Teresa Kunegunda poroniła, ale organizm pozwolił jej szybko dojść do pełnego zdrowia. Dalsze miesiące i lata zaczęły płynąć normalnym rytmem życia wielu rodów panujących. Małżonek elektor coraz częściej przebywał poza domem, zajmując się sprawami publicznymi lub nowymi miłostkami, elektorowej pozostawała powiększająca się z każdym rokiem rodzina.

Maksymilian Emanuel, angażując się coraz silniej w politykę koalicji antyaustriackiej, nie zakładał, że sprawy przyjąć mogą obrót dla niego niekorzystny. Tak się jednak stało, gdy w wyniku klęski militarnej pod Höchstädt musiał prawie że w popłochu uchodzić z Bawarii, pozostawiwszy najbliższych swojemu losowi. Próby połączenia całej rodziny elektorskiej, żony wraz z piątką dzieci, nie udały się. On sam pospieszył do Brukseli, a żonie listownie nakazał powrót do Monachium w celu zapewnienia ciągłości władzy. Teresa Kunegunda została na kilka miesięcy regentką Bawarii, stając wobec trudności i zadań, którym w sposób oczywisty nie mogła podołać. Nie radząc sobie z nowymi obowiązkami, próbowała ściągnąć matkę do siebie. Na pobyt Marii Kazimiery w Monachium nie zgodził się jednak cesarz Leopold I Habsburg. Zdesperowana Teresa Kunegunda zwróciła się więc o umożliwienie jej wyjazdu do Italii, by mogła po latach rozłąki spotkać się z matką. Ruch ten okazał się posunięciem nadzwyczaj fatalnym. Dwór austriacki zakazując Marii Kazimierze wjazdu do Bawarii, jednocześnie chętnie przystał na wyjazd córki. Już na granicy, a podróżowała bez dzieci, została powiadomiona, że jej powrót do Monachium nie jest możliwy.

W Padwie spotkała się z matką po dziesięciu latach rozstania, ale obie nie były w stanie odnowić dawnej zażyłości, ich drogi rozeszły się definitywnie. Wobec zakazu powrotu do Monachium, elektorowa udała się do Wenecji.

Teresa Kunegunda nie sądziła, że przyjdzie jej spędzić na wygnaniu wiele lat, w pełnej izolacji od męża i dzieci. Z okresu weneckiego zachowała się rycina według rysunku Cosmasa Damiana Asama, będąca alegorią mitologiczną przedstawiającą Teresę Kunegundę jako Penelopę, która czeka na swojego Odysa. Myślę, że warto przytoczyć fachowy opis ryciny:

> Rozbudowana i obfitująca w symboliczne treści kompozycja wyobraża elektorową w weneckim pałacu siedzącą w fotelu

z wysokim oparciem, przy stole ozdobionym rzeźbionymi lwami. W prawej dłoni trzyma ona ptasie pióro, pisząc na karcie papieru: Penelope Ulyssi Hanc tua. Teresa Kunegunda przedstawiona tu została jako atrakcyjna i elegancka młoda kobieta we fryzurze przetykanej perłami w wydekoltowanej sukni i w płaszczu gronostajowym, w którego fałdach rozpościerających się na posadzce siedzi mały piesek (symbol wierności małżeńskiej). Wnętrze komnaty sprawia wrażenie zatłoczonego, głównie przez siedem portretów (popiersi w owalach), zawieszonych na ścianie i przedstawiających Maksymiliana II Emanuela oraz dzieci. Trzy z tych wizerunków odbijają się fragmentarycznie w owalnym, okazałym zwierciadle, nieprzypadkowo umieszczonym na przeciwległej ścianie (lustro symbolizuje tu cnoty elektorowej: wierność małżeńską, pobożność, hojność i wytrwałość). Komnata otwiera się dużym przeszklonym oknem na Wenecję, z fragmentem kościoła Santa Maria della Salute i Canale Grande z płynącymi gondolami. Nad oknem zawieszone są dwie kartusze z herbami Bawarii i Rzeczypospolitej Obojga Narodów, pod wspólną mitrą elektorską[23].

Teresa Kunegunda-Penelopa czekała dziesięć lat. Dopiero na wiosnę 1715 roku cała rodzina spotkała się ponownie w Monachium. Długie rozstanie nie sprzyjało odbudowaniu dawnych więzi, zostały one zerwane bezpowrotnie. Małżeństwo żyło swoim życiem, dzieci posłano na naukę. Na początku 1726 roku Maksymilian Emanuel zaniemógł i w lutym zmarł w wieku sześćdziesięciu trzech lat.

Po śmierci męża nic nie było już takie samo. Teresa Kunegunda postanowiła przenieść się na resztę życia do Wenecji, którą bardzo polubiła. Zmarła 10 marca 1730 roku.

---

23 H. Widacka, *Teresa Kunegunda w Wenecji*, Muzeum Pałacu Króla Jana III w Wilanowie.

4. Romantyczna miłość.
Eliza Radziwiłłówna i Wilhelm Pruski

Historia tej prusko-polskiej miłości bardziej rozpalała i rozpala wyobraźnię niemiecką niż polską. Eliza Fryderyka Luiza Marta Radziwiłłówna, córka księcia Antoniego Henryka i Luizy Hohenzollern, księżniczki pruskiej, postrzegana była jako jedna z atrakcyjniejszych partii królestwa. Książę Wilhelm to drugi syn króla Fryderyka Wilhelma III, mający niejakie widoki na sukcesję tronu. Dorastająca Eliza, urodzona w 1803 roku, wzbudzała powszechny zachwyt swoją urodą, wdziękiem i rozlicznymi talentami. Nic przeto dziwnego, że Wilhelm, starszy od niej o sześć lat (ur. w 1797), zakochał się po uszy. Okazji do spotkań nadarzało się wiele, począwszy od wspólnej nauki tańca, zabaw, przedstawień i spacerów aż po uroczystości rodzinno-dworskie. Możliwości bliższych kontaktów dostarczały zwłaszcza bale i zabawy karnawałowe. Rozkwitająca uroda młodziutkiej Elizy, zwanej „białą różyczką", zwracała uwagę wytwornego towarzystwa, zarówno starszych jak i młodzieży. Z tego okresu pochodzi portret Elizy autorstwa Wilhelma Hensla, nadwornego malarza króla. Mówi nam wiele o romantycznym ideale piękna. Głowa Elizy została sportretowana w przybraniu przygotowanym dla potrzeb inscenizacji tzw. żywego obrazu ze słynnego poematu Thomasa Moore'a *Raj i Peri*. Eliza gra w nim rolę tytułowej Peri, która jest, jak pisze polski tłumacz poematu w przypisie:

Eliza Radziwiłłówna

> (...) duchem dobrym, stopniem niższym od aniołów, ale równej piękności. Mieszkają w powietrzu, w wodzie, gdzie im się podoba, w zaczarowanych ogrodach lub kryształowych pałacach; żyją wonią kwiatów i rosą[24].

---

24 T. Moore, *Raj i Peri*, tłum. A. Pajgerta, Warszawa 1960.

W poemacie Moore'a Peri obserwuje z góry śmierć pewnego młodzieńca, odważnego rycerza walczącego z tyranem. Pozostawił w domu ukochaną, ta wiedziona gorącym uczuciem lęku i tęsknoty poszukuje go na polu bitwy i w końcu odnajduje, ale jako śmiertelnie rannego. Okazuje się, że i sama jest śmiertelnie chora, z powodu grasującej wkoło zarazy. Tuląc umierającego kochanka ostatkiem sił wygłasza pean na cześć miłości, a właściwie skargę na okrutny los. Szczególnie aluzyjnie zabrzmieć musiały niektóre słowa nieszczęśliwej dziewicy. Co czuła wtedy Eliza, gdy deklamowała słowa?

> Oh! Niech mię tylko razem, mój luby,
> Jedno powietrze z tobą owionie!
> Czy mię ocali, czy pchnie do zguby,
> Byleby tylko na twojem łonie!
> Napój się! Napój z łez moich zdroju!
> Oh! Gdyby balsam w żyłach mych miała!
> Za jedną chwilę twojego spokoju
> Sam wiesz, jak chętnie krew bym przelała.
> Oh nie odwracaj źrenicy twojej!
> Czyż narzeczoną nie jestem tobie?
> Czyżem ja nie ta, której przystoi
> Z tobą być w życiu, z tobą lec w grobie?
> (...)
> Ja żyć bez ciebie? Serce się wzdraga!
> Ty moje życie, ty skarb mój wszystek!

Teresa z Potockich Wodzicka na podstawie relacji osób bliskich Elizie w zadziwiający sposób skomentowała jej portret:

> Postawa jasnowłosej księżniczki Elizy, poważny, niemal smutny wyraz spuszczonej twarzy i oczy jakby umyślnie ukryte pod zasłoną powiek, zdają świadczyć, że to niebiańska, wygnana istota za swym złotym rajem tęskniąca na ziemię. I być może, iż więcej w tem było prawdy aniżeli fantazji[25].

---

25 T. Wodzicka, *Eliza Radziwiłłówna i Wilhelm I,* Kraków 1896, s. 34.

Około 1820 roku młodzi zaczęli snuć plany małżeństwa, które wywołały wiele spekulacji, intryg i plotek. Dość szybko ujawnili się zdecydowani przeciwnicy tego mariażu, według których istniała „nierówność urodzenia" (pruskie prawo *Ebenbürtigkeit*). Mimo wielu pozytywnych ekspertyz o braku zasadniczych przeszkód, jak również po próbach znalezienia rozwiązania drogą swoistej adopcji Elizy przez cara Rosji Aleksandra I, w 1826 roku dwór królewski podjął ostateczną decyzję, iż to małżeństwo nie może dojść do skutku. Wilhelm, podobno z ciężkim sercem, podporządkował się rozkazom ojca. Podzielano dwojakiego rodzaju zastrzeżenia. Pierwsze związane było ze sporną kwestią „nierówności krwi" partnerów, które można było obejść, ale za cenę zgody na tzw. małżeństwo morganatyczne, czyli „z lewej ręki". Polegało na tym, że prawo nie dawało wybrance przywilejów należnych prawowitej małżonce, nie nabywała ona bowiem statusu równego mężowi, ani jej dzieci nie dziedziczyły po ojcu należnych praw. Oznaczało to, iż dzieci Wilhelma z małżeństwa z Elizą, w przypadku objęcia przez niego tronu królewskiego, nie mogłyby przedłużyć dynastii, a to stanowiło poważne zagrożenie dla porządku sukcesji. Drugie zastrzeżenie wysuwano do polskich korzeni ojca Elizy, księcia Antoniego Radziwiłła. Zaangażowanie się innych Radziwiłłów po stronie Napoleona, wroga Prus, rzucałoby cień na reputację rodziny królewskiej, będącej przecież wzorem cnót pruskich. Na taką ofiarę utraty wizerunku w oczach poddanych nie mógł sobie pozwolić żaden władca. Zachował się list pożegnalny Wilhelma z 24 czerwca 1826 roku adresowany do Elizy i jej matki.

> Rozwiązany został ten węzeł na Ziemi, który złączył przed Bogiem serce Elizy i moje! Czy gdziekolwiek jest miłość czystsza, czulsza, silniejsza niż ta między nami?... Stała się wola Boska! W tej chwili w duchu występuję do Elizy i zwracam jej – jej serce, które należało do mnie poprzez najczystsze i najwyższe uczucia! Odrywam je od mojego, bo tak chce gorzki los; ale jej obraz pozostaje niezatarty na wieki w moim sercu!... W tej trudnej, tragicznej chwili stoję przed Bogiem; on widzi i zna

moje serce, a moje sumienie jest spokojne, bo nie dostrzegam w sobie żadnej winy, której dopuściłbym się wobec istoty, która była dla mnie wszystkim!... To ja powinienem być tym, który miał sprowadzić ciężki, mroczny los na Elizę, na Was wszystkich!... To jest największa łaska, którą obdarzył mnie Bóg, że mogę wobec Elizy wyrazić przekonanie, że On i mnie dał serce otwarte na niebiańskie prawdy i pociesznia. Jakże słabo brzmi w tej ciężkiej chwili słowo podziękowania! Mimo to muszę je wypowiedzieć, z rozdartym sercem zwracam się do Elizy i z trudem mówię jej dziękuję za niewypowiedzianą rozkosz, której mogłem kosztować, posiadając jej serce. To ona była tą, której zawdzięczam pięcie się do góry, to ona dała spokój mej duszy – za to chyba mogę wyrazić słowa podziękowania! Dziękuję jej za każdą niewypowiedzianie drogocenną chwilę, którą jej zawdzięczam; och! To był najpiękniejszy czas naszego życia, który teraz pozostał za nami! Pusta i bez radości rysuje się przede mną przyszłość...

Żegnam się więc z Wami, z Elizą, koniec z moim związkiem, który czynił moje życie szczęśliwym! Węzeł miłości między mną i Elizą jest rozwiązany – niech pozostanie mi jej przyjaźń – aż do śmierci![26].

Z odpowiedzią zwlekano miesiąc. Pod datą 28 lipca 1826 roku Eliza pisała:

Mogę sobie pozwolić na tych kilka słów jak znak grobu – bo to jest grób naszej miłości? W tych kilku słowach pragnę wszystko zawrzeć, co wypełnia moje serce: podziękowania za Waszą wierną, dającą mi szczęście miłość, za pożegnanie, które zawarte jest w jednym z Waszych drogich listów, otrzymanych po tym, jak zapadła decyzja! Jak niewysłowioną błogość sprawia mi Wasze zapewnienie, że mogłam mieć wpływ

---

26 D. Von Garsdorff, *Na całym świecie tylko Ona: zakazana miłość księżniczki Elizy Radziwiłł i Wilhelma Pruskiego*, przeł. G. Prawda, Jelenia Góra 2014, s. 158–159.

na spokój Waszej drogiej duszy! Więcej nie mogę wymagać od Bożej łaski... Proszę również o Waszą przyjaźń i obiecuję swoją, ma powstać z grobu naszej miłości, jak dusza wspina się do Pana, po tym jak pogrzebano nasze ciała. Niech będzie to ostatnią rzeczą, którą dołączycie do pozostałych pamiątek – było mi bardzo trudno przeczytać te miejsca, gdzie mówicie o rozstaniu z sygnetem, włosami, rysunkiem – to było bardzo gorzkie... Bądźcie zdrowi! Eliza[27].

W trzy lata później, 11 czerwca 1829 roku, przymuszany przez ojca do założenia rodziny z osobą równą urodzeniem, Wilhelm ożenił się z księżniczką Augustą von Sachsen-Weimar-Eisenach. Eliza usunęła się całkowicie z życia Berlina i przeniosła się z rodziną do pałacu w Ruhberg, dzisiejszej Ciszycy. Chora na gruźlicę zmarła 27 września 1834 roku. Oswald Baer w książce *Engel von Ruhberg* odnotował kilka utworów napisanych na jej cześć. Jeden z nich, autorstwa młodziutkiej księżniczki Taidy Sułkowskiej włożono podobno do trumny zmarłej w dwa lata później matki Elizy. Teresa Wodzicka zamieszcza polską wersję poemaciku (oryginał był po francusku). Przytaczam końcową zwrotkę:

> Wszystko w niej było proste, szlachetne i czyste,
> Wszystko dobre i wzniosłe, a takie przejrzyste,
> Jakby jej nigdy ludzkie nie dotknęło błoto;
> I widząc ją tak jasną nad ziemskiem padołem,
> Zdało nam się, iż była pośrednią istotą
> Między kobietą – aniołem![28].

Wilhelm przeżył Elizę o pięćdziesiąt pięć lat i jako sędziwy dziewięćdziesięciojednoletni cesarz zjednoczonych Niemiec, zmarł w 1888 roku.

---

27 Tamże.
28 O. Baer, *Der Engel von Ruhberg: ein Beitrag zur Jugendgeschichte Kaiser Wilhelms I*, Breslau 1889, s. 37.

Już w 1885, czyli jeszcze za życia Wilhelma I, historyk Heinrich von Treitschke w trzecim tomie *Deutsche Geschichte im 19. Jahrhundert* (Historia Niemiec w wieku XIX) wspomniał o młodzieńczej miłości cesarza. Ta pozorna niedyskrecja nie spotkała się z reprymendą panującego, wręcz przeciwnie, jak wynika z wyjaśnienia Wilhelma Onckena, autora księgi pamiątkowej poświęconej „stuleciu urodzin cesarza Wilhelma Wielkiego"[29], cesarz opowiedział szczegółowo o swojej miłości osobie zaufanej. Dowiadujemy się, że związek trwał nie pięć, a siedem lat i jeszcze w 1826 roku młody Wilhelm, udający się do Petersburga do siostry, otrzymał pozwolenie ojca, by mógł zatrzymać się w Poznaniu, gdzie mieszkała rodzina Radziwiłłów. „To były piękne dni, uważaliśmy się w pełni za narzeczonych" – miał wyznać po latach. Jednak młodym nie było pisane szczęście małżeńskie. Opór otoczenia dworskiego okazał się silniejszy i król nakazał synowi zerwanie związku. Ciąg dalszy historii znamy.

Wzmianka Treitschkego i pozytywne sygnały z dworu cesarskiego dały zielone światło dla szerszego zainteresowania niemieckiej opinii publicznej młodzieńczą miłością Wilhelma I. Już w rok po śmierci cesarza jeleniogórski lekarz Oswald Baer wydał książkę *Der Engel von Ruhberg. Zur Jugendgeschichte Kaiser Wilhelms I.* (Anioł z Ciszycy. Młodzieńcza miłość cesarza Wilhelma I), o której niezbyt pochlebnie wyraziła się Teresa Wodzicka, pisząc, iż jest to „opowieść nie bardzo zgrabna, naszpikowana sentymentalnemi wykrzyknikami i przesadnem unoszeniem się nad pięknością gór szląskich". W drugiej publikacji *Prinzeß Elisa Radziwill. Ein Lebensbild* (Księżniczka Eliza Radziwiłłówna. Obraz życia), Berlin 1908, wykorzystał Baer listy Elizy do Blanche (Blanki) von Wildenbruch, wychowanicy ojca.

W późniejszym czasie ukazały się dalsze prace. Bruno Hennig wydał niepublikowane listy Elizy z lat 1820–1834: *Elisa Radziwill. Ein Leben in Liebe und Leid* (Eliza Radziwiłłówna. Życie w miłości i cierpieniu), Berlin 1912; Leo Hirsch *Elisa Radziwill. Die Jugendliebe Kaiser Wilhelms I.* (Eliza Radziwiłłówna. Młodzieńcza

---

29 *Unser Heldenkaiser. Festschrift zum hundertjährigen Geburtstage Kaiser Wilhelms des Großen*, Berlin 1897, S. 393.

miłość cesarza Wilhelma I), Breslau 1929, zaś Kurt Jagow dramat *Wilhelm und Elisa. Die Jugendliebe des Alten Kaisers* (Wilhelm i Eliza. Młodzieńcza miłość starego cesarza), Leipzig 1930.

Okres powojenny przyniósł nowe tytuły. Harald Eschenburg opublikował pracę *Die polnische Prinzessin: Elisa Radziwill, die Jugendliebe Kaiser Wilhelms I.* (Polska księżniczka: Eliza Radziwiłłówna, młodzieńcza miłość cesarza Wilhelma I) Stuttgart 1986. Zaś w 2013 zaś ukazała się powieść Dagmar von Gersdorff, przetłumaczona bardzo szybko na język polski: *Na całym świecie tylko Ona*.

Informacja o zainteresowaniu kultury niemieckiej historią starej miłości nie byłaby pełna, gdybyśmy nie wymienili filmu *Pruska historia miłości* w reżyserii Paula Martina z 1938 roku.

Zainteresowanie nieszczęśliwą miłością Elizy i Wilhelma ze strony polskiej okazało się zdecydowanie słabsze. W sposób oczywisty żyła nią, jako sensacją towarzyską, arystokracja polska. W 1896 roku Teresa z Potockich Wodzicka wydała w Krakowie niewielkich rozmiarów książkę *Elisa Radziwiłłówna i Wilhelm I*. Przyświecał jej szlachetny cel zapoznania publiczności polskiej z tą niezwykłą historią na tle życia arystokratycznych rodzin cesarstwa, ich powiązań, układów, plotek i zawiści. Z tekstu wynika, iż Wodzicka dobrze znała zarówno własne środowisko, jak i śledziła ukazujące się niemieckie publikacje na temat Elizy.

Literatura uzupełniająca

Besala J., *Małżeństwa królewskie. Piastowie*, Warszawa 2006
Przeździerecki Al., *Jagiellonki polskie w XVI wieku*, Kraków 1880, t. I–V
Schreiner A., *Richeza: die polnische Königin aus dem Rheinland/ Rycheza: królowa Polski rodem z Nadrenii*, j. niemiecki i polski, tłum. G. Prawda, Pulheim 2011
Schumann R., *Wspaniała niewiasta. Życie świętej Jadwigi Śląskiej*, Opole 2011
Schumann R., *Jadwiga Śląska – wzór dla Europy*, tłum. D. Smolorz, Opole 2014
Sierosławski S., *Miłość Wilhelma I (Eliza Radziwiłłówna)*, Warszawa 1914
Stopka A. ks., *Święta z butami na sznurku*, w: „Gość Niedzielny" 2000, nr 28
Wawrzykowska-Wierciochowa D., *Kochanki pierwszych dni*, Warszawa 198

Karta tytułowa publikacji „Piękne warszawianki. Trzy Polki" W. Osmańskiego (1870)

ROZDZIAŁ TRZECI
Książę kanclerz ostrzegał...
(Przeciw germanizacji)

1. Polska „walka o życie lub śmierć"

W broszurce *Program Polski 1872. Myśli o zadaniu narodowym*, wydanej u Konstantego Żupańskiego w Poznaniu w roku setnej rocznicy pierwszego rozbioru Polski, sześćdziesięcioletni podówczas Kraszewski dokonał precyzyjnej analizy stanu politycznego dawnych ziem polskich i jasno sformułował cele stojące przed rodakami. Ponieważ najdłużej przyszło mu żyć między Niemcami, poznał ich najlepiej i uznał za najgroźniejszych przeciwników, ba, za wrogów, z którymi przychodzi stoczyć walkę o wszystko. Cytowane poniżej fragmenty *Programu* nie pozostawiają wątpliwości, kim w ocenie Kraszewskiego jest prawdziwy wróg Polaków i jakimi metodami, wyciągając naukę z historii, należy mu się przeciwstawić.

> Gdy stosunek z Rosją (...) jest prowizoryczny i wyczekujący – z Niemcami stanowczo się przedstawia, jako walka o życie lub śmierć. Tu nie ma i być nie może mowy o żadnym przymierzu – nawet o chwilowym rozejmie, bo i ten na naszą zawsze niekorzyść wypada. Pozorna tolerancja niemiecka, uznanie tymczasowe narodowości, jest stratagematem [podstępem – przyp. PR] wojennym; przygotowaniem do wchłonięcia, usypianiem za pomocą chloroformu dla amputacji. Zbrojniej więc tu należy stać niż gdzie indziej, bo noc i dzień trwa bitwa, a nie ma sfery życia, w którą by się nie przeniosła – w gospodarstwie, handlu, przemyśle, nauce, w szkole, wojować musimy, nawet w kościele.

W pięknym swym wierszu do matki Polki, Mickiewicz żądał od niej, aby syna uczyła męczeńsko a stoicko umierać, dziś my wymagamy od niej, aby go żyć i walczyć nauczyła i nie jęczeć. Skargi tylko słabość piętnują, litości nie żądamy, powinniśmy sobie zdobyć prawo do życia. Poczucie tego obowiązku ma cały ogół.

Obok oświaty idzie potrzeba stowarzyszeń wszelkiego rodzaju, które pracę ułatwiają, wiążą nas, zbliżają stany i ludzi, wspólność gruntują. W Prusach najniewinniejsze spółki już są prześladowane pod pozorem propagandy polskiej, bo tu propagandą i agitacją zowie się, co tylko Niemcom zawadza, co nas utrzymuje przy życiu, a kto nie zabija, ten w oczach ich winien sądu. Niech to będzie wskazówką obowiązku. Na usiłowania nieprzyjaciół patrząc uczymy się, co zachowywać należy i co krzewić. W co oni uderzają, tego nam bronić potrzeba.

Spisane w 1872 roku rozpoznania Kraszewskiego i wynikające z nich przestrogi dla rodaków żyjących na ziemiach polskich wchłoniętych przez zabór pruski realizowały się, jak w złej przepowiedni, co do joty. Zapoczątkowany przez kanclerza Bismarcka Kulturkampf wymierzony był przede wszystkim przeciwko instytucji Kościoła katolickiego, która stawała na przeszkodzie gruntowniejszej reorganizacji państwa w duchu niezbędnych reform socjalnych i prawnych, zarówno w oświacie jak i w ustawodawstwie cywilnym. Kulturkampf już z tych powodów wchodził w konflikt z interesami polskimi, albowiem Kościół katolicki i szkoła dozwalająca naukę języka ojczystego na lekcjach religii stanowiły ostatni bastion zagrożonej narodowości. Ambitne plany Bismarcka modernizacji państwa musiały kolidować z interesami Polaków, postawionych w trudnej sytuacji wyboru. Z jednej strony obowiązywała ich lojalność poddanych cesarza niemieckiego, a z drugiej – obrona tożsamości narodowej. Kulturkampf stał się przeto symbolem złowieszczych procesów germanizacyjnych: zakazów, szykan i ograniczeń we wszystkich dziedzinach polskiego życia narodowego i społecznego. Nawet oficjalne zakończenie sporu Bismarcka z Watykanem (1878) nie zdołało przyćmić złej sławy

Kulturkampfu, tym bardziej, że nie osłabł w niczym kurs konfrontacyjny. Gdy w 1901 roku pruskie władze oświatowe ogłosiły rozporządzenie o wyrugowaniu języka polskiego z lekcji religii katolickiej, ostatniego przyczółka polszczyzny, dzieci z Wrześni zastrajkowały i odmówiły przyjęcia katechizmu po niemiecku oraz aktywnego udziału w lekcji. Reakcja władz była natychmiastowa i okrutna. Dzieci szykanowano, poddawano karze chłosty, cofano do klas niższych, przedłużając naukę w szkole. Na rodziców broniących dzieci przed prześladowaniami nakładano kary grzywny lub skazywano na pobyt w więzieniu. Protest dzieci wrzesińskich spotkał się z wielkim poparciem ze strony całego społeczeństwa polskiego, stając się wkrótce symbolem oporu polskiego wobec skali, metod i natężenia praktyk germanizacyjnych. Głos zabrali wybitni pisarze. Maria Konopnicka ułożyła płomienny wiersz *O Wrześni* (1902), wiersz-krzyk, zawierający słynne strofy:

> Tam od Gniezna i od Warty
> Biją głosy w świat otwarty,
> Biją głosy, ziemia jęczy;
> – Prusak dzieci polskie męczy!

> Za ten pacierz w własnej mowie,
> Co ją zdali nam ojcowie,
> Co go nas uczyły matki,
> – Prusak męczy polskie dziatki!

a kończący się wezwaniem do dalszego oporu:

> Bijcie, dzwony, bijcie, serca,
> Niech drży Prusak przeniewierca,
> Niech po świecie krzyk wasz leci:
> – Prusak męczy polskie dzieci!
> Niechaj wiara moja stanie,
> Niech się skrzyknie zawołanie,
> Wici niechaj lud zanieci...
> – Prusak męczy polskie dzieci.

W duchu niezgody na pruskie praktyki germanizacyjne powstała w kilka lat później *Rota* (1908), ze słynnym dwuwersem:

> Nie będzie Niemiec pluł nam w twarz,
> Ni dzieci nam germanił.

Henryk Sienkiewicz opublikował w czasopiśmie „Czas" (1901) *List w sprawie ofiar wrzesińskich*, w którym stwierdzał:

> My jedni, którzy od czasu, gdy część narodu naszego weszła w skład Prus, znamy bliżej to środowisko – nie powinniśmy się ani dziwić, ani też poprzestać na słowach i załamywaniu rąk. Tak jest! Zdziwienie nie byłoby na miejscu. Wszakże ich własny, niemiecki pisarz wypowiedział niegdyś znamienne słowa, iż złudzeniem jest, aby niemoralna polityka mogła nie zniepawić społeczeństwa i przyszłych jego pokoleń. Stało się więc, co się stać musiało. Od czasów Fryderyka II i jeszcze dawniejszych polityka pruska była nieprzerwanym ciągiem zbrodni, przemocy, podstępów, pokory względem silnych, tyraństwa względem słabszych, kłamstwa, niedotrzymywania umów, łamania słów i obłudy.

Z tego okresu pochodzi bajka Sienkiewicza zatytułowana *H.K.T.*, będąca czytelną aluzją do polakożerczej nacjonalistycznej organizacji *Deutscher Ostmarkenverein* (Niemiecki Związek Marchii Wschodniej), potocznie zwanej „Hakatą". Związek, założony w 1894 roku w Poznaniu, wsławił się bezprzykładną walką z polskością, dążeniem do pełnej germanizacji dawnych ziem polskich włączonych do zaboru pruskiego. W sienkiewiczowskiej bajce pokojowo nastawionego sokoła atakuje sęp i dochodzi do rozmowy:

> – Czego chcesz? – pyta sokół.
> – Chcę cię zabić i pożreć – powiada sęp.
> – A cóż ci po mojej zgubie?
> – Co za głupie pytanie i co za brak wykształcenia! Ciasno mi jest w rodzinnym gnieździe, więc chcę zabrać twoje, abym

miał gdzie umieścić moich młodszych synów; po wtóre, mam swoją sępią politykę, której twoje istnienie zawadza; a po trzecie, kraczesz innym głosem niż ja i nie kochasz mnie.

Inny autor, humorysta Antoni Orłowski, ułożył w 1898 roku satyryczny wiersz *H.K.T.*, który kończył przepowiednią o porażce złowrogiej organizacji:

> A to, co mieli hakatyści
> Za sławę, idąc rzeszą zwartą,
> Gdy niecna praca się nie ziści,
> Stanie się plamą niezatartą.
> I kiedy los z tej ziemi zmiecie
> Tych siewców złego i bez plonów,
> **H.K.T.** znaczyć będzie w świecie
> **H**ańba **K**ulturze **T**eutonów.

Pogłos wydarzeń we Wrześni znalazł się również w opowiadaniu Władysława Stanisława Reymonta *W pruskiej szkole* z roku 1909. W krótkiej, ale niezwykle sugestywnej formie opisał autor cierpienia dzieci, zmuszanych biciem do nauki religii w szkole pruskiej:

> I po kolei, wolno a coraz ciężej i spokojnie podchodziły do niego dzieci, po kolei podnosiły zsiniałe, męczeńskie twarze i bohaterskie, jasne oczy, pełne zastygłych łez, po kolei z tragiczną rezygnacją i w modlitewnym skupieniu szły na swoją kaźń i po kolei padały te same słowa:
> – Nie będę pacierza mówić po niemiecku!
> Nauczyciel stawał się coraz czerwieńszy i coraz wolniej, systematyczniej i mściwiej pastwił się nad nimi. Po kolei również bił, targał za włosy, kopał i rzucał na ściany i ławki, aż ochrypł ze wściekłości, ale żadne się nie zachwiało, żadne nie jęknęło głośniej ani nawet zapłakało.

Za przykład niemieckiej reakcji na polskie głosy oburzenia posłużyć może publikacja Margarete von Gottschall (1870–1949).

Pod pseudonimem „M.v.Witten", sugerującym męskie autorstwo, wydała w Lesznie w 1907 roku broszurę *Unsere Ostmark* (Nasza Marchia Wschodnia), która zawierała ostrą polemikę z polskim stanowiskiem. W płomiennym apelu do własnego społeczeństwa autorka już na wstępie konstatowała:

> „Ucisk Polaków" to bajka, którą Polacy od lat rozpowiadają na cały świat, by oczerniać wspaniałomyślnych Niemców i ich nabierać. Także, by pod płaszczykiem wiecznych lamentów pewniej i w przekonaniu zwycięstwa realizować swoje zdradzieckie wobec państwa cele.

Po krótkiej rekapitulacji problemu, z częścią historyczną i aktualną, przeszła Margarete von Gottschall do konkretnych wniosków oraz zaleceń:

> Dlatego nie zwlekamy, by całą elitarną prasę niemiecką wezwać do walki przeciwko polskim podżeganiom, krętactwom i oszczerstwom, które sypią się na nas codziennie ze szpalt polskich pism. Cała prasa niemiecka powinna podjąć się zadania, by szczególnie napastliwe artykuły polskich gazet, które ciągle jeszcze mogą się ukazywać, publikować w tłumaczeniu na język niemiecki i piętnować przed całym narodem niemieckim na północy, południu i zachodzie tę odrażającą oraz przerażającą działalność podżegawczą polskiej propagandy.

Zmagania Polaków dawnego zaboru pruskiego z polityką germanizacyjną państwa niemieckiego przyniosły zadziwiające rezultaty. Mimo wysiłków władzy opór polskich poddanych nie został złamany, a bitwa o najwyższą wówczas wartość, o ziemię, w pewnym nawet sensie wygrana. Taki stan rzeczy konstatowała niemiecka polityka, nauka i publicystyka. W 1902 roku Emil Stumpfe w publikacji *Polenfrage und Ansiedelungskommission. Darstellung der staatlichen Kolonisation in Posen-Werstpreußen und kritsche Betrachtungen über ihre Erfolge* (Sprawa polska i Komisja Kolonizacyjna. Opis kolonizacji państwowej w Poznaniu-Prusach Zachodnich wraz z uwagami krytycznymi o jej sukcesach) dokonywał ważnych rozpoznań kwestii działalności banków polskich. Po wnikliwej analizie operatywności takich instytucji finansowych jak „bank ziemski", „bank parcelacyjny" czy „spółka rolników parcelacyjna" wyliczył, że w latach 1897–1900 z rąk niemieckich właścicieli ziemskich przeszło 31.054 hektarów w ręce polskie, natomiast przeciwnie – tylko 16.434. I z goryczą przyznawał, że „Jeśli chcemy z sukcesem germanizować, musimy uczyć się od Polaków". Podobne stanowisko reprezentował Ludwig Bernhard, profesor nauk politycznych uniwersytetu berlińskiego, autor wielu publikacji poświęconych sprawie polskiej w Prusach. W obszernej, liczącej blisko 700 stron pracy z 1907 roku, zatytułowanej *Das polnische Gemeinwesen im preußischen Staat. Die Polenfrage* (Polska społeczność w państwie pruskim. Sprawa polska) we wnioskach stwierdzał: „Od 1896 roku zaczęło docierać do Niemców, że w walce o ziemię Polacy zyskali przewagę nad Komisją Kolonizacyjną". A w publikacji *Die Polenfrage. Der Nationalitätenkampf der Polen in Preußen* (Sprawa polska. Walka narodowa Polaków w Prusach) z roku 1920 w jej zakończeniu pisał:

> Z tego materiału wynika co następuje:
> Tylko w 15 okręgach prowincji poznańskiej i Prus zachodnich Niemcy w latach 1896–1914 powiększyli własność ziemską. Natomiast w 49 okręgach zostali z niej wyparci, mimo wszelkich starań pruskiej Komisji Kolonizacyjnej i ustaw wyjątkowych przeciwko polskim osadom.

Za pointę rozważań autora uznać należy „gorzkie słowa" pod adresem fiskusa pruskiego, z których wynikała polityczna już prawda, iż samymi tylko metodami i środkami finansowymi wygrać walki o ziemię nie można. Powód?

> Walka o ziemię przyniosła Polakom społeczną i ekonomiczną reorganizację, wymusiła na nich zmianę niezdrowego podziału ziemi, spowodowała reformy, na które w spokojnych czasach stara szlachta nigdy by się nie zdobyła i utworzyła społeczność, która wydaje się Polakom ucieleśnieniem kultury słowiańskiej w Prusach.

Po latach zmagań podobne zdanie wygłosił Stanisław Przybyszewski, autor *Moich współczesnych* (1926):

> A może by to sprusaczenie Poznańskiego już daleko rychlej nastąpiło, gdyby go nie powstrzymał mąż dla nas iście opatrznościowy Bismarck! W chwili zupełnego zgnuśnienia i sennego letargu, w jakim lud polski w Poznańskiem spoczywał, kiedy już-już układał się do wygodnego snu, zerwał się ten wściekły Roboam [postać biblijna – przyp. PR] i sromotnymi basałykami jął go smagać, by go na nogi zerwać, by mu przypomnieć, iż winien być czymś, co na nazwę naród zasługuje.

2. Nauka, którą przyjmujemy na duchową korzyść naszą...

Obok historiozoficznych konstrukcji Heinricha Treitschkego, socjologicznych Maxa Webera, za literackie źródło antypolonizmu niemieckiego w XIX wieku uważa się twórczość Gustava Freytaga, zwłaszcza jako autora powieści *Soll und Haben,* (Winien i ma, 1855) oraz cyklu powieściowego *Die Ahnen* (Przodkowie, 1872–1880), ze zrozumiałych względów nietłumaczonych na język polski. Najogólniej rzecz ujmując, pomijam przy tym programowy antysemityzm Freytaga – pisarz odmawiał żywiołowi słowiańskiemu przymiotów cywilizacyjnych. Fragment pierwszej powieści:

> Nie ma takiej drugiej rasy, która by tak mało miała w sobie tego czegoś, co pozwoliłoby się jej rozwinąć i zyskać człowieczeństwo oraz oświatę, jak rasa słowiańska. To co tam zgromadzono przez wyzysk prostego ludu, roztrwoniono później w wyszukanych rozrywkach. Po tamtej stronie uprzywilejowani uzurpują sobie prawo bycia narodem. Jak gdyby szlachta i poddani chłopi mogli tworzyć jedno państwo!
> – Oni nie mają stanu mieszczańskiego – przytakując dopowiedział Anton.

– To znaczy, że nie mają żadnej kultury – kontynuował swoją myśl kupiec. To zadziwiające, do jakiego stopnia są oni niezdolni wydać z siebie stan, który reprezentuje cywilizację oraz postęp, i który z rzeszy niezorganizowanych rolników tworzy państwo.

W *Soll und Haben* deprecjonował Freytag dwa centralne mity polskie: walkę wyzwoleńczą i rolę szlachty. Szkicując wydarzenia rabacji galicyjskiej 1846 roku, powstańców nazwał zanarchizowaną masą rebeliantów, bez przywództwa, żądnych krwi i rabunku, wrogów konstytucyjnego porządku. Również obraz szlachty polskiej wypadał negatywnie. Uznał ją za warstwę słabą ekonomicznie i duchowo, pozbawioną dawnej witalności. Mieszczaństwo, które w ówczesnym świecie stanowiło jedyną siłę progresywną, zdolną zbudować silne państwo, praktycznie w Polsce nie istniało. Szlachta, korzystająca z uprzywilejowanej historycznie pozycji, przestała być siłą sprawczą rozwoju społeczeństwa, postępu kultury i oświaty. Dawna świetność jej pałaców, strojów i manier przeminęła, a to, co pozostało i co oglądał bohater powieści, musiało spotkać się z dezaprobatą. Wizyta Antona Wohlfahrta u jaśnie państwa Tarowskich została tak oto opisana:

> Sanie wjechały na spory dziedziniec. Długi jednopiętrowy budynek z gliny, pokryty gontem i pobielony wapnem, ślepymi oknami patrzył na znajdujące się obok drewniane obejście.
> Anton zeskoczył i zapytał człowieka w liberii o mieszkanie jaśnie pana.
> – To jest pałac – wyjaśnił z głębokim ukłonem polski służący, pomagając przyjezdnym przy wysiadaniu.
> Lenora i baronowa spojrzały zdumione na siebie.
> Weszli do brudnej sieni korytarza. Kilka brodatych zjaw rzuciło się w ich kierunku, usłużnie otwierając niskie drzwi.
> (...)
> Wreszcie miał czas, by rozejrzeć się po pokoju. Między prostymi meblami, które wyszły spod ręki wioskowego stolarza, stał wiedeński fortepian, szyby w oknach były poklejone, na czarnej podłodze leżał w pobliżu szafy podarty dywan. Panie

siedziały wokół zniszczonego stołu na krzesłach pokrytych aksamitem.
(...)
Chybotliwy stół pokryty był adamaszkowym obrusem, a na nim stało srebrne naczynie do herbaty. Obserwując śmiech, miny mówiących i temperaturę rozmów Anton czuł, że znajdował się wśród obcych.

Z podobnych obrazów i osądów czytelnik niemiecki miał wyprowadzić prosty wniosek, iż przedstawiciele tej nacji nie zasługują na należyte traktowanie, nie potrafią się rządzić, rozsądnie gospodarować i rozwijać się. Dwór państwa Tarowskich odzwierciedlał wszystko, co zawierało się w stereotypie *Polnische Wirtschaft*, symbolu nieudolności i zapóźnienia cywilizacyjnego Polaków. A wniosek nasuwał się sam: ich rola w historii dobiegła końca, zasłużyli na upadek, uwiąd i podporządkowanie silniejszym.

Reakcja Polaków, w tym Józefa Ignacego Kraszewskiego na powieści Freytaga była emocjonalna i zdecydowana. Wracał do nich często w publicystyce, a co najmniej dwukrotnie w twórczości literackiej. Już w 1866 roku w „obrazku współczesnym" *Na wschodzie* Kraszewski bez niedomówień wykładał we wstępie cel swojego dziełka:

> Powieść osnuta jest na obrazie życia i zabiegów zachodnich kolonistów w Rosji; wizerunek ten jest prawdziwym, nieszczęściem (nie moja wina) pochlebnym nie jest; mogę to przypisać, niesłusznie często zarzucanej nam niechęci przeciwko narodowi niemieckiemu. Co do mnie, nie rozumiem międzynarodowych nienawiści, w sercu ich nie mam; szanuję wielce jasnego i zdrowego ducha narodowości niemieckiej, ale nie mogę się pogodzić ze skrzywionym, spaczonym, ciasnym kierunkiem jaki mu nadają w praktyce.
> (...)
> Język, obyczaj, byt sam zagrożone są wszędzie, gdziekolwiek się stykamy z narodowością niemiecką, która nie siłą cywilizacji swej i wyższości chce nas przemóc i pochłonąć (byłoby to grą szlachetną), ale środkami przemocy, siły albo rachuby na namięt-

ności nasze, których wyzyskiwanie może być zręczną spekulacją, ale nigdy nie będzie postępowaniem szlachetnem. Dodajmy do tego potwarze, jakiemi ciska na nas dziennikarstwo i literatura, obrachowane, zręczne, a miotane w celu zohydzenia nas i odjęcia nam współczucia, bez sumiennego zbadania prawdy.

Jeśli wolno było jednemu z najznakomitszych nowoczesnych powieściopisarzy niemieckich, Gustawowi Freytagowi, wystawić społeczność naszą z najmniej korzystnej strony, pomijając jasne – mamy najzupełniejsze prawo, jeśli nie z równym talentem, to z miłością prawdy i znajomością stosunków narysować słaby obrazek jednej cząstki społeczeństwa niemieckiego, przesiedlonego do Rosji. Ujemna strona, którą zręcznie podchwycił Freytag w *Soll und Haben*, była i jest dla nas nauką; przyjmujemy ją na duchową korzyść naszą i radzilibyśmy, by z równie zimną krwią, z równą bezstronnością sądu szanowni sąsiedzi przyjrzeli się w słabym obrazku małej – rad bym jak namniejszej – cząstki swego społeczeństwa.

3. Przez wieś ciągnie się błotnista ulica...

Program politycznego oporu przeciw germanizacji nie przysłonił krytycznego spojrzenia pisarzy i publicystów na gospodarczą rzeczywistość ziem polskich. Różnice między zaborami były znaczne, ale i tak, zwłaszcza na tle szybkiego rozwoju Prus, obraz rysował się ponuro. Szokował nie tylko cudzoziemców wypuszczających się w te cywilizacyjnie zapóźnione strony, ale i światlejszych rodaków. Podróżujący po Europie Kraszewski, Sienkiewicz czy Konopnicka nie mogli nie dostrzec pogłębiającej się przepaści w rozwoju gospodarczym własnego kraju. Ubolewali nad jego losem, dlatego nie pomijali problemów, które na co dzień widzieli i z którymi podejmowali walkę. Prowadzili ją z obywatelskiego i patriotycznego obowiązku, boleśnie, aczkolwiek z miłością i troską o wspólne dla Polaków dobro. Czyż dziwić się można zatem, że obce, a do tego wielce nieprzychylne oko pruskiego polityka, publicysty czy pisarza zobaczyło rzeczywistość polską inaczej, ostrzej, krytyczniej?! Warto zdawać sobie z tego sprawę, gdy czyta się i komentuje literaturę niemiecką, zwłaszcza od połowy XIX wieku. Konfrontacja wrażliwości czytelnika polskiego z ponurością niemieckich obrazów powieściowych, obierających sobie Polskę i Polaków za temat, o ile nie uwolnimy się od jednostronności w ocenie, zawsze skrzywi nasz osąd. Nie znaczy to, że mamy wymowę tych malowideł akceptować lub usprawiedliwiać, ale należy zobaczyć je we właściwej perspektywie „wrogiego zwierciadła" i własnych ułomności. Inaczej też postrzegać trzeba „obrazy", a inaczej „oceny", choć trudno o czystą między nimi granicę. Chodzi o proste pytanie: z czym należy podejmować polemikę? Na pewno nie z opisami rzeczywistości polskiej owego czasu, gdy podobne znajdziemy w literaturze rodzimej. Polemikę należy podjąć z tendencyjnymi wypowiedziami wypaczającymi fakty i zmierzającymi do osiągnięcia niskich (niecnych) celów. Utrwalały one negatywne stereotypy, uprzedzenia etniczne, podsycały wrogość rasową. Od czasów biblijnych znana jest prawda, iż słowo równie skutecznie jak broń może ranić lub zabijać. Nim czytelnik w dalszym rozdziale znajdzie omówienia powieści niemieckich autorów, warto przypomnieć mu fragmenty z twórczości polskiej, które dobrze ilustrują temat rzeczywistości polskiej 2 połowy XIX wieku. Zwłaszcza dotyczy to „ponurości" obrazów polskiego krajobrazu i jego mieszkańców, tak krytycznie oddanych przez pisarzy niemieckich.

Józef Ignacy Kraszewski, wyjątkowy znawca zakamarków duszy polskiej i rodzimego krajobrazu, pozostawił w tym względzie niejedno wymowne świadectwo. Choćby nadzwyczaj realistyczny opis wsi i chaty chłopskiej w powieści *Ulana* z 1855 roku:

> Przez wieś ciągnie się błotnista droga, gdzieniegdzie przedzielona dróżką od chaty do chłopskiego gumna, paździerzem lub wiórami i trzaskami wysłaną. Otaczają ulicę na przemian chaty, chlewy, gumna całe i pozawalane, w węgłach rozparte, z słupami pochylonemi, z dachami zapadłemi lub zaczynające się dopiero klecić (...) Z przodu chat niskich, pokrytych nieszczelnie czarnemi już od dymu dranicami, zaledwie do krokwi przymocowanemi, widzisz tylko pod okapem wystającym niewygodną przyźbę, często z położonej pod ścianą odartej

z kory kłody składającą się; niskie drzwi od dziedzińca, zniżone jeszcze wysokim progiem, nie dopuszczającym wejścia do sieni blisko stojącej kałuży; przez małe okienka, z umyślnych szyb okrągłych zielonych, do dna butelek podobnych, złożone (...) Nad okopconym dachem wysokim wznosi się dymnik drewniany, czarny od dymu, w kształcie trąby lub czworograncznego słupa. W zimie, a często i innych por roku, niedość dymnika na wypuszczenie dymu zebranego pod dachem chaty: ciśnie się on wszystkiemi szczelinami, oknami, drzwiami, ścianami i dachem tak, że się zdaje, jakby chata wewnątrz płonęła i za chwilę płomień się miał ukazać (...) Środek chaty tego samego ubóstwa czy niedbalstwa dowodzi: sień błotnista zwyczajnie, po której świnie się przechadzają, zarzucona grabiami, przygotowanem na zimę łuczywem, drwami olchowemi, drabinami i ułamkami soch i bron popsutych; z niej wejście do jedynej izby z piecem i ławkami naokoło, ciemnej, małej, dymnej, bez podłogi. W środku stół jeden, dzieża, matka chlebodajna, w rogu izby na ławie pod świętym obrazkiem, czasem jeszcze kołyska dziecięca i krosna tkackie.

Pisarze pozytywizmu nie oszczędzali i posiadaczy ziemskich, tych dobrodziejów, poczciwców i utracjuszy rozmaitych siedzących na niewielkich majątkach, którymi źle zarządzali, trwoniąc co jeszcze pozostało. Bolesław Prus, równie wnikliwy i krytyczny obserwator rzeczywistości polskiej, pozostawił w opowiadaniu *Anielka* z 1885 roku sugestywny portret jednego z nich:

Dziedzic był człowiekiem lekkiego serca, przynajmniej tak nazywali go rolnicy pedanci. Najważniejszy interes opuściłby on dla rozrywki w towarzystwie ludzi dobrego tonu, a już dla uniknięcia przykrości, Bóg wie, czego by się nie wyrzekł. Jakiś głos wewnętrzny szeptał mu, że wszystko zrobi bez jego udziału; od dzieciństwa zaś miał to przekonanie, że ludzie jego stanowiska nie mogą nurzać się w pracy i poziomych kłopotach. Bawić się, błyszczeć dobrym tonem, dowcipkować i utrzymywać arystokratyczne stosunki – oto były cele jego życia. Innych nie znał, i z tego może powodu w ciągu kilkunastu lat stopniał mu w rękach naprzód majątek własny, a obecnie – posag żony.

Z kolei Edward Lubowski dostrzegł obrazy mogące z jednej strony cieszyć oko obserwatora, czułego na uroki nieskażonej natury, a z drugiej – smucić brakiem tego wszystkiego, co widzieć mógł w krajach przemysłowych. W powieści *Na pochyłości* z 1874 roku narrator sugestywnie zestawia te dwa widoki:

> Brzegi Sanu zieleniejące bujnemi łąkami i szarzejącą za niemi gromadą lasów, poprzerzynane kępkami, pagórkami, niby szeregiem rozrzuconych wysepek, roztaczały przed okiem obserwatora wspaniały i w całem znaczeniu tego słowa uroczy krajobraz, byle tylko tym wędrowcem nie był nowoczesny przemysłowiec. Ten odwróciłby się z pogardą; – z wyjątkiem bowiem schowanych w głębi budynków gospodarskich, tu i ówdzie rozrzuconych pałaców murowanych, nie znalazłby dla pocieszenia serca ani jednego komina fabrycznego. I nie znalazłby go naokoło w obrębie kilkunastomilowym lubo rzecz dzieje się roku pańskiego 185... Nie znano tu przedtem, ani nie znają obecnie tego ruchu maszyn parowych, tego krzątania się tysiąca rąk i tej wrzawy kolonii robotniczych, któremi obce kraje chlubią się słusznie od dawna.

4. Uścisk alabastrowych ramion Polek

Walka polityczna, ulegając zaostrzeniu, dotyka brutalnie najintymniejszych sfer relacji międzyludzkich: miłości, małżeństwa i spraw rodzinnych. Konfrontacja interesów narodowych nie oszczędza ani kochanków, ani małżonków. Czy chcą, czy nie, muszą stawić czoła opiniom bliższej i dalszej rodziny, wścibskim oczom i złym językom sąsiadów, niechęci publicystów oraz polityków. Czy podołają trudnościom, dając upust namiętnościom i trwając w zamiarze zawarcia związku małżeńskiego z osobą obcą plemiennie? Czy młodzi ludzie zdają sobie w ogóle sprawę z konsekwencji „nierozważnych" kroków i decyzji? Najmniej pakietem pytań i wątpliwości byli i są przejęci oni sami, zerkający na siebie z sympatią i miłością, prący do bliskości, wzajemności, intymności słów i czynów. W 2 połowie XIX wieku wielkie zatroskanie wyrażali za to publicznie politycy, duchowni i pisarze. Bili na alarm, ostrzegali opinię publiczną, doradzali środki zaradcze. Jeśli, przykładowo, niemiecki młodzieniec ulegał urokowi Polki, wietrzono fatalne tego kroku skutki. Podobne lęki podzielała strona polska. Tak rozpoczęła się polsko-niemiecka batalia wokół małżeństw mieszanych. Każda ze stron liczyła na patriotyczne wychowanie swoich dziewcząt i chłopców, którzy z chwilą ślubu mieli do wykonania poważne zadanie. Powinni zadbać o utrzymanie w nowej rodzinie własnej tradycji, wiary i języka ojczystego, zwłaszcza wśród dzieci. Trzeba podkreślić, że w Prusach i w Cesarstwie Niemieckim małżeństwa polsko-niemieckie były legalne i częste. Jeśli oponowano przeciwko nim to wyłącznie w ramach ustalonego porządku prawnego.

Problem małżeństw mieszanych jest, jak już na wstępie podkreślałem, ze swej natury skomplikowany i uwikłany w historyczne konteksty. Kiedy podjął go na nowo w 1886 roku kanclerz Bismarck, nie trzeba było długo czekać na odpowiednią reakcję w Polsce. W jednej ze słynnych mów parlamentarnych Bismarck poświęcił nieco uwagi osadnictwu niemieckiemu w Poznańskiem, a w związku z tym częstemu zjawisku małżeństw niemieckich osadników z Polkami. Sprawy musiały przybrać dość palący obrót, skoro kanclerz zdobył się na sarkastyczny ton:

> (…) osiedlać Niemców na takich warunkach, które dadzą nam pewność lub choćby prawdopodobieństwo, że pozostaną Niemcami, a więc Niemcy z niemieckimi żonami, a nie z polskimi żonami (…) W pełni podzielam podziw dla polskich dam, jednak chciałbym, aby miały one możliwie jak najmniejszy udział w rządzeniu państwem pruskim[30].

Do słów kanclerza nawiązało wielu publicystów i pisarzy polskich.

---

30 O. von Bismarck, *Die politischen Reden*, Stuttgart 1894, s. 444 i 464.

5. Niemcy w polskiej tradycji popularnej

Jan Stanisław Bystroń, wybitny znawca przedmiotu, w szkicu *Niemcy w tradycji popularnej* (1935) pisał:

> Niemiec był zawsze w Polsce kimś obcym (...) Otóż, wobec tych ludzi, obcych pochodzeniem, językiem, kulturą, światopoglądem, często także i religią, wytwarza się w ciągu wieków dość jednolita opinia ludności polskiej (...) Opinia ta jest niechętna, czasem wprost lekceważąca czy pogardliwa, w najlepszym razie wyczekująco neutralna lub też bezinteresownie satyryczna (...)[31].

W pracy *Przysłowia polskie*[32] Bystroń omówił i podał wiele przykładów znanych powiedzeń na ich temat. Weszły one na stałe do języka potocznego i do pieśni ludu polskiego. Oto kilka najbardziej obiegowych:

– Co Niemiec, to pies;
– Co Niemiec, to heretyk;
– Gadajże z nim, kiedy on Niemiec;
– Głupi jak Niemiec;
– U Niemców i mucha się nie pożywi;
– Niemiec jak wierzba: gdzie go posadzisz, tam się przyjmie;
– Pół Niemca, pół kozy, niedowiarek Boży;
– Zgoda z Niemcami, jak wilków z barany.

Oskar Kolberg zapisał wiele pieśni ludowych, których negatywnymi bohaterami stali się Niemcy. Lista narzekań i zarzutów pod ich adresem jest długa. W tomie *Krakowskie*[33] spotykamy liczne tego przykłady:

---
[31] J.S. Bystroń, *Tematy, które mi odradzano. Pisma etnograficzne rozproszone*, wybrał i oprac. L. Stomma, Warszawa 1980, s.335–6.
[32] J.S. Bystroń, *Przysłowia polskie*, Kraków 1933.
[33] O. Kolberg, *Dzieła wszystkie*, Warszawa 1963, t. 6 *Krakowskie*, cz. II, s. 352–357.

Mazurek narodowy (Warszawa 1798)

1. Ach biadaż nam Mazury,
jakiej nigdy nie było;
Niemcy nas drą ze skóry
o czem się nam nie śniło.

2. Bo któżby się spodziewał,
któżby się o to starał,
by się Bóg tak rozgniewał,
że nas Niemcami skarał.

3. Ni rozmowy, ni sprawy,
bo cóż z Niemcem za mowa?
ni z nim żadnej zabawy,
bo sam siedzi jak sowa.

4. Tylko dybie na człeka,
gdyby jastrząb na kury,
niemiecka to opieka:
odrzeć człeka ze skóry.

5. Miły Boże – z Warszawy
co się teraz zrobiło,
ni tam żadnej zabawy,
ni tych ludzi nie było.

6. Wszędzie Niemca a Żyda
tylko spotkasz na drodze,
kędy spojrzysz to bieda,
a wszędzie cię drą srodze.
(…)

11. Nie może być, parobcy,
żeby się tak zostało;
w naszej ziemi człek obcy,
by mu się dobrze działo.

12. Wszak przysłowie to niesie,
póki tylko świat światem,
póty Polak Niemcowi
nie mógł i nie był bratem.

13. Jeszcze będziem wywijać,
krzesać ognia w podkówki;
będziem jeszcze przepijać
nasze polskie złotówki.

14. Wróci się nam Warszawa,
wróci dla nas, dla kupca,
nie ma Niemiec tu prawa,
bijmy zatem hołubca!

Często anonimowi twórcy pieśni żartowali sobie z języka, stroju, obyczajów i manier Niemców. Wdzięcznym obiektem kpin były ich starania komunikacji w języku polskim. Dwa przykłady. Pierwszy to skargi i żale Niemca do dziewczyny Polki na postępowanie jej rodaków:

1. Moje lube dziwsze, powiedz mi że przccie,
co ten Polak zawsze o Niemczyskach plecie.
Czy to w dzień, czy w nocy, zawsze mówi o tem,
że ein Deutscher tylko kraju jest despotem.

2. Dawniej strzelal (v. pijal) Polak ze żony trzewika,
a w gębie miał tylko polskiego języka.
A nasz piękny język baranim mianowal,
tym pięknym językiem chyba psa zawolal.

3. Dawniej miewal Polak dukatów wiela,
do boku se przypinol ostra karabela;
która często gęsto w górę wywijala,
kochanemu bratu uszy obcinala.

4. A my też dlatego waffenpass wprowadzil,
aby ta karabel o nas nie zawadzil.
Bo u nas Deutschen zawsze Ordnung bylo,
a uszy obcinać nam Deutschen nie milo.

Drugi przykład jest czystą parodią skarg wędrującego Niemca, który zaszedł do karczmy, by odpocząć i się posilić. Pijany chłop szukał z nim zwady, aż doszło do (karczemnej) bójki.

1. Jahal ja jahal na wander mojego,
i zastal w karszma klopa nietoprego.
Niemieski manier jak mnie nauszala,
Wszedlszy na karszma: szen gut Morgen dala.

2. Dać kazal brandwein und kafalka brot,
by essen sobie das ist frisztik gut.
A klopa szpicbub na drin ze mnie zwozi,
sze szart przeklęta po niemieska chozi.

3. Krank mego serca z cholerem poszelo,
a klopa prosta bodaj licho wzielo.
Das ist nicht prafda, ja jemu dowozil,
ze nigdy diabel po niemieska chodzil.

4. Aber ten klopa stara znofu gada,
i palsem na mnie: diabel ty, pofiada.
Ja ten pigulek nie mogla strafować,
szwajg sztil, pan klopa, musiala zafolać.

5. I dalej robot klopofego slucha,
ale on szpicbub na mojego ucha,
so raz to barziej krzyczy niemieckiego:
tak chozi jak ty, diabel przeklętego.

6. Ja mu znóf mófić so manier kazofań,
aby pan klopa se mnie nie szartofać.
A on mnie zaraz szturknol w brzucha mego,

KSIĄŻĘ KANCLERZ OSTRZEGAŁ...

Szicho być tobie Niemsa przeklętego.
(...)

Ponieważ nie dysponujemy kompleksowym opracowaniem tematu, w jego prezentacji musimy posiłkować się rozproszonymi wzmiankami. Paradoksalnie, wielu badaczy korzysta z publikacji Kurta Lücka *Der Mythos vom Deutschen in der polnischen Volksüberlieferung und Literatur* (Mit Niemca w polskim przekazie ludowym i w literaturze), wydanej dwukrotnie: w Poznaniu w 1938 roku i wznowionej w Lipsku w 1943. Książka jest wybitnie tendencyjna ideowo i nie można jej rozpatrywać bezkrytycznie bez wiedzy o czasie, w którym śpowstawała (autor przed wojną był aktywnym działaczem mniejszości niemieckiej w Polsce, a podczas wojny wysokim funkcjonariuszem NSDAP). Dokumentuje jednak wiele materiału źródłowego i z tego tytułu bywa przydatna.

Zantagonizowane stosunki polsko-niemieckie „od zawsze" niejako nie przyzwalały na partnerstwo matrymonialne, upatrując w nim licznych zagrożeń. Kurt Lück przytacza za źródłami polskimi lub posiłkując się swoją wiedzą znamienne tego przykłady z twórczości ludowej. W Poznańskiem podobno śpiewano:

A ty dziewczyno z Czerwieńca,
nie wychodź ty za Niemca.
Bo ten Niemiec szwargoce
pourywa ci warkoce.

*

Gdy Polak z Niemką się brata,
tam wnet pastor do ślubu wyswata.
Diabeł w piekle się raduje,
bo heretyków tam potrzebuje.

Fragment innej pieśni z tego regionu:

Ja ci powiadam, ja ci powiadam, nie bierz sobie Niemczaka
ja ci powiadam, ja ci powiadam, nie bierz sobie go;

bo Niemiec sobaka drze skórę z Polaka –
ja ci powiadam, ja ci powiadam, nie bierz sobie go.

Polak-katolik tęsknymi oczami wodzi za dziewczyną, która niestety uczęszcza do innego kościoła. Pieśń z Górnego Śląska:

A ta trzecia cała bielsza,
ta mi była najmilejsza.
Żebyś była katoliczka,
całowałbym twoje liczka,
Ale żeś ty luteranka,
wyględujesz jak cyganka.

Gdybyś była katoliczka,
tobym ci całował liczka,
ale jesteś luteranka,
złodziejka i cyganka.

I jeszcze dwa przykłady ostrzejszych wypowiedzi przeciw małżeństwom mieszanym:

Nut, nut katarynka,
ojciec Polak, matka Niemka.
Diabli ojca podkusili,
że się z Niemą ożenili.

*

Ona Polka, a on Niemiec,
zbałamucił ją cudzoziemiec
co będą za niewydary,
z takiej pomieszanej pary!

Za Stanisławem Dzikowskim powtarzam „bardzo rozpowszechnioną w Polsce *Dumę szlachcianki*, opiewającą zaloty miłosne Niemca używającego zniekształconego języka polskiego i przez Polkę wzgardzonego":

KSIĄŻĘ KANCLERZ OSTRZEGAŁ...

Jestem Polka zrodzona,
z krwi szlacheckiej spłodzona.
Odstąp Niemcze ode mnie,
nie wpatruj się tak we mnie.
Ach du liebe panna mein,
nie musisz tak böse sein.
Ja cię kocham in der Tod,
co widzisz, mein lieber Gott.
Co ty Niemcze szwargoczesz
i pod nosem mamroczesz.
Mów po polsku do mnie, kpie
nie tak brzydko i głupie.
Ach, ich kann nicht po polsku,
bin geboren we Szląsku.
A mein Vater Niemiec bil,
po polsku nie szprechal viel.
Precz z tobą stąd brzydaku,
nie jesteś ty w moim smaku.
Kocham chłopców Polaków,
a nie Niemców, łajdaków.
O Herr Jesus, was ist das?
Pani mówi tylko szpas,
Proszę mnie rączki dać,
kontent, będę całować.
Byś djabła zjadł, natręcie,
w pysk dostaniesz w momencie.
Jak mi jeszcze co powiesz
wnet, co Polka, się dowiesz.
Ich werde`gehen nach Szląska,
und werde`kriegen po Polska,
Będę z Bogiem rozmawiać,
bi ti chłopa nie dostać[34].

---

34 St. Dzikowski, *Niemiec wyszydzony*, Warszawa 1946, s. 77–78.

6. Brać go, brać, a mścić się za nasze...

Określenie „obrazek współczesny", jakie nadał Kraszewski powieści *Mogilna*[35], a posłużył się nim jeszcze w trzech innych, wybornie oddaje zamiary pisarza. „Obrazek" nie jest przedsięwzięciem ani szerszym, ani głębszym, z woli pisarza czuć w nim jedynie chęć zanotowania pomysłu, postaci, scen, słowem „szkic do portretu", do którego wraca się w stosowniejszej chwili, by poświęcić mu więcej sił i uwagi. Czasem „obrazek" jest i pozostaje jedyną formą wyrazu dla mnogości spraw potraktowanych z konieczności (pośpiechu?) publicystycznie, zaledwie sygnalizowanych czytelnikowi. Ze swej istoty blisko mu do powieści tendencyjnej, w duchu ustaleń Elizy Orzeszkowej ze słynnych *Kilku uwag nad powieścią* (1866). Orzeszkowa pisała m.in.:

> Powieść tendencyjna wywiera więcej działania na rozum niż na wyobraźnię. Obudzenie gorączkowej ciekawości nie jest jej celem; dla postaci, które przedstawia, a z których każda wciela w siebie ideę jakąś – nie wybiera ona dróg cudownych, nadzwyczajnych, zdumiewających, ale prowadzi je torem zwykłym ludzkości – właśnie dlatego, aby w przedstawionych istnieniach podawać ogółowi naukę, którą z wyjątkowych trafów czerpać by mógł.

I w rzeczy samej powieść *Mogilna* nie działa na wyobraźnię czytelnika, ani nie budzi „gorączkowej ciekawości" jak przeciętny romans. Zarysowany problem ma służyć konkretnym celom społeczno-edukacyjnym, w tym przypadku racjonalnym zachowaniom polskich właścicieli ziemskich w obronie majątków rodowych przed ich utratą na rzecz kolonistów niemieckich. Zwłaszcza w epoce Kulturkampfu.

Problematyką niemiecką zajmował się Kraszewski często i chętnie. Nic dziwnego, przecież przeżył wśród Niemców ponad 20 lat i doświadczył od nich tyle samo dobrego co i złego. Za udział w powstaniu styczniowym skazany na karę śmier-

---

[35] J.I. Kraszewski, *Mogilna*, Warszawa 1871.

ci, później ułaskawiony, wygnany z kraju, znalazł schronienie w Dreźnie. Kupił dom przy Nordstrasse 28 (dawniej 27), który nie tylko dał mu schronienie, ale i zapewnił odpowiednie warunki do wytężonej pracy literackiej i aktywności społecznej na emigracji. Pierwsze lata wolne były od trosk, później, wraz z dojściem do władzy Bismarcka, zaczęły się kłopoty. W 1883 roku oskarżono pisarza o szpiegostwo na rzecz Francji, następnie skazano na 3 i pół roku i osadzono w twierdzy w Magdeburgu. Po licznych protestach opinii europejskiej Kraszewski wypuszczony został w 1885 za kaucją. Złamany i rozgoryczony opuścił Niemcy, by już tam nie powrócić. Wkrótce zresztą umarł.

Walka z Kulturkampfem przybiera w powieści *Mogilna* formę konfrontacji trzech rodzin: dwóch polskich i jednej niemieckiej. Po stronie polskiej mamy rodzinę Mogilskich, składającą się z seniora rodu pana Romana, jego żony, pani Anny, oraz dwójki dzieci: Kazi i Witolda. Za ogólną charakterystykę rodziny niech posłuży portret pana Romana:

Józef Ignacy Kraszewski

> Jak wszyscy ludzie bardzo dobrzy, Mogilski był nieustanną ofiarą, oszukiwano go, nadużywano, korzystano zeń, posługiwano się nim, co nie przeszkadzało po doznanych zawodach, po oburzeniu chwilowym, iść nazajutrz tąż samą drogą. Roman Mogilski mimo tej niewysłowionej dobroci swej, którą powszechnie uważać nawykliśmy za znamię umysłowego ubóstwa i nieudolności, był mężem jasnego rozsądku, niepospolitych darów i człowiekiem wysoko wykształconym. Praca umysłowa nawet stanowiła ulubione jego zajęcie, dla którego może trochę zaniedbywał rzeczywistego życia wymagań. Prawdę rzekłszy, był nieco do innych spraw leniwy i w interesach zdawać się wolał na drugich, a zbywać je rezygnacją wygodną, ale często opłacaną drogo.

Nie pozostawia złudzeń, z jakim typem poczciwości mamy do czynienia. Wszystkiego tu za dużo lub za mało, by w konfrontacji z obcym narodowo żywiołem (Niemcy, Żydzi) jak i z obcą (kapitalistyczną) mentalnością szlachta polska mogła zachować przynajmniej swój majątkowy *status quo*, nie mówiąc o zwycięskiej ekspansji żywiołu polskiego.

Druga rodzina polska, Tyglów, reprezentuje inny charakterystyczny typ polski. Według opinii dobrze poinformowanego służącego Mogilskich:

> Marcin Tygiel jest człowiek uczciwy, ale gwałtowny (...) W okolicy go znają jako i ja z tego, że nieuczciwości nigdy nie popełnił żadnej i tylko jest niepomiarkowany i impetyk, a od śmierci żony szczególniej, która go mitygować umiała, stracił głowę.

Ruina majątku Tygla nie przyszła znikąd.

> Miało się kawał roli zapracowanej i harowało się na nim. Póki żyła moja nieboszczka, szło jeszcze jako tako, jak jej nie stało, wszystko licho wzięło. Została mi Marynka, jedno oko w głowie, trzeba było jedyne dziecko wychować, aby nie zmarniało. Na to się łożyło nie rachując, przyszły złe lata, zabrakło, Niemiec z workiem stał i czyhał; nie było gdzie pożyczyć, wzięło się u Niemca... a potem już i nie wyleźć było z długu.

Zgryzocie zaczął towarzyszyć alkohol... Pozostawała jeszcze piękna, wykształcona i nad wyraz skromna córka Marynka, oczko w głowie, tyle samo zmartwienie co i nadzieja ojca na polepszenie bytu obydwojga.

Obu rodzinom polskim przeciwstawił Kraszewski, zgodnie z logiką wydarzeń politycznych na Pomorzu Zachodnim na początku lat siedemdziesiątych XIX wieku, rodzinę niemiecką von Larischów: ojca Christiana Gotlieba Amadeusza oraz syna Augusta.

W charakterystyce Christiana Larischa zamyka się cała wiedza i nastawienie autora do współczesnych sobie Niemców:

Na pierwszy rzut oka poznać było w nim można obcego plemienia potomka, germańską krew, syna kolonizatorskiego rodu, który swe namioty rozbija po całym świecie, stawia obok nich warsztaty i powolnie zdobywa ziemię bez kropli krwi, bez walki nawet, cichym bojem zabiegliwości i samolubstwa zimnego. Był to Niemiec, jednym słowem, ale wyglądał tak przyzwoicie, tak ogładzono, tak grzecznie, iż miłe jego obejście za dowód uczucia, serca i wylania się wziąć łatwo było można.

Warto bliżej zanalizować słowa Kraszewskiego. Zamyka się w nich fascynacja obcym żywiołem, dobrze zorganizowanym, świadomym stawianych sobie celów i lęk przed nim, wypływający ze świadomości wyrachowania i kalkulacji, cech tak obcych powszechnej mentalności polskiej.

Czy polskie przymioty w konfrontacji z „cnotami niemieckimi" pozwolą skutecznie oprzeć się germanizacji? To ważny problem epoki.

W intrydze powieści *Mogilna* sięga autor po wątek matrymonialny. Zawiązuje go jednak dość osobliwie. Na pierwszy rzut oka nic nie stało na przeszkodzie, by pisarz spróbował połączyć losy Kazi, córki Mogilskiego, z losami młodego Augusta, syna Larischa. Majątki leżały obok siebie, synowie studiowali w Berlinie, a miłość polsko-niemiecka mogłaby spowodować różne powieściowe cuda. Można by przy jej pomocy, najprościej rzecz ujmując, usidlić młodego Niemca i zyskać dla polskości. Tak postępowało wielu pisarzy polskich, tego obawiali się pisarze niemieccy, odradzając swoim rodakom małżeństwa z Polkami. Kraszewski poszedł inną drogą.

Już od pierwszych kart powieści wyraźnie zarysowują się dwa narodowe typy: dobrodusznego Polaka, którego postępowanie streszczało się w powiedzeniu: „pan Bóg łaskaw i jakoś to będzie" (co autor komentował dla przestrogi czytelnika: „Piękną jest bardzo ta ufność w pomoc Bożą, ale wieleż to ludzi ona zgubiła!!") oraz pracowitego, pełnego ogłady zewnętrznej, ale podstępnego i wyrachowanego Niemca. Ci dwaj bohaterowie posłużyli pisarzowi do naturalnej konfrontacji narodowej, a Niemiec, acz wywoływał oczywistą niechęć czytelnika, stawał się dogodnym recenzentem poczynań Polaka. Kilka przykładów. Ojciec Larisch do syna Augusta:

> – U nich (położył nacisk mówiący na wyraz ostatni), u nich nic się nie obrachowuje, a rachuje jak najmniej. Tam rządzi ślepa wiara w Opatrzność, na którą zdaje się prowadzenie interesów, urodzaje, gospodarstwo i losy rodziny.
> – Kto się nie dźwiga, nie rośnie, a broni tylko od upadku, ten paść musi niechybnie. D l a   n i c h życie i użycie stanowi cel... cała ta sielanka jest piękną, ale nieprodukcyjną i kończy się trenami lub elegią.
> – Toć też wsie ich, życie, dwory i postacie są w istocie nie z rzeczywistości, ale jakby z romansu wziętymi. To ci tłumaczy wszystko aż do ich doli i przeznaczeń. Między nimi a twardymi warunkami powszedniej egzystencji nie ma żadnego związku, są to jakby cienie przeszłości, jak przeszłość innej epoki, która wymrzeć musi bezpotomnie.

I ku upadkowi sterują losy rodziny Mogilskich.

Upadek, czyli przejęcie majątku rodowego Mogilna, ma nastąpić w wyniku intryg i niecnych knowań Larischa. Po co mu ożenek syna z Kazią, córką Mogilskiego? On posłuży się inną Polką, mianowicie – Marynką. I w tym celu nie wystawi do gry syna Augusta, sam zagra główną rolę.

Plan starego Larischa był nadzwyczaj prosty, choć tej prostoty żaden z jego polskich oponentów nie dostrzegł, zapatrzony we własne (pozorne) zyski. Celem Niemca stało się zdobycie za bezcen majątku Mogilna dla syna Augusta. Zaplanował więc, że zdobędzie zaufanie Mogilskiego i ożeni się z Marynką. W pierwszym przypadku zaufanie Mogilskiego miało się przekładać na pożyczaniu „bezpiecznych" pieniędzy u Niemca, które w efekcie obciążały na wielką sumę hipotekę majątku. Marynka z kolei służyć miała Larischowi do wykonania ostatecznej transakcji, nie wzbudzającej niczyich podejrzeń. Kalkulacje Mogilskiego były nieprzyzwoicie naiwne, że ktoś, tym bardziej Niemiec, będzie chciał prowadzić operacje finansowe dla nieswojej korzyści. Zgodę Marcina Tygla na zamążpójście spowodowała z kolei chciwość i inne naiwne wyobrażenie, że to on i córka okażą się stroną zwycięską:

> A toć, żeby Marynka rozum miała, brać go, brać, a zaprząc, a mścić się za nasze... (...) Ano, im starszy, tym ci lepiej, będzie go za nos wodzić, jak sama zechce, zrobi z nim, co się jej podoba.

Marynka nie odgrywa w intrydze żadnej roli. Mimo iż jest młodą dziewczyną, a przyszły mąż mógłby być z powodzeniem jej ojcem, biernie poddaje się woli starszych. Co prawda za jej biernością kryje się niespełniona młodzieńcza miłość, która da jeszcze o sobie znać.

Larisch przystępuje do realizacji planu. Z łatwością pożycza Mogilskiemu pieniądze, obciążające hipotekę majątku, i poślubia Marynkę. Wydaje się, że nic nie może zagrozić jego planom. Oczywiście autor inaczej pokieruje wypadkami powieściowymi, ma przecież na względzie dobro własnego czytelnika, którego chce ostrzec przed złowrogimi praktykami kolonizatorów niemieckich.

Realne zagrożenie dla planów Larischa zjawia się nieoczekiwanie ze strony dawnej, młodocianej miłości Marynki. Kochała ona kiedyś swojego Antosia, ale wyjechał do Ameryki dla zrobienia majątku i nie dawał znaku życia. Pojawia się po latach jak *deus ex machina* i do tego z ogromnymi pieniędzmi. Dawni zakochani odnajdują się, odżywa stara miłość, a Larisch za zwrot tajemniczej korespondencji zgadza się na rozwód z Marynką. Jednak to nie koniec pouczającej opowieści Kraszewskiego. Wyczekiwany i upragniony Antoś okazał się człowiekiem zmienionym, bez skrupułów, zwykłym dusigroszem, wyzbytym dawnych romantycznych uniesień. Gdy w końcu dochodzi do zlicytowania majątku Mogilskich, do licytacji staje Antoś, choć próbują go od tego zamiaru odwieść stary Tygiel i Marynka. Antoś licytację wygrywa, Mogilna jest jego, ale bezpowrotnie traci serce Marynki.

Rozwiązaniu intrygi towarzyszy patriotyczno-obywatelski apel Kraszewskiego do czytelnika:

Z rozstrzygnięciem losu Mogilnej powieść nasza się kończy. Jest to historia jedna z tysiąca powszednich, przytrafiających się co dnia, mniej więcej podobnie do tej powtarzających się bez miary. W słodkiej bezczynności przychodzi się tak nieopatrznie ponad kraj przepaści, która mienie, a z nim cały los rodziny pochłania.

7. Polak! – cóż to jest? – spytała drwiąco

W powieści *Nad Sprewą*[36] po raz kolejny ironicznym echem powraca utwór Freytaga. Nie uprzedzając istoty intrygi, zacytujmy krótki fragment rozmowy bohaterów, dotyczącej małżeństwa jednego z nich z Niemką.

Nas Polaków zna tylko podobno z tego obrazu, jaki skreślił Freytag w *Soll und Haben*, i to ją takim natchnęło wstrętem.
– Nie przeszkodziło jednak pójść za ciebie – przerwał doktor.
– Zdaje się, że Freytaga później przeczytać musiała.

Nad Sprewą to powieść współczesna, osadzona w konkretnych realiach, znanych pisarzowi z autopsji. Jej topografię wyznacza trójkąt miast: Poznań – Berlin – Drezno. Czas i miejsce zdarzeń znamionują splot losów polsko-niemieckich w 2 połowie XIX wieku, ich charakter oraz temperaturę.

Osią utworu uczynił Kraszewski krótkie i dość burzliwe zauroczenie „niemieckiej panny i ubogiego polskiego chłopaka", które przerodziło się w dłuższy, ale trudny ze wszech miar związek małżeński, by skończyć się (oczywistym?) krachem, z domieszką patriotycznego *happy endu*.

Kraszewski jako autor nie ukrywa irytacji wobec iluzji, iż może dojść do symbiozy między Polakami a Niemcami, zwłaszcza w tak delikatnej i kruchej relacji jak małżeństwo. W literacki ekspery-

---

36 J. I. Kraszewski, *Nad Sprewą*, Poznań 1874.

ment połączenia w jedno stadło sprzecznych żywiołów z góry wpisał niepowodzenie. Chodziło o uświadomienie czytelnikowi nieuchronności następstw, jakie płyną z nierozważnych kroków młodych powodowanych chwilowym zauroczeniem, czy fałszywymi wyobrażeniami o sile miłości. Myśl, że może dojść do szczęśliwego uczucia, a w jego następstwie do trwałego małżeństwa między przedstawicielami zwaśnionych nacji, była mu całkowicie obca. Próżno zatem poszukiwać w *Nad Sprewą* śladów dramatu charakterów. Główni protagoniści: Niemka Wilhelmina von Riebe oraz Polak Kajetan Wolski to postaci papierowe, działające wedle reguł klasycznej powieści tendencyjnej. Począwszy od wyglądu zewnętrznego, przymiotów i przywar wewnętrznych, po argumenty i motywacje działań pasują w każdym calu do obiegowych wyobrażeń polskiego autora. Wilhelmina jest uosobieniem typu niemieckiego, istotą zapożyczoną rasowo z wyobrażeń ikonograficznych Moritza von Schwinda, Ludwiga Richtera, Friedricha Kaulbacha czy Friedricha Overbecka, wielbicielką Arthura Schopenhauera, Heinricha Heinego, Georga Gottfrieda Gervinusa i Gustava Freytaga. Kajetan z kolei to chodząca polskość. Słusznego wzrostu i pięknej budowy młodzieniec, o melancholijnym wyrazie twarzy, przepojony „ideami polskimi, które czasem jak stal brzęczały, czasem błyskały jak ogniki, czasem przeciągały jak mgły sine, spoza których czarowne migają krajobrazy".

Ze zderzenia tych dwóch światów nie mogło wynikać w przekonaniu Kraszewskiego nic dobrego. Jako pisarz nie odnalazł żadnej pożywki w warstwie psychologicznej i socjologicznej zarysowanej sytuacji, zbyt śpiesznie przechodząc do warstwy zdarzeniowej. Już w fazie wstępnej związku, przedmałżeńskiej, poboczne figury prawie jak chór grecki wypowiadają obiegowe prawdy o jego klęsce. Przyjaciel Kajetana garbus Wojtuś monologizuje:

> (...) piękna panna. Nie przeczę, piękna, mówią, że rozumna, przypuszczam, że anioł dobroci, ale – Niemka. Grzech pierworodny nie zmazany nigdy i niczym... Zakochałeś się w niej, zakochała się w tobie i brniesz po uszy w sentymencie, z którego wypłynąć na suchy brzeg nieskończenie trudniej niż z męt-

nej i smutnej Sprewy. *Hier liegt des Pudels Kern*. Rodzice panny świeżo uszlachceni i bogaci córki takiemu biedakowi nie dadzą; matka, którą kochasz, gdybyś jej, nie wiem jak bogatą przyprowadził synową, nie umiejącą po polsku, będzie rzewnymi płakała łzami. Ty sam nie wiesz, jakby ci było, wchodząc w ten świat, którego nie znasz, z którym byś związać się musiał, a który ci nie przebaczy tego, żeś się urodził Polakiem. Oto twoje położenie.

Przepowiednia przyjaciela sprawdza się co do joty: otoczenie niemieckie odrzuca Kajetana, jego własne dzieci wychowywane są na Niemców, a matka umiera ze zgryzoty!

Historię nieudanego małżeństwa Kajetana Wolskiego z Wilhelminą von Riebe rozwiązuje Kraszewski techniką *deus ex machina*, wprowadzając do powieści pewnego bogatego Polaka, który nieoczekiwanie zapisuje Kajetanowi w testamencie pół miliona rubli. Chwyt służyć ma do polepszenia, dzięki zmienionemu statusowi majątkowo-społecznemu, pozycji rozwodowej bohatera. Kajetan zachowuje godność dumnego Polaka i ratuje (wyrywa) dla polskości dzieci.

Ostatnie słowo Wilhelminy:

Jesteś niewdzięczny! – krzyknęła wreszcie. – Poświęciłam ci, co kobieta ma najdroższego – młodość, związki rodzinne, ojca, matkę, cóżeś ty dla mnie zaofiarował? Barbarzyński jakiś język i umarłą narodowość, która nigdy bardzo żywą nie była. Polak! – cóż to jest? – spytała drwiąco. – Słowianin! *Sclave!* Niewolnik! – to wasz los i przeznaczenie. Wyście stworzeni na niewolników, my na panujących, macie to na co zasłużyliście.

Ostatnie słowo Kajetana. W sprawie dzieci:

– Naprzód dla dzieci samych – zawołał Wolski. Zmieniło się dziś położenie moje, jestem niezależnym i nie ścierpię, aby dzieci moje miały być niemieckimi dziećmi! Wymagam, aby stały się Polakami, jak ja jestem.

W sprawie małżeństwa:

– Rozwód dla nas obojga jest koniecznością – rzekł głosem spokojnym – pani to przyzna, jak ja. Na próżno byśmy uniknąć jej pragnęli. Nie chcę pani czynić dłużej nieszczęśliwą ani sam cierpieć. Małżeństwa dwuplemienne kończą się zawsze apostazją żony lub męża. Pani nie jesteś zdolną do takiej ofiary, ja się na nią wzdragam.

I ostatnie słowo autora. Dzięki fortunie, którą obdarzył bohatera, pozwolił mu Kraszewski godnie wrócić do „jednego z małych miasteczek wielkopolskich", zapewnił spokojne życie, a i przywrócił ojcu oraz prawdziwej ojczyźnie dzieci. Za sumę trzystu tysięcy talarów była żona zrezygnowała z prawa do dzieci, a dziadkowie z wnuków. Z tego targu obie strony wydawały się być zadowolone. Kajetan, mając dzieci przy sobie, poczynił niezwłocznie starania o ich polską edukację, wierząc, że wyrosną na prawdziwych Polaków. Teść, radca komercyjny von Riebe, z samozadowoleniem wypowiadał odmienne przekonanie:

Co począć? Miły Boże! Co począć? Trzykroć sto tysięcy talarów! Hm! Ale zje kaduka, żeby z nich Polaków porobił! Nigdy na świecie! Fryc ma dziesiąty rok i rozumie to dobrze, że kiedy go z tego cygaństwa wyciągnięto, wrócić doń byłoby ostatnim głupstwem. Będzie się rozbijał za idealną ojczyzną, kiedy ma gotową taką wspaniałą jak niemiecka i Bismarcka w dodatku, który ją jeszcze potężniejszą i większą uczyni! Ten człowiek głupi, on się w targu oszuka. Dać mu dzieci, one już Polakami nie będą, tam nie tylko niemiecka krew, ale niemiecka myśl w nich płynie. Przerachował się pan Polak! – dodał zacierając ręce. – Ja mu oddam chłopców, ja się o nich nie lękam...

8. Lorenz Trinkbier vel Wawrzyniec Tryncza

Wawrzyniec Tryncza, bohater noweli Aleksandra Świętochowskiego *Oddechy*[37], i Bartek Słowik, bohater noweli Henryka Sienkiewicza *Bartek zwycięzca*, mimo różnic jedno mają ze sobą wspólnego – obu nazwać można ofiarami Kulturkampfu. Charakterologicznie różnią się diametralnie, jeden jest „homerycko naiwny", czyli zwyczajnie głupi (Bartek), drugi to osobnik „bezustannie i mocno" bojący się (Wawrzyniec). W zderzeniu z pruską mentalnością i machiną urzędniczą, mimo nadzwyczajnej uległości i wysiłków czynionych w celu pozyskania przychylności władzy, z góry skazani są na przegraną.

Już pierwszy kontakt z Prusakami, kiedy padało pytanie o nazwisko, stawiał bohaterów w niekomfortowej sytuacji, wręcz ich ośmieszał. U Sienkiewicza:

Aleksander Świętochowski

– Jak się nazywasz? – pyta Bartka oficer.
– Słowik.
– Szloik?... Ach! Ja. Gut. I oficer napisał: „Mensch" [człowiek – przyp. PR].

U Świętochowskiego:

– Jak się pan nazywasz?
– Tryncza.
– Panie Trinkbier [piwosz – przyp. PR], jesteś mężny, zasłużyłeś na order

Powszechny zwyczaj władz pruskich zniemczania nazwisk polskich (zwykle przez najprostsze asocjacje) posłużył obu pisarzom za źródło literackich efektów komicznych. W kolejnej noweli Świętochowskiego, *Karl Krug*, tytułowy bohater urodzony z ojca Polaka i noszący pospolite nazwisko „Kruk", po zniemczeniu został Karlem

---

37 Al. Świętochowski, *Oddechy*, pierwodruk w „Prawdzie" 1886.

Dzbanem (poprawnie: der Krug – dzban, kruk – der Rabe), co wywoływała teraz inne skojarzenia („Bierkrug" – kufel), przysparzając mu wielu uszczypliwych uwag ze strony żony i otoczenia. Podobnie rzecz się miała z drugim bohaterem noweli, Franciszkiem Kłosem, zniemczonym na Franza Klotza (der Klotz – kloc, pieniek lub drągal).

Za odwagę w wojnie francusko-pruskiej Bartek i Wawrzyniec otrzymali dwie ważne nagrody: odznaczenie wojskowe oraz nowe („ludzkie"), tzn. niemieckie nazwisko, które, jak liczyli, powinno było im pomóc w bezpiecznym funkcjonowaniu w społeczeństwie pruskim. Ale spotkał ich przykry zawód.

Pozostawiam na boku losy Bartka Słowika i powracam do Wawrzyńca Tryncy. Był on człowiekiem pełnym strachu i kompleksów, starał się więc tak postępować, by nie narazić się na nieżyczliwość władzy. Jak wiadomo, postawa ugodowa nie zawsze sprawdza się w życiu, a jeszcze na dodatek, cytując sentencję autora: „Nigdy nie można przewidzieć rano, co się stanie wieczorem".

Do pewnego momentu życie bohatera układało się pomyślnie, nawet z różowymi widokami na przyszłość. Wawrzyniec, jako Lorenz Trinkbier, został nagrodzony za odwagę na polu bitwy i w uznaniu zasług otrzymał posadę asesora w magistracie z pensją 40 talarów miesięcznie. Na życzenie naczelnika urzędu zaczął agitować na rzecz stronnictwa narodowo-liberalnego, wspierającego politykę kanclerza Bismarcka. Za swoje starania oprócz pochwały otrzymał podwyżkę pensji do 50 talarów. To pozwoliło mu na ożenek z Niemką Ludwiką Kinkel, córką piekarza, zwolennika stronnictwa. Za namową żony Wawrzyniec konwertował na protestantyzm, co miało mu pomóc w kolejnym awansie.

Pięknie zapowiadająca się spokojna kariera Lorenza Trinkbiera została przerwana. Los, a konkretnie nowe prawo roku 1885, zadrwił sobie z Wawrzyńca okrutnie. Całkowicie nieoczekiwanie dla niego prezydent miasta zażądał szczegółowego życiorysu. I nastąpiło najgorsze, czego obawiał się przez cały czas. Po paru dniach otrzymał urzędową kopertę, a w niej wiadomość:

Wawrzyniec Tryncza, z przydomkiem Lorenz Trinkbier, poddany rosyjski bez paszportu, ma opuścić Prusy w ciągu dni ośmiu.

Wawrzyniec nie wiedział, że rozporządzeniem z 25 marca 1885 roku minister spraw wewnętrznych nakazał podległym mu władzom wydalić z granic Niemiec wszystkich, zwłaszcza Polaków i Żydów, mających „nieuregulowaną przynależność państwową", tj. pozostających bez oficjalnego obywatelstwa pruskiego. Nowe prawo działało brutalnie i wstecz, nie respektując dotychczasowych zasług, np. służby wojskowej czy odznaczeń, przepracowanych lat, zajmowanych stanowisk, zgromadzonych dóbr. Prawie z dnia na dzień dotychczasowe życie bohatera legło w gruzach. Asesor Lorenz Trinkbier stracił nie tylko miejsce pracy, ale i swoją dotychczasową tożsamość. Stał się ponownie Wawrzyńcem Tryncząz, poddanym rosyjskim, Polakiem. Można domniemywać, że jako posługujący się bezprawnie „przydomkiem" Lorenz Trinkbier wchodził dodatkowo w kolizję z prawem, ale sprawa stawała się bezprzedmiotowa, ponieważ w ciągu ośmiu dni musiał opuścić Prusy.

9. Szwabska krew

Oj, nie lubiła Konopnicka Niemców... Ich portrety literackie kreśliła ostrym i bezkompromisowym piórem, a polskie serca bohaterów żywo obruszały się na dźwięk mowy czy pieśni niemieckiej. Kilka przykładów. Jak Żyda w polskiej mentalności i krajobrazie kojarzono od wieków z karczmą, tak w wieku dziewiętnastym domeną Niemców stał się zawód młynarza. W opowiadaniu *W starym młynie*[38] (1890) właścicielem młyna nowego był Niemiec Strauch

Maria Konopnicka

> (...) z włosem jak szczecina strzyżonym, z karkiem tak tłustym, że mu się przez kołnierz fałdą przelewał, z małymi świecącymi na wierzchu głowy oczkami, do czysta wygolony na twarzy okrągłej, dużej, jak cynober czerwonej. Strauch miał

---

38 M. Konopnicka, *W starym młynie*, w tomie *Moi znajomi*, Warszawa 1904.

dwie główne roboty: pocił się i klął. Pocił się zimą i latem, a klął, czy mu się dobrze, czy zaś nieco gorzej wiodło.
Prosty naród to tam, zwyczajnie, klątw takich szwabskich nawet nie rozumiał, ale młynarczyki latały jak frygi pod tym złym językiem, który ciągle niby paprzyca się obracał w tłustej gębie majstra, i pod tymi świecącymi oczkami, z których jakby szydła szły, kiedy na ludzi patrzył.

Gdy do starego młyna, należącego do Polaka Balcera Warawąsa, przyszli pewnego razu wędrowni czeladnicy w poszukiwaniu pracy, a mieli nieszczęście podśpiewywać sobie po niemiecku, polski młynarz zareagował gwałtownie:

– Nie ma! – wołał machając rękami tak, jakby ich od progu swego chciał odpędzić. – Nie ma roboty! *Keine Arbeit! Weg!* Precz! Do Niemca! Do nowego młyna! *Weg!*... Tam! Tam! – I trząsł wyciągniętą ręką w stronę huczącej rzeki, i trząsł głową siwą, a okrutne wąsiska groźnie się podniosły wśród rozognionej gniewem twarzy.

W opowiadaniu *W winiarskim forcie* główny bohater wachmistrz Dzieszuk, pozostający na służbie pruskiej, ale duszą Polak żarliwy, dzielił ludzi i rzeczy na dwa gatunki: „szwabską" i „polską krew". Również karakucki kogut, stanowiący część dobytku nowego proboszcza, reprezentował siłą faktu „krew szwabską". Jego pianie było w najwyższym stopniu nieprzyjemne dla ucha wachmistrza, kojarzyło się z czymś wrogim i nieprzyjaznym:

Piew to był głuchy, jakby ze ściśniętej gardzieli idący, zakończony charczeniem dwóch kłócących się z sobą falsetowych tonów, urwanych na jakiejś niesfornej, czkawkę przypominającej nucie.

Czymś innym zgoła było „jasne, szerokie, donośne pianie zwykłych polskich kurów". Swą złość na „szwabską krew" przelał wachmistrz Dzieszuk na karakuckiego koguta, którego kucharka księdza Wursta znalazła z ukręconą szyją.

Z kolei w opowiadaniu *Głupi Franek* tytułowy bohater tak nienawidził i bał się Niemców, że gdy zbliżał się do ich zabudowań, „spluwał z obrzydzenia". Niemcy byli uosobieniem wszelkiego zła, jak zły wiatr, przed którym należało się chronić. Głupi Franek wypowiedział też znamienne ostrzeżenie przed inwazją osadników i kolonistów niemieckich. Nie znajdzie u nich przytuliska żaden bocian, zmuszony – jak prawowici właściciele tej ziemi – emigrować za ocean:

> Miemce tu obsiądą, Miemce tu gniazda swoje założą, a ty głupi precz... za morze... za morze...

10. Duszę mu zaprzedała

Balcer Warawąs miał złe doświadczenia z pomocnikiem niemieckim.

> – Takiego to raz tylko za próg puścić (...) oho! Już i po spokoju! Snu nie zaznasz, dobra nie uwidzisz, pociechy się nie doczekasz... Niekatolicki naród... Strach, jakie sztuki umieją. Jest – źle, nie ma go – jeszcze gorzej. Za takim to i dola jako ten gołąb odleci... Oj! dola, dola! Niewierna ona! I ludzie niewierni, i kamienie niewierne, i dzieci niewierne! Oj! ciężko na świecie chrześcijańskiej duszy!

Chrześcijańska dusza pana Balcera w zderzeniu z niekatolicką duszą czeladnika Hansa doznała poważnego uszczerbku. Przyjął go do pracy, dał zajęcie, a ten co? Zawrócił córce w głowie, choć ona niemieckiego, a on polskiego nie znali... Kiedy pan Balcer „pomiarkował", że Julisia „na onego szwaba zerkała", postanowił działać.

> Więc zacząłem mego szwaba siarczystą robotą prażyć, taką robotą, że to niewytrzymane rzeczy. Noc uśpi, noc obudzi, ani siąść, ani tchnąć – nic! „Do łokci ręce, psubracie, pourabiaj – myślę – do krwawego potu, siedm razy na godzinę się zapoć – myślę – nosem ziemię zaryj – myślę – to ci się bałamuctwa z dziewczyną odechce..."

Motywacja ojca była brutalnie prosta. Choć chłopak okazał się wyjątkowo pracowity i mógł w przyszłości rozwinąć młyn, przysparzając teściowi bogactwa, ten widział w nim wyłącznie obcego. Co prawda sam nie wywodził się z wielkiego rodu, ale w jednym miał przewagę: „żaden z nas się ze szwabami jak Bóg Bogiem nie bratał, od dziada, pradziada".

Julisia nie podzielała uprzedzeń ojca. By pozbyć się ostatecznie chłopaka, Balcer wpadł na iście szatański pomysł. Zapiekłość w nim była tak wielka, że nie zważał na konsekwencje, które kosztować go mogły nawet utratę podstaw egzystencji: „Niech z torbami pójdę (...) a ty, Niemcze, z młyna precz!".

Intryga polegała na znanym wśród młynarzy sposobie uszkodzenia koła młyńskiego, tak że niby wszystko funkcjonowało, a jednak proces mielenia był zakłócony. Pracownika, który nie potrafił rozpoznać usterki i nie wywiązał się z nałożonych obowiązków, łatwo można było zwolnić. Co się jednakże okazało? Hans nie tylko odkrył podstęp pana Balcera, ale wymienił koło na nowe i wykonał całą pracę. Tego już było za wiele. Uchwycił się pan Balcer jeszcze jednego podstępu. Obiecał córce, że pojadą na kilka dni do chrzestnej i wrócą. Ale wrócił sam, pewien, że zapanował nad niekorzystną dla siebie sytuacją... Historia mogłaby się skończyć i tak, jednak Konopnicka zadbała o szczególną pointę. Hans okazał się biegły nie tylko w sztuce młynarskiej, ale i w sztuce kochania. Zawrócił Julisi w głowie na tyle, że uciekła od chrzestnej i wróciła. W domu rodzinnym nie zagrzała długo miejsca i obydwoje poszli w świat szeroki, szukać dla siebie szczęścia. Co autorka skwitowała gorzką uwagą:

> (...) jak cień za nim poszła, jako mgła łężna (...) Poszła za nim. Cóż jej ojciec, dom, ród, cóż jej wszystko? Duszę mu zaprzedała, poszła...

Jedno jest pewne. Julisia nie poszła w ślady legendarnej Wandy! Ba i tego było mało, za Hansem – jak w bajce – „poszły" nawet koła młyńskie...

11. Nie była Wandą, była Felcią

Nowelkę *Niemczaki*[39] zadedykowała Konopnicka „ich matce", co oznacza, że opowiedziana historia miała swoje autentyczne pierwowzory, być może dość blisko znane autorce. Już pierwsze zdanie nowelki wskazuje na tendencję utworu:

> Poszła za Niemca. No, trudno! Tego już nikt nie zmieni. Nie była zresztą Wandą, była Felcią; nie mieszkała nawet nad Wisłą.

Nowelkowa Felcia pochodziła ze zubożałego rodu szlacheckiego, który dzieciom ostatniego pokolenia niczego nie oferował. Musieli radzić sobie sami. Bracia rozjechali się po świecie, Felcia trafiła do krewnej w Prusach. I tak zaczęła się jej historia:

> Niemiec jeden upodobał [ją sobie – PR] wielce, a że był młody, przystojny, pracowity i proceder kupiecki dość mu zysków czynił, wyszła za niego dziewczyna, nad czym stary pan starego dworu, teraz na rezydencji u krewniaków aż gdzieś w Ziemi Krakowskiej siedzący, długo bolał skrycie.
> Co do Felci, ta była szczęśliwą.

To właściwie cała historia miłości (szczęśliwej!) polsko-niemieckiej. Konopnicką zainteresował jeden z jej skutków: krótki epizod z życia dzieci z tego małżeństwa mieszanego i stosunek do nich ich rodzonego dziadka z linii matki.

Jak wiadomo, dzieci z małżeństw mieszanych mają „mieszanych" dziadków, którzy mówią innymi językami i jeden z pierwszych problemów, jaki powstaje, to komunikacja językowa między pokoleniami. Oczywiście, jeśli do takiej komunikacji dochodzi! W literaturze, jak w życiu, spotkać można różne modele rodzinne: od akceptacji synowej czy zięcia i własnych wnuków, po ich odrzucenie.

---

39 M. Konopnicka, *Niemczaki*, w tomie *Nowele*, Warszawa 1897.

"Stary pan", ojciec Felci, nie aprobował związku córki i "mówić o tym w ogóle nie lubił".

Co do zięcia, tego stale "Szwabem" lub "kupczykiem" nazywał; a gdy mu z biegiem czasu dwóch wnuków przybyło – Tym gorzej! – mawiał – tym gorzej! Lepiej, żeby to zgasło, niż ma się degenerować!

Nie byłoby jednak nowelki, gdyby autorka nie doprowadziła do konfrontacji stron: dziadka z wnukami, z czego postanowiła wyprowadzić budujący wniosek.

Felcia ubłagała rodzinę, by przyjęła jej chłopców na wakacje. Czas spędzony na wsi, na świeżym powietrzu i przy zdrowej żywności miał podbudować zdrowie dzieci, a przecież na tym najbardziej rodzicom zależy. O reszcie w zasadzie nie myślą, a właśnie ta "reszta" odgrywa w nowelce Konopnickiej zasadniczą rolę.

Chłopcy zjawiają się u polskiej rodziny, a ponieważ nie znali polskiego, od razu nazwano ich "Niemczakami", co ustawiało relacje rodzinno-narodowe prawidłowo. Niby są "naszej" krwi, ale i "nie-naszej", po prostu "Niemczaki".

Chłopcy: Gustaw i Henryk swoim zachowaniem, schludnością, bystrością i delikatnością zaczęli wzbudzać pozytywne odczucia. Najdłużej opierał się zmianie nastawienia dziadek, który "zawsze patrzał na nich mrocznie".

On sam czuł ciągle i pamiętał tę obcość ich rodu; on sam też jeden w całym domu nadawał tej nazwie "Niemczaki" coś wzgardliwego, coś obraźliwego.

Serce polskiego dziadka miało jednak czuły punkt. Gdy starszy z wnuków, lubiący jazdę konną, dosiadł narowistego konia, który i dojrzałemu jeźdźcowi mógł wyrządzić krzywdę, ale sobie z nim poradził i dojechał do domu szczęśliwie:

Porwał z siodła Niemczaka pan stary i długo na piersi go tulił śmiejąc się i płacząc razem.

– Nasza krew! Nasza... Nasz ród stary! poczciwy, szlachecki! – wołał całując chłopca po włosach, po twarzy...

I nieoczekiwana, a ważna pointa:

> Kiedy twardą jesienią przybył ojciec, żeby chłopców zabrać i za okazaną nad nimi opiekę dziękować, nie poznał ich prawie, tak zakwitli zdrowiem i świeżością.
> Zagadał do starszego, a ów z miejsca, choć z akcentem jeszcze:
> – Ty do mnie, ojciec, po polsku mów, bo ja ciebie nie rozumiem!

Jako Polacy wygraliśmy tę bitwę! O późniejszych losach „Niemczaków" nie informuje autorka. A to byłoby bardzo interesujące.

12. A jaka ona była delikatna dla męża

Każdy utwór literacki zawiera postaci drugo- i trzecioplanowe, co nie oznacza, że w równym stopniu są one „mniej ważne". Niejednokrotnie mogą wzbudzić zainteresowanie czytelnika, nawet dość spore, wzmocnione zawodem, że tak słabo zostały wyeksplorowane tkwiące w nich lub z nimi związane możliwości. By nie być gołosłownym, spieszę z przykładem.

Zadziwiające, że w życiu głównego bohatera *Lalki* Bolesława Prusa[40] tylko „niejaką" rolę odgrywa zmarła półtora roku przed początkiem właściwego nurtu akcji jego żona. Jest zatem w sensie dosłownym i przenośnym postacią historyczną w życiu Wokulskiego, o której mówi się w czasie przeszłym. Sam wdowiec niezmiernie rzadko i raczej w obojętnym kontekście wspomina nieboszczkę. Nieco szczegółów dowiadujemy się od radcy Węgrowicza, ale

Bolesław Prus

---

40 B. Prus, *Lalka*, Warszawa 1890.

głównym źródłem wiedzy o zgasłej żonie pryncypała pozostaje pamiętnik Ignacego Rzeckiego.

Powieść Prusa zaczyna się mało przychylnymi dla pamięci pani Wokulskiej uwagami. W rozmowie trójki przyjaciół z ust radcy Węgrowicza padają niemiłe oceny: „w rok potem ożenił się z babą grubo starszą od niego". Tudzież kilka zdań później:

> Ale też miał krzyż Pański z babą! (...) Patrz pan jednakże, co to znaczy szczęście. Półtora roku temu baba objadła się czegoś i umarła, a Wokulski po czteroletniej katordze został wolny jak ptaszek, z zasobnym sklepem i trzydziestu tysiącami rubli w gotowiźnie, na którą pracowały dwa pokolenia Minclów.

Określenie „baba" lub „stara baba" oraz dług wdzięczności Wokulskiego wobec spadku po zmarłej towarzyszą czytelnikowi od pierwszych stron lektury *Lalki*. By zyskać pewien dystans do sugerowanych przez radcę Węgrowicza opinii, czytelnik musi uzbroić się w cierpliwość i doczytać do końca *Pamiętnik starego subiekta*. Zorientuje się wtedy, że radca Węgrowicz niewiele wiedział o nieboszczce i że jego głos policzyć należy do złych języków, które dotknąć mogą każdego. Prawdę o zmarłej żonie Stanisława Wokulskiego naświetlają dopiero wspomnienia Rzeckiego, człowieka doskonale obeznanego w temacie, wiedzącego, o czym pisze. Przede wszystkim Rzecki przywraca nieboszczce przeszłość: imię, pochodzenie, wygląd, upodobania, emocje... Ze wstępnego portretu „starej baby" wyłania się we wspomnieniach starego subiekta postać z krwi i kości, osoby kochającej i pragnącej być kochaną. A to nie jedyna cecha zmarłej pani Wokulskiej, *primo voto* Minclowej.

Małgosia, późniejsza Małgorzata, urodziła się w rodzinie spolonizowanych Niemców o nazwisku Pfeifer i mieszkała w Warszawie na Podwalu. Należy przypuszczać, że jej przodkowie, jak rodziny Hopferów czy Fukierów, przywędrowali nad Wisłę w kolejnych falach kolonizacyjnych. Być może, że w rodzinie słyszała, na przykład od babci, jak działo się to u Minclów, język niemiecki, ale niczego takiego nie dowiadujemy się od Ignacego Rzeckiego.

Ten najlepiej obeznany w sprawach Małgorzaty informator skupił się głównie na przymiotach i ułomnościach jej kobiecej natury. Miał do tego wyjątkowe prawo, ponieważ w czasach młodości sam podkochiwał się w pięknej pannie, a w latach późniejszych stykał się z nią jako żoną obu pryncypałów: Jana Mincla i Stanisława Wokulskiego.

Z rozproszonych informacji wywieść można, iż Małgorzata była rówieśnicą Rzeckiego, co czyniło ją nieco starszą od Wokulskiego, ale jedynie (a może aż!) o pięć lat. Chociaż te rachuby nie zawsze są w powieści takie pewne. W *Pamiętniku starego subiekta* czytamy bowiem wypowiedź samej Małgorzaty:

> – Czy podobna, panie Wokulski, ażeby pan nigdy nie kochał się? – mówiła. – Ma pan, o ile wiem, ze dwadzieścia osiem lat, prawie tyle co ja... I kiedy ja już od dawna uważam się za starą babę, pan wciąż jest niewiniątkiem.

Rozmowa miała miejsce w okresie pracy Stanisława u Hopfera, tzn. w roku 1857 lub 1858, gdy Rzecki powrócił z wojaczki, a Małgorzata była już od paru lat panią Janową Minclową. Na wieść, iż Kasia Hopferówna podkochuje się w Stanisławie, Małgorzata postanowiła ich wyswatać, stąd cała rozmowa. Jak można doliczyć się, Wokulski miał wtedy rzeczywiście 24 lub 25 lat, co czyni całą wypowiedź lekko przesadzoną. Niewątpliwie Wokulski musiał i jej wpaść w oko. Jak wiemy, z ożenku z Kasią Hopferówną nic nie wyszło, ale dalekosiężny zamysł pani Minclowej wypełnił się co do joty.

Jak donosi stary subiekt, małżeństwo Jana Mincla z Małgosią Pfeifer nie było szczęśliwe. Mąż okazał się mało męski i zaniedbywał żonę. Swoje uczucia Małgorzata zaczęła przenosić na Wokulskiego, który po porzuceniu pracy u Hopfera zamieszkał wraz z Rzeckim.

W 1870 roku, wkrótce po powrocie Wokulskiego z zesłania, zmarł Jan Mincel. A już w pół roku później Stach doniósł przyjacielowi, że żeni się z wdową, co wywołało niemałą sensację.

Im krótszy był smutek po śmierci pierwszego męża, tym większa radość z drugiego:

Przy młodym mężu w panią Małgorzatę jakby nowy duch wstąpił. Kupiła sobie fortepian i zaczęła uczyć się muzyki od jakiegoś starego profesora, ażeby – jak mówiła – „nie budził w Stasieczku zazdrości". Godziny zaś wolne od fortepianu przepędzała na konferencjach z szewcami, modystkami, fryzjerami i dentystami robiąc się przy ich pomocy co dzień piękniejszą. A jaka ona była tkliwa dla męża!... Nieraz przesiadywała po kilka godzin w sklepie, tylko wpatrując się w Stasiulka. Dostrzegłszy zaś, że między kundmankami trafiają się przystojne, cofnęła Stacha z Sali frontowej za szafy i jeszcze kazała mu zrobić tam budkę, w której, siedząc jak dzikie zwierzę, prowadził księgi sklepowe.

Opisana przez Rzeckiego sytuacja rodzinna Wokulskich nie mogła wróżyć niczego dobrego. Miodowe miesiące szybko przeminęły, zazdrość wydała spodziewane owoce. Wokulski nudząc się w towarzystwie żony, zaczął wymykać się z domu, początkowo na krótsze spacery, a później i na całe dnie. Zazdrosna Małgorzata nie pogodziła się z tym stanem rzeczy i podejmowała różne działania, co pogarszało jeszcze ogólne położenie.

W *Lalce* mamy dwie wersje śmierci Małgorzaty. Pierwszą, cytowaną na początku w relacji radcy Węgrowicza, odrzucam jako tendencyjną i niewiarygodną. Drugą podaje Rzecki:

> Tymczasem w piątym roku pożycia Małgorzata nagle zaczęła się malować... Zrazu nieznacznie, potem coraz energiczniej i coraz nowymi środkami... Usłyszawszy zaś o jakimś likworze, który damom w wieku miał przywracać świeżość i wdzięk młodości, wytarła się nim pewnego wieczora tak starannie od stóp do głów, że tej samej nocy wezwani na pomoc lekarze już nie mogli jej odratować. I zmarło biedactwo niespełna we dwie doby na zakażenie krwi, tyle tylko mając przytomności, aby wezwać rejenta i cały majątek przekazać swemu Stasiulkowi.

Radca Węgrowicz stworzył czarną legendę Małgorzaty jako „starej baby", która zamieniła życie małżeńskie Wokulskiego w prawdziwą „katorgę". Rzecki łagodzi ten nieprzychylny osąd o tyle, że pojawiają się w jego relacji nowe elementy, rzucające pełniejsze światło na jej postępowanie. Nie tylko zapisała majątek Stachowi, ale czyniła wiele, by się mu przypodobać, co nie oznaczało, że te działania przynosiły pożądany efekt. Niemniej jednak tragiczny epizod z jakimś cudownym „likworem", który jak eliksir miał ją odmłodzić, a wywołał śmierć, wskazuje raczej na desperację, z jaką walczyła o względy ukochanego męża (równą prawie czynowi Małgorzaty z powieści Michaiła Bułhakowa *Mistrz i Małgorzata*).

13. Inter os atque offam multa intervernire posse...

„Pomiędzy ustami a kęskiem wiele może się (jeszcze) zdarzyć" lub *Multa cadunt // inter calicem // supremaque labra...* – „Wiele zdarza się między (brzegiem) kielicha a końcami warg".

Starożytne sentencje kursowały w wielu przekazach, najpopularniejsza okazała się chyba wersja zmitologizowana. Mówi o królu Ankaiosie, uczestniku wyprawy kolchidzkiej, któremu przepowiedziano, iż nie wypije wina z zakładanej przez siebie winnicy. Jako że wszystko zmierzało do szczęśliwego finału, król postanowił zadrwić z przepowiedni, wznosząc toast. W tym momencie zjawił się posłaniec z wieścią, iż potężny dzik pustoszy winnicę. Ankaios odstawił puchar i wybiegł do walki z dzikim zwierzęciem w obronie winnicy, ale w niej niestety zginął. Wróżba spełniła się.

Jaką zasadzkę na bohaterów zastawiła Maria Rodziewiczówna, autorka powieści *Między ustami a brzegiem pucharu*[41], by dowieść prawdziwości przypowieści?

Maria Rodziewiczówna

---

41 M. Rodziewiczówna, *Między ustami a brzegiem pucharu*, Warszawa 1889.

Pierwsze ekstremum lokalne to Berlin, stolica Niemiec wilhelmińskich, przed rokiem 1889, datą wydania powieści. Poznajemy głównego bohatera i jego niemieckie (pruskie) otoczenie. Wentzel Croy-Dülmen to młody, piękny mężczyzna, „wybujały jak topola, silny, dumny, ciemnowłosy". Na jego fizjonomię składał się „pierwiastek germański wielkiej siły i twardego wyrazu, a obok tego jakiś inny typ delikatniejszy, ognisty, zuchwały a wesoły". Opis autorki podpowiada nam podwójność natury bohatera, choć dotychczasowe życie ukształtowało go dość jednoznacznie.

> Był hulaką wielkoświatowym, pełnym form i delikatności: pod maską króla salonów krył się cynik bez żadnych zasad, nie szanujący nikogo i niczego, lekceważący świat cały, dumny swą potęgą i magnetycznym urokiem.
> Należał do kilku klubów, miał przyjaciół, ile było młodzieży w stolicy; kochały go wszystkie kobiety.
> Był najzupełniej z losu zadowolony.

Pięknego i zblazowanego młodzieńca już w pierwszych scenach powieści konfrontuje autorka z panną, w jednym mu co najmniej dorównującą:

> Była istotnie uderzająco piękna – pięknością poważną, klasyczną, nakazującą szacunek i względy (...)
> Głos miała głęboki, trochę ponury; rysy spokojne i chłodne; oczy zamyślone, głębokie, okryte rzęsami – podnosiła je rzadko; usta dumne, małe, musiały się bardzo niewiele uśmiechać. Typ to był niepospolity – zwróciłby i w tłumie uwagę; patrząc na nią uczuwałeś gwałtowną chęć zbudzenia życia w tych poważnych rysach, rozjaśnienia śmiechem ust zaciętych, rozjaśnienia blaskiem mrocznych źrenic.
> Byłaby wtedy porywającym czarem.

Koneser literatury w obu charakterystykach bohaterów dostrzeże schematyzm i banalność rysunku, ale dla miłośników romansów był to opis właściwy, typowy, maksymalizujący cechy, które czyniły ich podobnymi (równymi) i odmiennymi (rywalizującymi). Na tym fundamencie można było zacząć budować intrygę. By stała się jeszcze bardziej wciągająca, należało dodać szczyptę nowych ingrediencji, na przykład o smaku narodowym.

Wentzel całkiem przypadkowo staje się świadkiem i uczestnikiem drobnego, ale dla rozwoju akcji podstawowego zdarzenia. Widząc zaczepianą w nocy samotną młodą kobietę, staje w jej obronie, co niesie ze sobą brzemienne w skutki następstwa. Napastnikiem okazuje się znany bohaterowi birbant i hulaka, odgryzający się obrońcy zaczepionej kobiety obelgą pod adresem jego pochodzenia. Niby przypadkowo dowiadujemy się, że Wentzel jest „mieszańcem", potomkiem po mieczu starożytnego rodu germańskiego, ale z domieszką obcej – polskiej! – krwi.

> Matka moja była Polką z Poznania; ojciec mój zrobił mezalians, za który ja pokutuję! Jest to plama na tarczy herbowej Croy-Dülmen. Polaków nie cierpię. Stosunków z nimi nie miałem i mieć nie będę...

Wypowiedziane słowa są przysłowiowym „zaklęciem" o tej mocy sprawczej, która w myśl antycznej sentencji *Inter os aque offam multa intervenire posse...* domaga się zaprzeczenia. Nietrudno zgadnąć, że tajemnicza młoda kobieta musi okazać się w rzeczywistości... Polką z Poznańskiego, a losy ich ulegną połączeniu (podwójny mezalians), choć to na początku okoliczność niewyobrażalna, a droga długa, pełna przeszkód i wydawałoby się nie do pokonania. Ale życie podpowiada, że między „ustami a brzegiem pucharu" może wydarzyć się wiele i to najbardziej nieprawdopodobnego!

Dalszy ciąg powieści Rodziewiczówny biegnie torem paradoksalnie przewidywalnym, zadanie autorki sprowadza się praktycznie do wymyślenia łańcucha zdarzeń, układających się w mniej lub bardziej logiczną historię o znanym z góry zakończeniu. Mniejszej przeto wagi okazuje się misterność samej intrygi, na znaczeniu zyskuje użyta argumentacja, zwłaszcza w zakresie problematyki narodowej.

Dzięki różnym zbiegom okoliczności Wentzel dowiaduje się w końcu nie tylko, kim jest tajemnicza młoda dama, którą wyratował z opresji, ale i otrzymuje list z Poznańskiego: Młoda kobieta okazała się Jadwigą Chrząstkowską, a list, podpisany przez Jana Chrząstkowskiego, brata panny, wzywał go do dostarczenia dokumentów po matce, Jadwidze z domu Ostrowskiej, w celu załatwienia formalności prawno-spadkowych. Decyzja mogła być tylko jedna: odszukać miejscowość Broniszcze w Poznańskiem, w której leżał majątek Mariampol, należący do dóbr rodowych matki.

I w jakiś czas potem Wentzel staje, rzecz do niedawna niewyobrażalna, przed obliczem swej rodzonej babki ze strony matki. Starsza pani zgodziła się go przyjąć pod warunkiem, że rozmowa odbędzie się w języku francuskim. I kolejna niemiła niespodzianka, został bowiem przyjęty chłodno, z oznakami nieukrywanej wyższości i do tego jeszcze w obecności panny Jadwigi Chrząstkowskiej, która okazała się być wychowanicą babki.

Po krótkiej wymianie szorstkich zdań, babka dała upust skrywanym od dawna pretensjom:

> Znam ja tych arogantów! Ojciec tego młodzika, gdy tu wszedł, niosąc zgubę biednej naszej Jadwini, był tak słodki, taki miły, tyle obiecywał! Miał Jadwinię co rok na święta przywozić, syna, jeśli będzie, oddać na wychowanie. Złote góry! Tymczasem porwał ją do swego zamku rozbójnickiego nad Ren i tyleśmy ją widzieli. Słowo Niemca to fałsz... Moja jedyna córka umarła wśród obcych, wrogów, sama. Nie dano nam znać o chorobie i śmierci (...) Znam ja was. Cierpiałam całe życie za to, żem córce mojej pozwoliła zrobić mezalians.

Tego było Wentzlowi za wiele: mezalians ojca w Niemczech, tu okazywał się mezaliansem matki! Jak pogodzić sprzeczne stanowiska, jak odnaleźć się w zaistniałej sytuacji i do tego zbliżyć do Jadwigi, komu innemu wcześniej przyrzeczonej, zdobyć jej przychylność?

Logika romansu, zwłaszcza z tłem narodowym, jest jednak inna: im bowiem trudniej na początku, tym łatwiej na końcu. Jadwiga do Wentzla:

Ale na to mogę przysiąc, że nie pokocham ani Niemca, ani próżniaka, ani nikczemnika, ani hulaki... tego wszystkiego, czym Pan jest! Polka zaczyna od szacunku!

Wentzel:

Zobaczymy, kto kogo zwycięży! Ja jeszcze nie znam porażki – odparł zuchwale.

Jadwiga:

Jeszcze pan nie zna wielu rzeczy. A przede wszystkim zapomina się pan względem mnie. Jestem zaręczona.

Wentzel:

Między ustami a brzegiem pucharu wiele jeszcze zdarzyć się może – rzekł lekko.

Wstępna rozgrywka kończy się rozdrażnieniem obu stron i chłodnym rozstaniem.

Nie trwało ono zbyt długo. Już w jakiś czas później starsza pani posłała po Wentzla, by zjawił się w Mariampolu. Powód był poważny. Narzeczony Jadwigi, Adam Głębocki, zbankrutował i przymuszony był sprzedać majątek, co oznaczało w praktyce przejście ziemi polskiej w ręce niemieckie, a temu chciano zapobiec. Tekla Ostrowska przypomniała sobie o wnuku, który mógłby zaradzić trudnej sytuacji, był przecież człowiekiem majętnym...

Rodziewiczówna zarzuciła mało misternie romansowe sidła na swego bohatera. Zamysł jest jasny, chce wygrać narodową batalię z prusactwem, ale używa do realizacji celu mało wyrafinowanych metod. O duszę i kieszeń dwudziestosiedmioletniego zblazowanego hrabicza, wychowanego w duchu pruskim, nie znającego ani polskiej rodziny matki, ani języka i zwyczajów kraju rzuca do walki gderliwą, demonstrującą swą antyniemiecką postawę babkę oraz chłodną, nieprzystępną i na dodatek zaręczoną – pannę Jadwigę. Początki są raczej trudne, wręcz zniechęcające. Czytelnik wie jednak, że nałożono na bohatera worek pokutny (za niewłasne winy) i że polonizacja Niemca, właściwie pół-Niemca, musi boleć, lecz owoce tego procesu wychowawczego będą słodkie, jak słodka z definicji jest polskość. Niezrażony niczym Wentzel z własnej woli zaczyna uczyć się polskiego, zjawia się też, bez ociągania, na każde wezwanie i deklaruje (bez wiedzy o prawdziwej wartości) kupno majątku Głębockiego, a na dodatek dostaje na balu kosza od prowincjonalnych panienek... W ten sposób otrzymuje prawdziwą lekcję życia i doznaje oczyszczenia, „spowiadając się" w sytuacji sam na sam – Jadwidze (w dodatku jaką polszczyzną!):

> Od kolebki wpajano we mnie nienawiść do Polaków; nie znałem ni ojca, ni matki. Nazywano jego ofiarą, ją intrygantką, naród jej był podłym. Wierzyłem na ślepo. Moje pochodzenie kazano mi kryć przed obcymi, więc myślałem, że to rodzinna hańba i nazwę Polaka uważałem za obelgę. Zapewne, winienem, żem doszedłszy lat i rozumu, nie przekonał się o prawdziwości wpojonych idei, alem był od matczynej ojczyzny odcięty murem przesądów i antypatii. Byłem szowinistą jak moja babka, choć Prusom nie przyznawałem doskonałości. I wtedy, raptem poznałem panią. Wyznaję, że się zajęły oczy moje i nerwy rzadką pięknością, nie znaną wśród kobiet niemieckich; potem przyjechałem tutaj. Zdało mi się zrazu, że to kraj z baśni i podania, stary, zapleśniały, cudem dobyty na światło. Poznałem tu dopiero, co to wiara i religia (...) I uchyliłem przed wami czoła i pokochałem kraj matczyny, i tylko marzę, by zasłużyć na wasze braterstwo. Ciężko mi, oj, ciężko! Ludzie nie wierzą, babka nie ufa, i pani zaręczona!

Mówi się, że czas studzi głowy, leczy rany, ale też i na odwrót – wzmacnia tęsknoty, potęguje kiełkujące uczucia. Tak było w przypadku Wentzla i Jadwigi. Kilkumiesięczna przerwa w widzeniu się przyspieszyła decyzje, usunęła w cień zadrażnienia, pozwoliła dojść do głosu wzbierającej miłości. Wentzel porządkował sprawy uczuciowe i majątkowe w Niemczech, odnalazł grób poległego na froncie brata ukochanej, a Jadwiga nie opierała się już głosowi serca i zerwała zaręczyny z Adamem Głębockim. Obie ze starszą panią wyczekiwały niecierpliwie wieści z Berlina, babci bowiem coraz częściej śniła się córka, która w łzach cała prosiła matkę o opiekę nad synem...

Gdy Wentzel zjawił się w Mariampolu, serca obu kobiet zabiły żywiej, teraz mogło być już tylko lepiej. Jak wiadomo, romansowe licho nie śpi. Przed szczęśliwym finałem, Rodziewiczówna wystawia nerwy czytelników na ostatnią próbę. Każe zakochanej parze, gdy padły już upragnione słowa, zadrżeć o to szczęście. Zazdrosny Głębocki prowokuje Wentzla, tak że dochodzi do pojedynku, w którym:

> Strzał padł; hrabia jęknął, chwycił się za bok i runął na wznak – krew buchnęła strumieniem.
> Rzucili się wszyscy do niego. Żył jeszcze; gdy Jan się pochylił do twarzy, wyszeptał niewyraźnie: „Do Mariampola" – i stracił przytomność...

Finał, czyli szczęście. Zwycięstwo pierwsze:

> Ciotka Dora miała słuszność: dla Wentzla Croy-Dülmen nie było już świetnej kariery w Prusach: był wrogiem niemieckiej polityki, dążeń, kultury, przeszedł duszą i ciałem pod sztandar obcego ludu w biednej, skrzywdzonej prowincji. Rzucił wszystko bez żalu i wahania dla jednej dziewczyny i jednej starej kobiety. I one dwie zostały mu z rodziny. Niemiecka arystokracja usunęła się zgorszona, zawiedziona w wielkich nadziejach i planach na zdolnym milionerze. Usunęli się najbliżsi: ciotka i dawny opiekun, przyjaciel ojca, major.

Zwycięstwo drugie:

> Na widok wchodzących nie zmieszali się wcale, nie mieli nic na sumieniu – nie lękali się oczu babki i brata, i Wentzel znajdował, że był na swoim właściwym miejscu u nóg ukochanej.

Tym razem nasze metody okazały się skuteczniejsze, z Wentzla zrobiliśmy Wacława.

14. Kiedy poszła za niego, zgrzeszyła ciężko, śmiertelnie...

To opis stanu duszy bohaterki, młodziutkiej Klimuni (Klementyny) Wronowskiej, świeżo poślubionej małżonki barona Ernesta von Hohenschwangau. Zastanawiające, że pojawia się on w powieści Wojciecha hrabiego Dzieduszyckiego *Małżeństwo mięszane*[42] już na stronie 94, gdy całość liczy prawie stron pięćset. Łatwy rachunek pozwala domniemywać, że autor dość pospiesznie zawiązał wydarzenia, które w historii przedmałżeńskiej trwają zwyczajowo dłużej, zważywszy, że akcja powieści toczy się w 2 połowie XIX wieku. Młodzi najpierw przecież przeżywali okres wzajemnej fascynacji i adoracji, później dopiero myśleli o zaręczynach i odbywali przewidziany konwenansami towarzyskimi okres narzeczeństwa. Po tym wszystkim przychodził czas na wyznaczenie daty ślubu i wesela, wreszcie podróż poślubną rozciągającą się często na cały miesiąc miodowy. O kryzysie raczej długo nikt nie myślał. Za to radość przepełniała kolejne miesiące i lata w życiu młodych małżonków, a w powieści pochłaniała wiele zadrukowanych kartek.

Wojciech Dzieduszycki

Kiedy akcję powieści osadzimy pod koniec XIX wieku, zaś bohaterami uczynimy przedstawicieli dwóch wrogich nacji i konfesji, czyli ona będzie Polką, ubogą szlachcianką i żarliwą katoliczką, on zaś oficerem austriackim, baronem, potomkiem potężnego rodu z Bawarii i zdeklarowanym protestantem, to trzeba otwarcie przyznać, że doprowadzenie takiej pary do ołtarza nie było łatwe. Tyle tu przeszkód, barier, trudności i uprzedzeń do przezwyciężenia, w równym stopniu po stronie panny jak i po stronie ka-

---

42 W. Dzieduszycki, *Małżeństwo mięszane*, Lwów 1892.

walera. Okazuje się jednak, że intencje pisarza chodzą własnymi ścieżkami i w powieści mogą wydarzyć się sytuacje, wykraczające poza logikę wyobrażeń czytelniczych.

Wojciech Dzieduszycki zadziwiająco szybko i bez większych komplikacji skojarzył związek Klimuni i Ernesta. Rzec można nawet, ot, szast-prast i było po wszystkim, a to co nie pasuje do siebie, nagle zaczęło „pasować". Otóż nie, nie zaczęło pasować i temu niedopasowaniu poświęcił pisarz całą swoją energię w opasłym tomie. Taki zamysł powieściowy rodzi oczywiście pytanie o sens łączenia tak skrajnych bohaterów, skoro z góry wiadomo, że ich związek nie przetrzyma próby czasu. Odpowiedź nasuwa się dwojaka. Albo przyczyną sprawczą była „wielka romantyczna miłość": gorąca, ślepa, szalona i nieobliczalna, mająca za nic wszelkie przeszkody, albo, co sugerowała już jedna z pierwszych recenzentek powieści, „chodzi tu o potępienie małżeństw skojarzonych próżnością z cudzoziemcami i innowiercami"[43].

W przypadku Ernesta uczucie do Klimuni ma nawet pewien nastrój, czar i powab romantyczny. Po kryzysie, w wyniku zerwanego nie z własnej winy narzeczeństwa, młody oficer zaszywa się z przyjacielem na galicyjskim odludziu, by leczyć rany serca, zaznać spokoju i odzyskać utraconą równowagę ducha. Może się niewątpliwie zdarzyć, iż gdzieś w okolicy znajdzie się cerkiew obrządku greko-unickiego, którą odwiedza katolicka szlachta polska z całymi rodzinami, w tym z młodymi pannami. Może się też zdarzyć, że którejś niedzieli w cerkwi zjawi się Ernest i dozna szoku na widok Klimuni:

> (...) tak cudne zjawisko odsłoniło się przed nim od razu, że aż dreszcze przeszły po całej jego istocie. Tego rodzaju piękności nie widział nigdy; nie była to ani smagła Włoszka, ani zręczna Francuzka, ani blada kolosalna Niemka; nie była podobną ani do dnia skwarnego, ani do księżycowej nocy, tylko do błękitnego poranku polskiego, strojnego w białe obłoki, okraszone różowemi świtami zorzy. Była to Kilmunia Rajska.

---

43 N., „Przegląd Polski" 1895, t. 115, s. 411.

Dalej sprawy toczą się już swoim zwykłym romansowym trybem. Zakochany chce poznać obiekt fascynacji, więc odszukuje pannę i składa jej pierwszą wizytę. Przyjęcie przez rodzinę wypada dobrze, zatem ośmielony staje się częstszym gościem państwa Wronowskich. I tak płyną dni, które dryfują w jednym, spodziewanym kierunku.

A tymczasem potęga miłości wzmagała się i wzmagała w sercu Ernesta. Postanowił nieodwołalnie, że śliczny polski kwiat przesadzi do Bawarii, że nim przystroi starodawne herby swojego feudalnego rodu, że nim upokorzy wiarołomną i płochą Frydhildę.

Jak podpowiadało mu serce, tak i postąpił. Przełamał opór starszego brata, oświadczył się rodzicom panny i został przyjęty. Wszystko poszło prosto i gładko.

Przedślubne obiekcje obu stron nie wybrzmiewają w powieści Dzieduszyckiego zbyt poważnie ani groźnie. Starszy brat Ernesta życzy sobie jedynie, by potomek męski został ochrzczony i wychowany w rycie protestanckim, dla zapewnienia ciągłości ordynacji. Polskie otoczenie zgłasza takie czy inne uwagi, ale decydujący głos należy do głowy rodu. Po wahaniach i długim namyśle pan Wronowski udziela zgody, co narrator streszcza następującymi słowami.

> Kto wydawał córkę za Niemca i za protestanta, ten musiał być na to przygotowany, że będzie miał wnuków Niemców i protestantów. Może pan major miał jakąś ukrytą nadzieję, że dzieci Klimuni będą Polakami, skoro ich matka Polka w Krzywulcie wychowa. Ale protestantyzm nie burzył tej nadziei, skoro pan major znał nieraz w legionach i w Warszawie protestantów o niemieckich nawet nazwiskach, będących dobrymi Polakami. A tu kobiety płakały po kątach i jakiś przerażający niepokój brał Klimunię. Pan major ustąpił zatem i ślub odbył się przed pastorem. Tylko że pan major potem posmutniał bardzo.

O Erneście coś już wiemy, ale co działo się w serduszku Klimuni? Zadziwiające i zastanawiające, że w toku dotychczasowej opowieści autor nie zajmował się wcale jej myślami ani odczuciami. Była wyłącznie obiektem miłości Ernesta i jego układów z obydwiema rodzinami. Klimunia zaczyna odgrywać główną rolę dopiero, gdy mąż zabiera ją w pierwszą podróż do swojego domu w Bawarii. Już w czasie jazdy pociągiem, choć jeszcze rozmawiali po francusku, Ernest daje jej wyraźnie do zrozumienia, że „trzeba, aby pamiętała, że teraz będzie Niemką".

Pobyt na zamku Hohenschwangau i w środowisku króla Bawarii Ludwika II to okres pierwszej konfrontacji Klimuni, naszej rodaczki Polki i katoliczki, z otoczeniem niemieckim. Wszystko, z kim i z czym się teraz spotka, służyć będzie autorowi do inicjowania polsko-niemieckiego sporu w wymiarze cywilizacyjnym, teologiczno-moralnym, stanowym i czysto ludzkim.

Kiedy po dłuższej niebytności młodzi małżonkowie odwiedzają starych rodziców i dom rodzinny w Galicji, Klimunia rewiduje wiele swoich wcześniejszych poglądów. Tu też nastąpi przełom w akcji i w postawie bohaterki. Któregoś nudnego popołudnia dyskutowano w rodzinnej atmosferze na tematy polityczne. Ernest nieznający czułych punktów w myśleniu historycznym Polaków, wyraził się dość krytycznie o czynach i dziele Napoleona. Major Wronowski jako dawny żołnierz napoleoński odebrał słowa Ernesta jako zniewagę i tak się zdenerwował, że

> (...) padł jak długi na podłogę. Gniew, oburzenie i zapał o ziemię powaliły starca, który słyszał, jak własny jego zięć, we własnym jego domu bluźnił świętym ideałom całego jego życia.

Gwałtowna reakcja ojca i chorobowe skutki ataku apopleksji przeraziły wszystkich domowników. Jak odniosła się Klimunia do nieopatrznych słów męża, wiemy ze strony 89, na której pojawiają się przełomowe dla akcji słowa: „idź precz! Nie zbliżaj się do mnie!". Dramatyczna chwila posłużyła autorowi do zainscenizowania rozmowy sióstr, w której wychodzą na światło dzienne nieznane fakty, dotyczące prawdziwych powodów zgody bohaterki na ślub z Ernestem.

Na pytanie starszej siostry, Laury, Klimunia, płacząc ze wzruszenia, odpowiada:

– Co się stało? (...) To, co ty chciałaś. Wydałaś mnie za Niemca, a ten Niemiec zabił nam ojca!
– Jak to? – Ja ciebie za nikogo nie wydawałam. Sama poszłaś, za kogo chciałaś!
– Sama poszłam, za kogo chciałam?
– Alboż ja co mogłam chcieć? Alboż ja co rozumiałam? Namawiałaś mnie, nakłaniałaś, a ja głupia, niedoświadczona uwierzyłam tobie. Potem musiałam słuchać pół roku jak Niemcy wygadywali na wszystko, co święte; słuchałam i cierpiałam; nie narzekałam na to, że tak będę musiała cierpieć całe życie. Ale ten Niemiec tu przyjechał do Rajów i oplwał przy moim ojcu i ojczyznę i pamięć wielkiego Napoleona. Ojciec tego słuchać nie mógł i padł tu trafiony apopleksją. To twoje dzieło Lauro.

Kilka stron dalej, na sugestię ojca, któremu poprawiło się zdrowie, że powinna pogodzić się z mężem, stan duchowy i uczuciowy Klimuni autor oddaje słowami nad wyraz jednoznacznymi, niepozostawiającymi żadnych wątpliwości co do przewodniej intencji powieści.

Klimuni się zdawało teraz wyraźnie, że Ernesta nigdy nie kochała, nie lubiła nawet, że to była istota innego gatunku. Kiedy poszła za niego, zgrzeszyła ciężko, śmiertelnie. Zachciało się jej połysku i zabawy i dlatego zaprzedała duszę i ciało złemu. Czem więcej się modliła, tem wstrętniejszą obrzydliwością wydawał się jej stosunek małżeński z tym Niemcem...

Potwierdza się wcześniejsze przypuszczenie, iż powieść *Małżeństwo mieszane* hrabiego Dzieduszyckiego nie ma nic wspólnego ani z konwencją porządnie skrojonego romansu, ani tym bardziej z realistyczną powieścią psychologiczno-obyczajową. Co krok natrafiamy na wywody historyczno-polityczne pisarza, porównawcze analizy narodów: ich przeszłości, kultury, religii, obyczajów, mentalności, wyglądu mieszkańców i krajobrazu, aż po doraźną publicystykę. Oko i ucho polskiego autora wyczulone jest rzecz zrozumiała na wszystko co swojskie i własne, a myśl – na obronę polskiej racji stanu. W czym się ona przejawia, co jest matecznikiem polskości, co daje nam poczucie wartości i siły, zwłaszcza w konfrontacji z wrogami, to pytania najważniejsze z perspektywy końca XIX wieku.

Wojciech hrabia Dzieduszycki szukał na nie odpowiedzi w wielu dziedzinach ówczesnego życia jako polityk, działacz społeczny, naukowiec i literat. Najbliższa była mu postawa konserwatywno-legalistyczna, obrońcy tradycyjnych wartości narodowych i katolickich. Romantyczna wizja Polski znalazła w nim gorącego wyznawcę, niepomnego na zmieniający się czas i uwarunkowania. Przekonanie o mesjańskiej roli narodu wybranego i o potrzebie trwania w niej jako jedynej prawdzie, zdolnej ochronić duszę narodu, wkłada Dzieduszycki w usta jednego z prawdziwych patriotów gwarantujących przetrwanie. Kazimierz Oszmiański, Polak i obywatel cnót wielkich, sąsiad majora Wronowskiego, podkochujący się w Klimuni zanim poszła za Ernesta, wypowiada w jej obecności następujące myśli:

> (...) ale to, żeśmy dziś uciśnieni srodze przez wszystkich sofistów świata, ochroni nas od zguby; my wytrwamy przy prawdzie, a kiedy Bóg nasze więzienie rozwali, opowiemy prawdę narodom, znużonym przez moc sofizmatów i zepsucia. Oto, na co nam Bóg Polskę przeznacza! Ona ma świadczyć Jemu najpierw cierpieniem, a potem zwycięstwem.

A Klimunia, której ten zawsze był bliski:

> (...) słuchając Kazimierza, czuła wyraźnie, że była Polką i wyraźnie tę polskość swoją przeciwstawiała narodowości, wyznaniu i przekonaniom męża swojego.

Co prawda Ernest pozostawał jej ślubnym mężem i nic tego faktu nie mogło zmienić, ale polskie serduszko wiedziało teraz lepiej, gdzie jest jej prawdziwe miejsce.

Po ostatnich przejściach Klimunia znalazła się w bardzo trudnej dla siebie sytuacji rodzinnej i uczuciowej. Z jednej strony uświadomiła sobie z pełną jasnością, że nie kocha męża, a jego niemieckie otoczenie jest jej obce, czy wręcz nienawistne, z drugiej – związała się z tym człowiekiem nierozerwalną przysięgą, nakazującą „miłość, wierność i uczciwość małżeńską" aż do śmierci. Katolickie wychowanie, a przede wszystkim wola ojca jako strażnika tych zasad, zmuszały bohaterkę do bezwarunkowego poddania się roli żony. Zrezygnowana, upomniana przez ojca, powraca z Ernestem na zamek Hohenschwangau.

Drugi pobyt Klimuni przy boku (niechcianego już) męża w Bawarii wykorzystuje autor do uwyraźnienia trzech spraw: 1. wpływu króla Ludwika II i stosunków panujących na jego dworze na losy rodziny Hohenschwangau (śmierć starszego brata, osaczanie Klimuni), 2. ukazania wiarołomstwa Ernesta, który zdradzał żonę z dawną kochanką Frydhildą i 3. przedstawienia ogromu cierpień Klimuni jako osoby podejrzewanej o romans z królem, obrażanej na każdym kroku za polskość, heroicznie walczącej o dobre imię, dochowanie wierności słowom przysięgi małżeńskiej, wreszcie o honor Polki.

Perypetiom powieściowym, zawiłościom losów bohaterów *Małżeństwa mieszanego* i uruchomionej przy okazji całej dydaktyce patriotyczno-katolickiej kres kładzie mało finezyjnie skonstruowany finał. Dramatyczne listy Klimuni do rodziny, komplikacje zdrowotne, łącznie z poronieniem, sprawiają, że kruszeją niezłomne zasady starego ojca. W towarzystwie Kazimierza Oszmiańskiego i jeszcze jednego pomocnika, stojący nad grobem starzec, katolik-sarmata, wybrał się do jaskini lwa, by uregulować sprawę po swojemu, czyli po bożemu i po polsku. Nie tylko zobowiązał króla Ludwika do publicznego oświadczenia o niewinności córki, ale i zwolnił ją z konieczności dalszej ofiary na rzecz utrzymania małżeństwa. Kiedy tego dokonał, przyjął jeszcze ostatnie namaszczenie i zmarł. Nieco wcześniej jednak nastąpiło zdarzenie, które umożliwiło autorowi „ojczyźniane" rozwiązanie losów nieudanego małżeństwa polsko-niemieckiego. Targany zgryzotami i wyrzutami sumienia baron Ernest von Hohenschwangau popełnił samobójstwo w sąsiednim pokoju, strzelając do siebie z pistoletu. Przygotowany do odejścia z tego świata major Wronowski zdążył jeszcze wydać ostatnie dyspozycje ojcowskie.

> Spełniło się już wszystko. Mogę teraz, w chwili własnej śmierci, powiedzieć tobie, Klementyno, że powierzyłem twój los w ręce Kazimierza Oszmiańskiego. On teraz zastąpi ci ojca, kiedyś zastąpi ci męża.

Zgodnie z ostatnią wolą i życzeniem seniora rodu, Kazimierz Oszmiański „około trzech króli roku 1869, poprosił ją o rękę i został przyjęty".
I jeszcze finał opowieści. Czytelnik został poinformowany o końcowych losach bohaterów, z czego mógł wyprowadzić budującą naukę, jakie postawy i wartości liczą się w życiu.

> Lepiej o to się nie pytać, w jakiej poniewierce umarła Frydhilda. Mąż jej Adolf spędził resztę marnego, bezużytecznego życia we Włoszech; historia mówi o tem, jak żył i skończył król Ludwik. Państwo Kazimierzowie Oszmiańscy cieszą się dotąd dobrem zdrowiem, a niezmąconem i poważnem szczęściem małżeńskiem. Wiodą życie nie głośne, ale cnotliwe i nader pożyteczne, które im zapewniło uznanie i miłość współobywateli w szerokich kołach.

15. Polska Circe, czyli Jak świat światem nie będzie Niemiec...

Początek i koniec dwutomowej powieści obramował Kazimierz Laskowski cytatami i odwołaniami do wydarzeń, które nie pozostawiają wątpliwości, jakiej służą sprawie. Za motto wybrał dwuwiersz „znanej piosenki":

> Wanda leży w naszej ziemi
> Co nie chciała Niemca

Koniec części drugiej przynosi pełną deklarację ideową autora:

> A pan Skuraczewski, który lubił przy sposobności pozować na statystę, rzekł:
> – Odwieczna rasowa walka! Płowce, Grunwald, a dziś nienawiść tego chłopa z jednego źródła biorą początek!...
> – Z krzywdy i uciemiężenia – wybuchnął chemik porywczo.
> – Jak świat światem nie będzie Niemiec Polakowi bratem – podchwycił z żywością Bruzdowicz. – Kiedy to tam ta nasza Wisła słyszała:
> Wanda leży w naszej ziemi, co nie chciała Niemca!...
> – Prawda?
> Jakby w odpowiedzi od wioski rozbrzmiał śpiew. Piosenka dźwięczała:
> Matko Boska Polska ochraniaj Polaków, tych przybłędów Szwabów powrzucaj do krzaków.
> Słyszycie? – zawołał, ukazując ręką ku rodzinnemu gniazdu. Echo niosło „do krzaków! do krzaków!"
> – Jak świat! światem! – powtórzył stary szlachcic raz jeszcze.
> Silniejszy wiatr poruszył gałęziami odwiecznych białodrzewi. Kiwały wierzchołkami, jak starce na wiecu szumiąc w takt:
> – Juści... juści!
> Wali zrobiło się czegoś przykro, przylgnęła trwożliwie do ramion narzeczonego.

Skoro pisarz polski końca XIX wieku otoczył swoją opowieść szańcem patriotycznych odwołań, musiał czuć się jak obrońca zagrożonych pozycji, obrońca „rodzinnego gniazda". Imię wroga nie zostało zatajone. Był to wróg potężny i groźny, odwieczny, nękający polskie ziemie od zarania i od zarania dziejów zakotwiczony w naszej narodowej pamięci. Widać, że i kolejne pokolenie czuło się w obowiązku dać mu odpór.

Trzeba wyznać otwarcie, że lekkość pióra zgubiła Kazimierza Laskowskiego, pogrążając jego pokaźny dorobek w niebycie archiwalnym. Wszystko tu za proste, za łatwe, za banalne... Nie inaczej jest z kośćcem intrygi powieściowej *Kulturträge-*

ra[44]. U źródeł każdego konfliktu między wrogimi narodami leży proste przeciwstawienie: my – oni. Podobnym mechanizmem rządzą się uprzedzenia i konflikty etniczne. Powinności pisarza są jednak poważniejsze i ambitniejsze niż diagnozowanie tego, co już dawno zostało zdiagnozowane. No, chyba że mamy do czynienia bardziej z publicystyką niż z literaturą.

Czas akcji *Kulturträgera* przypada na lata osiemdziesiąte i dziewięćdziesiąte XIX wieku, na szczytowy okres antypolskiej polityki Bismarcka. Miejsce wydarzeń da się zlokalizować w zaborze pruskim, nad Wisłą. Wskazuje na nie jedyna nazwa miejscowości, jaka pada w powieści, mianowicie Murowaniec, dziś sołectwo w powiecie bydgoskim.

W owym to czasie i miejscu jakiś bliżej nieokreślony polski hrabia zakłada cukrownię, której kierowanie powierza Niemcom. Głównym administratorem jest Otto Kurzbach, trzymający zakład żelazną ręką. Otacza się współziomkami, a do polskiej części załogi odnosi się z wyniosłością, czy wręcz z pogardą. Jego zastępcą jest Polak Jan Olszyński, po cichu liczący, że po odejściu starego Kurzbacha obejmie kierownictwo cukrowni. Dzieje się jednak inaczej. Otto Kurzbach na nowego dyrektora mianuje swojego syna. To pierwsze zarzewie konfliktu polsko-niemieckiego.

Wielu polskich właścicieli ziemskich na zarządców w swoich dobrach powoływało pracowników z Niemiec. Najczęściej w przekonaniu, iż zapewnią bardziej fachową i wydajniejszą organizację pracy, a tym samym pomnożą zyski. Decyzje z perspektywy ekonomicznej być może słuszne, ale o katastrofalnych następstwach społecznych i narodowych. Rodziły wyłącznie antagonizmy i frustracje.

Powieściowy polski właściciel cukrowni nie zaprzątał sobie głowy problemami narodowymi, ani starał się im zapobiegać. Ponieważ w utworze właściwie nie istnieje, regulują je na swój sposób ci, którzy są na siebie skazani, tzn. kierownictwo i pracownicy cukrowni.

Grupę Niemców reprezentują w *Kulturträgerze* zasadniczo dwaj Kurzbachowie: ustępujący dyrektor oraz jego syn, którego ojciec uczynił swoim następcą. To oni symbolizują ideę nie-

---

44 K. Laskowski, *Kulturträger*, Warszawa 1898.

mieckiego *Drang nach Osten*. Chcą władzy i znaczenia zarówno ze względów osobistych, jak i dla wypełnienia niemieckiego posłannictwa w świecie. Niewątpliwie ciekawy to wątek. Stary Kurzbach tłumaczy Horstowi, jakie pokłada nadzieje w trzech synach. Jeden pozostał w Niemczech, drugi, przez ożenek z Angielką, zbudować ma fortunę w Afryce, trzeciemu przypadła misja na Wschodzie. Na brak większego zainteresowania ze strony syna zadaniem, którym go obarczył, reaguje z oburzeniem:

> Więc ty nie odczuwasz wielkiej misji naszego narodu? Nie uznajesz, że ziemia na której raz niemiecka stopa stanie, winna być naszą! Naszą ziemią! Toś ty nie Niemiec mój Horst!

Ku swojemu zdziwieniu Horst, podkochujący się bez wiedzy ojca w Walentynie Olszyńskiej, siostrze Jana, otrzymuje konkretne zadanie. Ma ożenić się z bogatą Polką, ale nie z Walą, a z Wandą Bruzdowiczówną, córką szlachcica i plantatora buraków, tak by ród Kurzbachów zapuścił korzenie w Polsce. To drugie, romansowe, zarzewie konfliktu.

W tej materii ojciec i syn są podobnego zdania, choć myślą o całkiem innych obiektach:

> To nie nasze sentymentalne Gretchen! – ciągnął młody Kurzbach, rozgrzewając się i ośmielając stopniowo. – Niedawno tu przybyłem, a jednak już zauważyłem wydatną różnicę, jaka istnieje między Niemką a Polką. Nasze kobiety to istoty naginane od maleńkości w pewnym kierunku, rozwijają w sobie, jak kurczak hodowany na pulardę, tylko konieczne do przyszłych przeznaczeń zdolności, z zatraceniem innych cech.
> – A Polki? Polki? – zagadnął stary Kurzbach natarczywie.
> Na to obcesowe pytanie z ust Horsta wybiegło entuzjastyczne:
> – *Prachtvoll! Famo...os... s!*
> Oczy mu zaiskrzyły, na policzki wystąpił gorączkowy rumieniec.

Każdy romans żyje komplikacjami sercowymi bohaterów, intrygami i niespodziewanymi zwrotami akcji. W powieści Laskowskiego trzech młodzieńców kocha się w dwóch pannach. Na początku układy między nimi są nieco zawikłane, ale po dramatycznych zwrotach i zakrętach wychodzą na prostą i finał zgodny jest z oczekiwaniami czytelnika. Spróbujmy je odtworzyć.

Jan Olszyński, młody Polak, zastępca dyrektora cukrowni ma siostrę Walentynę. W niej, dość chorowitej („kompleksyi słabej"), ale pięknej, delikatnej i pełnej dziewczęcych cnót kochają się: Polak Stanisław Słodowski, chemik w cukrowni, młodzieniec niskiego pochodzenia, bez należytej ogłady światowej, ale człek ambitny, uczciwy, prostolinijny i co najważniejsze, mający szczere zamiary wobec panny. Jego przeciwieństwem jest Horst Kurzbach, nie tylko że Niemiec, ale na dodatek, o czym wie doskonale czytelnik, jego miłość do Walentyny ma jedno wyłącznie źródło – namiętność! Chce i wszelkimi środkami dąży do zawrócenia pannie w głowie, by ją wykorzystać. O uczciwym ożenku ani myśli!

Drugi układ miłosny jest o wiele mniej skomplikowany. Jan Olszyński kocha się ze wzajemnością w Wandzie Bruzdowiczównie, a ich związek spotyka się z pełną aprobatą rodziców. Jedyną komplikację stanowi bywanie Horsta u Wandy, na życzenie starego Kurzbacha, ale bez jakiegokolwiek cienia sympatii, co łatwo daje się pisarzowi wyprostować i stworzyć szczęśliwy związek dwóch kochających się serc polskich.

Pewnej inwencji artystycznej wymagało zawiązanie i rozwiązanie intrygi miłosnej w trójkącie Horst – Walentyna – Stanisław. Horst Kurzbach kocha się skrycie w Walentynie Olszyńskiej, ale nie jest to miłość, jak powiedzieliśmy, szczera i z poważnymi zamiarami, lecz podstępna, egoistyczna, oparta na przekonaniu, że Wala będzie łatwą zdobyczą. Autor nie pozostawia wątpliwości co do intencji młodego Niemca:

> Patrzył i myślał głośno: – Podobna do Pepi. Ba! jeszcze piękniejsza! Pepi miała usta za szerokie i uśmiech nie tak wabny. A ta... Nade wszystko oczy ma prześliczne i umie patrzeć.
> I znowu zanucił:
> *Die schönen Augen hat die Polin...*
> Oczy mu się zaiskrzyły, twarz pokraśniała, grube, mięsiste wargi poczęły drgać. Przytknął fotografią do ust i pocałował.

A potem mruknął.

– To będzie prawdziwy *majstersztyk*, jeśli się uda. Niebezpieczna rzecz, ale ja właśnie to lubię... To dodaje apetytu... Chociażby dlatego muszę z tym Olszyńskim być dobrze.

Wyrafinowany plan eleganckiego i przebiegłego Kurzbacha zdaje się prowadzić do sukcesu. Sprzyjały mu również okoliczności zewnętrzne. Z okazji jubileuszu ojca zorganizowano wielki bal, na którym zjawiło się wielu gości, w tym cała rodzina Olszyńskich. Nadarzyła się wyjątkowa okazja, by olśnić pannę Walę: ofiarować jej kwiaty, zarzucić komplementami, oczarować tanecznym kunsztem. Sukces wieczoru zapowiadał pomyślny rozwój wypadków miłosnych. Kolejne wydarzenia jeszcze bardziej ich zbliżyły.

W czasie balu zdarzył się wypadek w cukrowni. Na pomoc rzucili się wszyscy, a niebywałą odwagą w ratowaniu ludzi i mienia odznaczył się nie tylko Słodowski i Olszyński, ale również Horst, który odnalazł ciężko rannego Jana, czym zaskarbił sobie dodatkowo uczucia Wali.

Troska o Jana, odwiedziny w domu państwa Olszyńskich zbliżyły młodych na tyle do siebie, że Wala uległa propozycji potajemnej randki z Horstem. I wydawałoby się, że młody Niemiec odniesie łatwe zwycięstwo nad naiwną i łatwowierną Polką. Jednak autor, a właściwie w jego imieniu Stanisław Słodkowski, czuwał nad Walą jak anioł. Wiedziony złymi przeczuciami znalazł się któregoś wieczoru w pobliżu domu ukochanej i zauważył „podejrzane" sylwetki. Wyobraźnia podpowiadała zakochanemu sercu najokropniejsze myśli. Na ścieżce znalazł portfel Horsta. Następnego dnia zjawił się w jego gabinecie i oddając znaleziony portfel zażądał, by ten ożenił się z Walą, jeśli chce ochronić dziewczynę przed pomówieniami. Sam postanowił zniknąć, nie dając nikomu powodu do plotek. Horst ani myślał o ożenku z panną Olszyńską, więc również czym prędzej wyjechał.

Dalsze losy naszych bohaterów potoczyły się następująco. Jan Olszyński, po kuracji w Wiedniu, wrócił do zdrowia, wkrótce też oświadczył się pannie Bruzdowiczównie. Horst wyjechał do Niemiec i tam się dość nieszczęśliwie ożenił.

Zanim autor przeszedł do rozwiązania losów Wali i Słodowskiego, odniósł się do słynnych słów kanclerza Bismarcka pod adresem Polek. Jak pamiętamy, ten przestrzegał przed zawieraniem małżeństw mieszanych ze względu na ich zgubne skutki dla idei wielkich Niemiec:

> Książę kanclerz ostrzegał przed groźnem niebezpieczeństwem wynaradawiania się młodszych obywateli teutońskiego szczepu za cenę uścisku alabastrowych ramion Polek. Dzieci małżeństw mieszanych odpadały od pnia niemieckiego, przyłączając się do nienawistnego szczepu *Reichsfeindów*!

Nawiązanie do wypowiedzi Bismarcka pozwoliło Laskowskiemu na powrót do przerwanej historii Horsta Kurzbacha. Spotykamy go w jakiejś knajpie w Berlinie, gdzie opowiada przyjacielowi, dziennikarzowi, o swoim romansie z Polką. Ten z opowiedzianej *story* zrobił sensacyjny materiał. Prasa polska dostrzegła go i zamieściła tłumaczenie. W artykule pod tytułem *Polska Circe*, Wala odnalazła swoją historię i tym sposobem dowiedziała się całej prawdy o zamiarach Horsta. Prosty chwyt otwierał naturalną drogę do szczęśliwego zakończenia powieści. Stanisław Słodowski powraca po dwóch latach nieobecności, dochodzi do ponownego spotkania z Walą i odnowienia wcześniejszych uczuć. Po krótkiej „rozrzewniającej scenie" Stanisław oświadcza się i zostaje przyjęty.

Powieść zwieńcza obraz szczęścia dwóch par polskich, ich rodzin i otoczenia, które nie życzyło sobie Niemców u siebie. A echo znad Wisły powtarzało: „Jak świat światem...".

16. Żydówki są dobre do flirtu, Polki do kochania, a Niemki do zakładania obory

Tego małżeństwa nikt początkowo nie planował, nikomu nie przyszło do głowy, a już najmniej głównemu zainteresowanemu. Kiedy jednak losy bohatera skomplikowały się na tyle, że zmuszony był szukać rozwiązań ekstremalnych, niemożliwe stało się możliwe. Karol Borowiecki[45], największy *Lodzermensch*, zwrócił pierścionek zaręczynowy Ance, porzucił kochankę Lucy Zukerową i poprosił o rękę Mady Müller, córki Niemca, jednego z największych łódzkich producentów bawełny. A wszystko miało potoczyć się inaczej...

Trójka młodych przyjaciół: Polak Karol Borowiecki, Niemiec Maks Baum i Żyd Moryc Welt postanowiła założyć fabrykę. Łódź końca XIX wieku oferowała sporo możliwości rzutkim, w pierwszym rzędzie jednak twardym, działającym bez skrupułów jednostkom. Można było właściwie nie mieć własnych kapitałów i planować budowę fabryki, liczyła się umiejętność zdobycia kredytów. Kto je pozyskał, otrzymywał szansę na sukces, komu odmówiono – na pewno nie miał czego szukać w Łodzi. Sęk w tym, że szansę na sukces określała przede wszystkim przynależność narodowa. Zamysł trójki przyjaciół, przedstawicieli różnych narodowości, z góry wydawał się być skazany na porażkę. Oni sami, w szczerych rozmowach, dawali wyraz wątpliwościom, czy będą w stanie dotrzymać wierności planom, realizowanym, jak twierdzono powszechnie, wbrew logice i praktykom fabrykantów łódzkich. Konkurencja była ogromna, więc każdy sposób jej zwalczania, czy to natury narodowej, czy wyznaniowej, był dobry. Nikt nikogo nie oszczędzał, nie żywił żadnych sentymentów, kapitalizmem łódzkim rządziły bezwzględne prawa rynku. Na tej glebie bujnie krzewiły się antagonizmy narodowe i religijne. Powieść Reymonta pełna jest ostrych ocen „innych". Kilka przykładów. Maks do Moryca:

– Moryc, ty jesteś podły Żydziak! – wykrzyknął gwałtownie Baum.
– A ty jesteś głupi, sentymentalny Niemiec.

Karol do obu:

– Dodaj tam, Maksie, taki nawias, kto z nas najpierw zechce okpić drugich.

---

45 W. S. Reymont, *Ziemia obiecana*, Warszawa 1899.

– Ty, Borowiecki, jesteś szlachcic, masz na biletach wizytowych herb, kładłeś nawet na p r o k u r z e swoje v o n, a jesteś największym z nas wszystkich Lodzermenschem – szepnął Moryc.
– A ty nim nie jesteś?
– Ja przede wszystkim mówić o tym nie potrzebuję, bo ja potrzebuję zarobić pieniądze. Wy i Niemcy – to dobre narody, ale do gadania.

Karol do Moryca:

nie cierpię żydowszczyzny w niczym, wiesz o tym dobrze.
– Zobaczymy co to da to polnische Wirtschaft – szepnął Moryc z ironią.

Żyd Bernard Endelman do lekarza Mieczysława Wysockiego, który kochał się w Żydówce Meli:

– Bo mi cię żal, że się kochasz w Żydówce.
– Dlaczego? – zapytał.
– Bo Żydówki są dobre do flirtu, Polki do kochania, a Niemki do zakładania obory zarodowej. Ale Żydówka na żonę dla ciebie – nigdy, lepiej się utop. (...) Ostrzegam cię tylko z przyjaźni, bo pomiędzy wami są za wielkie różnice rasowe, aby je mogła wyrównać nawet najszaleńsza miłość. Nie psuj sobie rasy, nie żeń się z Żydówką i bądź zdrów.

Matka Mieczysława do Borowieckiego o zamiarach syna:

Więc nic z tego, bo to tylko Żydówka! – szepnęła z mocną, prawie nienawistną pogardą.
– Prawda, to tylko Żydówka, a jeśliby ta Żydówka kochała i była nawzajem kochaną przez syna pani, to kwestia jasna i przeciwieństwa wyrównane – mówił dość twardo, bo go irytował ten protest i wydawał mu się śmiesznym.
– Mój syn może się kochać nawet i w Żydówce, ale nie może myśleć o połączeniu naszej krwi z krwią obcą, z rasą wstrętną i wrogą.

KSIĄŻĘ KANCLERZ OSTRZEGAŁ...

– Pozwolę sobie widzieć wielką przesadę w tym, co pani mówi.

– A dlaczegóż pan się żeni z Anką? Czemu pan sobie nie wybrał żony spośród łódzkich Żydówek lub Niemek, co?

– Bo mi się żadna z Żydówek i Niemek nie podobała aż do stopnia małżeństwa, ale gdyby się tak stało, nie wahałbym się ani chwili. Nie mam żadnych kastowych ani rasowych przesądów i uważam je za przeżytki – powiedział zupełnie serio.

– Jacy wy ślepi jesteście, jak wy tylko patrzycie oczami zmysłów, jak wy nie dbacie o jutro, o własne przyszłe dzieci, o przyszłe pokolenia – zawołała załamując ręce w grozie, oburzeniu i politowaniu.

– Dlaczego? – zapytał krótko, patrząc na zegarek.

– Dlatego, że możecie wybierać Żydówki na matki waszych dzieci, dlatego, że nie czujecie wstrętu do nich, że nie widzicie, iż te kobiety są nam obce zupełnie, że nie mają religii, nie mają etyki, nie mają tradycji obywatelskiego życia, nie mają zwykłej kobiecości, są puste, pyszne, bezduszne handlarki własnych wdzięków, lalki poruszane sprężynami najpierwotniejszych potrzeb, kobiety bez przyszłości i bez ideału.

Kaczmarski vel Kaczmarek do Karola Borowieckiego:

Jak się w Łodzi nazywałem po staremu, to byle parch albo Szwab, albo inny ciarach powiedział: „Kaczmarek! chłopie, chodź no tutaj!" – a jak się przezwałem po szlachecku, to mi mówią: „Panie Kaczmarski, może pan będzie łaskaw!". Po co mają mną pomiatać te parobki niemieckie, kiedy ja sroce spod ogona nie uciekłem i jestem gospodarski syn z dziada pradziada i kiedy moi już gospodarzyli, to te różne Niemcy jeszcze po lasach na czworakach chodziły i surowe kartofle jak świniaki jadły.

Początkowy szaleńczy zamysł trójki przyjaciół nie powiódł się. Wprawdzie fabryka powstała, kosztem sporych wyrzeczeń, ale wkrótce po uruchomieniu została podpalona. Tej próby nie mógł wytrzymać żaden układ, ani przyjacielski, ani handlowy.

Zresztą, czy był kiedyś „szczery" i „uczciwy", i czy te przymioty miały jakąkolwiek wartość, a nawet cień szansy na realizację w warunkach bezlitosnej konkurencji łódzkiej rzeczywistości 2 połowy XIX wieku? Otwierające powieść zawołanie: „Ja nie mam nic, ty nie masz nic, on nie ma nic (...) to razem właśnie mamy tyle, w sam raz tyle, żeby założyć wielką fabrykę", finalizuje się w gorzkich scenach rozstania.

> Moryc oświadczył wśród najczulszych zapewnień przyjaźni, że cofa swój wkład i kapitały, że już zrobił zastrzeżenie w towarzystwie asekuracyjnym.
> – Rozumiem cię, urządziłeś się sprytnie, aby mnie zgubić, ale czy myślisz, że ci się uda, że ja nie powstanę?

I rozmowa z Maksem:

> I ty mnie opuszczasz? – szepnął z goryczą i łzy, pierwsze łzy w życiu, zapełniły jego oczy i zalały mu duszę straszną goryczą. (...)
> – Nie mogę. Nie gniewaj się na mnie, nie miej do mnie żalu, ale nie mogę. Widzisz, ja w tę fabrykę włożyłem całą swoją duszę (...) Karol, będę zawsze twoim przyjacielem, zawsze licz na mnie, ale interesy muszę prowadzić osobno. Sam jeszcze nie wiem, co będę robić. Bądź zdrów, Karol.

Te dwie rozmowy podsumowuje Karol Borowiecki zdaniem „Jestem zupełnie na czysto", co w praktyce oznaczało zamknięcie dotychczasowego etapu w jego życiu jako niedoszłego, ale potencjalnego łódzkiego fabrykanta. By zacząć drugi etap, ten z widokami na pełny i pewny sukces, musiał zamknąć jeszcze jeden rozdział – w swoim rodzinnym i prywatnym życiu. Śmierć ojca uwalniała go od trudnych rozmów i usprawiedliwień. Pozostawała Anka, młodzieńcza miłość i formalnie narzeczona, która od dłuższego czasu ciążyła mu, wreszcie stawała na przeszkodzie małżeństwu z rozsądku, małżeństwu z Madą Müller, gwarantką zdobycia wszystkiego, czego pragnął i do czego zmierzał.

Rozmowa pożegnalna Karola z Anką odbyła się wkrótce, były tylko ciche łzy, konieczne słowa rozstania, niczego więcej nie oczekiwali od siebie. A „późną jesienią tegoż roku odbył się ślub Borowieckiego z Madą Müllerówną". I tu zaczyna się nasza właściwa opowieść.

W zamysłach Reymonta małżeństwo Karola Borowieckiego z Madą Müller służyło celom podwójnej pedagogiki: narodowej i społecznej. Po ludzku rzecz biorąc, zupełnie nie pasowali do siebie. On był Polakiem, szlachcicem ze starymi koligacjami, do tego człowiekiem wykształconym, fachowcem w swojej branży, obrotnym i ambitnym. Ona była Niemką, córką dorobkiewicza, mało atrakcyjną panną, z wieloma mankamentami. Podczas gdy Borowiecki prezentował się wspaniale jako mężczyzna:

> Jego wysoka, rozrośnięta, bardzo zgrabna postać rysowała się wykwintną sylwetką. Piękna twarz, o bardzo typowym, wydelikaconym rysunku, ozdobiona prześlicznymi wąsami starannie utrzymanymi i usta o spodniej wardze silnie wysuniętej, i pewna niedbałość w ruchach i spojrzeniach czyniły go typem dżentelmena. (...) Szare, z niebieskawym odcieniem oczy, twarz sucha, brwi prawie ciemne, czoło twardo modelowane – nadawały mu coś drapieżnego. Czuć było w nim silną wolę i nieugiętość.

ona więcej niż skromnie:

> (...) jej okrągła różowa twarz, podobna do młodej rzodkiewki świeżo obmytej, rozbłysła silniejszymi rumieńcami, co tym mocniej odbijały przy jasnozielonej sukni. Wyglądała dzisiaj jak młoda, tłuściutka, oskubana z piórek gęś, okręcona w nać pietruszki.

Jeszcze gorzej było z jej przymiotami umysłowymi, o których rodzony ojciec wyrażał się jednoznacznie: „powiedział mi, że jestem głupia i powinnam się zająć domem i gospodarstwem". Ale Mada Müller miała coś, co rekompensowało niedostatki fizyczne oraz umysłowe – miała milionowy posag, czyniący ją pożądanym obiektem zabiegów matrymonialnych.

Powieściowe małżeństwo Borowieckiego z Madą Müller było, jak twierdzą znawcy twórczości Reymonta, wykładnią propagandy ideologii narodowej spod znaku Romana Dmowskiego. Najogólniej rzecz biorąc, chodziło o obronę substancji narodowej w starciu z „innymi" (Żydami i Niemcami), zagrażającymi naszym najżywotniejszym interesom. W tej konfrontacji żywiołów narodowych Polacy, tkwiący w przestarzałej strukturze społeczno-ekonomicznej, nie byli w stanie dotrzymać kroku dynamizmowi, pomysłowości, a tym samym brutalności i bezwzględności działań tych „innych". Procesy zmian w przemyśle, handlu, a zwłaszcza w obrocie kapitałowym na całkowicie nowych warunkach doprowadzały do masowej ruiny nierentownych folwarków szlacheckich, wysyłały ze wsi siłę roboczą. Niedawni właściciele ziemscy, hołdujący formom życia ziemiańsko-próżniaczego masowo tracili majątki,

Władysław Stanisław Reymont

oddając pole obcym, sami zmuszeni do poszukiwania jakiegokolwiek (niegodnego w swoich oczach) zatrudnienia. Za to bogacili się koloniści niemieccy lub spekulanci żydowscy, tworząc nową klasę ludzi, obcych polskiej mentalności. By tej dramatycznej sytuacji zaradzić, narodowcy wzywali do samoobrony, polegającej na ekonomicznym i towarzyskim bojkocie wrogich nam elementów i na podjęciu działań konfrontacyjnych, zabezpieczających interesy własnej nacji. Należało przeto w pierwszym rzędzie odrzucić wszelkie sentymenty, romantyczne wyobrażenia o roli ofiary i przemienić się samemu w drapieżnika. O ile samo rozpoznanie było zgodne z elementarną zasadą obrony życia narodowego („nie dać się, by nas zjedli"), o tyle dyrektywa wykonawcza mogła już budzić opory etyczne. Odrzucenie etosu słuszności własnej sprawy, romantycznych wyobrażeń o świecie i o szlachetności działań, a „zniżenie się" do poziomu „innych", postępujących bez skrupułów, budziło sprzeciw wielu. Strony konfliktu nie stały na równych pozycjach, nie podejmowały walki wedle jakiegoś kodeksu czy elementarnych reguł, z prostej przyczyny, że już one nie obowiązywały. Obowiązywać za to zaczęła zasada – bezlitosnej konkurencji, eliminowania przeciwników wszelkimi dostępnymi środkami i by w tej walce nie polec, należało samemu posługiwać się identycznymi metodami.

Postać Karola Borowieckiego to szokowa terapia, jaką Władysław Stanisław Reymont zaaplikował polskiemu czytelnikowi końca XIX wieku. Odpowiedź na bezwolnych, miałkich i w sumie szkodliwych dla sprawy narodowej Romanów Mogilnickich, bohaterów powieści Józefa Ignacego Kraszewskiego. Z drugiej strony była to odpowiedź polskiego pisarza na niepokojące zjawiska ekspansji „innych", zagrażających polskiemu bytowi narodowemu. Borowiecki w zamyśle pisarza musiał im dorównać i okazać się w efekcie lepszym, skuteczniejszym.

Problematyka *Ziemi obiecanej* obraca się w kręgu trzech zagadnień: 1. rozprawy z przestarzałym, sentymentalno-romantycznym myśleniem Polaków, 2. doborem po porażce nowych metod i środków w celu odniesienia zwycięstwa i 3. refleksji nad zaistniałymi wypadkami.

Niewątpliwie silnym i atrakcyjnym punktem powieści Reymonta jest dobór argumentów krytycznych wobec tych wszystkich przekonań (postaw) narodowych, hamujących podjęcie skutecznej walki „nowoczesnego Polaka" z ekspansją ekonomiczną „wrogich żywiołów". Co i rusz czytelnik konfrontowany jest z wypowiedziami Borowieckiego, w których ten obnaża słabości polskiej mentalności, nieprzystosowanej do podjęcia niezbędnej walki. Kilka przykładów. Karol do Trawińskiego, który przyszedł pożyczyć pieniądze:

> Nie zapominaj, że jesteś w Łodzi. A widzę, że zapominasz, że zdaje ci się, iż prowadzisz interes wpośród cywilizowanych ludzi środkowej Europy. Łódź to las, to puszcza – masz mocne pazury, to idź śmiało i bezwzględnie duś bliźnich, bo inaczej oni cię zduszą, wyssają i wyplują z siebie. I długo jeszcze mówił, bo był poruszony jego niedolą, znał go dobrze, oceniał jako człowieka, ale jednocześnie czuł do niego jakąś złość pogardliwą za to polskie mazgajstwo, z jakim chciał prowadzić interesy w Łodzi, za tę uczciwość, jaką uznawał (...).

Borowiecki w rozmowie z Wysocką, matką Mieczysława:

– Pan się śmieje! Wy wszyscy się śmiejecie z przeszłości, zaprzedaliście duszę złotemu cielcowi. Tradycje nazywacie trupami, szlachectwo przesądem, a cnotę zabobonem śmiesznym i godnym politowania.
– Nie, tylko rzecz zbyteczna, jak na dzisiaj. Cóż mi pomoże cześć tradycji do zbytu perkalików! Cóż mi pomogą moi kasztelańscy przodkowie, gdy stawiam fabrykę i muszę szukać kredytu! Dają mi go Żydzi, a nie wojewodowie. A cały ten balast rupieci, jak tradycja, jest jak cierń w nodze, przeszkadza do szybkiego chodzenia. Człowiek dnia dzisiejszego, który nie chce zostać cudzym parobkiem, musi być wolnym od więzów, przeszłości, szlachectwa i tym podobnych przesądów, to krępuje wolę i obezsila w walce z przeciwnikiem bez skrupułów – bo bez tradycji; z przeciwnikiem dlatego strasznym, że jest sam sobie przeszłością, teraźniejszością i przyszłością, środkiem i celem.

Klęska, jakiej doznał Borowiecki po pożarze oddanej dopiero co do użytku fabryki, była wielka. Czy zdoła się z niej podnieść? Właściwie nie wahał się ani chwili z decyzją. W sytuacji ogromnych strat materialnych, zdrady Moryca i zmowy finansjery żydowskiej pozostawało jedno jedyne wyjście – ożenek z Madą Müller. Wiedział o tym również stary Müller, który natychmiast zjawił się u Karola.

– Wszystko pan stracił? – zapytał żywo.
– Wszystko – odpowiedział szczerze.
– Głupstwo, ja panu pomogę, pan mi zapłaci procent zwykły, a wybuduje fabrykę jeszcze większą, ja pana kocham, pan mi się bardzo podoba, no, co? Karol zaczął przedstawiać z dziwnym uporem, że nie będzie miał zabezpieczenia jego kapitał (...).
– Keine gadanie! Masz pan rozum, to jest największy kapitał. Stracił pan dzisiaj, za parę lat wszystko się odbije. Ja byłem majstrem tkackim, ja nie umiem dobrze czytać, a mam fa-

brykę, mam miljony. Pan się ożeń z moją Madą i bierz sobie wszystko, dawno już chciałem panu o tym powiedzieć.
(...)
– Dobrze! – odpowiedział Karol zimno – dawno przecież myślał, że na tym się skończy.

Małżeństwo Karola Borowieckiego z Madą Müller było taktycznym i pożądanym z punktu widzenia polskiego interesu narodowego posunięciem. Młody polski fabrykant nie „zginął" w okrutnym świecie łódzkiego kapitalizmu, a na dodatek wzmocnił znacząco swoją potęgę. Oczywisty mezalians (narodowy, społeczny) był mądrym kompromisem, z którego Polak wychodził zwycięsko. W świecie bezlitosnej konkurencji między trzema nacjami Reymont i jego polityczni przyjaciele postawili na układ z Niemcami. Uznali, że ta grupa narodowa bliższa jest polskiej mentalności i da się łatwiej zasymilować. Wrogiem numer jeden pozostali Żydzi. W tej relacji ideologowie narodowej demokracji, a z nimi i pisarz Reymont nie dostrzegli żadnej płaszczyzny wspólnej. Miłość Meli Grünspan i Mieczysława Wysockiego mogła pozostać i pozostała jedynie wspomnieniem młodości. Otoczenie obu stron nie żywiło w tym względzie złudzeń.

Ślub i małżeństwo Karola z Madą finalizują powieściowe losy głównego bohatera. Reymont, jak przystało na rasowego pisarza moralistę i wychowawcę narodu, opatrzył je stosownym komentarzem.

Borowiecki zdobył pożądane miliony, pozycję, sławę i potęgę. „A potem?" – pyta pisarz. Po rozwiązaniu wątków pobocznych bohaterów, Reymont wrócił do Karola. Nurtowało go pytanie, co ten mógł dalej czuć i jaki był jego obrachunek życia. Stworzył postać Borowieckiego, by przedstawić ideał „nowoczesnego Polaka", zdolnego do zwycięskiej walki z bezlitosnymi wrogami. Ale nie pozbawił go przecież całkowicie skrupułów, pewnej wrażliwości, zdolności do refleksji. W jednej z końcowych scen powieści Karol spotyka w parku przypadkowo dawną swoją Ankę. W krótkiej rozmowie wyznaje:

– Niech mnie pani nie żałuje... Mam to, czego chciałem... Chciałem milionów – mam, a że mi do życia nie wystarczają

– to moja wina. Tak, to moja wina, że zdobyłem w tej „ziemi obiecanej" wszystko – prócz szczęścia.

W nocy budził się też często, nie mogąc spać:

– No i cóż, jestem, jaki jestem, jaki być musiałem – szeptał hardo i wyzywająco, ale nie pozbył się tym rozbudzonego sumienia, nie stłumił tym głosów podeptanych wierzeń, zdradzonych ideałów, splugawionego egoizmem życia – które krzyczały w nim, że żył tylko dla siebie, że wszystko deptał, aby zadowolić próżność, aby napaść własną pychę, aby dojść do milionów.

I finałowe wyznanie pisarza:

Borowiecki się uspokoił, już znalazł drogę na jutro, już widział cel dalszego życia – zerwał z samym sobą, podeptał całą swoją przeszłość, czuł się teraz jakby nowym człowiekiem, smutnym, ale silnym i gotowym do walki.
(...)
– Przegrałem własne szczęście!... Trzeba je stworzyć dla drugich – szepnął wolno i mocnym, męskim spojrzeniem, jakby ramionami niezłomnych postanowień, ogarnął miasto uśpione i te obszary nieobjęte, wyłaniające się z mroków nocy.

Jak rozumieć końcowe słowa bohatera *Ziemi obiecanej*? Co znaczy opozycja: zyskać miliony a przegrać własne szczęście? Czy nie jest to sentymentalna proteza, którą chętnie posługiwała się i posługuje tania literatura? Chyba jednak drapieżność Reymonta leży w gęstej materii *Ziemi obiecanej*, poza sztucznie przyklejonym zakończeniem i landrynkowymi wyznaniami bohatera o „stworzeniu szczęścia dla drugich"...

17. ...bo jest katoliczką i Polką

Do walki z niebezpieczeństwem germańskim u schyłku XIX i na początku XX wieku włączył się Artur Gruszecki, wzięty dziennikarz, publicysta, krytyk literacki i płodny powieściopisarz. Siły artystyczne, jakimi dysponował, nie były zbyt pokaźne, niemniej posłał na front kilka powieści utrzymanych w tonie żarliwej publicystyki patriotycznej. Zacznijmy od pięcioczęściowego (zameczek, wizyta, oświadczyny, zemsta, w ruinach) opowiadania niewielkich rozmiarów *W podziemiach ruin*[46], wydanego pod pseudonimem Artura Lubicza.

Na tło historycznej powiastki wybrał czasy wojny północnej, lata 1701–1702, gdy Polskę rządzoną przez Augusta Mocnego najechał król szwedzki Karol XII. Sama wojna nie jest przedmiotem szczególnego zainteresowania autora, raczej stanowi tło dla wypadków, jakie zaszły w obszarze granicznym między Prusami a Rzeczpospolitą.

W zameczku Ostrów nad Notecią gospodarzył z dziada pradziada Maciej Dzierzbicki, szlachcic w słusznym wieku czterdziestu kilku lat, za młodu uczestnik wyprawy króla Jana Sobieskiego pod Wiedeń. Maciej jest szczęśliwie ożeniony, ma dwie córki: Anielę i Janinkę. Starsza, Aniela, to dziewiętnastoletnia „wysoka, kształtna, piękna szatynka, słynąca zarówno z urody jak i z dobroci". Młodsza to jeszcze dziecko.

Sąsiadem Dzierzbickich jest pruski graf von Tannenburg, który zainteresował się Anielą i nie ukrywa planów matrymonialnych. Jako pośrednik zjawia się w domu Macieja kasztelan polski, próbując, choć bez większego entuzjazmu, nakłonić rodziców panny do oddania jej ręki grafowi. Postawa i argumentacja Macieja nie pozostawiają wątpliwości, że takiej zgody nie udzieli:

> (...) wolałbym ją widzieć na marach, jakkolwiek miła mi ona i bardzo, aniżeli żoną Niemca, protestanta i jakiegoś grafa von Tannenburg, który bodaj czy nie z mnichów krzyżackich pochodzi.

Po dwóch tygodniach majątek Dzierzbickich odwiedza sam graf z oświadczynami. „Złą polszczyzną", czego nie pomija narrator, wyłuszcza swoje zalety jako poważnego konkurenta do ręki panny Anieli:

---

46 A. Gruszecki, *W podziemiach ruin*, Warszawa 1898.

> Jestem młody, zdrów, bogaty i gdybym zechciał, nie odmówiono by mi nawet księżniczki. Lecz serce nie sługa i oto amor ślepy zranił je, wypuściwszy strzałę z oczu panny chorążanki. Jako sąsiad wiem, że ród wasz dobry i stary; postanowiłem tedy ożenić się z nią i muszę się ożenić.

Odpowiedź ojca jest równie stanowcza jak gwałtowna: „nigdy ona nie zostanie waszą żoną, panie grafie, bo jest katoliczką i Polką".

Nieuczestnicząca w rozmowie Aniela, po wyjściu rozzłoszczonego grafa, daje upust niechęci do oferty zalotnika. Wygłasza prawdziwą tyradę patriotyczną godną młodej Polki i katoliczki, czującej się w obowiązku bronić narodowej sprawy. Czytelnik bez trudu rozpozna w Anieli dziewiętnastowieczną kopię *Wandy, co nie chciała Niemca*.

> Przebrzydłe Niemczysko! (...) Pradziadowie moi ginęli w bitwach z Niemcami, a ja miałażbym iść w ich niewolę dobrowolnie? Powstaliby oni z grobów i obrzucili mnie przekleństwami.

Po tym wydarzeniu akcja opowieści zmierza ku nieuchronnej katastrofie. Po tygodniu żądny zemsty graf napada wraz ze Szwedami na zameczek, zdobywa go i plądruje. Na szczęście całej rodzinie Dzierzbickich udaje się ucieczka tajemnym tunelem. Dzięki przebiegłości wiernego sługi i przyjaciela rodzina uzyskuje ochronę oraz wsparcie sąsiadów Polaków. Ci, po zastawieniu pułapki, chwytają grafa oraz jego pomocników. Za takie przestępstwa czeka ich zasłużona kara: śmierć przez powieszenie w pobliskim lesie.

Końcowy komentarz narratora:

> Taki był smutny koniec nikczemnego zdrajcy i nienawistnych Niemców, którzy nie jak rycerze, ba jak rozbójnicy przyszli po to ze swojej Marchii, aby grabić, palić i rabować.

utwierdzał w wierze patriotycznego czytelnika. Tak od wieków postępowali Niemcy, więc należało dać im odpór.

18. Jemu nie wolno ożenić się z Niemką

Kolejną pozycją nawiązującą do problematyki niemieckiej była trzytomowa powieść *Szarańcza*[47]. Sięgnął w niej autor po skomplikowany historycznie, ale ważny dla obu nacji temat śląski.

Pod koniec XIX i na początku XX wieku państwo niemieckie, dysponujące potężnym aparatem administracyjnym, zaostrzyło walkę z, jak oficjalnie twierdzono, resztkami Ślązaków, pozostałościami plemienia pozbawionego przeszłości i kultury, posługującego się prymitywnym dialektem.

Akcja powieści Gruszeckiego rozgrywa się w Bytomiu i w okolicy, tam gdzie współżyły ze sobą od wieków dwa środowiska: niemieckie i śląskie. Polskiego autora zainteresowali „ludzie pogranicza", ci którzy mieli korzenie śląskie, lecz przez wykształcenie, pracę i zdobytą pozycję społeczną utożsamili się z Prusakami-Niemcami. Tak było w przypadku młodego małżeństwa Krempów: Marii z Chromików, Ślązaków spod Świdnicy, oraz jej męża Henryka, aktualnie redaktora niemieckiego pisma „Ostmark".

W domu małżonkowie posługiwali się językiem niemieckim, syn chodził do dobrej szkoły niemieckiej i choć nie kontaktowali się z rodziną, śląskość wdzierała się w ich życie na każdym kroku. To przez służącą Teklę, to przez nieoczekiwane wydarzenia, zmuszające ich do ciągłej konfrontacji z niechcianym problemem. Mimo iż pragnęli zachować neutralność, czas zaostrzających się antagonizów przymuszał ich do zajęcia stanowiska. Zaś ciosy spadające na rodzinę sprawiły, że powrócili do korzeni śląskich, do krewniaków i rodaków. Taki był polityczny, patriotyczny i literacki zamiar Artura Gruszeckiego.

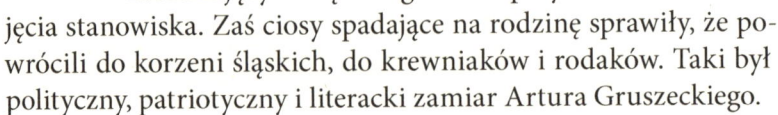

W panoramie losów małżeństwa Krempów mieszczą się i inne biografie, w tym dwie zahaczające o problem małżeństw mieszanych. Maria Krempa ma młodszą siostrę, Herminię, którą pragnie wyswatać z przyjacielem domu, doktorem medycyny, Niem-

Artur Gruszecki

---

[47] A. Gruszecki, *Szarańcza*, Warszawa 1898.

cem Daumem. Co prawda sam doktor wolałby rozpocząć romans z Marią, ale podsunięta mu Herminia zadowala też jego męskie pragnienia. Ostrożna początkowo Herminia daje się wciągnąć w słodkie zapewnienia miłosne doktora i mu ulega. Wydaje jej się, że teraz nic nie stoi na przeszkodzie małżeństwu, a zgoda matki ukochanego jest zwykłą formalnością. Tak się oczywiście nie staje. Po jakimś czasie Herminia otrzymuje od doktora list:

Najdroższa Herminio!
Stosownie do przyrzeczenia danego piszę ci natychmiast po powrocie. Matka moja, mimo moich próśb, przedstawień i błagań, nie dała się zmiękczyć i pod swem błogosławieństwem zabroniła mi połączenia się z Tobą. Nie idzie jej o majątek, stanowisko, ród szlachetny; ale na myśl o połączeniu się mojem ze Szlązaczką wzdraga się jej dusza. Wierz mi, że chętnie byłbym się podjął oczekującej mnie walki ze światem, ze wszystkimi przesądami antyszląskimi: ale nie z własną matką! I dlatego z bólem serca i rozpaczą w duszy muszę się wyrzec marzonego serca.

Herminia wpada w spazmy, doktor dość szybko przechodzi nad tym epizodem do porządku i wkrótce żeni się „właściwie", czyli w całkowitej zgodzie z zaleceniami Bismarcka. Jak wyraził się jeden z przyjaciół doktora, kanclerz miał podobno powiedzieć: „Małżeństwo Niemca z Niemką to czyn patriotyczny, a każde inne to strata dla Niemiec".

O ogólnej prawdziwości powiedzenia kanclerza Bismarcka czytelnik przekonuje się na przykładzie losów innego bohatera powieści Gruszeckiego, Jerzego Sobolskiego, redaktora śląskiego pisma „Pochodnia".

Młody redaktor, Ślązak-Polak, kocha się z wzajemnością w Niemce z Bawarii, Ewelinie Krüger, śpiewaczce, przyjaciółce Marii Krempowej. Ta jest mu nie tylko przychylna, ale i świadoma całej powagi sytuacji oraz mogących wynikać dla niej konsekwencji. Mimo to podejmuje starania i walczy o szczęście z ukochanym. Gdy po początkowych oporach zyskuje akceptację matki, ruch należy do Sobolskiego. Ten jednak, poświęcający się coraz mocniej sprawie narodowej, uświadamia sobie, iż małżeństwo z Niemką zostanie odebranie przez jego współpracowników i zwolenników jako zdrada. Po jednej stronie miłość, zwykłe ludzkie prawo do niej, po drugiej – powinność.

> Czuł w swych piersiach jej depeszę, przyrzekającą mu szczęście, ale on musi odepchnąć tę wyciągniętą rękę, jemu nie wolno ożenić się z Niemką, chociażby ona była Eweliną ukochaną. Albo zmarnuje całą przyszłość swojego życia, albo ożeni się z Niemką i będzie szczęśliwy. Szlązak czy Ewelina? – dźwięczało mu w sercu, w mózgu, w każdej kropli krwi jego. – Szlązak czy Ewelina?

Autor nie miał wątpliwości, co powinien wybrać Jerzy Sobolski, redaktor pisma „Pochodnia".

19. Nigdy nie będę żoną pańskiego syna...

W powieściach Gruszeckiego na próżno szukać znaczących odmienności, wysublimowanych portretów bohaterów, pogłębionych studiów nad czasem i miejscem akcji, wymyślnych intryg czy zaskakujących rozwiązań. Dominuje schemat romansowy z optymistycznym zakończeniem, dla dobra i w imię tryumfu idei. Tak działo się w przypadku rodziny Dzierzbickich, wplątanej w intrygę matrymonialną pruskiego grafa von Tannenburg. Za odrzucenie starań grafa o rękę Anieli zapłacili olbrzymią cenę. Ich rodzinny majątek został zrujnowany, sami uszli ledwo z życiem, ale odparli pruskie zakusy i obronili polską dziewiczość panny. Jerzy Sobolski, zdeklarowany Ślązak, zrezygnował ze szczęścia indywidualnego, którego mógł zaznać w małżeństwie z Niemką Eweliną Krüger. Świadomość niemożliwości pogodzenia przeciwieństw narodowych nakazywała mu zerwanie z ukochaną, mimo iż ona sama dla miłości była gotowa ponieść ofiarę kompromisu. Od schematu nie odbiega też intryga powieści *Nad Wartą*[48].

„Wysoki, dość szczupły porucznik dragonów, niewyraźny blondyn, z wąsikami nastroszonymi, z twarzą długą, na której malowała się pewność siebie, a szerokie grube usta składały się do uśmiechu lekceważenia" to niezbyt atrakcyjny portret jednego z niemieckich bohaterów powieści Gruszeckiego. Uzupełniają go kolejne ujawniające się w toku akcji wady: złe maniery, żółte zęby, słaba znajomość języka francuskiego. Nie czynią one z porucznika Wilhelma von Barwitz pożądanego, mile widzianego, czy chociażby tolerowanego tylko towarzysza podróży, sąsiada, pomijając oddzielną kwestię – ewentualnego kandydata na męża dla Reginki Szczukowskiej, polskiej bohaterki utworu. W oczach dziewiętnastoletniej panny Wilhelma dyskredytuje całkowicie jego niemiecko-pruskie pochodzenie, czyli przynależność do wrogiego narodu. Reginka otwarcie demonstruje swoją niechęć wobec wszystkiego co niemieckie. Jest powieściowym uosobieniem polskości, w przeciwieństwie do swego przyrodniego brata Stanisława. Tenże, jako właściciel majątku Młodowo, czyni wszystko, by przypodobać się polityce germanizacyjnej władz. Dystansuje się wobec oporu współrodaków, zatrudnia w majątku inspektorów Niemców, niemiecką bonę do wychowania dzieci, z którymi sam rozmawia po niemiecku. Wszystko służy niby zachowaniu rodowego stanu posiadania i ułatwieniu najlepszego startu życiowego dzieciom. Stanisław Szczukowski jest klasycznym lojalistą i ugodowcem, gotowym wyzbyć się wartości, którym hołdowali jego przodkowie.

W powieści *Nad Wartą* Gruszecki podejmuje publicystyczną batalię, by zaradzić tym negatywnym zjawiskom. Postawie Stanisława przeciwstawia młodzieńczo-patriotyczny entuzjazm siostry Reginki i dojrzałą, mimo młodego wieku, postawę Bolesława Ziernickiego, kuzyna, dobrego gospodarza, człowieka nastawionego patriotycznie, zaangażowanego w polskie życie polityczne. Powieściowi bohaterowie często i chętnie wypowiadają

---

[48] A. Gruszecki, *Nad Wartą*, Warszawa 1905.

się na aktualne tematy relacji polsko-niemieckich. Na czoło wybijają się dwa zagadnienia: stosunek do władz zaborczych oraz właściwa reakcja na propagandowo powielaną tezę o zacofaniu cywilizacyjnym Polaków.

Według Ziernickiego, powieściowej tuby poglądów Gruszeckiego, patriotyzm nie ma nic wspólnego z pejoratywnym określeniem „szowinizmu", o który Niemcy chętnie oskarżali Polaków. Podobnie z poglądami o rzekomej „wyższości" cywilizacyjnej Niemców. Według Ziernickiego:

> Cywilizacja nasza jest równie dobra, jeśli nie lepsza, bo wsiąknęło w nią dużo romańskich pierwiastków. Poezja nasza, moim zdaniem wyższa, bo bardziej narodowa i ludzka (...) Ich kultura? – odpowiedział lekceważąco – to zbiór pewnych formułek, reguł, przepisów, a pod temi pozorami łudzącemi barbarzyństwo i brutalność.

Spór między rodzeństwem wpisuje Gruszecki w ogólniejszy spór polsko-niemiecki. Niemiecki właściciel majątku sąsiadującego z posiadłością Szczukowskich, stary von Barwitz, umyślił sobie intrygę w celu przejęcia dóbr polskich. Osaczył Stanisława Szczukowskiego zaufanymi ludźmi (inspektorzy, bona), donoszącymi mu o aktualnym stanie majątku Młodowo, chciał też wykorzystać do tego niecnego zamiaru swego syna Wilhelma. Fragmenty rozmowy ojca z synem:

Rzecz prosta... ożeń się z nią.
- Ja?... z nią? – poruszył się niespokojnie.
(...)
Szczukowski bankrutuje i plącze się w długi... to tylko kwestia czasu, aby Młodów wpadł mi w ręce jak owoc.

Przyzwolenie syna na intrygę ośmieliło ojca do złożenia oficjalnej wizyty matrymonialnej Stanisławowi Szczukowskiemu. Na krótko przed wizytą dochodzi do rozmowy brata z siostrą.

Reginka: Czy znów o kupno Żeleńca?

Stanisław: Nie... zdaje się, że chce oświadczyć syna.
Reginka: Zwariował chyba ..., nie, nie pójdę.
Stanisław: Zrób to dla mnie, pozbędziesz się raz kłopotu, a bądź uprzejma.

Mimo początkowego oporu, Reginka schodzi do gościa.

Po powitaniu Barwitz z miną słodką i szczerą przemówił po francusku:
– Mój syn, porucznik dragonów, Wilhelm, jest na śmierć zakochany w pani, a że ze swej natury jest nieśmiały do kobiet, więc prosił mnie, abym zapytał się pani, czy pozwoli mu pani starać się o swą rękę i bywać u państwa?
(...)
Co do mnie to z przykrością muszę panu oświadczyć, że nigdy nie będę żoną pańskiego syna.

Wahający się i niezadowolony z odpowiedzi siostry Stanisław zmienia swoją lojalistyczną postawę i nastawienie do Niemców w chwili, gdy na światło dzienne wychodzą dalsze knowania Barwitza, by podstępnie przejąć obydwa polskie majątki. Przekonuje się, że tylko rodacy mogą mu pomóc w uratowaniu rodowego siedliska. Powieść kończy się całkowitą porażką intryg Barwitza; Młodów zostanie uratowany, a czytelnik czuje, że losy Reginki połączą się z losami Bolesława Ziernickiego.

20. Mamsella

Postać Fryderyka II zwanego Wielkim, króla Prus, ze zrozumiałych względów nie cieszyła się nigdy sympatią Polaków. Był przecież jednym z „trójcy szatańskiej", odpowiedzialnej za nieszczęścia Rzeczypospolitej w XVIII wieku. Słowa Adama Mickiewicza z *Ksiąg narodu polskiego* jasno precyzują, kim był w odczuciach Polaków:

Na koniec w Europie bałwochwalskiej nastało trzech królów, imię pierwszego *Fryderyk* drugi pruski, imię drugiego *Katarzyna* druga rosyjska, imię trzeciego *Maria Teresa* austriacka. I była to trójca szatańska, przeciwna Trójcy Bożej, i była niejako pośmiewiskiem, i podrzyźnianiem wszystkiego co jest święte.

Fryderyk, którego imię znaczy *przyjaciel pokoju*, wynajdywał wojny i rozboje przez całe życie, i był jako Szatan wiecznie dyszący wojną, który by przez pośmiewisko nazwał się Chrystusem Bogiem pokoju.

Po blisko dziewięćdziesięciu latach stosunek pisarza uległ radykalnej zmianie nie tyle co do osoby króla Prus, ile do przeszłości własnego narodu. Adolf Nowaczyński publikując „powieść dramatyczną" *Wielki Fryderyk*[49], kierował się iście partiotycznymi względami. Sięgał do bolesnych wydarzeń bez potrzeby samowspółczucia i krytyki zaborców, raczej odwrotnie – z potrzebą samokrytyki, rozprawienia się z przywarami narodowymi, odpowiedzialnymi za anarchię i upadek ojczyzny.

By ująć mocy argumentacji martyrologicznej, Nowaczyński przydać musiał postaci Fryderyka II cech autentyczności. Im bliższy prawdzie historycznej tworzył portret króla Prus, kierującego się maksymą dobra i potęgi własnego państwa, tym jaskrawiej ujawniały się słabości przedstawicieli polskiej racji stanu. Król Fryderyk Nowaczyńskiego, wyrachowany, przebiegły i apodyktyczny władca Prus, stawał się w zamyśle autora recenzentem polskości, krytykiem obnażającym wszelkie słabości duszy i mentalności polskiej. Takiej figury potrzebował Nowaczyński, pisarz znany z ostrego, polemicznego, często wręcz agresywne-

Adolf Nowaczyński

---

[49] A. Nowaczyński, *Wielki Fryderyk. Powieść dramatyczna*, Warszawa 1910.

go pióra, by wypowiedzieć prawdę o przyczynach upadku Rzeczypospolitej.

Niejako w tle głównego nurtu rozmów, dyskusji, tyrad Fryderyka czy intryg dworskich prowadzonych w pałacu Sans-Souci rozgrywa się dramat serca dwóch par. Na podobieństwo fredrowskiego magnetyzmu serc zawiązuje się uczucie między dwiema córkami bogatego fabrykanta Johanna Ernsta Gockowsky'ego, potomka szlachty polskiej, ale już zdeklarowanego patrioty pruskiego, a dwoma oficerami przybocznej gwardii króla. Jednym z nich jest Christian Ludwik von Zieten, syn słynnego generała, a drugim – Tadeusz Krasicki, bratanek biskupa Ignacego. Pary tworzą: Justyna i Chrystian oraz Kunegunda i Tadeusz.

Młodzi mają się ku sobie i postanawiają się pobrać. Wszystko wydaje się być na dobrej drodze, nawet rodzice wspierają ich zamiary. Jednak fakt, że obaj młodzieńcy służą królowi, sprawia, że to od jego zgody zależy los obu par. Stanowisko Fryderyka od początku jest jasne.

KRYSTIAN

Do tego tylko Wasza Królewska Wysokość, że ja pannę Gockowsky poślubić pragnę i najpoddaniej o pozwolenie na to proszę...

KRÓL PRUSKI
wstaje raptownie

A ja pragnę i proszę, by on o pannie Gockowsky stante pedante zapomniał... Jeszcze jej nie uwiódł, więc jest czas... I ona zapomni go prędzej niż się spodziewa... Kornet Zieten ma do determinacji... Albo się zrzec dzierlatki... albo infamna kassacja z wojska...

KRYSTYN
przerażony postąpił o dwa kroki naprzód

Jak to Wasza Królewska Wysokość?... Przecież... dotychczas... przecież za mariaż taki jedynie można było być przeniesionym do... do... garnizonu...

KRÓL PRUSKI

Tak... dotychczas... Ale to nie zapobiegło w ostatnich latach amorycznym mariażom oficjerów. Zapominały huncfoty, że monarchia nasza musi być skałą z brązu!... że tej skały może bronić tylko czystej krwi korpus officjerski... merynosy!... merynosy!... Teraz officjer gwardyjski modnie na sentyment chorujący będzie karany natychmiast kassacją z wojska.

Po czym każe mu pisać list zrywający zaręczyny. To świetnie oddany przez Nowaczyńskiego rys charakteru i poglądów Fryderyka.

KRÓL PRUSKI

Kornet Zieten napisze tu epistołę do Orleańskiej dziewicy Gockowsky... Że... jemu bardzo ciężko..., ale że Bellona znowu w połogu... tak... że ona już w ósmym miesiącu... Hihi... Bellona... nie panna Gockowsky... hihi... że... on będzie wysłany na plac boju... już jako sekondlejtnant, że jemu może kartacz urwać głowę... hihi... tak... albo co innego...

Młody officer broni się jeszcze, zapewnia o gorącej miłości i wierności wobec wybranki, ale Fryderyk nie zmienia zdania.

KRÓL PRUSKI
jakby nie słyszał

(...) ale że nad sentymenty silniejszy obowiązek względem króla i ojczyzny... Tak... No i że po prostu stary Fryc zdecydował albo awansować go bez panny, albo abszyt mu dać... także bez panny...

I jak łatwo się domyślić Krystian, zaszantażowany stanowiskiem króla, pisze list pożegnalny do ukochanej. Justyna po przeczytani listu od ukochanego rzuca się do jeziora. Ratują ją pełniący służbę żołnierze.

Wieść o zdarzeniu lotem błyskawicy rozeszła się po pałacu Sans-Souci. Prowadzone rozmowy przygotowują czytelnika do następnego kroku w dramacie, czyli rozstrzygnięcia losów Kunusi i Tadeusza. Czy główne postaci dramatu zachowają się podobnie? Po wstępnych enuncjacjach można przypuszczać, że desperacja drugiej pary jest znacznie większa i że gotowi są walczyć o prawo do własnego szczęścia, tym bardziej że to związek już silniejszy, pieczętowany dowodami wyższej rangi...

Pierwszy ruch wykonuje Kunusia, wyjednując posłuchanie u Fryderyka i prosząc go o zgodę na ślub z Tadeuszem. Dowiadujemy się też o tajemnicy tego związku, czyli o błogosławionym stanie Kunusi, dla którego to powodu Tadeusz porzuciłby raczej służbę niż ją i dziecko!

Tego było już za wiele Fryderykowi. Wpada więc na iście szatański pomysł postawienia zakochanego Tadeusza przed dramatyczną decyzją, ale z nieoczekiwanymi konsekwencjami:

KRÓL PRUSKI
z radością

Posłuchajże panno Pamelo teraz!... Jeżeli letnant von Krasicki folgując głosom honoru officjerskiego i trzeźwego rozsądku wyrzeknie się formalnie mamselli, w nagrodę za to dostanie mamsellę za żonę...
Kunusia pobladłszy z przerażenia cofnęła się

KRÓL PRUSKI
cedząc

Jeżeli zaś zaprze się swojego króla i wiernym okaże mamselli, musi ze służby kwitować i pomaszerować do Spandau na pół roku.

Dopiero teraz zdała sobie sprawę młoda dziewczyna, na jaką podstępną próbę wystawiła swojego ukochanego.

Napięcie dramatyczne rośnie. Król wydał rozkaz i adiutant udał się do kwatery Tadeusza, by ten opowiedział się w powyższej kwestii. Kunusia ma czekać w królewskiej bibliotece, a sam Fryderyk oddalił się do swojego gabinetu (gdzie prowadził interesujący, momentami burzliwy dialog z następcą tronu.

Po dłuższym oczekiwaniu przed obliczem królewskim zjawia się w towarzystwie adiutanta sam Tadeusz, wyglądający „niczym upiór". W całkowitej desperacji zadaje Fryderykowi pytanie, czy jego decyzja jest „nieodwołalna". Gdy słyszy potwierdzenie, sięga po pistolet i ku przerażeniu zgromadzonych strzela sobie w skroń.

Końcowa reakcja króla pruskiego, jak można było przypuszczać, nie zaskakuje. Słowa, które wypowiada, doskonale pointują jego stosunek do spraw polskich. Więc kolejno, gdy:

stanął nad Tadeuszem

I po co to? Hę? To na takowy jeno heroizmus zdobyć się umiecie Pollaki?

głosem stanowczym

Atoli w każdym razie jest lepiej, aby jeden takowy gagatek w łeb sobie wystrzelił, niż... żeby... niż żeby cień pollskiej anarchii wkradł się nam w królewskoprusską disciplinę...

Po czym wygłaszając łacińską sentencję o końcu sztuki w dawnym antycznym stylu: *antiquo modo... tragico!*, zaprosił wszystkich obecnych po francusku na kolację: *Allons souper!*...

Literatura uzupełniająca

Czachowski K., *Maria Rodziewiczówna na tle swoich powieści*, Poznań 1935

Czapiewski E. (wstęp, wybór i opracowanie), *Józef Ignacy Kraszewski a Niemcy. Publicystyka pisarza w obronie polskiego stanu posiadania pod panowaniem pruskim i niemieckim*, Wrocław 1994.

Jakubec T., *Wojciech Dzieduszycki. Pisarz, estetyk, filozof*, Kraków 2009

Lawaty A., *Intelektualne wizje i rewizje w dziejach stosunków polsko-niemieckich XVIII–XXI wieku*, Kraków 2015

Magnone L., *Maria Konopnicka: lustra i symptomy*, Gdańsk 2011

Paczoska E., *Lalka czyli rozpad świata*, Warszawa 2008

Rurawski J., *Władysław Reymont*, Warszawa 1988

Trzeciakowski L., *Kulturkampf w zaborze pruskim*, Poznań 1970

Tchórzewska-Kabata H., *Artur Gruszecki. Teoria i praktyka pisarska wobec naturalizmu*, Kraków 1982

Portret „Pięknej Polki" (Polnisch Blut). Pocztówka. Autor: Luiz Felipe Usabal y Hernandez (ok. 1920)

ROZDZIAŁ CZWARTY
Poczciwy Niemiec i podstępna Polka
(Ostmarkenliteratur)

Niepodobna zwykle bez pewnej trwogi wziąć w rękę książki pisanej przez cudzoziemca z jakiejkolwiek narodowości, jeśli przedmiot jej dotyczy Polski i Polaków.

Teresa z Potockich Wodzicka (1896)

Dopóki istnieć będzie kobieta polska, dopóty będzie istniał problem polski

Bismarck

Terminem *Ostmarkenliteratur* określa się zwyczajowo część literatury niemieckiej, która za temat obrała sobie konflikty polsko-niemieckie pod koniec XIX i na początku XX wieku, głównie na terenie Provinz Posen (Prowincji Poznańskiej), utworzonej w 1848 roku z Wielkiego Księstwa Poznańskiego[50]. Jej autorzy włączyli się w główny nurt akcji germanizacyjnej, mającej utwierdzić czytelników w przeświadczeniu, iż *Der deutsche Osten* (niemiecki Wschód) zawsze przynależał do Rzeszy, zaś Niemcy jako naród stoją wyżej w rozwoju od Polaków i wypełniają wobec nich swoistą misję cywilizacyjną, będąc „nosicielami kultury" (*Kulturträger*). Najczęściej kanwę powieści stanowią historie „z życia wzięte", w tym historie miłosne, kończące się nierzadko małżeństwami mieszanymi. Jakie niebezpieczne pułapki kryją w sobie związki miłosne polsko-niemieckie i jakie złe następstwa powodują, łatwo wyczytać z kart dziesiątków romansów. Lista obwinień, oskarżeń, zastrzeżeń, drwin, pretensji i uwag kierowanych

---

[50] Szczegółowych ustaleń terminologicznych oraz klasyfikacji zjawiska dokonała Maria Wojtczak w pracy *Ostmarkenliteratur. Prowincja Poznańska w literaturze niemieckiej lat 1890–1918*, Poznań 2001.

pod adresem polskich bohaterów nie jest co prawda zbyt obszerna, ale nagminnie ich powtarzanie wzmacniało obiegowe uprzedzenia narodowe oraz cywilizacyjne. Zasadniczego zagrożenia upatrywali pisarze z frontu „literatury ojczyźnianej" (*Heimatliteratur*) ze strony elity społeczeństwa polskiego: światłych ziemian, duchownych katolickich, nauczycieli i... młodych Polek. Zwłaszcza one przykuwały uwagę niemieckich autorów romansów oraz ich czytelników. Z pewnością istniało wiele powodów tego stanu rzeczy, ale jeden wydaje się najistotniejszy: mit „pięknej Polki".

1. Od „Afrodyty znad Wisły" do „Erynii"

Jeszcze w połowie XIX wieku funkcjonował w Niemczech, jako echo polonofilskiej literatury lat trzydziestych, pozytywny stereotyp Polaka i Polki. On uchodził za „dzielnego rycerza wolności", jej uroda i wdzięk zaowocowały mitem „pięknej Polki". Powszechnie znane i cytowane są słowa Heinricha Heinego z listów *O Polsce* (1822), pisane z właściwą dla tego ironisty fantazją:

> Teraz uklęknijcie albo uchylcie kapelusza – mówię o kobietach polskich. Duch mój przenosi się nad brzegi Gangesu i szuka najdelikatniejszych i najmilszych kwiatów, aby je porównać z tymi kobietami. Ale czym są wobec tych pełnych wdzięku istot wszystkie powaby malik, kuwalai, oszadi, nagakesarów, świętych kwiatów lotosu i jak się tam one wszystkie zowią – kamalaty, pedmy, kamale, tamale, syrysze itd.!... Gdybym władał pędzlem Rafaela, melodiami Mozarta, wymową Calderona, to może udałoby mi się wyczarować w waszych piersiach to uczucie, jakiego doznalibyście, gdyby rasowa Polka, Afrodyte znad Wisły, stanęła przed waszym olśnionym wzrokiem. Ale czym są Rafaelowskie plamy barwne wobec tych obrazów z ołtarza piękna, które żywy Bóg pogodnie nakreślił w najradośniejszych swych chwilach. Cóż znaczą brzdąkania Mozarta w porównaniu z brzmieniem słów – nadziewanych cukierków dla duszy – które ulatują z różnych usteczek tych

słodkich istot. Czym są wszystkie gwiazdy ziemi u Calderona i kwiaty nieba wobec tych uroczych kobiet, które w duchu calderonowskim nazywam aniołami ziemskimi, niebiańskie zaś anioły zwę Polkami nieba! Tak, mój drogi, kto zajrzy w ich oczy gazeli, ten wierzy w istnienie nieba, choćby był najgorętszym zwolennikiem zasad barona Holbacha.

Kolejne słynne zdanie Heinego z tego utworu, wielokrotnie aluzyjnie przywoływane w literaturze niemieckiej:

W słonecznej, pokrytej kwiatami dolinie obrałbym Polkę za towarzyszkę; w oświetlonym księżycem gaju lipowym wybrałbym Niemkę. W podróży przez Hiszpanię, Francję i Włochy życzyłbym sobie mieć u boku Polkę, do podróży jednak przez życie – wybrałbym Niemkę.

Późnym pogłosem europejskiej sławy „pięknej Polki" była operetka austriackiego kompozytora Carla Millöckera *Der Bettelstudent* (Student żebrak), wystawiona w Wiedniu w 1882 roku. Libretto, które napisali wspólnie F. Zell (Camillo Walzel) i Richard Genée, opowiada sentymentalną historyjkę miłosną w kostiumie polskim. Akcja rozgrywa się w Krakowie w 1704 roku.

Wśród popularnych arii szczególnie ulubioną okazała się *Pieśń pochwalna Polki*. Spolszczył ją jako pierwszy i wydał wśród *130 najpiękniejszych i najulubieńszych arji i melodji z 35 oper i operetek* Adolf Kitschman we Lwowie w 1885 roku, czyli krótko po wiedeńskiej prapremierze. Przekład Kitschmana jest nad wyraz swobodny, wolny co do formy i doboru słów, utrzymany za to w manierze epoki, pozwalającej dziś odczuć ducha oryginału. Przebrany za studenta, Szymona Rymanowicza, główny bohater hrabia Opaliński śpiewa ukochanej Laurze:

I.
Poznałem wybór paryżanek,
Przeróżnych Niemek znałem dość;
Węgierek wdzięki i Hiszpanek,

Zbadała ma książęca mość.
Stambułu cuda znam od biedy,
Neapol, Rzym, ach co za los;
Ze szczytu nawet piramidy,
Wzdychałem do Murzynek w głos,
I Włoszkom piałem przy gitarze,
A z moskiewkami piłem kwas;
A nawet gdzieś na Gibraltarze,
Pantofel Chince skradłem raz.
A choć różyczka ma i kolce,
Summarum summa patrz i sądź!
Ach wszystkie one naszej Polce – bis
Trzewiczka nie są warte zdjąć! – bis

II.
Z przewszystkich wdzięków śmietaneczkę,
Los zebrał w obfitości róg;
Co innym nacjom po troszeczkę,
To społem Polce dał sam Bóg.
Więc nosek rzymski – wzrok Hiszpanki,
Greczynki usta niby z róż;
Perłowe ząbki jak cyganki,
Paryską nóżkę – znacie już,
Więc Niemki tkliwość – płeć Angielki,
Stateczność Szwedek – Włoszek szał;
I nie brak żadnej bagatelki,
By arcydziełem świat ją zwał,
Więc chyba zimnym byłbyś głazem
Summarum summa patrz i sądź
Ach! Polce one wszystkie razem – bis
Trzewiczka nie są godne zdjąć. – bis

Sytuacja polityczna w Niemczech, zwłaszcza po rewolucji 1848 roku, w niczym nie sprzyjała kultywowaniu obu mitów. Wręcz przeciwnie, odżywające nurty nacjonalistyczne modelowały inne wyobrażenia własnej, niemieckiej, tożsamości i posłannictwa, co oznaczało nieodzowną konfrontację z pozostałymi nacjami. Za wzorcową dla głównych tendencji epoki uchodzi powieść Gustava Freytaga *Soll und Haben*, kilkakrotnie tu przywoływana, swoistego rodzaju biblia niemieckiego mieszczaństwa schyłku wieku. Po *Piśmie Świętym* zajmowała w biblioteczkach domowych drugie miejsce, wręczano ją dzieciom i młodzieży z okazji rodzinnych wydarzeń, by wyrastały na wzór i podobieństwo głównego bohatera Antona Wohlfahrta. Podstawowym cnotom młodego Niemca, jakimi były: porządek, uczciwość, skrupulatność, rzetelność i inne tego typu przymioty przeciwstawił Freytag „wrodzone krętactwa" Żydów oraz „prawdziwe", to znaczy odmienne od heroicznego, oblicze Polaków. Co prawda poświęcił im tylko dwa zwarte rozdziały w powieści, poza wtrętami w różnych miejscach, ale wystarczyło, by negatywny obraz zakorzenił się na dobre w świadomości Niemców.

Również mit „pięknej Polki" zaczął ulegać korozji. Wandy i Jadwigi pociągały jeszcze swoją urodą, odmiennością, manierami, tajemniczością, niezależnością i kusiły niezwykłą namiętnością. Kto miał przestrzec germańskich młodzieńców przed złymi skutkami niewinnych miłostek, kończących się często małżeństwem? To zadanie wzięła na siebie literatura popularna, zwana trywialną. By pomniejszyć wartość młodych Polek, pisarze ojczyźniani dokonali przewartościowania dawnego mitu. Nie szczędzono ciemnych czy wręcz czarnych barw do odmalowania „prawdziwego" ich charakteru, uległości wobec Kościoła katolickiego i nacjonalistycznych tendencji. Te młode osóbki doskonale grały powieściowe role „ciepłych i niewinnych istot", które w istocie, posługując się bronią kobiet, „zagrażały" interesom niemieckim. Każda opowiedziana historia miłosna ujawniała jakiś „podstęp" ze strony dziewczęcia polskiego. Zadanie pisarza niemieckiego polegało na ostrzeganiu i edukowaniu młodego czytelnika i jego rodziców.

Pod koniec XIX wieku ukazała się niewielkich rozmiarów powieść Ericha Fliessa *Die drei Erinnyen*[51] (Trzy Erynie). Utrzymana w pogodnym, lekko żartobliwym tonie opowiada, kilka epizodów z życia dwudziestoośmioletniego Niemca Kurta Frenzla. Był dobrze zapowiadają-

---

51 E. Fliess, *Die drei Erinnyen,* Berlin 1896.

cym się porucznikiem w regimencie piechoty księcia Maximiliana, ale po trzech miłostkach, w tym z żoną przełożonego, został dyscyplinarnie zwolniony ze służby. Cóż mógł robić w życiu były wojskowy, utracjusz i birbant, w dodatku bez majątku i pozycji?! Sam autor wątpi, że chwyci się jakiejś uczciwej pracy, wzorem innego byłego wojskowego, Kurta Saßthala, bohatera powieści Carla Bussego. Na pewno poszukiwać będzie łatwych sposobów na dostatnie życie i tak się też w powieści dzieje. Interesujący dla czytelnika polskiego jest pomysł autora, by związać losy Kurta z tematem polskim.

Zreferujmy po krótce akcję. Kurt nagle przypomina sobie, że rodzona siostra jego matki, odumarłej go w dzieciństwie, wyszła za mąż za polskiego szlachcica. Po długich poszukiwaniach zdobył adres wuja, ciotka niestety zmarła, napisał list i dostał serdeczne zaproszenie do złożenia wizyty. Niewiele myśląc, wybrał się w nieznane, w Poznańskie, do majątku Słowikowo polskiego wuja Frumentiusa Bentkowskiego. Podróż pociągiem z Berlina do Poznania, jazda furmanką do dworu, sam majątek i jego mieszkańcy stanowią dla bohatera (autora) doskonałe pole obserwacji, potwierdzającej utrwalone już w jego głowie przekonanie o wadach i przywarach polskiego życia. Ich katalog dobrze znamy: brzydki krajobraz, straszne drogi, obskurne typy polskich chłopów, zaniedbane gospodarstwo, „pałac pana", który nim nie jest, pobożność na pokaz, wreszcie nie stroniący od kieliszka gospodarz. Polki to osobny rozdział obserwacji i ocen Kurta. Już w czasie podróży pociągiem zobaczył co innego, niż oczekiwał:

> Był zły, że nie widział tak wychwalanych polskich piękności, tych „Afrodyt znad Wisły", które skłoniły jego ulubionego poetę Heinricha Heinego do ułożenia ognistego dytyrambu. Kurt wiele razy czytał te wylewne opisy, które teraz w czasie podróży odezwały się w jego duszy: „Gdybym władał pędzlem Rafaela..." Kurt stwierdził po raz pierwszy, że poeci swoim „poetyckim okiem" widzą co innego niż zwykli śmiertelnicy; zrobił zawiedzioną minę, gdy zobaczył przedstawicielki nadobnej kobiecości, które nie przywoływały skojarzeń z Rafaelem, Mozartem czy Calderonem.

W majątku czekały na niego trzy panny, trzy polskie kuzynki: najstarsza, dwudziestoczteroletnia Pelagia, będąca już wdową, średnia Helcia i najmłodsza Wanda. Pierwszej nocy na nowym miejscu, po wielkim pijaństwie z wujem Frumentiusem, nawiedziły go koszmary, które według obiegowych opinii miały zwiastować przyszłość. We śnie zjawiły się trzy porzucone kochanki, zawiedzione w swojej miłości, przybierające niesamowite, groźne postaci. Były niczym mitologiczne, greckie erynie bądź rzymskie furie, okropne staruchy karzące grzeszników za ich winy. Alekto, Tyzyfone i Megajra ścigały Orestesa za zabójstwo matki, doprowadzając go prawie do obłędu. Od kary uwolniła go dopiero Pallas Atena. Kurt we śnie męczył się i majaczył:

> I nie wytrzymał dłużej. Uciekał stąd, jak niegdyś Orestes prześladowany przez trzy mszczące się erynie. Jak często się oglądał, czuł ścigające go koszmarne cienie.

Czy przepowiednia się spełni? Czy w trzy porzucone kochanki Niemki wcielą się trzy polskie kuzynki? Dobre pytanie, choć odpowiedź nietrudna do odgadnięcia. Erich Fliess skonstruował bohatera próżniaka, bawidamka, zdobywcę serc niewieścich, żyjącego na cudzy koszt, godnego potępienia z mieszczańskiego punktu widzenia:

> Chciał zacząć tu nowe życie. Co zrobił? Zaczął starą grę od początku. Tym razem była to komedia, z tym wyjątkiem, że role kobiece spoczęły w innych rękach. Jak powinna się tym razem skończyć? Jak mógł ten „bohater" uratować „honor", jak z tego wyjść? Kurt zazgrzytał zębami: bohater umiera, kurtyna opada!

Jeszcze podjął męską decyzję, że tak nie będzie, że ucieknie, wyruszy szukać przygód, ale czujemy, że nic z tego nie wyjdzie i jakaś dłoń kobieca pokrzyżuje buńczuczne plany farsowego bohatera. I tak się w finale dzieje. Spakowanego do ucieczki Kurta powstrzymuje w zamiarze ucieczki łagodne ramię Pelagii. Kurt nie ucieka jak Orestes, mięknie, odbywa spowiedź grzesznika, otrzymuje od panny absolucję i jednoznaczną, nie do odrzucenia propozycję. Pelagia jest bogata, przejmuje od dzierżawcy swój majątek i postanawia nim zarządzać. Potrzebuje męskiej ręki, w zamian ofiarowując własną! Kurt nie zastanawia się, ląduje miękko w nowych ramionach, tym razem w ramionach polskiej erynii!

2. „Deutsche Sprichwörter" Karla Simrocka

W roku 1846 we Frankfurcie nad Menem wydał Karl Simrock, uczony filolog, poeta, edytor najstarszych zabytków literatury niemieckiej, pokaźny tom przysłów niemieckich (*Deutsche Sprichwörter*). Znalazły się w nim i liczne przykłady pod hasłem *Polska*. Myślę, że zainteresują one czytelnika polskiego ze względu na treść jak i obiegowy charakter stereotypów. Wszak wyrażały oceny nie tylko historyczne:

> Polak to złodziej,
> Prusak to zdrajca,
> Heretykiem jest Czech,
> A gadułą Szwab.
>
> Polski most, mnich morawski,
> Rycerz z południa, bawarska mniszka,
> Czeska wiara, włoska pobożność,
> Pruskie hołdy, rady Rusinów
> Niemieckie posty – wszystko nic nie warte.
>
> Polak raczej ukradnie w niedzielę konia,
> Niż w piątek wypije mleko lub zje masło.
>
> Pasuje na obie nogi jak polski but.
>
> Polska jest piekłem dla chłopów,
> Rajem dla Żydów,
> Czyśćcem dla mieszczan,
> Niebem dla szlachty
> I kopalnią złota dla cudzoziemców.

Wiele tych obiegowych porzekadeł odnajdziemy w analizowanych powieściach niemieckich.

3. Swój dla swego

Powieść *Am alten Markt zu Posen*[52] (Na starym rynku w Poznaniu) Max Berg poprzedził słowami kanclerza Bismarcka: „Żadna piędź ziemi niemieckiej, żadna część prawa niemieckiego nie powinna zostać utracona, ani złożona w ofierze". Nie jest to deklaracja artystyczna, lecz polityczna. I taką słuszną ideologicznie opowieść o trzech panienkach różnych nacji otrzymał czytelnik. Wynikał z niej pouczający morał: każda z dziewcząt: Żydówka Cosima Mannstein, Niemka Frida Mulleg i Polka Jadwiga Kochanowska po ukończeniu szkoły powinny pozostać w rodzimych środowiskach i wyjść za mąż „za swojego", czyli właściwego co do stanu posiadania i narodowości kandydata. Wszelkie młodzieńcze westchnienia i marzenia o miłości, właściwe idealizmowi okresu dojrzewania, kończą się definitywnie, gdy do głosu dochodzą prawdziwe interesy.

Autor zilustrował dobitnie powyższą tezę na przykładzie Polki Jadwigi. W trakcie rozmowy z bratem Janem, pozytywnie nastawionym do Niemców, pada pytanie: „za kogo powinnam wyjść za mąż tu, w Poznaniu? Czyżby za któregoś z Niemców?" I odpowiada sobie gwałtownie: „Nie, nawet za milion czerwonych guldenów!" Po pewnej chwili Jadwiga rozważa skrajną ewentualność i wtrąca istotną uwagę, ważną z punktu widzenia polskiego interesu narodowego, dla którego gotowa jest się poświęcić:

> Z tym wyjściem za mąż za Niemca w jednym masz rację i to samo mówi Florian. Tak właśnie jest: każda Polka, która bierze Niemca za męża, przejmuje zobowiązanie wobec ojczyzny w tym, by swego męża uczynić Polakiem, a dzieci wychować w wierze polskiej.

---

52 M. Berg, *Am alten Markt zu Posen*, Lissa, b.r.

Po czym dodaje z błyskiem w oczach:

> Jasno mówi o tym Florian, że Niemcy przewyższają nas tylko liczebnie, ale że nie mają tak mocnego uczucia narodowego jak my. My Polacy jesteśmy jednak niepokonani dzięki naszym księżom i kobietom. W tym, mówi Florian, tkwi pewność, że nasza ojczyzna znowu powstanie.

Uwaga do wypowiedzi Jadwigi Kochanowskiej: Florian jest jej kuzynem i jednocześnie księdzem katolickim. To wyjaśnia wszystko. Według Maxa Berga polscy księża oraz małżeństwa Niemców z Polkami zagrażały procesowi pełnej germanizacji byłych ziem polskich. Środki administracyjne w rodzaju zakazów, ograniczeń, szykan wystarczały, by zwalczać język, kulturę, prasę, stowarzyszenia i inne przejawy polskiego życia narodowego. Ze sprawami uczuciowymi nie radzono sobie tak łatwo. Prawo nie zakazywało miłości, małżeństw mieszanych, ani dzieci z tych związków. Jeszcze nie zakazywało! Każda z dziewcząt wyszła za mąż „za swojego".

4. Tej przepaści nie da się nigdy zlikwidować

Do jednej z pierwszych pozycji nurtu *Ostmarkliteratur* zalicza się dwutomową powieść *Jadwiga*[53], opatrzoną podtytułem *Powieść ze wschodu Rzeszy*. Wydał ją młody, zaledwie dwudziestosiedmioletni autor używający pseudonimu „Fritz Döring". Popularne stuttgarckie wydawnictwo Engelhorna włączyło ją do serii „najlepszych współczesnych powieści wszystkich narodów".

Utwór rozpoczyna scena prezentacji przedstawicieli polskiego świata ziemiańskiego, rodziców głównej bohaterki: matki Ludmiły, z hrabiowskiego rodu Czapskich, i ojca Stanisława Czerskiego. Pani Czerska czyta właśnie „francuski romans", a „jej gruba, poczciwa

---

[53] F. Döring (Carl Busse), *Jadwiga. Roman aud dem Osten des Reiches*, Bd. 1 u. 2, Stuttgart 1899.

twarz nabiera przy tym cierpiącego, ulubionego wyrazu", zwracają też uwagę „małe, świńskie oczka...". Stanisław jest (typowym?) polskim ziemianinem, mało przykładającym się do porządnego gospodarowania, co prowadzi czytelnika w stronę stereotypu *polnische Wirtschaft*: chłopi piją, konie wymizerowane, wkoło raczej brudno i nieporządnie, a dom swój państwo nazywają pałacem. Młody autor poszedł drogą literackiego wzorca, jaki stworzył Gustav Freytag.

Państwo Czerscy mają dwoje dzieci w wieku szkolnym. Starszą, osiemnastoletnią Jadwigę, kończącą właśnie naukę na pensji w Poznaniu oraz młodszego Mariana, jeszcze ucznia. Jadwiga jest panną o smukłej sylwetce, ciemnych włosach, żywej naturze. Co w niej tkwi i czym się właściwie kieruje, jeszcze nie wiemy. Z jednej strony pokazuje swą ciepłą naturę, z dobroci serca zaprasza do siebie na wakacje biedniejszą koleżankę, z drugiej – jest stanowcza, nawet uparta i w pierwszym odruchu potrafi być nieprzyjemna dla otoczenia, co autor kwituje uwagą, iż twarz jej staje się wtedy „niepiękną". Partnerami powieściowymi Jadwigi są: Niemiec Kurt Saßthal, młody wiekiem ekonom (*Unterinspektor*), zatrudniony w majątku ojca bohaterki i Polak Stanisław Daczyński, dwudziestoośmioletni obieżyświat, syn sąsiadów, w dzieciństwie przeznaczony na jej męża.

Carl Hermann Busse

A oto bliższa charakterystyka obu. Kurt Saßthal mimo młodego wieku może pochwalić się pewnymi sukcesami i doświadczeniem zawodowym. Wychowany w atmosferze patriotycznej, marzący od dziecka o uniformie wojskowym, dzięki pomocy ojca i własnemu hartowi ducha został porucznikiem elitarnego pułku kawalerii. Jednak z powodu pogarszającej się kondycji majątkowej rodzica, rzutującej na jego sytuację finansową, a tym samym i pozycję, musiał odejść z wojska. Ukochany zawód z konieczności zamienił na podrzędne stanowisko podinspektora, tj. pomocnika zarządcy w majątku... Polaka, pana Czerskiego. Były oficer pruski ekonomem u polskiego szlachcica!? By to naturalne zdziwienie własnego czytelnika przekuć w wartościową monetę, posłużył się autor ważkimi argumentami honoru i odpowiedzialności życiowej młodego Niemca, który w obliczu trudnej sytuacji odważnie wziął w swoje ręce los własny i starego ojca. Podjął mało ambitną, lecz uczciwą pracę. Dlaczego jednak w polskim majątku? Wyjaśnienie wydaje się proste: Niemcom nie mieściło się w głowie, by na tak podrzędnym stanowisku zatrudnić byłego oficera pruskiego. Z kolei w polskich wyobrażeniach o dobrym gospodarowaniu niemieccy zarządcy stali wysoko w cenie. Wiedział o tym doskonale ojciec Stanisława, który na łożu śmierci pozostawił synowi następującą radę:

> (...) jeśli będziesz potrzebował nowego inspektora, weź tylko Niemca. Co prawda mamy z nimi złe doświadczenia, prawie tak złe jak z Rosjanami, ponieważ zawłaszczyli naszą ziemię, ale są wiarygodniejsi i skrupulatniejsi niż ci ostatni. Woźnice i robotnicy muszą być Polakami, jednak w żadnym razie twój ekonom.

Stanisław Czerski uszanował wolę ojca.

Stanisław Daczyński, starszy o dziesięć lat od Jadwigi, jest synem sąsiadów państwa Czerskich. W dzieciństwie rodzice upatrzyli w nich przyszłą parę, najpierw jednak młodzi musieli dorosnąć i zdobyć jakie takie wykształcenie. Jadwigę posłano na pensję do Poznania, Stanisław, wzorem młodych i bogatych Polaków, wyruszył w podróż po świecie, gdzie raczej próżniaczył, nie nabywając solidnej wiedzy i umiejętności potrzebnych w dorosłym życiu. Kiedy starzejący się rodzice wezwali syna do powrotu, wiedział, że teraz czekają na niego tylko obowiązki: zadłużony majątek rodowy, ukartowana wcześniej żeniaczka i nudny żywot ziemianina.

Autor tak zawiązuje akcję powieści, by czytelnik bez trudu rozpoznał, iż osią konfliktu stanie się rywalizacja Polaka i Niemca o względy Jadwigi. Jak potoczą się losy bohaterów, kto odegra jaką rolę i któremu przypadnie serce oraz ręka panny? Intryga miłosna prowadzi do nieuchronnej konfrontacji obu kultur, zderzenia wzajemnego postrzegania, poglądów na kwestię ojczyzny, wolności, mentalności, narodowych przywar i cnót, własnego języka, temperamentu...

O ostre zarysowanie stanowisk nietrudno. Już na jednym z pierwszych wspólnych spotkań towarzyskich Stanisław Daczyński wygłasza *credo* polskiej doktryny nacjonalistycznej:

(...) jesteśmy wobec tych wszystkich Niemców obcy, by nie powiedzieć, że nienawidzimy ich. Oni nic na to nie mogą poradzić, ponieważ nie są ani lepsi ani gorsi od innych i my także; to leży w zróżnicowaniu ras. Z mlekiem matki ssiemy jednocześnie nienawiść do Rosji i Niemiec, a miłość do Francuzów. Bóg jeden wie, dlaczego, ponieważ ci ostatni nie sprawili nam w efekcie nic rzeczywiście dobrego, nie wyszli poza puste obietnice, ale wydają się nam sympatyczni (...) Co możemy innego zrobić, jak zacisnąć zęby i pokazać się posłuszni i ulegli? Z jednej strony jesteśmy za słabi, by przeciwstawić się i móc powstać, z drugiej – jedyna nasza nadzieja, by stać się samodzielnymi, związana jest z Niemcami. Żadna inna potęga nie jest w stanie pomóc nam stworzyć nową Wielką Polskę (...) Następna wielka wojna przyniesie nam rozstrzygnięcie. I to, czy nienawidzimy całej niemieckości, czy jest nam obca i nieznośna do ostatniego tchu, od niej zależy nasz los i dlatego musimy dostosować się i być cicho (...) Nawet jeśli zamiast biało-czerwonej powiewa w naszym kraju flaga czarno-biała.

Z kolei w szczerej, prowadzonej bez świadków rozmowie dwóch Niemców, Kurta Saßthala z młodym nauczycielem Klaarem, o Polakach padają negatywne, powszechnie powielane opinie i zarzuty. Te mianowicie, iż polscy uczniowie są mniej zdolni od niemieckich rówieśników, są obrzydliwie leniwymi krętaczami o wrodzonej skłonności do matactw i kłamstwa. Opinie na temat panów polskich wyrażają się w skrajnościach: potrafią być co prawda rycerscy, posiadają maniery i są dobrze wychowani, ale ich wiedza jest jednostronna na wzór francuski, a stosunek do poddanych godny potępienia, traktują ich jak bydło. Z kolei chłop polski przypomina zwierzę, korzące się jak pies przed każdym lepiej ubranym; jest wiecznie pijany, tchórzliwie podstępny, ciemny i prymitywny...

W kwestii nazwisk polskich nie szczędzi Carl Busse złośliwości w rodzaju „diabeł wie, jak połamać sobie język, ale jakoś musi naturalnie skończyć się na inski". Podobnie z temperamentem, z tańcami...

Gdy wymiana zdań między stronami schodzi na kobiety, ujawniają się podobne różnice. Jadwiga i Daczyński uważają Niemki za „nudne", „sztywne" i „mało błyskotliwe", natomiast Kurt nie chcąc urazić rozmówców przemienia domniemane wady rodaczek w zalety: „są może mieszczańskie, ale za to mniej emancypowane" i oczywiście w pozytywnym sensie mniej romantyczne niż Polki. Za sentencję porównań służy rzucony z boku przez nauczyciela Klaara kryptocytat z Heinego, iż „Człowiek zakochuje się w Polce, ale za żonę bierze sobie Niemkę".

To co dla jednych stanowi wartość, dla drugich jest lub może być wadą, albowiem narody z natury różnią się między sobą, inaczej odczuwają i reagują. Taki pogląd wygłasza Kurt, co Stanisław kwituje zdaniem: „Całkowicie słuszne, a tej przepaści nie da się nigdy zlikwidować ani pokonać. Nie zaradzi temu nawet najgłębsza miłość". Z biorących udział w rozmowie zdanie Daczyńskiego podziela jedynie niemiecki nauczyciel, doktor Klaar. Jadwiga wzrusza ramionami, a Kurt unika odpowiedzi.

Akcja pierwszego tomu zbliża się ku końcowi. Daczyński, po pierwszych spotkaniach, rozmowach i tańcach z Jadwigą utwierdza się w przekonaniu, iż powinien się z nią ożenić. Co jednak dzieje się w sercu dziewczyny, czy na pewno podziela uczucia Stanisława? Po balu, na którym Jadwiga miała sposobność porównać obu młodych ludzi, jej dotychczasowy chłodny stosunek do Kurta zaczyna się zmieniać. Wiedziała, że różnice między nimi są duże, ale odczuwała coś, czego nie potrafiła sobie jeszcze wyjaśnić. Podobnie działo się z Kurtem. Powoli dochodzi między nimi do częstszych rozmów, wzajemnego pożyczania książek, a podinspektor próbuje nawet staranniejszej nauki języka polskiego. I w nim zachodzą zmiany.

Sielankowy nastrój zakłóca wiadomość o śmierci ojca Kurta. Teraz musi zająć się poważniejszymi sprawami. Rankiem następnego dnia, gdy ma wyjechać, Jadwiga nieoczekiwanie zjawia się przy bryczce. Jest miła, dobiera słowa, stara się go pocieszyć. To wystarczyło, by w czasie podróży zaczął myśleć o niej inaczej, poważniej, jako o istocie, o której w skrytości marzył, która będzie go kochać i stanie się podporą w życiu, najlepszym przyjacielem. Czy wybranką jego serca musi być koniecznie Niemka i blondynka?

Do domu na wakacje powraca młodszy syn Czerskich – Marian. Z krótkiej wymiany zdań między rodzeństwem wynika, że marzy o karierze wojskowej w formacji kawaleryjskiej. Oczywiste, że te zainteresowania zbliżą go do Kurta i że będzie w pewnym sensie adwokatem Niemca. Dalsze zachowanie Mariana, jego dwuznaczne opinie wypowiadane na temat rzeczywistego stosunku siostry do podinspektora, wreszcie drobne intrygi sprawiają, iż w istocie Jadwiga zbliża się do Kurta. Czuje, że coś dzieje się w jej sercu, próbuje rozpoznać uczucia i je zracjonalizować, ale nie zdaje sobie sprawy, dokąd ją zaprowadzą. Zanim prawdziwe uczucia panny Czerskiej wybuchły z całą mocą i obrały całkiem nieoczekiwany obrót, musimy wrócić do wątku Stanisława. Spotkania i rozmowy z Jadwigą utwierdzały go w przekonaniu, iż zaistniała między nimi więź duchowa, która prowadzi do obopólnej zgody na małżeństwo. Łączyło ich właściwie wszystko: narodowość, status społeczny, przekonania, wola rodziców. Jadwiga uważnie słuchała, gdy wygłaszał zdecydowane opinie o bezsensowności małżeństw polsko-niemieckich:

> Mamy niewiele wspólnego. Dla mnie na przykład byłoby niemożliwe, ożenić się z Niemką. A w ogóle mieszanie narodowości zawsze pozostaje ryzykiem, zwłaszcza tutaj. Takie małżeństwa nie mogą być szczęśliwe. Jak ogień i woda nigdy nie mogą się połączyć. Tego typu próba wytworzy najwyżej szum i parę, przyniesie łzy.

Jeszcze słodziej brzmiało w jej uszach samokrytyczne wyznanie Stanisława:

> Co czyni szlachtę niemiecką tak wielką i tak przeważającą nad naszą? Że ma pole, na którym może pracować. A my? Kiedy opuściłem szkołę, co powinienem dalej robić? Służyć naszym wrogom jako oficer lub urzędnik i od początku wchodzić w konflikt serca z obowiązkiem? Tak, gdybyśmy mieli ojczyznę – to wielki, odwieczny refren. Wtedy stałyby przede mną tysiączne możliwości kariery, mógłbym wszystkie te lata spożytkować lepiej niż na wypady po świecie, niż na próżniacze życie bez

obowiązku i pracy, które czyni naszą szlachtę tak zblazowaną, osłabia ją, pozwala upaść.

Słuchała z uwagą, co mówił, ale czy rzeczywiście te mądre i patriotyczne słowa przekładały się na uczucia? Zakochane serce Stanisława chciało bardzo wierzyć, że tak właśnie jest. Niestety, strasznie się pomyliło. Stanowcze „nie" dziewczyny zburzyło marzenia o szczęściu, zburzyło spokój młodzieńca i obu rodzin. Jadwiga poddała się wbrew rozsądkowi burzliwej, młodzieńczej naturze i drzemiącym w niej namiętnościom. Obiektem, który obdarzyła gwałtownym uczuciem okazał się Kurt Saßthal. Scena przemiany dumnej, kapryśnej, samodzielnej i władczej panny w potulną i radosną istotę przypomina przeobrażenie „dzikiego stworzenia", które ulega pogromcy. Nie dzieje się tak w wyniku stosowanej przemocy i dyscypliny, ale wypływa samoistnie z ukrytej potrzeby podporządkowania się silnemu i zdecydowanemu partnerowi. Można rzec nawet, że młoda, niezależna, wyemancypowana Polka, jak ją sobie wykoncypował autor niemiecki, „potrzebowała" w gruncie rzeczy nie romantycznej miłości, lecz męskiej dominacji i ręki oficera pruskiego, nawykłego do karności i posłuchu. Dopiero wtedy mogła poczuć się sobą i dać upust tłumionym namiętnościom. Czy ten typ kobiecości zadowalał wyobrażenia młodego Niemca? Kobiety niepotrafiące opanować swoich namiętności, skrajnie uległe i zależne z tego powodu wobec mężczyzny, zawsze spotykały się z brakiem akceptacji otoczenia, zwłaszcza gdy skrajności między nimi były nazbyt widoczne lub rażące. Carl Busse nie bez powodu wplótł do powieści dwa epizody uległych z miłości kobiet: chłopki Stasi i koleżanki Jadwigi, Helenki Repczyńskiej. Pierwsza, zakochana do szaleństwa w parobku Wojciechu, jeszcze przed ślubem pozwalała się poniżać i źle traktować. Druga złamała *tabu* towarzyskie i wbrew różnicom stanowym porzuciła szlachecki dom rodzinny dla człowieka niskiego pochodzenia. Czy Jadwiga, nieskrywająca swych namiętności wobec Kurta, postępowała podobnie? Czy weszła w konflikt z pryncypiami, którym do tej pory hołdowała? Kurt Saßthal jest przecież Niemcem pracującym w majątku jej ojca. Sytuacja to wielce delikatna zwłaszcza dla trzeźwo myślącego byłego niemieckiego oficera. Pochlebiało mu co prawda, że dumna i kapryśna Jadwiga dostrzegła w nim prawdziwego mężczyznę, ale z drugiej strony czuł się niekomfortowo w stosunku do Stanisława Czerskiego, ojca dziewczyny i łaskawego chlebodawcy, ze strony którego nigdy nie spotkała go wrogość ani krzywda.

Tymczasem młodzi, nie zważając na nic, spotykają się potajemnie w ogrodzie i snują plany wspólnego szczęścia. Kurtowi marzy się mały majątek wśród swoich, z dala od Polaków, wśród niemieckich pól i lasów. Wizja ta ze zrozumiałych powodów niepokoi Jadwigę:

- Była bardzo poważna. Jakiś przestrach pojawił się na jej twarzy. Nagle przypomniała sobie słowa, które wypowiedział Daczyński, że przepaść między Polakami a Niemcami jest nie do pokonania.
- Kurt – prosiła lękliwie. – Nie mów tak. Obydwoje pragniemy wyjść sobie naprzeciw. Musimy przecież zrównać się i spotkać w jakimś miejscu. Chcę wszystko zrobić, by to osiągnąć, ale i ty nie powinieneś stale tak szorstko demonstrować swoich odmiennych odczuć. Spróbuj wejść w moje położenie, tak jak ja próbuję wejść w twoje. Kiedy bowiem w końcu stanę się pół-Niemką a ty pół-Polakiem, nasze drogi będą musiały się gdzieś spotkać.
- Co? – spytał zdziwiony i z lekką domieszką drwiny. – Ja – pół--Polakiem? Chyba nie myślisz poważnie! O nie, moje drogie dziecko, dla mnie w życiu liczy się coś, co jest ważniejsze niż moja miłość, ważniejsze niż wszystko inne, czyli moja niemieckość. I zanim pozwolę to sobie w całości lub w części wyrwać, niech to inne raczej przepadnie.

Nerwowo przyspieszyła kroku. W jego tonie wyczuwała niezłomność głoszonych przekonań.

- Gdybym chciała myśleć podobnie – spytała po przerwie, to myślisz, że mniej kochałabym moją ojczyznę niż ty twoją? Być może nawet bardziej, ponieważ nie jest tak dumna i wielka, ponieważ upokorzona i rzucona na kolana egzystuje właściwie jeszcze tylko w naszych sercach. Ach, wiesz – ja, ja boję się...

Potrząsnęła tylko głową, nie kończąc zdania. Podświadomy strach, który pojawił się w jej tonie, poruszył go.

– Bądźmy dobrej myśli – pocieszał ją wstając. Nie wracajmy do tematu. Niech każdy kocha jak potrafi, a na pewno znajdzie się jakieś rozwiązanie. A teraz dobranoc – jestem dzisiaj zbyt zmęczony.

Rozmowy o wspólnej przyszłości nie mogły, mimo zaklęć, eliminować różnic. Każde z nich tkwiło mocno w swoim świecie, wyrastało z innej tradycji, inaczej wyobrażało sobie szczęście małżeńskie. Kurtowi bliski był model z tradycyjną rolą mężczyzny w społeczeństwie, a męża w rodzinie, podobnie widział pozycję kobiety i żony, którą najlepiej definiowały słynne trzy „K": *Kinder, Küche, Kirche* (dzieci, kuchnia, kościół). Idealna kandydatka na żonę Niemca nie mogła być osobą zbyt samodzielną, energiczną, niezależną uczuciowo, krótko mówiąc – emancypowaną. Powinna być cicha, skromna, kochająca i bezgranicznie uległa mężowi i go wspierająca, dbająca nie o siebie, lecz wyłącznie o interes domu, męża i dzieci. W niemieckim świecie familijnym nie było miejsca dla Jadwigi, czemu wielokrotnie dawał wyraz narrator. Symbolikę akceptowanej lub negowanej relacji między płciami najlepiej i najsugestywniej oddają dwa przywołane w powieści obrazy. Pierwszy obraz: p o w o j u oplatającego d ą b, jako wyraz pełnej symbiozy i drugi – d w ó c h   d ę b ó w, niezależnych u podstaw, a mogących zbliżyć się do siebie jedynie konarami.

Teraz było zupełnie inaczej i on nie czuł się już tak szczęśliwy jak na początku. Jadwiga była zbyt samodzielna, zbyt energiczna, aby mógł przystać na to egoizm jego męskiej siły i dumy. A przecież wymarzonym i pięknym była perspektywa, że żona znalazła w nim wsparcie oraz pomoc, żeby stała się cząstką niego, a on otaczał ją troskliwą opieką. Ale Jadwiga? W jej pulsującej namiętności kryło się coś, co go przerastało, coś wyższego, zakłócającego harmonię jego istoty. Nie była stworzona, by dopasować się jak powój do dębu, wiernie na całe życie. Była zbyt harda.
Uśmiechnął się mimowolnie, gdy nasunął mu się stary obraz dębu, oplatanego przez powój.

Nie, do tej sytuacji pasował lepiej inny obraz, wspomnienie, które wiązało się z pewnym dniem kwietniowym, gdy jako oficer jechał konno przez las.

Przy drodze, jak dwa wysunięte posterunki, wyrastały dwa potężne dęby. Wokół nich szalała wiosenna burza, smagając dumne wierzchołki drzew, tak że dotykały się, uległe jej przemocy, zaś ich korony skrzypiąc pochylały się ku sobie i splatały konarami. Ale u spodu tkwiły dwa pnie wiecznie rozdzielone. Czy w ich przypadku nie było tak samo? Wiosenna burza namiętności nagięła ich ku sobie. Kiedyś jednak i dla nich wybije godzina, gdy burza ustanie, a oni oddalą się od siebie i każde zdane będzie na siebie. Wewnętrzna jedność musi także tutaj skazać jedno z nich na wykorzenienie, na śmierć. Czyż nie chciał wyrwać Jadwigi z ziemi, na której wzrastała; czyż nie chciał pozbawić jej nabytych związków, zwyczajów, sposobów odczuwania i ją, Polkę, przesadzić na grunt niemiecki?

Refleksje narratora trafnie oddają nastawienie części niemieckiej opinii publicznej na przełomie XIX i XX wieku wobec małżeństw z Polkami. Z dzisiejszego punktu widzenia trudno tym rozpoznaniom i dywagacjom cokolwiek zarzucić. Młody autor dobrze znający stosunki w Provinz Posen, nie uogólnia negatywnego nastawienia do Polaków, nie maluje szwarccharakterów w stroju polskim, stara się wyważać opinie i racje obu stron. Nie posługuje się, w przeciwieństwie do wielu innych autorów, czarno-białym kontrastem, jego bohaterowie odpowiadają sobie statusem społecznym i są siebie godni. Dość wnikliwie analizuje charaktery narodowe, zachowania, wyobrażenia, marzenia i cele. Jaki wychodzi mu rachunek? Jakkolwiek małżeństwa polsko-niemieckie są do pomyślenia, partnerów dzieli jednak tak wiele, że związków tych nie można uznać za szczęśliwe. Dotyczy to wymiaru szczęścia indywidualnego, prywatnego, jak i akceptacji społecznej. Przepaść między nacjami wyznaczają niedające się przezwyciężyć różnice interesów. Polacy, jako naród bez ojczyzny, nie chcą pogodzić się z jej utratą, zawsze będą o niej marzyć i bardziej lub mniej jawnie dążyć do jej odzyskania. Kobiety polskie, wychowywane w duchu katolickim i patriotycznym, świadome swej wartości i duchowej niezależności, nigdy nie pogodzą się z rolą, jaką chcieliby wyznaczyć im niemieccy mężowie. Nie zaakceptują podrzędnej roli w rodzinie, posłuszeństwa wobec pana domu i ograniczenia do funkcji uległej żony i matki. Mało tego, będą domagały się partnerstwa w kulturze i języku, prawa do praktykowania własnej religii, wychowania dzieci zgodnie z narodowym sumieniem. Zatem pytanie-dywagacja, czy Jadwiga mogłaby w przyszłości zostać żoną Kurta, jest wyłącznie teoretyczne. Carl Busse ani nie planował takiego eksperymentu, ani go poważnie nie rozważał. Zasługą talentu autora jest umiejętność konstruowania i prowadzenia intryg, sprawiająca, że całą akcję odbieramy jako interesującą, wartką i zaskakującą. W tej optyce trzeba też widzieć dwa tropy romansowe, sugerujące czytelnikowi fałszywe rozwiązania. Odrzucenie oświadczyn Stanisława wcale nie musiało oznaczać definitywnego końca ich związku, jak i chwile spędzone w ramionach Kurta nie prowadziły prostą drogą do małżeństwa. Inaczej otrzymalibyśmy romans jednowymiarowy, bez literackiej gry i finezji. Zamysł autora był od samego początku inny. Przypomnijmy słowa Stanisława z pierwszych scen powieści, iż różnice między Polakami i Niemcami są tak duże, że nawet miłość nie jest w stanie ich przezwyciężyć. Po zawirowaniach romansowych, tak ulubionych przez czytelników, światu powieściowemu należało przywrócić naturalny porządek rzeczy. To bowiem co przynależy do siebie, ma do siebie powrócić.

Koniec żniw w polskim majątku od dawien dawna był okazją do świętowania. Pan Czerski jako dobry gospodarz urządził wielkie ucztowanie z udziałem przyjaciół i sąsiadów, których zamierzał gościć dłużej, nie zapomniał też o chłopach i parobkach, wypłacając im sowite wynagrodzenie. Panował radosny nastrój, tańczono do upadłego, nie zabrakło jedzenia ani wódki. Jednak tej gorącej letniej nocy jeden z parobków zaplanował okrutną zemstę na Jadwidze za obrazę własnej godności. Zakradł się podstępnie do domu państwa i podłożył ogień w wielu miejscach, następnie podpalił stodoły wypełnione zbożem. Pechowej nocy Jadwiga z przyjaciółką przeniosły się ze spaniem do pokoiku pod dachem i zamknęły od środka. Ponieważ wszyscy biesiadnicy zasnęli mocnym snem, ogień błyskawicznie objął cały dom oraz obejścia. Jak zachowają się główni bohaterowie w obliczu tragedii, zwłaszcza obaj rywale do ręki Jadwigi? Do głosu dochodzi ponownie talent młodego autora. Zarządza, co następuje: Pan Czerski, kierujący akcją ratunkową, wysyła Kurta do pobliskiego miasteczka, by sprowadził pomoc strażacką. Niby nic, przecież mógł posłać byle parobka, ale tą decyzją eliminuje Kurta z dramatycznej akcji, nie daje mu szansy na uratowanie Jadwigi z opresji. Gdyby autor zamierzał inaczej, wykorzystałby świetną okazję do zademonstrowania odwagi i rycerskości Niemca. Czy wybawcy córki, choć zwykłemu ekonomowi, któryś rodzic odmówiłby jej ręki, tym bardziej że obydwoje mieli się ku sobie?! Skoro jednak na polu dramatycznych wypadków zabrakło Kurta, jego rolę z wielkim oddaniem i poświęceniem przejął Stanisław Daczyński. Ten sam, któremu Jadwiga dała kosza, rzucił się bez namysłu i z narażeniem własnego życia do ratowania niewdzięcznicy, bo nigdy nie przestał jej kochać. Odważna akcja Stanisława zakończyła się sukcesem, wyniósł z płomieni pół żywą Jadwigę. W środku pozostała jednakże koleżanka. Stanisław, wbrew prośbom matki, rzucił się ponownie na ratunek. Sytuacja stawała się na tyle groźna, że nie wróżono mu powrotu. Na szczęście pomoc dla Stanisława przyszła ze strony niemieckiego gościa, barona Reitzensteina. Odważnie uniósł płonącą belkę, która przygniotła młodego Polaka i wyciągnął go z płomieni. Uratował mu życie.

Pożar i dramatyczne okoliczności zdarzenia wywarły na wszystkich wstrząsające wrażenie. Nic nie było już takie samo jak przed pożarem. Zniszczony majątek Czerskich, śmierć koleżanki, zmieniona nie do poznania Jadwiga, powoli dochodzący do siebie, lecz na trwale okaleczony utratą nogi Stanisław. Jadwiga wiedziała, że to wszystko stało się przez nią, przez jej złe traktowanie parobka Wojciecha, w tak okrutny sposób mszczącego się za zniewagi. W dumnej, kapryśnej, dzikiej dziewczynie, która wzgardziła miłością Stanisława i rzuciła się w ramiona Kurta, dokonała się kolejna przemiana. Zamknęła się w sobie, unikała towarzystwa, nie chciała kontaktować się ze światem. Dała się co prawda zaprosić pani Daczyńskiej do zamieszkania w ich domu, z uwagi na chwilowy brak własnego, ale w niczym nie zmieniło to jej zachowania. Dopytywała się o Stanisła-

wa, myślała o nim i dopiero gdy doszedł na tyle do siebie, by móc się
ubrać i zająć miejsce w fotelu, odwiedziła go w pokoju. To kluczowy
moment rozwiązujący splot dotychczasowych wydarzeń:

> (...) nagle padła przed nim na kolana, chwyciła go za rękę
> i okryła pocałunkami, podczas gdy ciepłe łzy spływały ustawicznie na jego szczupłą, chorą dłoń.
> Przestraszony chciał cofnąć palce, ale trzymała je mocno.
> W cichej komnacie rozbrzmiewał jej dziki szloch.
> Teraz on gładził wolną ręką jej skroń, a łzy jedna po drugiej
> spływały mu po wymizerowanej twarzy.
> Panno Jadwigo, powiedział na pół proszącym głosem, co pani robi?
> Nie podnosiła wzroku. Ale pod wpływem jego uspokajającego
> głaskania, gorzki szloch stawał się coraz cichszy.
> Pan jest taki dobry, szeptała i drżała na całym ciele, a ja... tak
> pana skrzywdziłam.

Sytuacja bliskości, dotyków, wspólnych łez, gestów i wyznań
musiała przynieść szczęśliwy finał. Stanisław:

> Nie powinnaś się ofiarować, Jadwigo. Nieszczęśliwy przypadek, który uczynił ze mnie kalekę, nie powinien niszczyć twojego młodego życia. I jeśli to tylko wdzięczność, która zbliża
> cię do mnie, wtedy, wtedy...
> Jego głos załamał się i stał się prawie chropowaty z wysiłku.
> Nie masz mi za nic dziękować, za nic. Powiedz mi tylko, Jadwigo. Na wszystko, co ci święte: czy mnie rzeczywiście kochasz, czy to tylko współczucie, które masz dla mnie, które
> z istoty dumnej czyni łagodną?

Jadwiga:

> Najpierw zdziwiła się i przestraszyła. Teraz powoli, śmiejąc się
> pokręciła głową i nie zważając, że drżał jej głos, myślała, jak
> bardzo los jednego ludzkiego życia zależy od tej odpowiedzi,
> odrzekła: kocham cię.

Na końcowych dwóch stronach powieści zmieściło się wszystko, co należało do zakończenia dobrze skrojonego romansu. Skoro młodzi wyznali sobie miłość, resztą zajęły się obie rodziny. Pozostawał niedokończony wątek Jadwigi i Kurta. Młody Niemiec nie miał żadnych wątpliwości, jak powinien teraz postąpić. Czy jednak i ona dojrzała do rozrachunku ze swoimi dotychczasowymi uczuciami? Autor uwalnia czytelnika od wątpliwości i szybko aranżuje spotkanie obojga.

– Chcemy być w stosunku do siebie szczerzy, panie Saßthal, zaczęła spokojnie. – Tak szczerzy, jak dwoje dobrych przyjaciół lub, jak pan woli, dwoje uczciwych wrogów. Inaczej nigdy nie będzie między nami porozumienia.

Formuła „dobrych przyjaciół" lub „uczciwych wrogów", gwarantująca jako takie wzajemne porozumienie, dobrze oddawała charakter ówczesnych obopólnych stosunków. Ukuł ją niemiecki autor na użytek pokojowej regulacji trudnej koegzystencji dwu narodów. Jak pokazał czas, obowiązywała niezbyt długo, wewnętrzne napięcia w Niemczech zrewidowały ją gruntownie. Tkwi w niej jednak głębsza myśl, przekraczająca doraźne, szybko zmieniające się okoliczności. Kto wie, może zasada porozumienia, opartego na fundamencie szczerej, partnerskiej relacji: skoro nie możemy lub nie chcemy się kochać (przyjaźnić), zostańmy przynajmniej „uczciwymi wrogami", nie uchroniłaby naszych narodów przed tragediami historii?

5. Niemiecka miłość, polska miłość

W cztery lata po *Jadwidze* wydał Carl Busse, ponownie pod pseudonimem Fritz Döring, skromnych rozmiarów romans *Deutsche und polnische Liebe*[54]. Tytuł kładzie nacisk na dwa różne rodzaje miłości, co odpowiada mniej więcej polskiej wersji językowej: *Miłość po niemiecku, miłość po polsku*.

---

54 F. Döring (Carl Busse), Deutsche und polnische Liebe, Stuttgart 1903.

Utwór ma budowę dwuczęściową, czyli praktycznie należy mówić o dwóch romansach. Pierwszy rozgrywa się w scenerii i realiach czysto niemieckich, drugi w świecie polskim.

Tytuł części pierwszej brzmi *Joachim Heinrichs Abenteuer*, czyli *Romans* lub *Przygoda miłosna Joachima Heinricha*.

Na osiemdziesięciu stronach niewielkiego formatu sprawy miłosne niemieckiego młodzieńca i niemieckiej panny układają się nieco tajemniczo, nieco zaskakująco, ale kończą szczęśliwie. Do tego szczypta nierówności społecznej, przezwyciężonej dzięki pozytywnym cechom bohatera i mamy gotowy przepis na zaspokojenie gustów niewybrednego czytelnika, który przyjmuje szczęśliwy finał romansu z akceptacją, byle byłby zgodny z jego przekonaniami. Autor skonstruował więc zakończenie pod kątem upodobań i ideałów niemieckiego społeczeństwa mieszczańskiego.

Końcowa rozmowa narzeczonych schodzi na temat zachowania Ilse, odbieranego w towarzystwie jako ekscentryczne. Gdy Ilse dowiedziała się, co ludzie mówią, oświadczyła:

> Mimo iż widziałeś mnie zawsze w niezwykłych sytuacjach, mam życzenie, by nasze życie było ciche i pełne szczęśliwego spokoju, albowiem właściwie mam usposobienie mieszczańskie i nie mam talentu do ekscentryzmu. Jedyny raz, kiedy taką się okazałam, kosztował mnie wiele cierpień.

Drugi romans, polski, nosi tytuł *Der Siebenschläfer*. Polski odpowiednik tytułowego rzeczownika to „Popielica", a oznacza realnie istniejącą roślinę lub ssaka bardzo podobnego do szczura czy dużej wiewiórki. Osobliwością gryzonia jest żerowanie nocą, a przesypianie dnia oraz zapadanie w zimową drzemkę. Według wyobrażeń autora ta właśnie cecha najlepiej miała charakteryzować głównego bohatera, przynajmniej na początku opowiadania, którego akcja rozgrywa się w środowisku polskich chłopów. Dlaczego chłopów, zapytamy od razu? Czyżby rys odmienności narodowej najpełniej wyrażał się w tej warstwie społecznej?

Bartek Chalina (zapewne Kalina) jest młodym wiejskim parobkiem, z rodziny posiadającej nieco ziemi i dwa dorodne konie, noszące dumne imiona: „Jan Sobieski" i „Książę Poniatowski". Sam Bartek, czyste utrapienie rodziców, nie garnie się do pracy i najchętniej jak popielica lub w polskiej tradycji suseł przespałby cały dzień. Bartek dojrzał już do żeniaczki i czas, by rozejrzał się za jakąś panną, ale która chciałaby takiego lenia i nicponia? Na pewno nie „Pellasza" (Pelasia) Cisielska, z którą chciałaby go wyswatać matka. Pelasia miała zapewniony posag, nosiła się dumnie, a poza tym miała już kawalera Wacka, najsilniejszego chłopaka w gromadzie. Szanse Bartka równały się zeru.

Z przekory zaczął zalecać się do Pelasi, lecz jej reakcja była jednoznaczna. Bartek nie miał u niej żadnych szans, zwłaszcza z uwagi na silniejszego rywala, który przy pierwszej okazji mógł sprać go na kwaśne jabłko. Przekora Bartka nie znała granic i któregoś dnia oświadczył dziewczynie, że na pewno ożeni się z nią, a jeśli ta nie zechce, weźmie ją siłą. By pozbyć się natręta, Pelasia oświadczyła w końcu, że może się tak stać, jeśli „następnej Wielkanocy zjawi się przed jej domem na czele turków jako ich przywódca". Zaskoczony nie stracił fasonu i odpowiedział tylko „przyjdę".

Oczywiście, łatwiej powiedzieć, trudniej wykonać. Tu trzeba wyjaśnić, co oznaczali owi „turcy"? Zdaniem autora na polskiej wsi „turkami" nazywano dwunastu chłopaków, którzy pilnowali grobu Pańskiego po złożeniu ciała do groty. Następnego dnia, w Niedzielę Wielkanocną, maszerowali dumnie, w imponująco bogatych strojach przez miejscowość do lokalnego komitetu organizacyjnego i otrzymywali podarunki. Zwłaszcza przywódca grupy, najsilniejszy i najodważniejszy z nich, zbierał zewsząd uznanie, szczególnie wśród dziewcząt. Jednym słowem, był to dla niego wielki zaszczyt!

Po nieformalnych oświadczynach Bartek nie zaznał spokoju. Rozważał, jakim sposobem mógłby osiągnąć wymarzony cel. Postanowił wyruszyć w świat. Po roku powrócił, jakże jednak odmieniony. Nie ma większego sensu wdawać się w zawiłości opowiadania, powiedzmy krótko, że wyśmiewany niedołęga, leń i nicpoń zaznał twardej szkoły życia, która nie pokonała go, lecz właśnie zahartowała.

Trudny do poznania zjawił się w rodzinnej wsi na krótko przed wyborem przywódcy „turków" i ku rozbawieniu wszystkich zgłosił swoją kandydaturę. Musiało dojść do pojedynku dawnych rywali. Jak łatwo przewidzieć, zwycięzcą tym razem został odmieniony Bartek, którego nikt już od tej pory nie nazywał „Bartkiem popielicą".

Nastała Niedziela Wielkanocna, a wraz z nią uroczysty orszak „turków" w pochodzie przez miasto, któremu przewodził dumnie, wystrojony jak szlachcic Bartek. Celem był dom Pelasi. Jej zdziwienie równało się przerażeniu, przecież miało być inaczej, po staremu, a pochód powinien prowadzić Wacek. Gdzie teraz był, dlaczego nie zjawił się na święto, dlaczego ją zostawił, przecież nie wiedziała o niczym. Bartek zdążył szepnąć jej do ucha – „wieczorem na tańcach".

Dumna i urażona w swej ambicji dziewczyna początkowo odrzuciła zaproszenie. Pojawiła się jednak, mając przygotowany drobny plan zemsty. Gdy rozpoczęły się tańce, Bartek podszedł do niej z zaproszeniem, ale ona oświadczyła na cały głos, by poszukał sobie innej partnerki. Chwila wahania i Bartek poprosił do tańca inną pannę. Konsekwencje odrzucenia zaproszenia okazały się dla Pelasi przykre, a nawet upokarzające. Będący w zmowie z Bartkiem kawalerowie omijali Pelasię, cały wieczór spędziła samotnie, w pełni izolowana. Wściekłość ogarnęła dziewczynę i postanowiła opuścić salę. Wybiegła na zewnątrz, a za nią Bartek.

Kulminacja. Doszło do szamotaniny. Żelazny uchwyt Bartka przyniósł w końcu rezultaty. Wyczerpana Pelasia padła na kolana, nie broniła się więcej. Gdy wypłakała się, kazał jej wstać i zaprowadził, całkiem już uległą, na tańce. Teraz wszyscy widzieli i wiedzieli, że należy do niego.

Po tańcach Bartek odprowadził Pelasię do domu, a przed rozstaniem powiedział, że chyba teraz rozumieją się. „Skoro tak myślisz" – odpowiedziała.

W zamian objął ją ramieniem i przyciągnął do siebie. Zamknęła oczy. Krew zaczęła krążyć szybciej. Kolana drżały, jakby miała znowu upaść jak wieczorem. Nagle pojawiło się w niej prawie pragnienie, by ją znowu zniewolił.
Ale on całował ją tylko. Ona odwzajemniła pocałunki i odeszła.

Długo w noc rozmyślała, jak się to wszystko stało? Sprawy potoczyły się tak szybko i nie było już odwrotu, należało więc uznać, że kryje się za tym wola boska. Znowu miała opiekuna, na którym mogła polegać. Uszczęśliwiona poszła spać.

W półtora roku później rodzina Kalinów z małym dzieckiem wybrała się w niedzielę, zwyczajem rodziców, do kościoła furmanką zaprzężoną w dwa konie, w „Jana Sobieskiego" i „Księcia Poniatowskiego".

Co wynika z cienkiego romansu Bussego? Niewiele, może poza pytaniem, dlaczego „miłość niemiecka" to miłość mieszczańska, a „miłość polska" musiała być akurat chłopska?

6. ...a teraz wprowadź ofiarę!

Trzeba koniecznie przyjrzeć się okładce powieści Alberta Liepego *Die Spinne*[55] (Pajęczyca).

Rysunek przedstawia dwie figury pozostające ze sobą w symbolicznej relacji. Po lewej stronie znajduje się postać atrakcyjnej młodej kobiety z pięknymi lokami, w eleganckiej długiej sukni, w której bez trudu rozpoznajemy Polkę, jako że jej suknię zdobią emblematy orła białego w koronie. Po prawej stronie, na wysokości piersi młodej damy, rysownik usytuował postać barokowego aniołka, pulchnego i jasnowłosego golaska, na którego główce połyskuje pikielhauba z charakterystycznym szpikulcem. To aniołek-Prusaczek. Tło rysunku tworzą kratkowane linie o typowej strukturze pajęczyny, z tym że układ rąk kobiety sugeruje grę na harfie (struny jak nitki pajęczyny), co czyni jasny przekaz graficzny . Domyślamy się, że rzecz będzie o „pięknej Polce", wabiącej słodką grą harfistki naiwnego jak dziecko Prusaka, by – jak pająk lub mitologiczna syrena zwodząca nieświadomego żeglarza – uczynić z niego swoją ofiarę.

I rzeczywiście. Rozwinięty podtytuł informuje, iż jest to „powieść o współczesnych walkach polskości z niemieckością

---

[55] A. Liepe, *Die Spinne. Roman aus der Ostmark*, Berlin 1902.

w marchii wschodniej". Już pierwszy rozdział odkrywa całą prawdę o „niecnych" zamiarach pewnej Polki, panny Wandy Łokietek (Lokjetek), która wraz z bratem Kasimirem (Kazimierzem), miejscowym proboszczem, zastawiają pajęczo-patriotyczne sidła na młodego oficera pruskiego Karla von Steinmanna. Czymże on (im) zawinił? Właściwie tym, że kupił od Polaka, położony w sąsiedztwie, całkowicie zrujnowany majątek ziemski. Dawny właściciel, pan na Stanisławowie (Stanislawo), sympatyczny utracjusz i birbant, roztrwonił przez złe gospodarowanie posiadłość i przymuszony długami musiał ją sprzedać. Sprzedać to nie tragedia, ale w drugiej połowie XIX wieku w okresie zażartej walki dwóch nacji o ziemię, ważnym było pytanie, kto ją tracił, a kto zyskiwał. I tak oto nowy, legalny właściciel Stanisławowa, który zjawia się, by objąć w posiadanie zrujnowany majątek, staje się dla polskich sąsiadów wrogiem. Reakcja wyjściowa księdza Kazimierza na wieść o przejęciu polskiej ziemi przez Karla von Steinmanna jest deklaratywnie wojownicza. Autor wkłada w jego usta całą listę polskich pretensji do Niemców:

> Rabują nam ziemię, matkę, która nas zrodziła i karmi cieleśnie jak i duchowo. Naród, który zostaje oddzielony od swej roli, przestaje być narodem. Do tego dochodzi działanie szkoły, odbierającej nam język, wpływ służby wojskowej, urzędów i tych wszystkich szkodników, jak ich zwać, toczących istotę Polski. Nędza mojego narodu pożera mi serce!
> Ksiądz długo przechadzał się po pokoju ze zmarszczonym czołem i zaciśniętymi wargami. Następnie podszedł do siostry i spoglądając w jej twarz powiedział uroczyście: „Wanda, teraz zaczyna się walka!"
> „W której zwyciężymy", dokończyła dziewczyna z błyskiem w oku.
> „Brawo, moja dzielna współwojowniczko, wykrzyknął pan Łokietek pełen zapału do walki i objął siostrę, „a teraz ubierz się odpowiednio! W domu księdza Niemiec powinien poczuć się dobrze. Niech odczuje cały urok naszej rasy. Chcemy go otoczyć miękką, miłą siecią uprzejmości i dobra, stopniowo wyssać mu z żył niemiecką truciznę i napełnić szlachetnym sokiem naszego jestestwa".

„A kiedy intruz zechce wyłamać się z sieci, Kazimierzu?"
„Wtedy powabne nitki staną się bolesnymi powrozami, które rozluźnimy tylko, by niemieckie gady zapędzić z powrotem do bagna, z którego wyszły", powiedział zdecydowanie Polak. „Tak się stanie", potwierdziła dziewczyna, „a teraz wprowadź ofiarę! Powinieneś być ze mnie zadowolony, bracie".

Zawiązanie akcji nie zapowiada niczego romansowego, nieoczekiwanego czy zaskakującego, ani dla jej rozwoju ani zakończenia. Przyjęty przez autora czarno-biały schemat podziału bohaterów na złych Polaków: podstępnych, rozrzutnych, leniwych, zacofanych oraz dobrych Niemców: trochę naiwnych, skrupulatnych, przedsiębiorczych, świadomych swej misji – siłą faktu organizuje akcję powieści. Intryga miłosna staje się jedynie mało ważnym spoiwem, o przewidywalnym finale. Dowody?

Początkowe rozdziały powieści *Pajęczyca* poświęcone są zobrazowaniu różnic cywilizacyjnych między Polakami i Niemcami. Kupiony przez młodego Karla von Steinmanna majątek okazywał się, zgodnie z oczekiwaniami, jedną wielką ruiną, w której naprawy domagało się praktycznie wszystko, począwszy od uporządkowania lasu, przez melioracje gruntów i odbudowę budynków, inwentarza itd. Obyczaje i mentalność szlachecka, tudzież niska kultura i wydajność pracy chłopa polskiego pozostawiały wiele do życzenia. Najtrudniejszy problem przedstawiał sobą kler katolicki[56]. Księża byli zażartymi przeciwnikami Niemców, fanatycznymi nacjonalistami, uzurpującymi sobie przywódczą rolę w okolicy. Przeciwwagą dla duchownych mogli okazać się tylko ludzie niezłomni, świadomi swej wartości, oddani misji Niemców na Wschodzie, jak kuzyn Steinmanna, Heinrich Schröter, oraz były oficer pruski, aktualnie urzędnik komisji kolonizacyjnej – Strack. To oni mieli (mają) chronić Karla przed popełnieniem nierozważnych czynów i wskazywać mu właściwy kierunek działań.

---

56 Księża katoliccy nie tylko z ambony ostrzegali swoich polskich wiernych przed złymi skutkami kontaktów z Niemcami, a zwłaszcza przed konsekwencjami grzechu w przypadku zawierania małżeństw mieszanych. Powstała bogata publicystyka kościelna mająca na celu odstręczenie młodych katoliczek i katolików od popełnienia tego „występku", prowadzącego naturalnie do poważniejszych następstw, jak utrata prawdziwej wiary.

Nie ma sensu szczegółowsze omawianie intrygi miłosnej w powieści, albowiem w wersji Alberta Liepego nie stosuje się ona do żadnych kanonów psychologiczno-romansowych. To czysta publicystyka polityczna, żarliwy głos autora w toczącej się walce między żywiołem polskim i niemieckim w *Ostmark*.

Polska Wanda, wzorem legendarnej królowej, chciała znowu pokonać Niemca. Przy pomocy niewieścich wdzięków oraz kobiecej przebiegłości zastawiła sidła na poczciwego młodego oficera pruskiego z podstępnym i niecnym zamiarem spolonizowania go. Kto potrafił przejrzeć istotę „szatańskiego" planu, wiedział, że oznacza on wielkie zagrożenie dla niemieckich interesów. Zwykle młodzi Niemcy, zwłaszcza ci o łagodnym usposobieniu, skłonni byli w pierwszym momencie ulec czarowi polskich dziewczyn. Jednak tacy jak Karl von Steinmann szybko mitygowali się, w czym wydatnie pomagali im przyjaciele. Łagodność charakteru, odbierana często przez przeciwników jako „słabość", przeradzała się w efekcie w niezłomność, prawdziwą cnotę niemieckich osadników na Wschodzie. Uratowani przed popadnięciem w sidła polskie, co przydarzyło się wielu ich rodakom, stawali się prawdziwymi obrońcami niemieckości, tym silniejszymi, że pozbawionymi sentymentów i złudnych wyobrażeń o możliwej pokojowej koegzystencji obu narodów.

Bohater powieści Alberta Liepego Karl von Steinmann wygrał swoją osobistą bitwę z polskością, z mrzonką o miłości do „pięknej Polki" Wandy Łokietek. Zrozumiał, że polska pajęczyca oplotła jego czystą i szlachetną duszę siecią kłamstw, intryg, podłości, by wyssać z niego niemieckiego ducha. Na szczęście „przebudził się" i szybko doszedł do równowagi psychicznej...

7. Historia miłości jako historia męki

Już pierwsze z sześciu opowiadań tomu *Geschichten aus der Ostmark*[57] (Opowieści z marchii wschodniej), zatytułowane *Rauhreif*

---

[57] T. Pilf, *Geschichten aus der Ostmark*, Wiesbaden 1907.

(Szron), wprowadza wątek małżeństwa mieszanego i jako rodzajowy obrazek dobrze służy autorowi do zawiązania szerszej opowieści o ludziach i sprawach pogranicza. Traugott Pilf nie pochodził z tych ziem, przepracował jedynie kilka lat w Poznańskiem, ale czuł potrzebę włączenia się w walkę cywilizacyjną, jak i też wielu jego kolegów po piórze.

Optyka *Opowieści z marchii wschodniej* nie jest literacka, psychologiczna, obyczajowa, lecz wyłącznie narodowa. Narrator przyjmuje pozycję surowego obserwatora, który widzi świat w kontraście czarno-białym. Czuje się stuprocentowym Niemcem, zatem bez wysiłku i skrupułów, bez potrzeby jakiejkolwiek refleksji oddziela swój świat od świata polskiego, w pierwszym dostrzegając same cnoty, w drugim wady i przywary.

W opowiadaniu *Szron* Pilf kontrastuje dwóch bohaterów, rówieśników wywodzących się z nizin społecznych: Polaka Leona Waliczka i Niemca Franza Seidlera. Byli przyjaciółmi przez wspólną biedę, ale drogi ich rozeszły się: Waliczek zaciągnął się do wojska, Seidler pozostał na wsi i na swoją zgubę ożenił się z Bronisławą, córką chłopa polskiego Władysława Patelskiego. Po trzech latach służby Waliczek został podoficerem. Na tydzień przed Bożym Narodzeniem otrzymał urlop i postanowił odwiedzić w swej wsi Kurczewko dawnego przyjaciela. Symptomatyczne, że nie znalazł czasu ani ochoty na wizytę w domu rodzinnym... Autor wykorzystał przykład kariery polskiego parobka, by wykazać potrzebną mu prawdę, „jak z Polaka z krwi i kości (*Stockpole*) można przez służbę wojskową zrobić dobrego Niemca". W trzecim roku drylu Leon (teraz Leo) Waliczek „skapitulował" z polskości, poduczył się niemieckiego, zdobył pozycję i całkowicie przekonał się do wyższości cywilizacji niemieckiej, stając się posłusznym poddanym cesarza. Z kolei „kariera" Franza potoczyła się tak, że gorzej nie można było sobie wyobrazić. Na wieść o ożenku przyjaciela z Polką Waliczek wypowiedział drugą sentencję autora: „O, jakiś ty głupi, jaki głupi! (...) Ja stałem się Niemcem, a ty Polakiem. Masz polską żonę, polskich teściów i pewnie już polskie dziecko". Franz, teraz Franciszek, nie zaprzeczył słowom przyjaciela. Dalej następuje krótka, ale tragiczna historia niemieckiego parobka.

Małżeństwo mieszane to z definicji związek przeciwieństw, który nie powinien w ogóle zaistnieć, gdyby nie kłopotliwa kwestia uczucia. Co bowiem połączyć mogło poczciwego, pracowitego niemieckiego parobka Franza Seidlera z małą czarnowłosą Bronisławą, polską chłopką, jeśli nie krótkotrwałe zauroczenie? Ich światy to dwie skrajności cywilizacyjne. Świat niemiecki był uosobieniem ładu, porządku, czystości i dobrobytu, świat polski to obszar nędzy, brudu, zacofania, pijaństwa i brutalności. Niestety, osamotnienie i trochę uczucia ze strony Polki do tego stopnia zwiodły Franza, że postanowił się z nią ożenić i tu zaczęła się jego droga cierniowa. Autor szczegółowo wylicza stacje golgoty Franciszkowej. Dziecko zostało ochrzczone w obrządku katolickim, a jemu samemu zabroniono chodzić do kościoła protestanckiego. Zamieszkał z teściami, którzy nie znając niemieckiego („prędzej daliby się pokroić, niż wypowiedzieć jakieś niemieckie słowo"), zmuszali go do mówienia po polsku. I tak został parobkiem u polskich chłopów. Chata była nędzna, brudna, trzymano w niej zwierzęta, teść pił bez ustanku i zmuszał zięcia do niewolniczej pracy, łając go przy tym okrutnie („ty psia krwio niemiecka"). Szybko też skończyła się miłość Bronisławy. Cóż więc pozostawało Franciszkowi? Dawny przyjaciel Polak Waliczek awansowany na podoficera w armii pruskiej, chwalił sobie nowe życie i namawiał do ucieczki do miasta. Franz działał jednak jak bezwolny mechanizm, nie radził sobie z trudną sytuacją. Doprowadzony do desperacji znalazł tylko jedno rozwiązanie: któregoś dnia wymknął się do lasu i tam odebrał sobie życie.

8. Ta mała polska czarnowłosa...

Bohaterem drugiego opowiadania, zatytułowanego metaforycznie *Sehend geworden* (I przejrzał na oczy), jest ewangelicki pastor Hermann Herzog. Schorowany, mający problemy ze wzrokiem, dobroduszny duchowny, raczej wycofany w sobie, w pewnym momencie – pod wpływem zaobserwowanych faktów – zmienia swoją postawę na bardziej zaangażowaną w sprawy społeczności lokalnej. Nie ta jednak kwestia interesuje nas najbardziej. Postać pastora służy autorowi do ponownego zabrania głosu w kwestii małżeństw mieszanych i ich oceny jako prawdziwego zagrożenia dla konfesji i narodowości niemieckiej. Narrator streszcza myśli bohatera:

> Szczególną uwagę poświęcił małżeństwom mieszanym, które nie należały do rzadkości. Obojętność i lekkomyślność, a także celowe zamierzenia łączyły nierówne wyznania oraz różne rasy. Polak wprowadzający do domu niemiecką dziewczynę nie zdarzał się często, częściej Niemiec żenił się z Polką; ale w obu wypadkach było pewne, że dziecko zostanie katolikiem i będzie mówiło po polsku. Także Niemiec giął się lub był zginany i naginany do wody mowy polskiej jak giętka, uległa wierzba.

Myśli pastora zilustrował autor przykładem woźnicy Martina Lehmanna, potężnie zbudowanego, pracowitego Niemca, na którego drodze stanęła mała, ciemnowłosa Leokadia Kaczmarek („karzeł wobec blondyna Martina"). I stało się, jak przewidywał duchowny: po ślubie Polka tak zawładnęła Niemcem, że ten nie odwiedzał już własnego kościoła parafialnego, w którym został ochrzczony, a chodził do kościoła katolickiego.

Któregoś majowego dnia pastor postanowił odwiedzić dom Martina z jasnym zamiarem „ratowania tego, co było możliwe". Nie zastał jednak gospodarza, a to co zobaczyły jego słabe oczy, mogło przerazić każde patriotycznie nastawione serce niemieckie.

W nędznej chacie, w której panował brud, przyjęła go „niechętnym i zdziwionym wzrokiem" Leokadia, obwieszczając na miłe powitanie pastora, że nie rozumie po niemiecku. Niezrażony zwrócił się z pytaniem o ojca do sześcioletniej dziewczynki, córki Martina. Dziecko nie reagowało na głos pastora, skarcone wzrokiem matki. Ta zamieniła z nim kilka słów i opuściła pomieszczenie. Duchowny nie dał za wygraną i rozglądał się po mieszkaniu, coraz bardziej przerażony tym, co widział. Wszędzie panował nieporządek. Na stole resztki jedzenia, w kącie porozrzucane buty, zniszczone części ubrań, zaniedbane ściany, na nich obrazy świętych... Z zainteresowaniem skupił się na dziecku, które odrabiało lekcje. I co zobaczył?

Kiedy pastor zbliżył się do stołu, dziecko próbowało lękliwie zasłonić rączką cienką książeczkę, która przed nim leżała, obok tabliczki łupkowej. Pastor wziął ją pewnie do ręki; był to polski elementarz i teraz zrozumiał wszystko. Na tabliczce były napisane słowa polskie, zaś niemiecki elementarz leżał na drugim końcu stołu. Szkoła niemiecka trudziła się nauczyć dziecko pisma i mowy niemieckiej, ale kiedy wróciło do domu, matka zabrała mu niemiecką książeczkę, a dała do ręki polski elementarz. W domu musiało uczyć się pisać i czytać po polsku.

Całą scenę skomentował pastor pod nosem:

Tak, tak moje dziecko (...) wiem, że nie nauczysz się wiele niemieckiego i nie zostaniesz Niemką, ponieważ nie chce tego twoja matka.

Pastor zatroskany o dusze swoich ewangelickich o całym zdarzeniu postanowił donieść miejscowym nauczycielom, by „zwrócili większą uwagę na polskie elementarze". Widocznie docenił realne zagrożenie dla interesów Rzeszy ze strony tych małych książeczek. Te z kolei pieczołowicie redagowane, cieszyły inaczej czujące serca polskie.

9. Ona albo śmierć

Ciekawostka. Na stronie tytułowej książki jeden z pierwszych zapewne czytelników opowieści Hansa von Ponceta *Unvereinbar*[58] (Nie do pogodzenia) skreślił własnoręcznie krótką, jednozdaniową recenzję: „Czegoś tak głupiego dawno nie czytałem" (So etwas dummes habe ich lange nicht mehr gelesen). Dodał miejscowość

---

[58] H. von Poncet, *Unvereinbar. Erzählung aus den deutschen Ostmarken*, Lissa 1908.

i datę: „Engelstadt 21.7.10" [1910 – PR], a wszystko uwiarygodnił własnoręcznym podpisem.

Dla współczesnego czytelnika polskiego sięgającego po ramotkę z 1908 roku skreślone zdanie ma podwójny walor: jest opinią innego czytelnika i na dodatek czytelnika z epoki. Zaciekawiony przystąpiłem do własnej lektury.

Początek typowo romansowy w starym stylu: dwaj oficerowie regimentu kawalerii stacjonującego w Prusach Wschodnich i dwie panny z pobliskiego majątku. Jeden z nich jest Polakiem i nazywa się Stanisław (Stanislaus, zwany „Staszem") Rochowski. Drugi to Winfried von Treuberg, Prusak. Obaj młodzi, szczupli i przystojni, mogący podobać się dziewczętom.

Panny to córki pułkownika w stanie spoczynku. Pierwsza ma na imię Eleonore, w skrócie „Lori", druga młodsza to Viktoria, którą zwano „Vivi". Obie równie atrakcyjne dla kawalerów: „szczupłe, piękne, o rzadkiej barwie głosu, dużych mówiących oczach i błyszczących włosach". Lori jest blondynką, Vivi brunetką. Wychowywano je zgodnie z normami epoki na przyszłe żony i matki.

Akcja zawiązuje się, gdy regiment wyrusza na manewry, a po nich odpoczywa kilka dni w majątku emerytowanego pułkownika. Pan domu organizuje na cześć gości bal i wtedy dochodzi do pierwszego kontaktu kawalerów i panien. Lori wpadł ze wzajemnością w oko Stanisław, Vivi skierowała swoje zainteresowanie w stronę Winfrieda. Tańcom nie było końca, a te rozpalały namiętności i wyobraźnię.

Pobyt w majątku się skończył i trzeba było wyjeżdżać, a rozstanie oznaczało ból i tęsknotę.

Po manewrach Stanisław wrócił do rodziców, do rodowego majątku. Dom polski wypada w opisach całkiem przyzwoicie. Przemyślnie zbudowany, otoczony ogrodem. Pan domu wygląda statecznie, podobnie żona i córka, siostra Stanisława. Państwo i służba żyją według starego, patriarchalnego, dobrego porządku, zapewniającego obu stronom korzyści. To nader rzadki obrazek u niemieckiego autora początku XX wieku. Zauważa dwie rzeczy: przesadne raczenie się mocnym trunkiem oraz „siarczyste polskie przekleństwa" z powodu utraconej ojczyzny.

Wszyscy domownicy i znajomi zauważyli zmianę w zachowaniu Stanisława. On sam nie mógł sobie poradzić z zaistniałą sytuacją. Z jednej strony Eleonora, którą kocha i chciałby się z nią ożenić, z drugiej – polskie otoczenie, otwarcie wyrażające dezaprobatę dla podobnych zamiarów. Autor tak referuje myśli bohatera:

> Spotykając się ze zdaniem, że przez małżeństwo z dziewczyną niemiecką zdradza swoją narodowość, odpowiadał sam sobie: nie popełnię niczego niehonorowego, kiedy stanę się niemieckim Prusakiem. Przecież część mojego narodu od ponad stu lat należy do Prus, wystarczający okres, by w pewnym sensie zrezygnować ze swojej narodowości.

Z tym silnym przekonaniem postanowił udać się do rodziców i prosić ich o zgodę na małżeństwo. Odpowiedź mogła być tylko jedna:

> Nigdy nie otrzymasz naszego błogosławieństwa na związek z dziewczyną pochodzącą z narodu, który jest współwinny nieszczęścia naszej ojczyzny! Nie, nigdy! Nigdy nie skłonimy się, z miłości dla ciebie i twojej żony, by nawiązać bliższe kontakty z jej krewnymi; sprawa nie dojrzała jeszcze do tego.

Zdesperowany Stanisław podjął teraz działania na własną rękę, szukając okazji, by odwiedzić rodziców Eleonory i oświadczyć się. Ta nadarzyła się wkrótce i zrządzeniem autora obaj kawalerowie wspólnie udali się w podróż. Winfried raczej był pewny przychylności przyszłych teściów, Stanisław do końca nie wiedział, jak się zachowają. Oświadczyny zostały przyjęte pod warunkiem, że zrzeknie się polskości, „ze wszystkimi konsekwencjami jakie pociąga za sobą małżeństwo z niemiecką dziewczyną". I w ruch poszły przygotowania do wesela.

Nieoczekiwanie dla Stanisława sprawy zaczęły się komplikować. Polska rodzina dała mu wyraźnie do zrozumienia, że nie zaakceptuje związku. Również dokładna lektura testamentu wuja, który zapisał mu majątek, wyprowadziła go z błędnego przekonania, że w ostateczności sprzeda posiadłość i przeniesie się w inne miejsce. Testament wyraźnie zakazywał sprzedaży majątku pod groźbą utraty zapisu. Poczuł się jak w pułapce, bo sprawy zaszły za daleko, by się wycofać. Co miał uczynić? Po jakimś czasie męczącej niepewności doszedł do wniosku, że

> Nie pozostaje mi nic innego jak rewolwer jako wybawca! Eleonora będzie znowu wolna! Znajdzie innego, który uczyni ją szczęśliwą! Tak, to jedyna właściwa droga, którą powinieneś obrać; droga, która uwolni ją i ciebie! Ogarnęła go bolesna pogoda ducha.

Rano służący znalazł martwego Stanisława.

Spokojnie można odłożyć ramotkę w zaciszny kąt biblioteki. Nie trzeba specjalnie pytać, czemu w ciąg zdarzeń wplótł autor wątek polski? Odpowiedzi udzielił w tytule opowiadania, co prawda mało poetycznym, za to dosadnie jednoznacznym: „nie do pogodzenia"!

10. ...dotychczas kochałam moją biedną Polskę, teraz kocham ciebie!

Wzorem Gustava Freytaga również Valeska von Bethusy-Huc podjęła rozprawę z obowiązującym w pierwszej połowie XIX wieku pozytywnym wizerunkiem Polaka jako szlachetnego rycerza, gorącego patrioty i obrońcy wolności. Mieszczańska mentalność niemiecka, budowana na protestanckich cnotach pracowitości, uczciwości, skromności i powściągliwości uczuciowej nie zaakceptowała tych przymiotów polskich, odrzucając je jako już anachroniczne i nie odpowiadające na wyzwania rzeczywistości. Polacy, podobnie jak Żydzi, uznani zostali za żywioł niechciany, rasowo i kulturowo obcy (niższy), zagrażający Niemcom.

Czas debiutu Valeski Bethusy-Huc nazwać można okresem walki z mitami polskimi. Do czołowych należał mit patriotyzmu i pozytywnie postrzeganej polskości. To z nimi postanowiła w pierwszym rzędzie się rozprawić. W dłuższym opowiadaniu *Die Czaroiskys*[59] (Czaroiscy, Czartoryscy?) autorka nie podejmuje dyskusji z polskim patriotyzmem, nie stara się dobierać ani cieniować argumentów *pro* i *contra*, posługuje się wyłącznie schematami oraz niewybredną ironią.

Już we wstępnych obrazach każdy element opisu krajobrazu i ludzi służy autorce do wypowiedzenia krytycznych lub pełnych sarkazmu uwag. Złe polskie drogi nazywa „charakterystycznymi" dla kraju, z czego buduje pozornie udaną pointę, iż wszystko co „właściwe" (specyficzne) dla swojego kraju Polak uznaje za święte. Pola są oczywiście źle uprawiane, woźnice brodaci, koniki niewielkie, wioski brudne i wszyscy mówią „Chwała Bogu"!

Osnowę opowieści Bethusy-Huc stanowią losy dwojga młodych bohaterów, spokrewnionych co prawda ze sobą, ale na początku tak oddalonych jak tylko oddalić się od siebie mogą (mogli) Polacy i Niemcy. Ona, Sasza (Sascha) Czaroisky, to córka hrabiego Amanda, piękna, wyniosła i niedostępna, z wrodzonym, charakterystycznym „tylko" dla Polek, poczuciem patriotyzmu. On, Wenzel Czaroisky, czuł się Niemcem.

> Że mogłaby wyjść za Niemca, było nie do pomyślenia, niedorzeczne, gdyż była przecież córką Amanda Czaroisky'ego, najznakomitszego, zagorzałego patrioty. A Polki przecież, bardziej niż kobiety innych nacji są urodzonymi patriotkami. Wenzel Czaroisky, mimo swego polskiego nazwiska i swych korzeni, był Niemcem. Już jego ojciec osiedlił się w Prusach, tam poddał się naturalizacji i ożenił z Niemką, matką hrabiego Wenzla. „Hańba odszczepieńcom", mówił hrabia Amand, gdy opowiadał o swych krewnych, „hańba tym, którzy dobre polskie nazwisko oddali niemieckim rozbójnikom".
> Jego pokrewieństwo z hrabią Wenzlem było dalekie i trudne do opisania. Ponieważ łączyło ich wspólne nazwisko, podwoje Czerwionki zostały otwarte dla niemile widzianego młodego krew-

---

[59] V. Von Bethusy-Huc, *Die Czaroiskys*, Leipzig 1909.

nego „Niemca", na którego hrabia Amand nie mógł patrzeć i nie pomyśleć inaczej niż „Czaroisky – Niemcem! Co za hańba!".

Hrabia Wenzel łączył w sobie cechy obu ras: po matce-Niemce odziedziczył jasne włosy i niebieskie oczy, ale z ruchów ciała i z mowy (mówił płynnie po polsku!) był jednym z Czaroiskych. Z tego powodu przyjmowano go w domu hrabiego Amanda, nikomu jednak nie przyszło do głowy łączyć młodych w związek.

Jak wiadomo, uczucie nie zna granic ani podziałów, więc serca upomniały się o swoje prawa. Dziewczyna zaczęła sobie uświadamiać, że Wenzel ją kocha. Pociągała ją powaga i duma młodego kuzyna. Te cechy będą odgrywały ważną rolę w dalszym ich związku. Ale dziwnym zrządzeniem woli autorki, zakochane oczy Saszy dostrzegły coś, czego do tej pory nie widziały: panoszący się w jej domu brud! W tym wypadku dziewczyna zobaczyła swoje otoczenie przez pryzmat uwag ukochanego, który opowiadał jej o porządku i czystości w domu matki. Natychmiast wezwała służące, zdziwione i nienawykłe do nowych obyczajów, i zmusiła do pracy!

Forma niezbyt rozbudowanej opowieści wymaga zagęszczenia akcji. Po potajemnym spotkaniu bohaterów i gorących zapewnieniach o dozgonnej miłości, padają pierwsze rozstrzygnięcia. Wenzel postanawia opuść dom hrabiego Amanda, szukającego z nim przy każdej możliwej okazji zwady. Sasza ma czekać na stosowną okazję i moment, który zostanie jej zakomunikowany przez żydowskiego handlarza, pełniącego rolę pośrednika między zakochanymi. Na nieśmiałą propozycję Saszy, by przeniósł się do Polski, Wenzel przywołuje argumenty, które na trwałe zadomowiły się w dziewiętnastowiecznych powieściach autorów niemieckich. Fronty zarysowują się jasno. Niemiec, który kocha Polkę, odpowiada:

> Sasza, o czym ty mówisz! Nawet gdybym sprzedał moje niemieckie włości, na których mój ojciec pracował w pocie czoła i które są w pełni jego dziełem, nie mógłbym być kimś innym, niż jestem. Jestem Niemcem i nawet jeśli cenię sobie rycerskość narodu, z którego się wywodzę, to jego politycznych ambicji nigdy nie będę dzielił. Wiem, że ojciec twój jest pa-

triotą z krwi i kości, ja natomiast, będąc w samym sercu Polski, pozostanę Niemcem. Nie chcę pozyskiwać jego przychylności kłamstwem!

– Ale Polskę przecież kochasz!

– Ciebie kocham Sasza, a dla miłości nie istnieją granice z czarnymi czy białymi orłami.

Przez chwilę jakby chciała się w niej wzburzyć dawniejsza duma i upór, lecz zaraz wtuliła twarz w jego pierś i szepnęła:

– Ach, dotychczas kochałam moją biedną Polskę, lecz teraz... teraz kocham ciebie!

Jedna miłość, ale dwa patriotyzmy (nacjonalizmy), z których jeden musi ustąpić (przegrać?).

Podobne argumenty padają podczas rozmowy młodej pary w innej powieści Valeski von Bethusy-Huc *Hans der Pole* (Hans Polak) z roku 1906. On, baron Hans Walsberg, z ojca Niemca a matki Polki, wychowany w Niemczech i w duchu niemieckim, ona, Lonka (Apolonia) Mielosenska, ze szlacheckiej rodziny polskiej. Poznają się w Paryżu i tam pobierają. Niby zwykła historia miłosna, ale kiedy przejrzymy zamysł autorki, okaże się celowa i przemyślana. Najpierw Hans młodzieńczo (namiętnie) zakochuje się w Marii, matce Lońki, kobiecie zamężnej, dojrzałej, starszej od niego. Kiedy mąż przyłapuje ich na schadzce, Maria, by ratować twarz, stwierdza, iż właśnie Hans oświadczył się i poprosił o rękę córki. Żadne z trojga nie wierzyło w tę komedię, ale tylko dalsza gra mogła uratować kłopotliwą sytuację. Młodziutka Lonka, zaskoczona takim obrotem sprawy, chętnie zgadza się zostać żoną Hansa, albowiem już wcześniej podkochiwała się w nim. Hans nie darzył dziewczyny uczuciem, jednak okoliczności przymusiły go do honorowego rozwiązania i tak został mężem Lonki Mielosenskiej. Wszedł teraz w środowisko polskie, poznał realia paryskiej emigracji, doskonalił język polski i poczuł się w pewnym sensie Po-

Valeska, hrabina Bethusy-Huc

lakiem. Młodzi małżonkowie wrócili do Prus, by zbudować własną niezależną egzystencję. I zdarzyło się nieszczęście. W szaleńczej jeździe konnej w czasie towarzyskiego wypadu myśliwskiego Lonka umiera, najprawdopodobniej z powodu ataku serca. Po śmierci żony, której nie darzył głębokim uczuciem, w Hansie dokonuje się zmiana. Był wychowywany na Niemca, więc zgodnie z wolą autorki musiał powrócić tam, skąd wyszedł. Hans Walsbeg jest odwrotnością Wentzla Croy-Dülmena, bohatera powieści Marii Rodziewiczówny *Między ustami a brzegiem pucharu*. Obie autorki wzięły udział w walce narodowości, jak żołnierze po obu stronach frontu.

Powróćmy do rozmowy Hansa (Jana) z Lonką, w której pada uszczypliwa uwaga o języku ojczystym Hansa, na co ten żywo reaguje:

– Lonka, mówisz o moim języku ojczystym i nie jest to miłe, kiedy...
– Ależ, my jesteśmy Polakmi, a ten niemiecki...
– Ty jesteś Polką, Lonka, ja szanuję i kocham twój naród; ale ja urodziłem się Niemcem i nie możesz o tym zapomnieć.
Spojrzała na niego zdziwiona.
– Czy chcesz mi przez to powiedzieć, że nie należysz do nas, Janie?
– Pewnie, ja należę do ciebie i twoje sprawy będą moimi. Ale z tego powodu nie mogę wyprzeć się swojego pochodzenia i kiedy wyrażasz się z niechęcią o niemczyźnie, boli mnie to, Lonka. A nie wierzę, że chcesz mi sprawić ból.
Jego głos brzmiał miękko, prosząco.
– Ja tobie? O, nie, nigdy – zawołała, zmieniając nagle wojowniczy nastrój i przytulając się do jego ramion.
– Tak cię kocham, Janie, wiem też, że ty kochasz język polski, należysz sercem do nas, nie mogłabym żyć, gdybym tego nie wiedziała.

Jak stwierdziliśmy, szczęście młodych małżonków nie trwało długo. Autorka uśmierca żonę Hansa-Jana, śpieszno jej bowiem zacząć reedukować bohatera i przywracać go niemczyźnie. Oto wyznanie Hansa po tylu negatywnych doświadczeniach:

Moje młodzieńcze złudzenia zakończyły się fiaskiem, wiem to teraz, albowiem charakter polski, którego zewnętrzna romantyczna strona kiedyś mnie urzekła, pozostaje w swoim rdzeniu mi obca i im bardziej walczę ze sobą, tym bardziej czuję się Niemcem.

W opowieści *Die Czaroiskys* młoda bohaterka, której „wmówiono" postawę patriotyczną jako jedynie słuszną dla Polki, w konfrontacji z postawą ukochanego Niemca (jednak w połowie Polaka), bierze jego stronę. Bethusy-Huc świadomie buduje intrygę opowieści na konflikcie patriotyzmów. Miłość Saszy do ojczyzny okazuje się w rzeczywistości płytka i fasadowa, nie ma więc żadnych trudności z podjęciem słusznej decyzji: „Ach, do tej pory kochałam moją biedną Polskę, ale teraz kocham ciebie". Autorce nie przeszkadza, iż wraz z tą deklaracją pozbawia swoją bohaterkę dotychczasowej prymarnej cechy jej charakteru. Sasza wyróżniała się przecież tym, iż była wyniosłą i dumną amazonką, chętnie demonstrującą swoją niezależność oraz siłę woli, obcą wzorom niemieckiej *Hausfrau*. I jak za pociągnięciem czarodziejskiej różdżki przemienia się pod wpływem miłości do Wenzla w jedną z nich. Również Wenzel całkowicie zaspokaja narodowe stanowisko pisarki. Jego „mądra" postawa, mimo młodego wieku, w pełni odpowiada porządkowi niemieckiego świata dominacji. To dla niego, jego niemieckości, wyzbywa się Sasza swojej polskości, a nie na odwrót.

Zaznaczająca się idea niesie w sobie główne przesłanie opowieści *Die Czaroiskys*; dalsze losy bohaterów nie wnoszą do niej praktycznie niczego nowego, jednak z obowiązku historyka opiszę je do końca.

Po dwóch tygodniach od wyjazdu Wenzla w domu hrabiego Amanda pojawia się „książę Józef", witany przez gospodarza z honorami i w oczekiwaniu, iż oświadczy się o rękę Saszy. W końcu plan został przygotowany, bez pytania panny o zdanie. Sasza dowiedziawszy się o wszystkim, postanowiła szybko działać. Przez zaufaną służącą przekazała liścik księciu, informując go wprost, iż jej serce należy do innego. Książę zignorował wiadomość, a ojciec nie wiedząc o niczym, ogłosił zebranym znajomym zaręczyny córki. W tej groźnej dla Saszy chwili zjawia się Joszua Lewy, kupiec żydowski i przynosi wieści od Wenzla. Niewiele myśląc bohaterka planuje ucieczkę do ukochanego, w czym pomóc ma jej właśnie Lewy. Wokół panuje sroga zima, drogi zasypane, a w nocy trzyma straszny mróz. Desperacja Saszy jest wielka, a wszystkie niebezpieczeństwa wydają się jej mniej straszne niż niebezpieczeństwo niechcianego małżeństwa z księciem Józefem.

Następnego ranka Sasza i Lewy podejmują ryzyko ucieczki. Po całodziennej podróży, ze stałą groźbą napaści przez wygłodniałe wilki, docierają do majątku Wenzla. Ten, całkiem przypadkowo, jakby tknięty przeczuciem, wyjeżdża im naprzeciw. Łzom i radościom nie było końca. Ale przed szczęśliwym finałem opowieści wydarzyło się jeszcze wiele.

Przede wszystkim urażony w swej dumie książę Józef zażądał satysfakcji od Wenzla za wykradzenie narzeczonej. I taka została mu udzielona, pozostawiając pamiątkę w postaci (mocno) rozciętej głowy. Hrabia Amand zamilkł i nie odpowiadał na listy córki. Zakochani wzięli ślub, a w dziewięć miesięcy później przyszedł na świat ich syn.

Jesienią następnego roku z Czerwionki, rodowej siedziby Czaroiskich, nadeszło zaproszenie dla młodej rodziny do wzięcia udziału w tradycyjnych łowach. Sasza była w siódmym niebie, sądziła, że ojciec przebaczył jej i że chce zobaczyć wnuka. W czasie podróży do domu rodzicielskiego przepełniało ją szczęście, Wenzla jednak nie opuszczał zaś niepokój. Obydwoje nie podejrzewali, co mógł im zgotować spragniony zemsty ojciec.

Cały plan uknuł książę Józef. Przekonał hrabiego Amanda, że wnuk zostanie wychowany na Niemca, więc by temu zapobiec, należy siłą zatrzymać Saszę w domu rodzicielskim, a chłopca oddać na wychowanie do polskiego klasztoru. Argumenty trafiły do hrabiego, ale nie rozpoznał on prawdziwych motywów działania księcia Józefa. Ten chciał bowiem zemsty podwójnej: w czasie polowania miał przypadkowym strzałem zabić Wenzla, a matce odebrać dziecko. Niecny plan przybrał inny obrót.

W czasie polowania Sasza zauważyła groźną dla męża sytuację i rzuciła mu się na pomoc. Kula dosięgła nie tego, kogo powinna.

Na widok nieprzytomnej córki hrabia zapałał gniewem do księcia i w trakcie gwałtownej sprzeczki rzucił w niego ciężkim pucharem, raniąc go, jak się okazało, śmiertelnie, samemu doznając przy tym wylewu. Sytuacja w zamku była okropna. Ojciec i córka walczyli o życie, dziecko zostało uprowadzone do klasztoru, a wszystkie nieszczęścia spadły na Wenzla. Jednak sumienie nie dawało spokoju staremu hrabiemu i w ostatniej minucie swojego życia wyjawił miejsce pobytu wnuka. Ta wiadomość dodała sił Wenzlowi, zauważył również oznaki poprawy zdrowia Saszy... Byli młodzi, przyszłość należała do nich, zatem miłość powinna pokonać wszelkie przeszkody.

Koniec opowieści Valeski Bethusy-Huc z romansowym *happy endem* nie pozostawia złudzeń, co do jej wymowy. Niemiecki sentymentalnie nastawiony czytelnik, musiał odczuć wielką ulgę. Nie tylko z powodu zwycięstwa miłości. Podobne komplikacje zdarzały się i wśród Niemców, ale nieszczęście Wenzla miało jednoznacznie polski kontekst. Cierpliwy i sprawiedliwy los stanął po jego stronie, po stronie niemieckiego charakteru, niemieckiej rzetelności, niemieckiej ojczyzny itd., słowem można było po odłożeniu książki z samozadowoleniem pomyśleć: *Wir sind doch besser...* (jesteśmy jednak lepsi).

11. Czy małżeństwo między Polakami i Niemcami może być szczęśliwe?

Nie radziłabym żadnej niemieckiej dziewczynie, by wyszła za Polaka.

Dłuższe opowiadanie Elisabeth Grabowski *Der weiße Adler*[60] (Orzeł biały) tylko pobieżnie szkicuje problematykę matrymonialną, tak jak szkicowo potraktowani są bohaterowie i główna

---

[60] E. Grabowski, *Der weiße Adler. Ein Kulturbild aus der Ostmark*, Kattowitz, Leipzig 1909.

intryga utworu. Na czoło wysuwa się stara opozycja narodowa: my – oni. Oni to Polacy, czarne charaktery: wyniośli i podstępni, bądź głupi, leniwi i skłonni do pijaństwa. My: poczciwi, kulturalni, nieco naiwni Niemcy... Miejsce i czas akcji to pierwsza dekada XX wieku na wschodnich obszarach państwa niemieckiego, zamieszkałych przez ludność polską. Wzmożona germanizacja napotyka na opór. Postawa Polaków wywołuje gniew rządzących, począwszy od cesarza i kanclerza Rzeszy, a skończywszy na „poczciwych obywatelach", zatroskanych o potęgę państwa. W szeregu gorliwych pracowników frontu ideologicznego stanęła też Elisabeth Grabowski.

W pierwszej swej książce niemłoda już autorka zabrała głos w obronie zagrożonej niemieckości Górnego Śląska, jej małej ojczyzny. Zagrożenie miało pojawić się ze strony Polaków, którzy..., no właśnie, czego się domagali? Autorka doskonale wie, kim są ci ludzie, jak wyglądają, co mówią i myślą, i jaki przyświeca im cel. Zna też możliwe odpowiedzi na „polski problem" (*Polnische Frage*) w Niemczech. Jej argumentacja jest prostą wykładnią woli cesarza i zaleceń rządu, ale czy można żądać lub oczekiwać od niej, by miała własne przemyślenia? Grabowski z pełną świadomością wpisuje się w narodowy front obrony interesów wielkoniemieckich i całkowicie rezygnuje z przysługującego pisarzowi prawa do pytań oraz wątpliwości, zastępując je gotowymi formułkami z języka urzędowego lub oficjalnej publicystyki.

Nie miałoby większego sensu analizowanie literackiej publicystyki Elisabeth Grabowski, gdyby nie, paradoksalnie, jej instruktażowy charakter, mogący zainteresować polskiego czytelnika. Z opowiadania *Orzeł biały* da się wyłuskać listę antypolskich pretensji i twierdzeń, będących w powszechnym obiegu w II Rzeszy Niemieckiej. Pomijam jako mało istotną charakterystykę postaci i ich wzajemnych relacji, ograniczę się do zacytowania najbardziej znamiennych wypowiedzi autorki.

> Nie było wątpliwości – Polacy rozszerzyli się jak fermentujący zaczyn. Restauratorzy, kupcy i wielu rzemieślników musiało się z tym liczyć. W miastach, które wcześniej zachowywały

czysto niemiecki charakter, na wszystkich niepublicznych budynkach pojawiły się dwujęzyczne napisy. Lud stracił swą przyjemną czułość, tak mu pasującą, a stał się płochliwy albo zuchwały. Niezbędne kroki podjęte przez rząd do obrony przed oczywistym niebezpieczeństwem zostały przez przywódców polskich umiejętnie wykorzystane do podżegania. Nawet podwyżka cen mięsa była im na rękę. „Patrzcie – rząd niemiecki chce was zagłodzić!" Co rozumie taki jeden Polaczyna z polityki?

Chociaż każdy musi wiedzieć, że Polacy nie mają prawa do naszego Śląska, który pokojowo stał się własnością niemiecką, mienią się być jego spadkobiercami. Wydają się zapominać, że to właśnie polskie narodowe błędy oddały kraj w niemieckie ręce. Można nawet bez poczucia wyższości powiedzieć, że lud polski dopiero pod panowaniem niemieckim osiągnął godność ludzką.

Elisabeth Grabowski

Czy rzeczywiście powinniśmy czekać, aż sprawa polska stanie się polskim niebezpieczeństwem? Czy nie jest naszym świętym obowiązkiem, z całych sił walczyć z tym? Piękne słowa naszego cesarza nie powinny w naszym kraju minąć bez echa. To co powiedział o marchii wschodniej, obowiązuje i nas. Wytrzymać i walczyć, nawet jeśli ucierpi przy tym interes prywatny. „Jeden za wszystkich – wszyscy za jednego".

Słowa naszego cesarza. „Kto jako Niemiec bez powodu wyzbywa się na Wschodzie swojej własności, ten grzeszy w stosunku do ojczyzny. Działanie tu na Wschodzie jest obowiązkiem wobec niemieckości. I tak jak straż nie może opuścić posterunku, tak Niemcy nie mogą ustąpić ze Wschodu.

Czy wierzy pan, że małżeństwo między Polakami i Niemcami może być szczęśliwe? (...) Namiętnym głosem mówiła dalej: „Sądzę, że żaden most nie prowadzi jedno do drugiego. Polacy i Niemcy – naturalni wrogowie jak ogień i woda – jedno ginie przez to drugie!" (...) „Nie radziłabym żadnej niemieckiej dziewczynie, by wyszła za Polaka".

Jesteście niemieckimi poddanymi, w większości jesteście niemieckimi żołnierzami. Z dumą nosiliście mundur cesarza. Ojczyzna do tej pory szanowała wasze prawa tak samo jak Niemców. To co chcecie zrobić, jest zdradą, jest wstydem, który na was spadnie.

12. Niemiecka obrączka

Czy pomyślałeś już, co to znaczy,
latorośli obcego plemienia nałożyć niemiecką obrączkę?

Kolejny pisarz i kolejna wersja polsko-niemieckiego konfliktu matrymonialnego. W sztuce w pięciu odsłonach Franza Kiehla *Der weiße Adler*[61] (Orzeł biały), autora całkowicie zapomnianego, stronę polską reprezentuje właściciel ziemski Domirski, jego córka Jadwiga, dalej ksiądz Orszewski i przedstawiciele szlachty oraz służby. Po stronie niemieckiej występują: wdowa po właścicielu ziemskim von Felden, jej syn Werner i radca Wolff. Szczupłość obsady całkowicie wystarcza, by zarysować główną intrygę i wyprowadzić z niej pouczające dla widza wnioski. Oto jej istota: świeże, piękne uczucie dwojga młodych zostaje wciągnięte w brudną politykę. Kto winien? Dla niemieckiego autora publikującego około roku 1910 wina leży po stronie polskiej. Ten schemat już znamy. Poczciwy i naiwny Werner von Felden, mimo ostrzeżeń mądrej i doświadczonej matki oraz przyjaciela domu radcy Wolffa, wpada w sidła pięknej Polki i w pułapkę zastawioną przez niecne knowania Polaków. Ale tylko do czasu! Do momentu, gdy prawda wychodzi na jaw i nie jest za późno, by zwrócić pierścionek zaręczynowy. Właśnie tyle zabiegów potrzeba autorowi, aby w porę obnażyć ohydę działań polskich

---

[61] F. Kiehl, *Der weiße Adler*, Schauspiel, Bunzlau 1910.

i aby bohater zachował honor i powrócił do swoich, do mądrej matki i do czekającej „tuż obok" niemieckiej panny.

Najbardziej drobiazgowe streszczenie nie odda ducha i „walorów" dramatu. Prowadzone między bohaterami rozmowy najlepiej przeczytać samemu, by zorientować się, jaką to fabułę obmyślił jednodniowy autor Franz Kiehl. Może wydać się czytelnikowi pewną przesadą cytowanie tak obszernych fragmentów, ale zawierają one tak wiele elementów „ponadczasowych" rozmów niemiecko-polskich, że uznałem za słuszne ich przypomnienie.

Z odsłony IV:

Frau von Felden
Zwlekasz? – Powiedz spokojnie nazwisko. Jestem święcie przekonana, że mój syn wybierze tylko taką dziewczynę, która jest jego godna!

Werner v. Felden
(*gorąco*) Tak jest w istocie, nawet więcej – ona jest aniołem!

Frau v. F.
(*śmiejąc się*) Tak jest zawsze! – Kto więc? – Mogę zgadnąć? – Czy to Anneliese Wolff, córka starego przyjaciela naszego zmarłego ojca?

Werner
Nie! – to jest –

Frau v. F.
(*zdziwiona*) Nie? – Ale któż inny? Powiedz wreszcie. Werner!

Werner
(*zwlekając*) To jest panna Jadwiga Domirska.

Frau v. F.
Co, Polka?

Werner
(*ciepło*) To nie Polka, którą kocham, to najlepsza dziewczyna na świecie!

Frau v. F.
Nie pomyślałabym o tym, o tym nie!

Werner
Kochana, kochana matko, z pewnością powitasz Jadwigę jako córkę!

Frau v. F.
Czy pomyślałeś o tym, co to znaczy, latorośli obcego plemienia nałożyć niemiecką obrączkę?

Werner
Nie mogę myśleć – mogę tylko kochać!

Frau v. F.
Ona wyrosła w całkowicie innym świecie niż ty. Czy z tego może być szczęśliwe małżeństwo?

Werner
Będziemy szczęśliwi, ponieważ się kochamy.

Frau v. F.
Dziecko, dziecko, gdyby to tylko wyszło na dobre! Niemiec z Polką? – (*kręcąc głową*) Miałam często okazję obserwować tego typu małżeństwa, prawie nigdy nie wychodziło to na dobre. Jedno musi z części swojego ja, które jest zakorzenione w narodowej świadomości, zrezygnować. Czy chcesz zostać Polakiem?

Werner
Jestem Niemcem i nim zostanę.

Frau v. F.
A ona, córka znanego przywódcy Polaków?

Werner
Ona mnie kocha i to jest rozwiązanie.

Frau v. F.
Mój kochany Wernerze, nie chcę sprawiać ci kłopotów. Ale mam obawy co do twojej przyszłości. – Co powiedzą na to nasi niemieccy przyjaciele?

Werner
(*gwałtownie*) Jeśli odrzucą nasz związek, wtedy przestaną być naszymi przyjaciółmi. Co obchodzą serce sprawy narodowe i polityczne! Nikt nie może żądać ode mnie, bym swoje sprawy sercowe przedstawiał jakiemuś komitetowi niemieckiemu do oceny.

Frau v. F.
To nie tak, mój synu. Mieszkamy na ziemi, o którą nasi ojcowie przez stulecia prowadzili walkę przeciw słowiańskim roszczeniom. To wyostrza przeciwieństwa całkiem inaczej, niż zezwalałaby na to zwykła różnorodność przynależności państwowej.

Werner
(*gorąco*) To jest właśnie to, co, matko, powinno zostać zniesione. Gdyby więcej myślało jak ja, gdyby inni poszli za moim przykładem, ta walka ras ustałaby sama przez się.

Frau v. F.
I na to ten dumny Polak, pan Domirski, daje swoje przyzwolenie?

Werner
(*tryumfująco*) Widzisz, matko, czy nie jest to najlepszy znak, że dzisiaj także Polak myśli inaczej?

Frau v. F.
Nie rozumiem! – Domirski swoją córkę Niemcowi? – Co z tego wyniknie? (*wolno zbliża się radca Wolff*)

Werner
(*pewnie*) Nie martw się, najdroższa matko, wszystko będzie dobrze.

Frau v. F.
Daj Boże!

(...)

Wolff
Więc niech mi pan powie do licha, dlaczego pan tego nie może?

Werner
Nie mogę powiedzieć (*dłuższe milczenie*)

Wolff
(*rozgoryczony*) On nie może powiedzieć! (*przerywa, oglądając go badawczo*). Wie pan, Wernerze, opowiadają sporo o panu, o pańskich częstych odwiedzinach u tego arcypolaczyny Domirskiego. Odciągnął on pana od nas?

Werner
Niech pan nie ubliża człowiekowi honoru tylko dlatego, że miał odwagę wyznać przynależność do swej nieszczęśliwej ojczyzny.

Wolff
(*gwiżdżąc*) Więc do pustej przestrzeni. (*szyderczo*) A jaka nagroda za zdradę? – Chyba majątek Zlasny z piękną ręką ognistej córki Polaka? (*Wolff i Werner wstają*)

Werner
(*zdenerwowany*) Panie radco, zabraniam panu wypowiadać się w tym tonie o członkach rodziny Domirskich!

Wolff
(*milczy ponury, potem miękko*) Mój drogi Wernerze, mój chłopcze, Bóg jeden wie, że jesteś mi tak drogi, jak byłbyś krwią z krwi i kością z kości. Nie możesz nam tego uczynić, tego nie! Cośmy z takim trudem zdobyli, rozpadnie się, skoro tylko nie przystaniesz do nas! Nie, nie czyń tego! (*trzymając jego ręce*) Na pamięć twojego ojca zaklinam cię: porzuć tych obcych. Będą cię potrzebować do swoich celów, a następnie odrzucą, gdy obejdą się bez ciebie.

Werner
(*cicho*) Dałem słowo, nie mogę tego odwołać.

Wolff
Więc tak, tamtym dałeś słowo, mimo iż musiałeś wiedzieć, że przez to nasza sprawa przegra.

Werner
(*gorąco*) Tego nie potrzebuje ona jeszcze długo. Może ktoś inny...

Wolff
Wiesz tak dobrze jak my, że na to jest już za późno. – Wernerze, pytam cię jeszcze raz, czy chcesz?

Werner
Nie mogę, na Boga, nie mogę!

Wolff
(*z nagłym zwrotem*) Zatem nic tu po mnie! – (*do Wernera*) Oby pan nigdy nie żałował, że zdradził pan, panie von Felden, dzieło, które pomagał budować pański ojciec.

Odsłona V:

Werner
(*wchodzi z bukietem kwiatów w prawej, kieruje się w stronę Jadwigi*) Moja kochana! (*całuje ją, trzymając kwiaty prosto*) To pachnące pozdrowienie przesyła wieś niemiecka swojej przyszłej pani.

Jadwiga
(*przytłumionym głosem*) Dziękuję ci, Wernerze. (*odbiera bukiet i wstawia go do wazonu*).

Werner
O jak inaczej, bardziej kolorowo i piękniej wszystko kwitnie w niemieckiej wiosce, niż zazwyczaj. Gdybym był poetą, opisałbym to wspaniałym sonetem, jak się wszystko stroi na godne przyjęcie młodej pani. (*obejmuje ją*) Twój Werner taki już jest strasznie prozaiczny, rzeczowy, prawdziwie niezgrabny niemiecki niedźwiedź.

Jadwiga
(*przytulając się do niego*) Mój Werner!

Werner
Także nasza stara zakopcona siedziba musi się podobać, trzeba ją odmłodzić i upięknić. Rzemieślnicy już pracują, a wszystko dla ciebie, moja niewiasto. (*całuje ją namiętnie*) I wkrótce musisz zostać moją, wkrótce. Prace są już tak zaawansowane, że za jakiś czas będę gotów ze wszystkim, (*cicho*) potem chcę cię przenieść na ramionach do twojego domu, do twojego nowego królestwa, do naszego świata pełnego szczęścia. (*całuje ją spragniony*) O ty, ty moja niewiasto!

Jadwiga
(*drży w jego ramionach skrywając szloch. Powoli uwalnia z jego objęć*) Wernerze!

Werner
Co, moja kochana?

Jadwiga
Chcę ci coś powiedzieć.

Werner
Tak poważnie, Jadwigo? Więc wyrzuć to z twojego serduszka! Czy twój kanarek zachorował?

Jadwiga
Nie żartuj, Werner, nie jestem w takim nastroju.

Werner
(*siada i bierze Jadwigę na kolana*) Mów, o pani, twój sługa słucha.

Jadwiga
(*tuląc się do niego*) Czyż nieprawda, Wernerze, że kiedy się kocha, to wybacza mu się też wszystko? (*lękliwie*) Nieprawdaż, Wernerze, wszystko?

Werner
(*śmiejąc się*) Ależ oczywiście, skarbie. Wybaczam ci wszystko!

Jadwiga
Przecież miłość jest sprawą najważniejszą.

Werner
Oczywiście, miłość i zaufanie. (*poważnieje*) Najdroższa, od momentu, kiedy miłość łączy na zawsze dwoje ludzi, od tego momentu nie można zataić przed drugim żadnego poruszenia duszy. Między nimi musi być wszystko jasne i przejrzyste.

Jadwiga
Jednak, Wernerze, mogą wystąpić kiedyś okoliczności, które wprowadzają w błąd drugą stronę. (*podnoszą się obydwoje*)

Werner
Nie powinno się to zdarzyć. We wszystkich sprawach trzeba być prawdziwym, przed sobą i innymi i zawsze powinno chodzić o pryncypia.

Jadwiga
Czy miłość nie rozgrzesza przewinień?

Werner
(*ostro*) Nie! (*później znowu wesoło*) Ależ skarbie, co ci przychodzi do głowy, rozważać takie wnikliwe pytania, tak poważnie i głęboko, chciało by się powiedzieć w niemiecki sposób. Zostaw poważne myśli, bądź pogodną, małą dziewczyną, jaką znałem cię wcześniej, zanim stałaś się moją! Miłość uczyniła cię poważną i zamyśloną.

(...)

Jadwiga
(*obejmuje go za szyję*) Werner, czy wierzysz mi, gdy ci powiem, że cię kocham, nieskończenie kocham?

Werner
(*pieszczotliwie*) Tak, moja niewiasto, wierzę w to.

Jadwiga
(*obejmuje go gwałtownie*) Tak bardzo cię kocham, tak bardzo! (*rozpłakuje się*)

Werner
To przecież nie nieszczęście, Jadzia!

Jadwiga
Tak mocno cię kocham, uwierz mi!

Werner
(*zatroskany prowadzi ją do fotela*) Wierzę ci i to napawa mnie radością! Dlaczego płaczesz?

Jadwiga
(*zbiera się w sobie i wstaje*) Nie, nie, musisz to wiedzieć.

Werner
(*zdziwiony*) Ja – wiedzieć – ale co?

(...)

Werner
Oczywiście! – (*oczy mu błyszczą*) To był najświętszy moment mojego życia, kiedy trzymałem cię w ramionach i wiedziałem, że mnie kochasz.

Jadwiga
Czy powiedziałam ci, że cię kocham?

Werner
(*śmiejąc się*) Właściwie nie, ale czasem brak odpowiedzi jest nią, a zresztą (*zbliża się ponownie do niej*) dzisiaj wyznałaś mi ją ponownie.

Jadwiga
(*powstrzymuje go*) Nie dzisiaj, myślę – wówczas.

Werner
Czemu jest moja mała kochaneczka tak uparta? Jadwigo, kiedy pozwoliłaś się objąć i przyjęłaś obrączkę, wiedziałem to. Jadwiga Domirska nie igra z miłością.

Jadwiga
Czy tak było?

Werner
(*poważnie*) Nie możesz żartować z tych spraw. Jadwigo, nie wytrzymam tego.

Jadwiga
Muszę ci wszystko powiedzieć, nie mogę inaczej. Nie żartuję!

Werner
Co?

Jadwiga
Wtedy – nie kochałam cię jeszcze!

Werner
(*najpierw zaskoczony, później pewny*) Ach, daj spokój, to byłoby kłamstwo.

Jadwiga
Ale tak było!

Werner
(*groźnie, podchodzi do niej, bierze za rękę*) Kobieto, zostaw to, nie wiesz, co mówisz.

Jadwiga
(*łagodnie*) Wiem, a mimo to, tak było!

Werner
(*odchodzi, wzdycha*) To nie może być!

Jadwiga
Oni zmusili mnie, by tak zrobić! Nie mogłeś zostać posłem. Ojciec, ksiądz – oni wszyscy, nie dali mi spokoju do momentu – (*wybucha płaczem*).

Werner
(*przez kilka chwil jak niemy*) Czy zwariowałem? Zrobiłabyś to?

Jadwiga
Werner, rób ze mną, co chcesz, muszę ci to powiedzieć.

Werner
(*wybucha śmiechem*) Więc jednak oszukany! Wykorzystany jako przynęta! – Panie radco Wolff, miał pan rację.

Jadwiga
(*zbliża się pokornie*) Werner, czy możesz mi przebaczyć?

Werner
(*nie zważa na nią*) Zwyczajnie sprzedany. Jak on powiedział? Jeśli cię wykorzystają dla swoich celów, odrzucą cię. (*śmieje się*) Można skonać ze śmiechu!

Jadwiga
(*podnosi ręce*) Na Boga, Werner, nie tak! Widzisz przecież, wiesz, że cię kocham, że żałuję po tysiąckroć! Zabierz mnie, chodźmy stąd o głodzie i chłodzie, chcę pójść za tobą, dokądkolwiek. Nie odrzucaj mnie, Werner!

Werner
(*patrzy w dal*) Więc to wszystko kłamstwo, oszustwo!

Jadwiga
(*pada na kolana*) Tylko nie to, Wernerze, nie odrzucaj mnie!

Werner
(*kieruje wzrok na nią, później zdecydowanie*) Proszę wstać, panno Domirska, nie przystoi polskiej szlachciance klęczeć przed niemieckim chłopem, który ma tę zaletę, że jest uczciwy! (*gorzko*) Widzę, że jesteś inna niż ja! (*ściąga pierścionek*

i kładzie na stole) Miał być symbolem miłości, jest symbolem kłamstwa! Żegnam panią! (*odchodzi*)

Jadwiga
(*obraca się, patrzy niemo za nim, pada, krzyczy*) Werner!

Literatura uzupełniająca

Kochanowska-Nieborak A., *Piękna Polka*, w: Interakcje. *Leksykon komunikowania polsko-niemieckiego* (www.polska-niemcy-interakcje.pl/articles/show/66)

Orłowski H., *Polnische Wirtschaft. Nowoczesny niemiecki dyskurs o Polsce*, Olsztyn 1998

Orłowski H., *Z modernizacją w tle: wokół rodowodu nowoczesnych niemieckich wyobrażeń o Polsce i o Polakach*, Poznań 2002

Połczyńska E., *Bibliografia przekładów z literatury niemieckiej 1800–1990*, Poznań 1995

Whiton H.B., *Der Wandel des Polenbildes in der deutschen Literatur des 19. Jahrhunderts*, Bern 1981

Studien zur Kulturgeschichte des deutschen Polenbildes 1848–1939, Hg. H. Feindt, Wiesbaden 1995

Szewczyk G., *Niepokorna hrabina. Literacka kariera Valeski Bethusy-Huc*, Katowice 1999

Will A., *Polska i Polacy w niemieckiej prozie literackiej XIX wieku*, Łódź 1970

„Polka" (Polnisch Blut). Pocztówka. Autor: Luiz Felipe Usabal y Hernandez (ok. 1920)

ROZDZIAŁ PIĄTY
Krwawiąca granica
(Literatura niemiecka o Polsce 1918–1939)

Relacje polsko-niemieckie okresu dwudziestolecia międzywojennego warunkowane były przez następstwa dwóch wydarzeń: przegranej Niemiec w I wojnie światowej oraz powstania niepodległego państwa polskiego. Burzliwe procesy, zmieniające sytuację polityczną w Europie, oznaczały dla jednych gorycz porażki, dla innych radość i nadzieję. Odradzająca się Polska zażądała w Wersalu terenów, które zamieszkiwała ludność mieszana, co wywołało sprzeciw strony niemieckiej. Naturalnym źródłem konfliktów stał się Górny Śląsk oraz ziemie byłego zaboru pruskiego. Na mocy postanowień traktatu wersalskiego w artykule 88 o ich przynależności państwowej miał rozstrzygnąć plebiscyt. Oczekiwania spowodowane tą decyzją doprowadziły po obu stronach do napięć, które znalazły ujście we wzajemnych oskarżeniach i prowokacjach. Reakcją strony polskiej na agresywne działania niemieckie były wystąpienia zbrojne, zwane trzema powstaniami śląskimi. Wyniki samego plebiscytu, zwłaszcza na Górnym Śląsku, okazały się dla interesów polskich niesatysfakcjonujące.

Literatura i publicystyka niemiecka włączyły się aktywnie do działań propagandowych. Ich skala okazała się nieporównanie większa niż odpowiedź strony polskiej. Niemcy dysponowali ogromnymi możliwości technicznymi i finansowymi, którym przeciwstawiono własne skromne środki śląskich organizacji niepodległościowych, niewystarczająco wspieranych przez młode państwo polskie, prowadzące równocześnie krwawą wojnę z bolszewikami.

Polityczny spór o przynależność Śląska dotykał siłą rzeczy delikatnej kwestii małżeństw mieszanych. Każda konfrontacja, zwłaszcza narodowa, wymusza na małżonkach deklarację, po której opowiadają się stronie. Stawia ich w niekomfortowej czy wręcz groźnej sytuacji, naraża na szwank uczucia, interesy rodziny, stygmatyzuje przyszłość dzieci. Prowokuje pytania, nie mające nic wspólnego z delikatną materią uczuć i namiętności ludzkich. W imię lojalności wobec własnej rasy, religii czy narodu, w imię tzw. interesu ogółu dyskredytuje się i piętnuje małżeństwa mieszane, poddając je ciśnieniom, którym nie są w stanie sprostać.

Wybrane do analizy niemieckie teksty literackie o tematyce polskiej z lat 1918–1939 powielają wcześniejsze tendencje prezentowania negatywnego wizerunku dziewcząt polskich, uwodzących przy pomocy niewieścich sztuczek dobrodusznych Niemców. Skutki małżeństw mieszanych okazywały się dla strony niemieckiej zawsze opłakane. Każde kończyło się źle. Pisarze z determinacją tropili i demaskowali niecne zamiary pięknych lecz zwodniczych Polek, apelując do rozsądku niemieckich młodzieńców.

1. Miłość od początku skazana na niepowodzenie

Intryga sztuki *Die Schwarzweißen*[62], nawiązującej w tytule do barw flagi pruskiej: czarnego orła na białym tle, zbudowana jest wokół krótkich dziejów uczucia Hedwig/Jadwigi Karnowskiej i Leonharda Steinbronna. Podwójność w wersji imienia bohaterki jest najzupełniej na miejscu, albowiem mamy do czynienia z owocem związku polsko-niemieckiego. Mamą Jadwigi była Niemka, ojcem Polak, zajmujący się córką po wczesnym zgonie żony. Ale kim właściwie był pan Włodzimierz Karnowski? Przez ożenek i całkowicie „z przekonania", jak mówi, stał się Prusakiem, co umożliwiło mu awans społeczny do wysokiej rangi „królewsko-pruskiego tajnego radcy". Polskim członkiem rodziny tajnego radcy Karnowskiego jest w sztuce jego siostrzeniec – Stanisław Molarski, człowiek młody, ale już z pewnym doświadczeniem zawodowym. Zdążył być porucznikiem w barwach grenadierów „cesarskich", ale porzucił służbę wojskową na rzecz stanu duchownego, do którego właśnie się sposobił. Radykalna zmiana rodzaju służby nie mogła obyć się bez wcześniejszej zmiany nastawienia do otaczającej go rzeczywistości.

---

[62] R. Kurpiun, *Die Schwarzweißen*. Schauspiel in fünf Aufzügen, Dresden 1920.

Stanisław Molarski z lojalnego porucznika Jego Cesarskiej Mości (składał przysięgę!) stał się w sztuce Kurpiuna reprezentantem tego odłamu społeczności polskiej w Rzeszy, który głośno domagał się zachowania własnej tożsamości narodowej, kulturowej i wyznaniowej. Z punktu widzenia interesów niemieckich tacy jak Molarski byli zwykłymi *Unruhestifter*, czyli intrygantami i podżegaczami do niepokojów i należało ich zwalczać.

Figurą Molarskiego, Polaka i katolika, posługuje się autor, by skontrastować ją z innymi postaciami. Na przykład baron von Dachsberg wygłasza w jego obecności tyrady o przepaści stanowej między polską szlachtą a ludem, o braku cywilizacji, o zacofaniu Polaków w stosunku do Zachodu. Wuj Karnowski stara się przekonać siostrzeńca do idei slawogermanizmu, wtopienia się elementu polskiego w żywioł niemiecki, co ma przynieść wzmocnienie i pożytek dla słabszej kulturowo nacji.

Zasadnicza intryga sztuki rozgrywa się jednak wokół afery, która wydarzyła się w miejscowości Grabina. Miejscowy landrat na wniosek niemieckich mieszkańców zmienił dotychczas obowiązujące zarządzenie i zakazał nauki religii w szkołach z przewagą uczniów polskich w ich języku ojczystym na rzecz języka niemieckiego. W tej sprawie protest złożyli ludzie pokroju Molnarskiego. Protest musiał zostać, zgodnie ze swoiście rozumianą skrupulatnością pruską, należycie rozpatrzony i pod uwagę wzięte wszystkie okoliczności przemawiające za utrzymaniem decyzji w mocy lub przeciwko niej. Głównymi referentami na naradzie u prezydenta prowincji byli: tajny radca Karnowski i radca rządu Leonhard Steinbronn (prywatnie zakochany w Jadwidze i starający się o jej rękę).

Racje prawa do nauki w języku polskim w szkołach niemieckich, referowane przez Karnowskiego, natrafiają na zręczny odpór drugiego urzędnika, Steinbronna, który broni polityki państwa. Narada kończy się pozornym zwycięstwem „humanitarnej" postawy tajnego radcy, powołującego się na rozporządzenia rządu w sprawie nauki religii w języku ojczystym z roku 1821, utrzymywanego w mocy w kolejnych latach: 1827, 1835, 1849. Zatem najnowsze rozporządzenie landrata jest urzędniczą samowolą i musi zostać anulowane. Jednak dzięki czujności, dociekliwości, skrupulatności i daleko posuniętej lojalności urzędniczo-patriotycznej Steinbronna zostaje ujawniony niebywały akt dywersji wewnątrz urzędu. Poczciwy i szanowany tajny radca Karnowski świadomie zataja przed pozostałymi uczestnikami narady istnienie ostatniego rozporządzenia Ministerstwa z 25 maja 1889 roku. Wynika z niego jednoznacznie, że Ministerstwo koryguje swoje dotychczasowe stanowisko i nakazuje naukę religii po niemiecku nawet w klasach, w których dzieci niemieckie stanowią zdecydowaną mniejszość. Sprawiedliwość pruska tryumfuje: ten który bronił praw mniejszości polskiej do nauki religii w języku ojczystym, powołując się na prawo, w rezultacie okazał się podwójnie winny. Raz jako niesubordynowany urzędnik, dwa – jako (właściwie) zdrajca nadrzędnych interesów państwa na korzyść Polaków! Sumienie pruskie nie mogło tej samowoli tolerować. W tej sytuacji radca Steinbronn zmuszony był podjąć jedynie słuszną decyzję. Miłość do Hedwig/Jadwigi Karnowskiej musiała zostać ofiarowana na ołtarzu honoru urzędnika i obywatela pruskiego. Zanim jednak narzeczeni rozstali się, autor sztuki poczynił spory wysiłek, by wzmocnić odczucie czytelnika co do szlachetności i słuszności postępowania radcy Steinbronna.

Z kolei naganny postępek Karnowskiego został potępiony przez przełożonego, wedle pruskiej zasady: „Obowiązek wypływający z przysięgi jest sumieniem urzędnika". W obliczu druzgocących faktów tajny radca wyznaje swoją winę, przyznając rację naczelnej zasadzie, że „Obowiązek nie zna żadnych «ale»". Po wygłoszeniu tej kwestii chwyta się za serce i umiera na zawał.

Finał. By nie pozostawić niczego przypadkowi, a najmniej jakiemukolwiek współczuciu dla polskich bohaterów, za śmierć Karnowskiego obarcza autor w oczach Jadwigi jej brata ciotecznego Stanisława Molarskiego. To jego agitacja miała wpłynąć na niezłomne do połowy sztuki postępowanie tajnego radcy. Jednak pod wpływem zarzutów siostrzeńca i sentymentów narodowych zmienił swoje nastawienie. Czym się ono skończyło, wiemy. A Jadwiga? Gdy okazało się, że sprawcą wszelkich „nieszczęść" rodziny był Stanisław, zdeklarowany Polak i przyszły duchowny katolicki, zerwała z nim stosunki. Pozostała jeszcze końcowa scena – rozmowa niedoszłych małżonków.

Hedwig (*wolno zbierając się w sobie, w nagłym wzburzeniu chwyta prawą dłoń Steinbronna*): Czy już wyszedł, ten nieszczęśnik? Czy to wszystko prawda? Leonhardzie, mój ojciec krzywoprzysięzcą? (*opada złamana na fotel*)

Steinbronn (*pocieszająco*): My wszyscy jesteśmy niewolnikami pomyłki. Gdy jednak dotknęła go śmierć, stał się wolny i czysty.

Hedwig (*patrząc w pustkę*): Wolny i czysty. A ty? Czy musiało się to stać?

Steinbronn (*wstrząśnięty*): Dotrzymałem, co obiecałem i uczyniłem, co jako człowiek uczynić musiałem, a jako sługa państwa nie miałem prawa czynić.

Hedwig: Czego nie wolno ci było czynić?

Steinbronn: Z powodu naszej miłości – zapomnieć o moim obowiązku.

Hedwig (*cicho, pełna bólu*): I tak rozpadło się nasze szczęście.

Steinbronn: Odebrałem moje zwolnienie.

Hedwig: Ty też? Czy nie wystarczy ofiar?

Steinbronn: To żadna ofiara, to obowiązek!

Hedwig (*składając ręce, wolno i cicho*): I miłość umarła.
Steinbronn (*z namiętnością chwytając jej dłonie*): Hedwig! Moje ostatnie tchnie będzie oddane tobie!

Hedwig (*czule spoglądając*): Ty mój! I mimo to musimy się rozstać!

Steinbronn: Ukochana, co nas zmusza?

Hedwig (*toczy wewnętrzną walkę*): Śmierć! Patrz, czuję twój oddech; tęsknię, by w twoich ramionach znaleźć ochronę! Jednak całować usta, które skazały mojego ojca, tego nie mogę! (*odwraca twarz*)

Steinbronn (*namiętnie*): Musiały m ó w i ć, m u s i a ł y! To już minęło, a ty jesteś moja na wieki!

Hedwig (*zdecydowanie*): Na wieki, Leonhardzie! Zanim się nią stałam, byłam dzieckiem swojego ojca.

Steinbronn: Zapomnisz!

Hedwig: Nigdy; znam siebie! (*z przekonaniem*) Gdy patrzę na ciebie, jak chcesz ofiarować wszystko córce krzywoprzysięzcy, czuję, jak jakaś dłoń wychylająca się z ciemności kładzie się między nami, tak zimna, że zamiera mi krew w żyłach. Ona nas dzieli!

Steinbronn : Mimo to będzie nas błogosławić!

Hedwig: Nie, najdroższy; musiałby nadejść czas, kiedy nowe zestarzeje się, a stare stanie się nowym. Tego nie zniosłabym!

Steinbronn (*po męczącej przerwie, z tęskną rezygnacją*): Widzę; śmierć stoi między nami. Zapomniałem. Także iskierka nadziei była przesadzona. My, my musimy się rozstać!

Hedwig (*prosząco*): Nie w rozgoryczeniu, kochany! Jednak jak ludzie, którzy czekają na wolne, piękne do widzenia. Chcesz?

Steinbronn: Co mi pozostaje?

Hedwig (*zachęcająco*): Twoja walka i działanie na rzecz wielkiego świata niemieckiego, który liczy na ciebie! (*szybko*) Żegnaj!

Nasze szczęście było zbyt głębokie, by trwać. (*w przypływie silnej namiętności przytula się do jego piersi; on gorąco całuje jej czoło; następnie rozstają się*)

Steinbronn (*cicho ale pewnie*): Masz rację; życie żąda więcej! Żegnaj! (*powoli odchodzi na prawo, w drzwiach oglądając się jeszcze*)

Hedwig (*chwyta się za serce*): Twardy, nieugięty obowiązek! Góra lodowa dla mężczyzny, dla kobiety płonące morze miłości! A jednak go kocham! (*spogląda w kierunku wiszącego obrazu matki*) Matko! (*załamuje ręce i szlochając pada na kolana przed obrazem*)

Kurtyna

2. Gdy poślubisz Polkę, nie jesteś już moim synem

Gdy w 1918 roku Polska odzyskała niepodległość i w plebiscytach domagała się zwrotu dawnych ziem, niemiecka opinia publiczna obruszyła się na taki akt „niesprawiedliwości dziejowej". Clara Schweiger[63] w powieści *Um die Heimat* (W obronie ojczyzny) podjęła próbę przypomnienia „słusznej" decyzji króla Fryderyka Wielkiego uczynienia z zaniedbanych ziem, anektowanych w trzech zaborach, obszarów kwitnących i bogatych.

Już w początkowym rozdziale *Podróż do Polski pruskiej*, którą bohaterowie odbywają w 1772 roku, pamiętnym roku pierwszego rozbioru Polski, czytelnik otrzymywał dowody na polskie zaniedbania cywilizacyjne. Kraj był strasznie zdewastowany, drogi bezprzykładnie złe, wyboiste, błotniste, z dziurami, na których można

---

63 C. Schweiger, *Um die Heimat. Kulturhistorischer Roman*, Berlin 1920.

było połamać osie pojazdów i stracić życie. Realność utraty życia była tu większa niż gdzie indziej. Niebezpieczeństwo groziło ze strony dzikich zwierząt (wilki) i ludzi. Nie tylko pospolitych rozbójników, ale również miejscowej ludności, wrogo nastawionej do każdego obcego. Polski chłop przypominał bohaterom półdzikiego stwora, mieszkającego w ziemiankach, wyglądającego i zachowującego się odrażająco. Był brudny, zawszony i oczywiście, pijany... Na widok równie odrażających polskich dzieci, zawsze jednak dzieci, skruszało nieco serce poczciwych bohaterów niemieckich, zwłaszcza młodej damy, jeszcze pełnej współczucia dla świata. Znalazła w kieszeni jabłko i postanowiła poczęstować nim umorusane głodomory. R z u c i ł a więc jabłko w kierunku dzieci, one jednak „nie odważyły się" go złapać, tak że „wpadło w błoto"! I co się dalej dzieje? Te okropne dzieciska wyciągnęły owoc i zaczęły... jeść, taki zabłocony, wywołując grymas obrzydzenia na pięknej twarzy! Podobnie działo się z podarowanym bochenkiem chleba, który gromada co prawda przyjęła, ale zaczęła domagać się jeszcze czegoś więcej. Czego? Drogi czytelniku powieści Clary Schweiger – powinieneś się tego od razu domyślić – chcieli pieniędzy na wódkę! Świetny przykład, ilustrujący tezę, że:

> (...) za parę lat, kiedy tu rządzić będzie pruska dyscyplina, ten kraj będzie wyglądał inaczej. Kiedyś była to piękna, żyzna kraina, ludzie byli majętni, by nie powiedzieć bogaci, tak długo jak należała do Zakonu. Polak jest jednak leniwy i wszystko doprowadza do upadku, co zbudowała tu pracowitość niemiecka.

W panoramie dziejów ziem pruskich, szkicowanej przez Clarę Schweiger na użytek mało wybrednego czytelnika, nie mogło zabraknąć i wątku miłosnego. Historia miłosna zaostrza ciekawość i czyni serce podatniejszym na współczucie, zwłaszcza gdy dotyczy bliskiej (narodowo, wyznaniowo, politycznie...) postaci. Zanim zdradzę autorski chwyt, spróbujmy uporządkować opowieść.

Historię „odzyskiwania" dawnych ziem zakonu krzyżackiego, które zrujnowała polska niegospodarność, poznajemy przez pryzmat losów młodej pary: Alberta von Borcken, lat 31, i Amalie von Treuenfels, lat 18, podążających na wezwanie króla Fryderyka Wielkiego na wschód. Mieli tam rozpocząć wielkie dzieło cywilizacyjne, a wraz z nim dorobić się znaczenia oraz majątku. Co zaczęli oni, kontynuować miał ich syn.

Paralelnie do dziejów rodziny von Borcken opowiada autorka, odpowiednio skrótowo i wybiórczo, dzieje polskiej rodziny starosty Jerzego (Georga) Mniszka. Rozpoczyna ją w momencie przełomowym dla starosty, po tym gdy opuściła go młoda i piękna żona – Marianna Elżbieta. Ale powód rozstania nie był wcale romansowy, a wybitnie narodowy. Okazuje się, że pan starosta sprzedał swój majątek królowi Prus, za co zresztą otrzymał bajońską sumę 4666 talarów i 16 groszy. Piękna Marianna Elżbieta nigdy nie zaakceptowała i nie pogodziła się z decyzją męża oddania w pruskie ręce rodzinnej polskiej ziemi. Nienawiść do wroga zdawała się tu być jedynym motywem, nieusprawiedliwiającym bynajmniej faktu porzucenia męża oraz małoletniej córeczki. Ciekawe, że pieniądze za sprzedany majątek starościna zabrała ze sobą do Warszawy. Co o takiej żonie i matce mógł pomyśleć poczciwy czytelnik niemiecki?

Punktem wyjścia powieściowej intrygi są dzieje niemieckiej rodziny, zasiedlającej zdobyte („odzyskane") przez Prusy ziemie Pomorza Zachodniego, i historia polskiej rodziny szlacheckiej, tracącej, w drodze całkowicie legalnej transakcji kupna-sprzedaży (!), rodowy majątek na rzecz Prus. Czas biegnie i w obu rodzinach pojawiają się dzieci. U von Borckenów syn Sieghart Wilfried, u Mniszków – córka, o dziwnie brzmiącym dla ucha polskiego imieniu – Enata. Powód, dla którego piękna Polka porzuca męża i małe dziecko, jest już nam znany: nienawiść do Prus. Dlaczego jednak starosta Mniszek pozostaje na resztkach majątku, poddając się zarządzeniom nowych panów, narzekając przy tym na los i okrutną żonę, trudno pojąć. Jednak Clara Schweiger podpowiada czytelnikowi własną psychologię postaci. Starosta Mniszek też ... nienawidzi Prusaków i w takim duchu będzie wychowywał córkę. W rozmowie ze starą nianią Maruszką (!) wypowiada słowa:

> Piękniejsza, o wiele piękniejsza. Przebiegła, o wiele przebieglejsza. To ona powinna nas pomścić na przeklętych Pru-

sakach. Wychowuj mi, stara, dziewczynkę starannie i z miłością i naucz ją nienawidzić Prusaków.

Enata zgodnie z wolą ojca ma stać się narzędziem zemsty. Gdy więc autorka skrzyżuje ścieżki Siegharta i Enaty, i wznieci w nich uczucie miłości, czytelnik wie, że po jednej stronie ma do czynienia ze szczerym uczuciem niemieckiego młodzieńca, a po drugiej – z podstępną i wyrachowaną panną, dziwną mieszanką „genetycznej nienawiści" rodziców.

Gdy Enata osiąga wiek 13–14 lat, nagle zjawiają się dwa „złe duchy" bohaterki: jej rodzona matka i eksjezuita (Towarzystwo Jezusowe zostało rozwiązane przez Klemensa XIV w 1773 roku) Antoni Dziolewski. Pasują znakomicie do schematu. Ona, wyrodna matka, porzucająca własne dziecko dla wyimaginowanych przekonań. Upomina się o prawa rodzicielskie w momencie, który pozwoli jej zrealizować szaleńczy plan zemsty na wrogu. On, eksjezuita o „lisiej twarzy", owładnięty, jak cały polski Kościół katolicki, nienawiścią do ewangelików i Prusaków. Ta dwójka całkowicie zawładnie sercem i myślami Enaty, schorowany ojciec nie będzie miał nic do powiedzenia.

Po latach, kiedy dzieci dorosły, dochodzi do spotkania Enaty z Sieghartem Wilfriedem. Spotkanie ma miejsce na polowaniu, gdy obydwoje całkiem przypadkowo strzelają do tego samego cietrzewia, a zdobycz przywłaszcza sobie dziewczyna. Młodzi rozmawiają o prawie pierwszeństwa do lasu, w którym polują, zwierzyny i całej tej ziemi. W pobliżu Enaty czai się eksjezuita, ojciec Dziolewski, który po niespodziewanej śmierci Marianny Elżbiety, przejął opiekę nad dziewczyną. Z jego też ust padają znamienne słowa o roli Enaty w planach zemsty na Prusakach. Ma rozkochać w sobie młodego oficera pruskiego, syna landrata von Brocken, tak by stał się bezwolnym i posłusznym narzędziem woli młodej Polki.

By rozprawić się ze wszystkimi możliwymi „wątpliwościami" dotyczącymi moralnej strony rozbiorów Polski, autorka powtarza argumenty historiografii i publicystyki pruskiej, wedle której zaistniały trzy-cztery powody upadku Rzeczypospolitej. Główną winę ponosiła skorumpowana i niegodziwa szlachta, zmurszałe duchowieństwo, dołączył się brak mieszczaństwa, a podstawą wszystkich grzechów była *polnische Wirtschaft*.

Akcja zagęszcza się. Po dwóch trzecich powieści dochodzi do pierwszej rozgrywki rodzinnej. Landrat Albert von Borcken próbuje odwieść syna od kontaktów z polską dziewczyną i ostro sprzeciwia się jakimkolwiek planom małżeństwa. W tej scenie odnajdziemy wszystkie argumenty autorów niemieckich wypowiadających się przeciwko związkom mieszanym. Warto ją przytoczyć w całości.

Sieghart po dłuższej nieobecności odwiedza dom rodzinny. Na progu wita go ojciec i dochodzi do rozmowy.

– Siegharcie, nie życzę sobie, byś jeszcze raz spotkał się w lesie z polską szlachcianką.
– Kto ci to powiedział, ojcze?
– Wierny przyjaciel, który mnie prosił, bym cię ostrzegł.
– Do diabła, uniósł się Sieghart, nawet w gęstym lesie nie jest się bezpiecznym przed szpiegami.
– Wprowadzasz młodą dziewczynę i siebie do tego w kłopoty, ponieważ nie możesz i nie powinieneś żenić się z Polką.
Przez twarz Siegharta przemknął cień.
– Dlaczego nie powinienem poślubić Enaty, córki starosty Mniszka, ojcze?
– Chcesz ożenić się z córką starosty Mniszka, Siegharcie, czyżbyś całkiem zapomniał, że jesteś po słowie z Elżbietą von Schrötter?
– Ojcze, to była tylko dziecięca głupota. Dopiero teraz wiem, co to jest miłość. Nauczyła mnie tego Enata.
– Miłości rzekomo nauczyła cię Polka, a o wierności zapomniałeś, mój synu.
– Kto mówi, że zapomniałem o wierności. Czy wierzycie, panie ojcze, że swej ślubnej małżonce nie potrafię dochować wierności?
– Wobec swojej narzeczonej właśnie złamałeś słowo.
– Ależ, ojcze, proszę, przecież nie byliśmy oficjalnie zaręczeni.

– Czy oficjalnie czy nie, obie rodziny widziały w was przyszłych narzeczonych, a Elżbieta czeka na ciebie i twoje oświadczyny.
– Ojcze, ja tego nie mogę zrobić. Nie mogę opuścić Enaty. Ona i żadna inna.
– Synu, chcesz się ożenić z Polką? Zapytał landrat i podkreślił każde słowo, jakby się chciał upewnić, czy dobrze słyszał.
– Tak, z Enatą, polską szlachcianką – zawołał Sieghart krnąbrnie – czyż córka starosty Mniszka nie jest nam równa?
– Polka nie jest nam w żadnym wypadku równa, a może myślisz, że pozwolę nasz czysto germański ród pohańbić przez polską dziewczynę?
– Ojcze, przestań, rzucił Sieghart. Drżał na całym ciele. Prawą ręką uchwycił oparcie ciężkiego krzesła dębowego, które przed nim stało, tak silnie, że oparcie pękło. Niedbałym ruchem rzucił resztki na podłogę.
– Jak się zachowujesz?
Landrat przyglądał się synowi z natężeniem, żyły na jego czole nabrzmiały, a głęboka blizna na jego skroni, która była pamiątką po uderzeniu końskiego kopyta, zrobiła się krwistoczerwona.
Takiego ojca Sieghart jeszcze nie widział.
– Jeśli poślubisz Polkę, nie jesteś już moim synem – powiedział landrat przytłumionym głosem.
– Ojcze, czy to twoje ostatnie słowo?
– Ostatnie. Przysięgałeś na wierność królowi. Jak chcesz dotrzymać przysięgi, gdy w twoim domu rządzić będzie Polka?
– W moim domu rządzę ja – wtrącił Sieghart.
– Obyś się nie mylił, mój synu. Tak myślisz, ponieważ w naszym domu rządzę ja i nie zapominaj, że moja żona pochodzi z czysto niemieckiego rodu i jest szczera, bez fałszu. Polska kotka omami cię swoim sprytem i miłością, tak jak teraz zawróciła ci w głowie swoimi pieśniami.
– Ależ panie ojcze – wtrącił Sieghart.
– Pozwól mi dokończyć – odpowiedział krótko Albert von Borcken i przechadzał się po pokoju tam i z powrotem. – A co z religią? Ona jest katoliczką, ty jesteś luteraninem.

– Naturalnie, Enata pozostałaby katoliczką, a nasze dzieci byłyby wychowywane w mojej wierze.
– Wierzysz, że twoja żona przystanie na to. Głupcze! Polka nie zostawi ani narodu ani swojej wiary, a twoje dzieci staną się polsko-katolickie.
– Nie, ojcze, nie, pozwólcie mi tylko działać. Możemy chyba, gdyby Enata tego sobie życzyła, wziąć ślub zarówno katolicki jaki luterański. Przecież małżeństwo księżniczki Luizy Pruskiej z księciem Antonim Radziwiłłem zostało pobłogosławione najpierw przez proboszcza katedry w Poznaniu, a później przez dworskiego kapelana Konrada. Moje dzieci otrzymają moje wyznanie. Nigdy nie zgodzę się, by chłopcy nie byli wychowywani w wierze ojca, a dziewczynki w wierze matki, jak dzieci księżniczki Radziwiłł, której najstarszy syn został ochrzczony przez proboszcza katedry poznańskiej.
– Jesteś pewien, że twoje dzieci zostaną wychowane w twojej wierze? A kto pierwszy składa rączki dziecka do modlitwy, ojciec czy matka? Zapomniałeś też o polskich klechach?!
– O, Enata nie cierpi ojca Dziolewskiego.
– Dzisiaj w swej młodzieńczej zarozumiałości może nie. Jednak gdy każe jej zaprowadzić dzieci do jedynie świętego kościoła, będzie mu wdzięczna. Polskiemu klesze możesz zakazać wstępu do swojego domu, jak chcesz, ale gdy wyrzucisz go drzwiami, wejdzie od tyłu. Czy wiesz, jak to zrobiono u Fritza Wredena, który ożenił się ze śliczną Katinką Leszinską i też postawił podobne warunki, jak tego chce mój pan syn? Mianowicie że niech kobieta pozostanie katoliczką, natomiast dzieci powinny zostać ochrzczone i wychowane po protestancku.
Landrat zrobił przerwę i spojrzał na syna ostro. Na sekundę Sieghart spuścił głowę, ale zaraz podniósł ją z lekką przekorą. Unikał jednak spojrzenia ojca i wodził oczami w kierunku okna. Pan von Borcken westchnął głęboko. Co działo się w jego synu? Co za buntowniczy duch opanował go? Po czym kontynuował:
– Gdy urodził się pierwszy chłopiec, jeszcze tego samego wieczoru zjawił się klecha z wodą święconą i chrzcielnicą. Podczas

gdy ojciec w jadalni wznosił toast z przyjaciółmi za zdrowie pierworodnego, w innym pokoju dziecko zostało ochrzczone po katolicku. Ukryto ten fakt przed ojcem, do momentu gdy po roku zjawił się drugi syn. Wtedy jego najdroższa oświadczyła mu całkowicie spokojnie, że nie może wychowywać synów w dwóch różnych religiach, a ponieważ starszy został ochrzczony po katolicku, tak też powinno stać się z młodszym. Wtedy Fritz dziko wrzasnął, że nie pozwala, ale stara Leszinska wypchnęła go po prostu z pokoju i oświadczyła, że nie można denerwować Katinki, ponieważ mogłoby to oznaczać jej śmierć.

W najbliższą niedzielę dziecko zostało z dużą pompą ochrzczone w kościele katolickim, a pani Katinka, leżąca do końca, tak że Fritz Wreden nie mógł jej ani zobaczyć ani porozmawiać, w trzy dni po chrzcie była już zdrowa i świeża.

Landrat znowu przerwał, a jego oczy szukały znowu oczu syna. Sieghart zachował przekorny wyraz twarzy, unikał spojrzenia ojca i śledził małą muchę, która brzęczała na oknie.

Albert von Borcken przesunął lekko ręką po czole. – Dzisiaj cała rodzina jest polska i katolicka, a do zmiany nazwiska na „Wredenski" brakuje tylko kroku. I z wiernego urzędnika pruskiego będziemy mieć zaangażowanego przywódcę polskiego. Tego właśnie nie chcę przeżyć w moim domu, tego nie mogę przeżyć.

– Tego nie powinieneś też przeżyć, ojcze – odpowiedział Sieghart von Borcken pewnym głosem i dumnie się wyprostował.

Landrat nasłuchiwał, a jego rysy wygładziły się.

– Sieghart, jak bardzo jestem Bogu wdzięczny, że opamiętałeś się.

– Co masz na myśli, ojcze?

– Że zrezygnowałeś z małżeństwa z córką starosty, a poślubisz Elżbietę von Schrötter.

– Nie, ojcze, nie! Bardzo cenię Elżbietę i życzę jej wspaniałego małżonka, ale nie mogę się z nią ożenić. Moje serce należy do Enaty. Ojcze – kontynuował łagodnym głosem Sieghart – to że moje dzieci nie będą wychowywane ani po polsku ani po katolicku, to obiecuję ci już dzisiaj.

– Tego nie możesz.

– Owszem, ojcze. Daję ci moje słowo oficera.

– Zatrzymaj słowo honoru, które będziesz musiał złamać.
– Złamać słowo honoru? Ojcze, co myślisz?
Landrat uspokajająco położył prawą rękę na ramieniu syna.
– Masz wolę dotrzymać słowa honoru, Sieghardzie Wilfriedzie, jednak okoliczności są często silniejsze niż my ludzie i nasza wola. Nie będziesz mógł dotrzymać słowa.
– Mogę i chcę! – ciągnął Sieghart.
– Obawiam się, że w twoim wypadku przewyższa to męską siłę. Nie znasz przebiegłości kobiecej.
– Ty także nie, ojcze.
– W domu moim, nie. Nasz niebieski ojciec obdarzył mnie pobożną małżonką, a ciebie, wierną, anielsko czystą matką. Ale całe życie podążałem po świecie mając otwarte oczy...
– Siegharcie, spójrz na to brudne, zdziadziałe polskie społeczeństwo. Przecież nie jesteś ślepy. Masz dwoje jasnych oczu w głowie.
– Ależ ojcze! Enata nie jest ani brudna ani nędzna.
– Jeśli spotyka się z tobą, może nie?
– Czy widziałeś kiedyś jej ojca? Czy byłeś choć raz w jej domu rodzinnym?
– Stary starosta jest człowiekiem schorowanym. U niej w domu brakuje troskliwej ręki matki. Wątpię, by jej matka troszczyła się kiedykolwiek o dom, podobnie jak inne polskie damy. Najczęściej: na zewnątrz blichtr, wewnątrz nic. Jedwabne suknie i poszarpane koszule! Adamaszkowe meble pełne pluskiew... Gdy znaleźliśmy się kiedyś w Amalienfelde, stary dwór był zrujnowany, tak że nie mogliśmy się w ogóle wprowadzić, a wszędzie robactwo, gdzie tylko spojrzeć. Sieghart! W brudzie i wstydzie zejdziesz z dziećmi na psy.
– Ojcze, proszę cię, przestań.
– Nie, mój synu, masz wybór! Jeśli ożenisz się z córką starosty, zamykasz sobie dom rodzicielski.
– Ojcze! Czy to twoje ostatnie słowo?
– Ostatnie, mój synu! Daję ci osiem dni do namysłu i chcę znać odpowiedź. A zanim ruszysz w pole, życzę sobie, by ogłoszono publicznie twoje zaręczyny z Elżbietą.

– Ojcze, tego nie mogę zrobić.
– Teraz idź, mój synu i namyśl się starannie.

Również rozmowa z chorą matką dotyczyła przede wszystkim tematu polskiego.

– Siegharcie Wilfriedzie, moje ukochane dziecko – szepnęła cicho. Ostatniej nocy śniłeś mi się. O, co to był za okropny sen. Walczyłeś z białym orłem. Ptak zaatakował cię, a kiedy chciałeś wyciągnąć szablę, chwycił pazurami przegub twojej ręki, tak że nie mogłeś jej dobyć. Broniłeś się dzielnie lewą, podczas gdy prawa na próżno szukała dostępu do rękojeści szabli. Orzeł dziobał twoje kochane oczy. Trafił właśnie w czoło, z którego płynęły gęste krople krwi. Twój wzrok poskramiał jeszcze nacierającego ptaka – ale jak długo! Chora zamilkła wyczerpana.
Sieghart pochylił się czule nad nią i powiedział: „Sen mara Bóg wiara", mateczko.
– Nie zawsze, mój synu! Sny także pochodzą od Boga.
– W krytycznej chwili przyszedł ci z pomocą czarny orzeł. Biały orzeł odstąpił od ciebie i zwrócił się ku nowym wrogom. Kiedy wzleciał, jego głowa przemieniła się w głowę dziewczyny o śmiejących się czarnych oczach i ciemnych lokach. Z szyderstwem i pogardą spoglądały na ciebie te ciemne dziewczęce oczy. Później obudziłam się z krzykiem. Sieghart, mój kochany, strzeż się polskich kobiet.

Sen umierającej matki bohatera czytelnik odbierał jako zapowiedź dalszych zdarzeń i finał opowieści. Zatroskane matczyne serce nie mogło się mylić, przecież życzyła synowi jak najlepiej. Akcja wyraźnie przyspiesza. Sieghart wysłany zostaje przeciwko grupom partyzanckim, które wszczęły działania w ramach powstania kościuszkowskiego na terenie północnego Mazowsza. Na czele jednego z oddziałów, siejących wśród Prusaków popłoch, stał niejaki Antonowicz, postać historyczna. To on urządził zasadzkę, w którą wpadł Sieghart. I młody Niemiec byłby niechybnie zginął, gdyby nie ... Enata, która walcząc po stronie powstańców wyratowała go z opresji, sama pozostając nierozpoznaną. Ostatecznie rannego Siegharta odbijają koledzy, przyszedłszy jego oddziałowi z odsieczą.

Autorka informuje czytelnika szczegółowo o niecnych czynach i zamiarach dziewczyny. Enata nie tylko walczy w oddziałach kosynierów, ale i bierze czynny udział w plądrowaniu oraz kradzieżach. Na niepodejrzewającego niczego złego Siegharta zastawia prawdziwą pułapkę. Zaprasza go do swojego domu, opisanego w najczarniejszych barwach z powodu zrujnowanego wnętrza i panującego brudu. Tu rozwija całą sztukę kobiecych możliwości, by usidlić i uczynić posłusznym zakochanego młodego mężczyznę. Czułe gesty, miłe, nieszczere słówka oraz zapewnienia, że go kocha i że gotowa jest wyjść za niego za mąż w rycie protestanckim i do tego mocne wino służyć mają zdobyciu planów twierdzy Grudziądz. Reszty mieliby dokonać powstańcy. Próbka uwodzicielskiej sztuki Enaty:

– Czy uczynisz wszystko, co zechcę, mój Siegharcie? – rzekła Polka cicho.
– Tak! – odpowiedział drżącym głosem.
– Sieghart, ukochany, jeśli uczynisz mnie szczęśliwą – triumfowała – wtedy dopiero będę wiedziała, że mnie rzeczywiście kochasz.
– Czego więc życzy sobie królowa mojego serca? – pytał młody porucznik z naciskiem.
– Siegharcie, zdobądź mi plany twierdzy Grudziądz.
(...)
– Enato, jesteś Polką – rzekł młody porucznik z naciskiem, wszędzie wre polskie powstanie.
– Polką, jeśli chcesz, jeszcze tylko trzy dni. Przyniesiesz mi pojutrze plany, w godzinę później będziemy zaślubieni.

I zakochany Sieghart gotów był zrobić wszystko, łącznie ze zdobyciem tajnych planów. Ale autorka nie mogła pozwolić na taki obrót sprawy! *Deus ex machina* w pokoju porucznika, który pilnie odwzorowywał plany twierdzy, o piątej nad ranem zjawia się ojciec wraz z budowniczym twierdzy, ich krewnym. Zdrada Siegharta jest oczywista! Jak rozwiązać sytuację, w której się znaleźli? Ojciec jest zdania, że syn, jako oficer, powinien popełnić honorowe samobójstwo, przecież złamał przysięgę i zdradził ojczyznę. Pozostali: siostra Siegharta i wuj Gontzenbach byli temu przeciwni, tym bardziej że i matka przed śmiercią przebaczyła synowi. W dramatycznym momencie landrat Albert von Borcken podejmuje decyzję: syn może dalej żyć, ale pod warunkiem że odpokutuje swój czyn. A to oznaczało, że zostanie pozbawiony prawa do dziedziczenia i wyrzeknie się raz na zawsze Enaty!

Dalsze losy Siegharta potoczyły się zgodnie z pruską wersją „nawróconego grzesznika". Zmienił się nie do poznania. Zmienił imię na „Siegfried Wilhart" (zwycięstwo nad sobą), podjął się ciężkiej pracy, a gdy kraj znalazł się w potrzebie (wojny napoleońskie), zaciągnął się na służbę jako prosty żołnierz. I tak odkupił swoje winy, zasługując na przebaczenie ojca.

Prawdziwie pruski bohater musiał jednak złożyć daninę krwi zdradzonej niegdyś ojczyźnie i jako obrońca twierdzy Grudziądz zginął w potyczce z polskimi partyzantami, wśród których – jak mu się wydawało – widział Enatę.

Pointą opowieści jest końcowe zdanie ojca, że syn „zmarł za tę świętą ziemię, którą chciał zdradzić". Brzmiało jak ostrzeżenie i zobowiązanie wobec następnych pokoleń: „pozostawić dzieciom i wnukom wolne, silne Niemcy"!

3. Wiedziała, z której strony go podejść

Wszystko jest tu od początku jasne. Czytelnik wie, kto jest dobry, a kto zły, z kim ma sympatyzować, a kogo nienawidzić. Ale nie chodzi bynajmniej o sugestywny rysunek psychologiczny bohaterów. Chodzi o niemiecką sprawę narodową, sprawę plebiscytu na Górnym Śląsku, w którą silnie angażuje się autorka. Trudno więc ulec złudzeniu, że zawiązując powieściową intrygę, będzie ją prowadzić, jak przystało na wytrawną pisarkę, a nie na agitatorkę, rzeczniczkę jednej strony.

Sytuacja na Górnym Śląsku przed I wojną światową i po jej zakończeniu różniły się znacznie. Zwycięskie mocarstwa nie były jednomyślne co do przyszłości tych ziem. Rozstrzygnięcie, czy mają pozostać w granicach pokonanych Niemiec, czy powinny zostać przyłączone do odradzającego się państwa polskiego, miało zapaść w wyniku głosowania plebiscytowego. Obie strony podjęły gorączkowe przygotowania propagandowo-agitacyjne z rozbudową zaplecza militarnego na rzecz ochrony własnych interesów. I tak zaczyna się powieść Magdy Trott *Die Heimat ruft*[64] (Ojczyzna wzywa).

> Przed paroma laty było tu jeszcze spokojnie. Teraz terkotały od czasu do czasu automobile Komisji Sojuszniczej, widziano także eleganckie wehikuły polskich obszarników, którzy wydawali się czuć w pełni swojsko na terenie Górnego Śląska.

Jednym z głównych bohaterów jest niemiecki właściciel farbiarni Heinrich Schauler, którego „wierne, niemieckie serce" wypełnia bezgraniczna troska o tę ziemię, o fabrykę, o swoją rodzinę. Ledwie pięćdziesięcioletni, a już z wyraźną siwizną, której powodem nie była ostatnia straszna wojna, lecz czas, jaki po niej nastał. „Gdziekolwiek spojrzał: bieda, bieda, bieda! Niewola, nędza, łańcuchy, wszystko wzdychało pod Traktatem wersalskim".

Heinrich ma młodszego brata, Eberharda, współwłaściciela fabryki. Jest to prawie czterdziestoletni, piękny mężczyzna, o impulsywnym temperamencie, przeciwieństwo spokojnego i rozsądnego brata. Eberharda poznajemy w momencie, gdy w pobliskim lesie spotyka się z Marjanką Potyką, atrakcyjną z figury i wyglądu, śliczną z urody Polką. Czytelnik dowiaduje się, że znajomość ich trwa od roku i wszystko byłoby po myśli Eberharda, gdyby nie „ten raz, jedyny raz, kiedy się zapomniał". Właśnie Marjanka doniosła mu w liście, że jest w ciąży. Jak powinien zareagować w takiej sytuacji przyzwoity, uczciwy Niemiec?

---

[64] M. Trott, *Die Heimat ruft. Roman aus dem oberschlesischen Abstimmungsgebiet*, Breslau 1920.

– Ale co teraz, Marjanko?
– O, duszko, ty pytasz? Czy masz wątpliwości?
– Masz rację, Marjanko, człowiek honoru wie, jak postąpić w takiej sytuacji.
– Wiedziałam, kochany i dlatego nie widzisz łez w moich oczach. Nie jestem też zaniepokojona. Przecież cię znam, jesteś tak dobry, tak wierny! Nie oddałam się przecież niegodnemu.

Reakcja Eberharda jest przewidywalna, wyznaje „winę" i proponuje dziewczynie małżeństwo. Odruch uczciwego serca Niemca zakłóca świadomość, iż jedyni opiekunowie Marjanki, dwaj jej bracia, to aktywni agitatorzy polskiej sprawy na Śląsku. I chociaż dziewczyna swoimi deklaracjami stara się uspokoić Eberharda, targają nim wątpliwości:

– Kochany, moi bracia mało dbają o mnie. Jestem kobietą i w ich oczach znaczę niewiele. Nie są też tak źli, jak sądzisz.
– Dla nas stanowią niebezpieczeństwo.
– Myśl o naszej miłości, Eberhardzie, a nie o tych brzydkich sprawach. Pocałuj mnie, Hardi! Twoje wargi powinny mi słodsze słowa mówić, niż te kłótnie o kawałek kraju.
– To żywotne pytanie dla całej Rzeszy Niemieckiej, Marjanko. Zawsze deklarowałaś swoje poparcie dla sprawy niemieckiej.
– I tak jest, mój najukochańszy. Jesteś Niemcem, ciebie obdarzam miłością, do której jestem zdolna. Może mogłabym być ci bardziej pomocna, niż myślisz. Nie jesteśmy tak źli, powinniście zachować swoją ziemię. Czy nie czuliśmy się dotąd pod panowaniem niemieckim dobrze i nie byliśmy zadowoleni? Nie powinieneś się martwić, kochany, zawsze będę po twojej stronie.

Eberhard rozważa jeszcze inny, historyczno-patriotyczny aspekt sprawy. Jego małżeństwo z Polką mogłoby być do zaakceptowania przez środowisko niemieckie, przecież na Śląsku mieszka tyle osób pochodzenia polskiego, które dawno uznały, że

(...) gwiazda Polski już nie wzejdzie i czuły, chociaż Niemcy były teraz pokonane, że ochronę i opiekę może zapewnić im tylko rasa germańska. Czy nie byłby to czyn patriotyczny, gdyby przeciągnął niezdecydowaną na ich stronę? W piersi Marjanki z pewnością biło, o czym sama nie wiedziała, niemieckie serce.

Własne rozważania i zapewnienia Marjanki uspokoiły nieco Eberharda, ale pozostało do wyjaśnienia, co na to wszystko powie jego brat?

Heinrich, niewątpliwie kochający młodszego brata, jest pełen obaw i bardzo sceptyczny wobec planów poślubienia Marjanki, siostry polskich agitatorów, ale nie chce mu w tym przeszkadzać. Przyrzeka pełną pomoc swoją i rodziny, by Marjanka stała się dobrą Niemką. Czytelnik czuje, że ta „poczciwość niemiecka" wystawiona zostanie na ciężką próbę.

W kolejnych dwóch rozdziałach maluje autorka tło konfliktu polsko-niemieckiego. Polacy, korzystając z ochrony żołnierzy francuskich i angielskich, wszelkimi niecnymi sposobami szykują się do przejęcia Śląska. Starsze pokolenie Niemców znosi w pokorze niesprawiedliwość, wierząc, iż kres ich hańbie położy tylko wygrana w plebiscycie, osiągnięta przy wydajnej pomocy braci z całej Rzeszy. Młodsze pokolenie rwie się do walki. Autorka, by zachęcić wahających się rodaków do wspierania sprawy śląskiej, z lubością mnoży sceny bestialstwa Polaków, nie wdając się w żadne rozstrząsania racji.

Ale powróćmy do historii Marjanki. Po osiągnięciu pierwszego celu, jakim było małżeństwo z Eberhardem i po udawanych próbach przekonania rodziny męża, że jest całą duszą po stronie sprawy niemieckiej, przystępuje do realizacji kolejnych etapów perfidnego planu. Wiemy o nim bezpośrednio z ust Tomka, brata, który we wcześniejszym rozdziale informuje polskich przyjaciół o szczegółach na spotkaniu agitacyjnym:

(...) zapomnieliście chyba, że od kilku tygodni moja siostra jest panią Schauler?
– Długo nie chciałem wierzyć, odpowiedział Sypnewsky. Wydawało mi się zupełnie niemożliwe, żeby młodszy Schauler,

który zawsze silnie podkreślał swoją niemieckość, mógł się dać nabrać.

– E, moja siostra nie jest niemądra, wiedziała, z której strony go podejść. Niemieckie kobiety nie przywiązują wagi do adoracji. Tej nie powinno się im odmawiać, a mężczyźni niemieccy są takim bydłem. Nie było trudno złowić Schaulera.

Głównym zadaniem Marjanki było intrygowanie, w wyniku czego powstałyby wymierne szkody dla sprawy niemieckiej. Miała ucierpieć fabryka szwagra Heinricha Schaulera, tak by doprowadzona do bankructwa, stała się łatwym łupem do przejęcia przez kapitał polski. Marjanka rozpoczyna działania od osłabienia pozycji zaufanego Heinricha, majstra Kolbego. Rzuca na niego różne podejrzenia i oskarża o celowe zepchnięcie ze schodów, w wyniku którego odniosła poważne obrażenia. Przede wszystkim, co stwierdził p o l s k i lekarz, poroniła. Mamy zatem rozwiązany problem pozorowanej ciąży, którą nakłoniła Eberharda do małżeństwa. Stara się też wymusić na mężu i szwagrze zwolnienie z fabryki Kolbego, co bardzo poróżniło braci. Kolbe nie daje za wygraną i zdradza pracodawcy, że widział Marjankę, jak spotkała się w pobliskim lesie z bratem Tomkiem. Następstwa takiego oskarżenia mogły być poważne. Zapytana przez szwagra i męża, czy rzeczywiście poprzedniego wieczoru spotkała się z bratem (a czytelnik niemiecki nie wątpi, że Kolbe na pewno mówi prawdę), stanowczo zaprzeczyła. Po czym użyła starego kobiecego wybiegu, odpowiadając pytaniem: „Czy wątpisz we mnie"? Obserwujący scenę Heinrich przeczuwał, kim jest naprawdę Marjanka.

Kolejny, piąty rozdział przynosi przełom w wolno toczącej się do tej pory akcji. Polscy bohaterowie niemieckiej powieści odkrywają prawdziwe, czyli niecne oblicze. Czytelnik dowiaduje się, że Marjanka ma kochanka, polskiego szpiega Kokotta, z którym za dnia spotyka się w jego pokoju w hotelu należącym do niemieckiej rodziny Baumannów. Rozpoznana przez właścicieli, czując zagrożenie, udaje się do brata z prośbą, by ten usunął ich jako niewygodnych świadków. Tak też się dzieje, a kolejne strony rozdziału mają obrazować przerażonemu czytelnikowi ogrom cierpień, jakie spadły na bogu ducha winnych ludzi. Ich straty i cierpienia są ogromne. Najpierw zostaje aresztowany przez Polaków właściciel hotelu Rudolf Baumann. W walce, która wywiązała się w wyniku tych okoliczności, ginie jego siedemnastoletni syn Fritz. Schorowana i nieszczęśliwa żona próbuje ratować męża, oferując polskiemu komisarzowi pieniądze. Ten podle wykorzystuje rozpacz starej kobiety i wymusza na niej sprzedaż hotelu, obiecując zwolnienie męża. Mimo iż formalności zostają dopełnione, Baumann nie odzyskuje wolności, a okrutni Polacy jeszcze bezlitośniej znęcają się nad kobietą. Żądają od niej, by przyrzekła przed polskim księdzem, że w plebiscycie swój głos odda na Polskę. Próbka stylu autorki:

– Także w dniu głosowania oddacie swoje głosy nie na Niemców, lecz na Polaków.
Blady uśmiech zjawił się na twarzy kobiety.
– Mój głos na Polskę? Nie, panie.
– Tak też myśleliśmy. Jest więc pani podżegaczką przeciwko Polakom, o czym właśnie słyszeliśmy.
– Nie będę niczego podejmować przeciwko pańskiemu narodowi, ale mojego głosu nie oddam.
– W porządku. W takich okolicznościach pani mąż nie może zostać zwolniony.
– Nie, panie? Jej głos zadrżał.
– Nie. Jeśli zobowiąże się pani, że w dniu głosowania odda pani głos na Polskę, mąż będzie wolny.
– Nie mogę.
– No to po sprawie!
– Panie, czy może pan żądać, by córka wyrzekła się własnej matki?

Sceny upokorzeń zadanych przez żołnierzy polskich Gertrudzie Baumann, wiernej, kochającej żonie i matce, musiały poruszyć każde współczujące serce. Ciężar zbrodni był ogromny, tak wobec poczciwych Niemców, jak i wobec ich sprawy narodowej, za którą gotowi byli oddać życie. Końcowa scena rozdziału piątego:

Jeden podszedł do obłąkanej kobiety i uderzył ją w twarz.
– „Śpiewaj polski hymn narodowy, stary diable".
I oto pojawiło się gdzieś: pieśń, pieśń – kto mówił o pieśni? Daleki, łamiący się głos rozbrzmiał nagle w jej uchu, jakieś na wpół jękliwe, na wpół śpiewne tony.
– Śpiewaj, śpiewaj... – wrzeszczał tłum.
Kiwnęła głową i z nieobecnym uśmiechem, drżącym z bólu głosem zaśpiewała: „O Schlesien, o Schlesien, du geliebtes Land!"

Autorka przywołuje bardzo popularną śląską pieśń ludową, napisaną i skomponowaną przez Ludolfa Weidmanna (1840–1919). Pierwsza zwrotka i refren brzmią w oryginale:

Auf ihr Schlesier laßt uns singen

Auf ihr Schlesier laßt uns singen,
stimmet an aus voller Brust
Lasset Schlesiens Lob erklingen
seines Wertes uns bewußt!
Überall auf Gottes Erde
mag es schön und herrlich sein
Doch am liebsten bleibet immer
uns die Heimat nur allein.

O Schlesien, o Schlesien
du geliebtes Land
Teure Heimat, wo die Wiege
uns'rer Kindheit stand

co w wolnym tłumaczeniu można by oddać:

Ślązacy, naprzód, śpiewajmy

Ślązacy, naprzód, śpiewajmy,
Nućmy piersią całą
Niech rozbrzmieje Śląska wielkość

Sława i wspaniałość!
Niech na bożej ziemi wszędzie
Pięknie będzie i wspaniale
Ale jednak najdroższą
Ojczyzna zawsze zostanie.

O, mój Śląsku,
Ojczyzno kochana,
Drogi kraju dzieciństwa,
Gdzie kolebka nasza stała.

Końcowa zwrotka przynosi wyznanie wiary niemieckich Ślązaków. Została przypomniana przez pisarkę w chwili przełomowej, by pełniła rolę hymnu niemieckiego Śląska.

W szóstym rozdziale udaje się Marjance wygrać kolejną batalię o przychylność Eberharda. A staje się tak za sprawą pozorowanego napadu grupy polskiej pod wodzą Janka Potyki na fabrykę Schaulera. W obronie niemieckiego męża i szwagra staje Marjanka, „narażając się" na konflikt z rodzonym bratem i rodakami. Ale dwaj inni uczestnicy zajścia dobrze wiedzą, o co w tej scenie rzeczywiście chodzi.

> – Odstąpcie od męża i moich przyjaciół! – grzmiała Marjanka wobec tłumu. Podobna do groźnej lwicy, rzuciła się na Janka, chwyciła go za ramiona, odepchnęła, wytrąciła jednemu z bandytów karabin i zasłoniła sobą Eberharda.
> – Niech się żaden nie waży zbliżyć do niego! – Wydawała się w swoim gniewie straszna. Znowu rzuciła się na Potykę. Ten wyciągnął sztylet, ale Eberhard podskoczył i wytrącił mu broń z ręki.
> – Odejdźcie, mówię jeszcze raz – sapała Marjanka, – weźcie moje życie, ale nigdy tych najdroższych mi ludzi!
> Stało się coś nieprawdopodobnego. Grupa zaczęła się powoli rozchodzić, a Marjanka krzyczała za nimi: – Precz z wami!
> I ta sfora, która nie bała się gromady mężczyzn, teraz cofała się przed kobietą. Janek wzniósł zaciśniętą w pięść dłoń.

– Strzeż się! Już od dawna jesteś na naszej liście, zdrajczyni polskości! Jeśli trzeba, dla naszej sprawy nie uszanuję i naszego pokrewieństwa.
– Weź moją krew, Janku, ale ich zostaw w spokoju. Oni nic wam nie zrobili. Gwarantuję to moim życiem, że chcą zawsze najlepszego. Tfu, ty bandyto, gardzę tobą!"

Taka postawa Marjanki pozwoliła usunąć w cień wszelkie podejrzenia Eberharda. Tym bardziej, że wciąż zakochany Niemiec uwierzył we wszystko, co Marjanka przy tej okazji miała do powiedzenia w kwestiach dla niej drażliwych, czyli potajemnych spotkań z Kokottem i bratem Tomkiem. Okoliczności przemawiały za nią, świadcząc o jej wierności i oddaniu sprawie niemieckiej. Tylko dwaj uczestnicy zajścia: starszy brat Heinrich i jego wierny pomocnik majster Kolbe znali prawdę. Głos wewnętrzny Heinricha podpowiadał mu, że „wszystko jest kłamstwem".

W przedostatnim rozdziale wydarza się to, co wydarzyć się musiało. W warstwie historycznej zbliżał się dzień plebiscytu, więc i w warstwie fabularnej dojść musiało do polaryzacji stanowisk. Autorka każe władzom francuskim (oczywiście za podjudzeniem polskim) wydalić z rodzinnego miasta Heinricha Schaulera. Wkrótce następny cios spada na rodzinę fabrykanta. Jego siedemnastoletni syn Erich zostaje rozpoznany jako zamachowiec na życie Tomka Potyki i przez tłum Polaków bestialsko zamordowany. Eberhard, z którym Heinrich rozstał się nadzwyczaj chłodno, postanowił pojechać do Opola, by tam u władz niemieckich szukać wsparcia dla brata. Podróż zaplanował na dwa dni, ale skrócił ją i wcześniej wrócił do domu. Powodowany złym przeczuciem zakradł się pod własny dom, by sprawdzić, co się w nim dzieje. Czytelnik szybko skojarzy fakty i wie, iż Marjanka i tym razem straci poczucie ostrożności, spotykając się w domu męża z bratem Tomkiem! Eberhard zjawia się więc w czasie, gdy rodzeństwo głośno komentuje ostatnie wydarzenie i wyjawia plany przejęcia fabryki Schaulerów. Eberhard słyszy też o sobie bardzo niepochlebne słowa i to z ust tej, którą kochał, której bronił przed własną rodziną! Tego było za dużo! By zdobyć „mocne" dowody, wciągnął w proceder podsłuchów majstra Kolbego, a wzmocniony jeszcze mądrymi i rozważnymi radami szwagierki postanowił rozmówić się ostatecznie z Marjanką.

Jak miłość w obliczu zdrady i w podszeptach gniewu szybko zmienić się może w nienawiść, powszechnie wiadomo. Jednak w burzliwej scenie obrachunku Eberharda z Marjanką przedmiotem rozmowy nie jest bynajmniej zdrada małżeńska. Dla autorki powieści *Ojczyzna wzywa* ważniejsza od niewierności małżeńskiej jest zdrada interesów niemieckiej ojczyzny. Jej zarzut dotyczy w równym stopniu Niemca Eberharda, jak i Polki Marjanki. Eberhard ciężko zgrzeszył, żeniąc się z Polką i dając się jej wodzić za nos. Marjanka posłużyła pisarce za ucieleśnienie wszelkiego zła, które czyha na Niemców ze strony Polaków. Gwałtowna potyczka słowna małżonków miała wykazać, po czyjej stronie leży moralna racja i kto wyszedł z niej zwycięsko. Prawdziwą zwyciężczynią okazała się Grete Schauler, cicha, oddana żona i troskliwa matka, która mimo ciosów, jakie spadły na rodzinę, zachowała hart ducha i wierność niemieckim cnotom: skromności, uczciwości oraz niezłomności patriotycznej. To ona przejmuje odpowiedzialność za fabrykę, daje wsparcie Eberhartowi, wreszcie odpiera wszelkie insynuacje Marjanki, że pozostali Niemcy nie przyjdą z pomocą Ślązakom:

> Gdyby mi nawet tysiąc trąb brzmiało do ucha: oni nie przyjdą, nie usłyszałabym ich. Słucham głosu krwi! Co wiesz o śląskich sercach, co wiesz o dzieciach tego kraju, co wiesz o sile, która woła: ojczyzna jest w niebezpieczeństwie, ratujcie wasz Śląsk! Oni przyjdą, Marjanka, oni wszyscy przyjdą, wszyscy. Pokaż mi tych, którzy chcą pozostać. Nie znajdziesz nikogo!

I tak zbliżamy się do finału opowieści: zło musi osiągnąć apogeum, by mogło zatriumfować ostateczne dobro. Jakby nieszczęść spadających na rodzinę Schaulerów było mało, autorka każe swoim bohaterom dalej cierpieć, co jest w pełni zrozumiałe, ponieważ w jej przekonaniu symbolizują cierpienia wszystkich niemieckich Ślązaków. Zemsta Marjanki musi wypaść nadzwyczaj okrutnie. Co cennego pozostało jeszcze Schaulerom do odebrania? Siedemnastoletnia piękna, niewinna córka Ilse staje się ofiarą gwałciciela i okrutnika Tomka Potyki, a fabryka – ofiarą płomieni podłożonych przez robotników polskich. Czytelnik nie ma wątpliwości, kim są ci, którzy wyrządzają Niemcom krzywdę(?!). Odpowiedź sama ciśnie się na usta. Zauważmy, że w powieści Magdy Trott nie przewija się choćby zarys „jaśniejszej" postaci polskiej, choćby po chrześcijańsku współczującej tym, którym dzieje się niesprawiedliwość. I ta decyzja pisarki w pełni znajduje uzasadnienie w tendencji utworu: „my" lub „oni". Warto jeszcze dodać, że te niezliczone zbrodnie Polaków w sytuacji roku 1920, sytuacji pokonanych Niemiec, konfrontuje autorka z dwiema postawami uciskanych. Starsze pokolenie jej bohaterów skłania się ku postawie cierpiętniczej, postawie ofiary, czerpiącej siły z niezłomności charakteru, wiary w słuszność sprawy, miłości ojczyzny. Młode pokolenie stawia czynny opór i choć jeszcze przegrywa, czytelnik wie, do kogo należy przyszłość. Rozwój wypadków politycznych w Niemczech przechylił zdecydowanie szalę na stronę przemocy. Już w następnej dekadzie rozważanie własnych krzywd służyło wyłącznie do wzięcia odwetu na krzywdzicielach i żaden z pisarzy nie posłużył się schematem małżeństwa niemiecko-polskiego. Wraz z nazistowskim szaleństwem rasowym skończyła się legalność wspólnoty łoża i stołu.

Wracając do roku 1920, do przesłania pisarki-agitatorki Magdy Trott. Składa się ono z dwóch części: oskarżeń wobec Polaków i wizji niemieckiego Śląska po wygranym plebiscycie.

Eberhart na gruzach własnej fabryki przemienia się w nieformalnego przywódcę, najpierw oskarżyciela, później – wizjonera.

> Ślązacy! Bracia wierni niemieckości! W daleki wszechświat kieruję moje oskarżenie! Polska dłoń tyranów podłożyła ogień w tym domu. Ta tyrańska dłoń, która was przygniata wielkim ciężarem, to ta sama dłoń, która nurza się we krwi naszych kobiet i dzieci, niszczy naszych najlepszych synów. Na podobieństwo wampirów próbują wyssać z nas ostatnią kroplę sił zdrowych i wpuścić w nasze żyły polską truciznę. Ślązacy, dzień wielkiego rozstrzygnięcia jest bliski. I tak jak pękają te mury, pęknie i rozpadnie się w pył kraj, który zbudowany został na rabunku, chciwości, kłamstwie i zbrodni.

A powstanie?

> Dzień plebiscytu będzie więcej niż zwycięstwem sprawiedliwości, będzie zapowiedzią nowego czasu, z czarnej ziemi Górnego Śląska powstanie nowy duch, nowa siła. Górnośląski balsam zaleczy powoli głębokie rany, które pozostawiła wojna, Górnoślązacy wykują nowe niemieckie szczęście. Ślązacy, już świta, wstaje dzień! Ciemne zasłony opadają, opromienieni blaskiem pozdrawiamy wyzwoloną ojczyznę i przysięgamy na nowo wieczną wierność Ziemi Śląska.
> Z tysiąca gardeł wydobył się radosny okrzyk: Śląsk, niemiecki Śląsk!

Koniec opowieści. Plebiscyt został przeprowadzony 20 marca 1921 roku. Za Niemcami głosowało 59,5%, za Polską 40,4%. Ale z takiego obrotu sprawy żadna ze stron nie była zadowolona. Ciąg dalszy musiał nastąpić.

4. Co będzie z dzieckiem, którego ojcem zostanie Polak, a mamą Niemka?

Zanim czytelnik zorientuje się, jaki jest prawdziwy powód wizyty młodej Niemki Iny Brinken w gabinecie młodego polskiego lekarza Martina (Marcina) Bukowicza późną porą pewnego listopadowego dnia 1918 roku w miejscowości Drolewo, gdzieś na poznańskiej prowincji, musi zapoznać się z kilkoma informacjami wprowadzającymi. Nieco wcześniej dowiaduje się, że: 1. Ina w „złej godzinie" zwróciła Martinowi słowo, 2. przyszła z propozycją, by spróbowali raz jeszcze, 3. ma za złe Martinowi nie to, że teraz przyznaje się on do polskości, ale że wcześniej nosił mundur oficera pruskiego, okazał się tchórzem, zdradził niemiecką ojczyznę, za którą walczył.

Na wyjaśnienie Martina, iż Niemcy nie są, nigdy nie były jego ojczyzną, z ust Iny pada ważne stwierdzenie: „Nie mów tak przez wzgląd na nasze dziecko...". Od tego momentu czytelnik zaczyna wiązać fakty, rozumieć i śledzić rozwój powieściowych wypadków. Te, jak już wiemy, wpisują się w wydarzenia polityczne przełomu lat 1918/1919 na ziemiach dawnego zaboru pruskiego, które w wyniku przegranej Niemiec w I wojnie i skutecznych działań zbrojnych Polaków stają się częścią składową odradzającego się państwa polskiego.

Zrekonstruujmy fabułę liczącej 299 stron powieści *Der brennende Osten*[65] (Płonący wschód) dwudziestoośmioletniej pisarki Gertrudy von Brockdorff.

Młoda panna Ina Brinken, śliczna latorośl niemieckiej rodziny osiadłej na wschodzie Niemiec, zakochała się z wzajemnością w Martinie Bukowiczu, młodzieńcu z okolicy, robiącym karierę w armii niemieckiej. Siła młodzieńczego uczucia nie powstrzymała ich, raczej pchnęła do namiętnego kroku, bo i cóż w tym dziwnego, przecież dali sobie słowo, że będą razem. Czytelnik nie został poinformowany, ile razy doszło do czułych zbliżeń w odległej od domu altanie ogrodowej, porośniętej wokół drzewami i gęstymi krzewami. Nie wie też, o czym rozmawiali, choć to akurat wiedza najmniej mu potrzebna. Problem, jak zawsze w takich wypadkach, zaczyna nabierać znaczenia, gdy panna zauważa, że jest w ciąży.

Fakt ciąży przedmałżeńskiej nigdy nie przysparzał młodym, ani obu rodzinom specjalnego bólu głowy, gdy sprawy szły we właściwym kierunku. Gdy młodzi mieli się ku sobie, a rodziny wiedziały o związku i go akceptowały.

Ina chciała o swoim stanie poinformować matkę, ale właśnie w tym czasie została ona zastrzelona z ukrycia przez nieznanych sprawców. Autorka sugeruje, że była to sprawka band polskich. Plotka głosiła, że do lokalnych przywódców Polaków należał doktor Martin Bukowicz. Wokół Iny zaczęły piętrzyć się trudności.

Trudną rozmowę z ojcem zostawiła na później, najpierw postanowiła zająć się pogrzebem matki i rozmówić z Martinem. W tym celu odwiedziła w sąsiedniej wsi Polkę Kwalecką, zajmującą się przygotowaniem zmarłych do pogrzebu, a w Drolewie zaszła do gabinetu Bukowicza...

---

[65] G. von Brockdorff, *Der brennende Osten*, Berlin 1921.

Zrozumiałe, że czytelnik niemiecki będzie zwracał uwagę na inne kwestie, inaczej je rozumiał i ulegał innym emocjom podczas lektury. Polski czytelnik powieści *Płonący wschód*, pominie ewidentne słabości warsztatu literackiego i uproszczony rysunek psychologiczny postaci, zwróci za to uwagę na wątek polski i z dużym sceptycyzmem śledził będzie jego rozwój.

Zatem Ina odwiedziła swojego kochanka, by mu powiedzieć, że jest w ciąży i uregulować palącą kwestię przyszłości, która rysowała się nie tak prosto, jak wcześniej myślała. Zaostrzenie kwestii narodowych położyło się cieniem na ich związku. Ina oddając się w altanie ogrodowej Martinowi, budowała swoją przyszłość na stabilnej sytuacji politycznej i statusie przyszłej żony oficera pruskiego. Niestety, konflikt polsko-niemiecki w szybkim tempie nasilał się, różnice pogłębiały i zmuszały do opowiedzenia się po którejś ze stron. Gdyby Martin obrał niemiecką przyszłość dla swojej rodziny, mógłby spokojnie wyjechać w głąb Rzeszy, zmienić nazwisko, zatrzeć wszelkie polskie ślady. Czy byłby (byliby) szczęśliwy? Życie zna różne rozwiązania. Decyzja o wyborze drogi Polaka, w odradzającej się Polsce, pociągała za sobą dwie konsekwencje: 1. musiałby na każdym kroku potwierdzać swoją tożsamość, zwłaszcza z uwagi na niemiecką żonę oraz 2. Ina musiałaby zerwać z przeszłością niemiecką, stać się żoną Polaka i matką wychowującą dziecko w duchu polskim. Od tego momentu, gdy uświadomili sobie konsekwencje związku, kwestia narodowa stanęła w centrum ich rozmów. Uczucia zeszły na plan dalszy lub przestały się w ogóle liczyć. Pierwsza reakcja Martina na wieść, że będzie miał dziecko z Iną:

> Ino, nasze dziecko będzie miało nową ojczyznę. Piękną ojczyznę! O starej musisz zapomnieć. Tak jak inne musiały przed tobą; tysiące polskich matek.

Ina z kolei rozważała:

> Czego właściwie chcę? Przyszłam przecież do niego z prośbą, by nie odmówił mojemu dziecku swojego nazwiska. Muszę być pokorna i milczeć.

(...)
Co mnie obchodzą Niemcy w tym momencie? Chcę odzyskać honor. I muszę być wdzięczna każdemu, kto mi go zwróci.

Gdy tak stali w pokoju naprzeciwko siebie, nie przypominali kochanków, każde myślało o „swojej" sprawie: on – o odradzającej się ojczyźnie, a ona?

Ina Brinken zbladła. Miała wrażenie, że nie są sami w pokoju. Tak jak oni stali naprzeciwko siebie, stały w tym momencie naprzeciwko siebie miliony. Twardy, władczy uśmiech na miękkiej, nieco melancholijnej słowiańskiej twarzy mężczyzny przypominał uśmiech milionów. Uśmiech polskich milionów, które w tej chwili powstały.
I tak jak ona, Ina Brinken, bezbronna schyliła w tym momencie głowę i zagryzła wargi, podobnie stały miliony Niemców z zaciśniętymi wargami i bezbronnymi rękami.

Czytelnik musi pokonać sto stron, by powrócić do przerwanego wątku rozmowy Iny z Martinem. Te sto stron poświęciła autorka na omówienie sytuacji politycznej w Wielkopolsce, na opisy zdezorientowanych Niemców i zauroczonych wolnością Polaków, skandujących co chwila *Jeszcze Polska nie zginęła*, pijących wódkę w karczmie, spiskujących i złorzeczących Niemcom. W życiu Martina Bukowicza zaszły istotne zmiany: został burmistrzem Dolewa, słyszy się też o jego awansie na jakiś wysoki urząd w Poznaniu.

Któregoś dnia Martin zjawia się w domu rodzinnym Iny. Rozmowa nie klei się, grozi nawet zerwaniem. Wtedy Ina decyduje się na desperackie wyznanie:

Nie odchodź, Martinie! – Nie powinieneś. – Musisz być przy mnie! Bez ciebie jestem taka samotna! – Co stanie się ze mną? – Co stanie się z naszym dzieckiem?

Stanowisko Martina jest niezmienne:

> Dziecko powinno nosić moje nazwisko, Ina. – Powinno dzielić losy mojej ojczyzny. To od ciebie zależy, by dziecko miało ojczyznę.

Ina wiedziała, że z tej sytuacji nie wyjdzie zwycięsko, że musi przyjąć twarde jak na Niemkę warunki:

> Podeszła do okna i powiedziała cicho z odwróconą twarzą: „Niech się tak wkrótce stanie, Martin. Pomówię z ojcem, gdy tylko wróci do domu".

Pozostała jeszcze jedna kwestia do wyjaśnienia: religia. Ina była protestantką, ale Martin nie uznał tego na razie za przeszkodę[66].
Kolejną ważną sceną jest rozmowa Iny z ojcem. Jak można było przypuszczać, w sytuacji narastającego konfliktu polsko-niemieckiego zgoda rodzica na małżeństwo wydawała się niemożliwa. Ale Ina była w ciąży i by uniknąć skandalu widziała tylko jedno rozwiązanie – małżeństwo. Tego jednak nawet tak kochający i tolerancyjny ojciec jak Hermann Brinken nie mógł zaakceptować. Dlatego z rozpaczy popełnił samobójstwo.
Po tragicznych wydarzeniach w rodzinie Ina przyjęła wszystkie warunki Martina, łącznie ze ślubem w obrządku katolickim. Czuła, że płaci wysoką cenę jako niezależna dotąd kobieta i Niemka, nie była jednak w stanie niczego zmienić. Poddawała się bezwolnie biegowi wydarzeń, to one przymuszały ją do czegoś, czego wewnętrznie nie akceptowała. Również Martin nie czuł się szczęśliwy, dla swojego postępowania znajdując jedynie sankcję obowiązku patriotycznego:

> Moje małżeństwo z Iną Brinken będzie walką, myślał, ale w tej walce ja muszę być zwycięzcą. Muszę zatriumfować nad krwią niemiecką w niej.

---

66 Problem małżeństw mieszanych niepokoił w równym stopniu Kościół katolicki jak i Kościół protestancki. Rywalizacja była ostra, oprócz sporów dogmatycznych, chodziło przede wszystkim o problem czysto przyziemny, czyli o liczbę wiernych.

Po ślubie zaczęły się dla Iny i Martina dni codzienności małżeńskiej, ale nie o nich chciała donosić czytelnikowi autorka. Bardziej interesowały ją wydarzenia polityczne, podsycane przez obie strony konflikty narodowościowe, ucieczka Niemców z Poznańskiego, krzywdy wyrządzane im przez Polaków, wreszcie uszczypliwości na tle narodowym między małżonkami. Przecież każde z nich pielęgnowało w sobie dumę narodową i czuło się w obowiązku jej bronić. Już ich polsko-niemieckie małżeństwo „naruszało" klarowny stan dwóch nacji. Dziecko dodatkowo komplikowało sytuację:

> Co będzie z jej dzieckiem, dzieckiem, którego własnym ojcem będzie Polak, a mamą – Niemka? Dzieckiem rozdartym między słowiańskim wschodem i niemieckim zachodem. Czy ma pozostać bez ojczyzny?

Ina coraz bardziej nienawidziła Martina. Im bardziej wciągał ją w polskie stosunki, im bliżej poznawała polskie otoczenie, słuchała polskich rozmów o polityce i ojczyźnie, tym bardziej utwierdzała się w przekonaniu, że jej miejsce nie jest przy boku męża, a na pewno nigdy nie podzieli jego uczuć patriotycznych. Miała przecież swoją ojczyznę, którą Polacy w jej oczach znieważali i której nienawidzili.

Sytuacji w małżeństwie Bukowiczów nie mógł poprawić awans Martina do Poznania. Mimo iż materialnie polepszyło im się znacznie, Ina miała do dyspozycji ogromne mieszkanie, nowe meble i służbę, codzienne niesnaski nie ulegały złagodzeniu, wręcz przeciwnie, wszystko sprzyjało narodowej konfrontacji. Nawet narodziny dziecka, syna, tak przecież oczekiwanego, nie wpłynęły na zmianę relacji między małżonkami. Martina pochłonęła w pełni praca, a raczej służba na rzecz odradzającej się Polski, Ina straciła całkowicie serce dla rodziny, jej myśli zaczęły intensywniej krążyć wokół niemieckiej ojczyzny. Zwłaszcza w czasie, gdy Martin przebywał służbowo w Warszawie, nadarzyła się okazja, by odnowić dawne kontakty. Częściej spotykała się z panią Hauser, która zlikwidowała gospodarstwo i starała się o wyjazd w głąb Niemiec. Nawiązuje zatem kontakt z dawnym znajomym Friedem von Waldau, teraz organizatorem czynnego niemieckiego oporu. To od niego, poszukiwanego przez władze polskie za działania dywersyjne, dowiaduje się o konspiracyjnym zebraniu niemieckich grup samoobrony. Nietrudno zrozumieć cel pisarki, nakazującej bohaterce pozostawić maleńkie dziecko pod opieką polskiej niańki i udać się na spotkanie czujących i myślących tak jak ona. Tam usłyszała słowa mówcy, które przypominały, kim właściwie jest i czego na pewno nie powinna się wyrzekać, a o co walczyć.

> Ina zamknęła oczy. Sprawiało jej przyjemność wsłuchiwanie się w dźwięk tego ostrego, metalicznego głosu. Głosu, który w wysokich, jasnych tonach mówił o Niemczech, jakby to było objawienie. Głosu upominającego Niemców w Polsce, by wytrwali w swej niemieckości i nie ulegli zniechęceniu. Mówiącego o niemieckości marchii wschodniej, o rdzennej zasiedziałej niemieckości. O tym, że niemiecka pracowitość i niemiecka solidność zdobyły te polskie ziemie. Ina nasłuchiwała. I widziała, że tysięczny tłum wokół niej nasłuchiwał tak samo jak ona – przejęty i pełen napięcia.
> Jasny, metaliczny głos na podium brzmiał jak sygnał do bitwy.
> „Niemcy, nie tolerujcie, by wasze dzieci stały się Polakami! Nie zgadzajcie się na to, by odebrano im łączność z niemiecką ojczyzną. Ponieważ niemiecka ojczyzna jest glebą, z której czerpiemy naszą siłę".

Na koniec mówca zaintonował *Deutschland, Deutschland über alles*. Co czuła wtedy Ina Bukowicz, z domu Brinken, Niemka, ale żona Polaka, matka ich wspólnego dziecka? Czytelnik wie, że jest to pytanie retoryczne. Gertruda von Brockdorff nie miała wątpliwości, czyja sprawa w sytuacji konfrontacji ma zwyciężyć, więc i jej bohaterka pozbyła się ostatecznie wątpliwości.

Decyzję o zerwaniu z dotychczasowym życiem przyśpieszyło spotkanie po drodze Suchowiaka, jednego z przyjaciół męża. Ten wiedział, że Ina była na antypolskiej demonstracji, wiedział też o jej znajomości z poszukiwanym Friedem von Waldau. Presja, by Ina wydała miejsce pobytu znajomego, spowodowała, że jeszcze tego samego wieczoru zabrała dziecko, papiery polskiej niańki oraz pieniądze i udała się na dworzec kolejowy. Jej plan przewidywał dotarcie nocnym pociągiem do Drolewa, a stamtąd pieszo do rodzinnej wioski, gdzie spodziewała się zastać przyjaciela i razem z nim przejść nielegalnie granicę do Niemiec.

Wszystko przebiegało bez problemów, dopóki nie natknęła się po drodze na polski patrol. Okolica porośnięta była gęstymi krzakami, udało jej się więc wymknąć z pułapki, ale została postrzelona. Dotarła do rodzinnego domu. Tam czekały na nią pani Hauser i Frieda Waldau. Wkrótce mieli wyruszać na przeprawę. Szczęście wydawało się bliskie, jednak rana postrzałowa okazała się śmiertelna. Słabnąca Ina myślała tylko o jednym, o dziecku, które uciekający mieli zabrać ze sobą do Niemiec.

Niemcy? zapytała jasnym głosem, tu są przecież Niemcy.
Jej oczy zamknęły się nagle. Ale na jej bladych ust pojawił się uśmiech. Dawny, pełen zwycięstwa uśmiech wielkopański.

Zakończenie powieści młodej pisarki jest symboliczne. Ina, uwikłana w niechciane małżeństwo z Polakiem, zrywa je, opowiadając się jednoznacznie po stronie własnego narodu. Zadecydowała też o losie wspólnego dziecka. Sama pozostała „u siebie" na wieki jako strażniczka niemieckiego wschodu. A „władczy uśmiech" był znakiem zwycięstwa nad Martinem i jego polskością.

5. Ja trzymam stronę męża...

Utwór Rudolfa Fitzka *Das Volk an der Grenze*[67] (Naród na granicy) w 3 aktach uznać można za ideową kontynuację powieści Magdy Trott *Ojczyzna woła*. Trott mobilizowała czytelnika, tego ze Śląska i tego z Rzeszy, do aktywnego uczestnictwa w plebiscy-

---

[67] R. Fitzek, *Das Volk an der Grenze. Ein Drama deutscher Minderheit*, Breslau 1933.

cie, względnie do moralnego oraz finansowego wspierania akcji. Przesłanie dzieła skierowane było na osiągnięcie konkretnego, politycznego celu, którego czas realizacji wyznaczyła Międzysojusznicza Komisja Plebiscytowa. Historyczny wynik plebiscytu wraz z towarzyszącymi mu konfliktami zbrojnymi znamy dobrze. Podział Śląska na niemiecki i polski spowodował, że na określonych terenach dana grupa narodowościowa stanowiła większość, a na innych – mniejszość narodową. Rudolf Fitzek za miejsce akcji swojego dramatu obrał „miasto przemysłowe na polskim Górnym Śląsku". Choć jako datę publikacji wydawca podał rok 1933, z pobocznych informacji wiemy, że prapremiera sztuki odbyła się już w 1930. Zatem rok ten uznać należy za miarodajny dla przedstawionych wydarzeń, przekonań i postaw bohaterów.

Kim oni są? Główna intryga sztuki zbudowana została wokół losów rodziny Janoschków. Głową czteroosobowej rodziny jest Thomas Janoschek, „nadmajster w pewnej hucie stali, mąż zaufania »Związku Niemców«, około pięćdziesiątki". W spisie dramatis personae autor nie identyfikuje jednoznacznie jego przynależności narodowej, domyślamy się, że jest lub czuje się Niemcem, aczkolwiek bycie Niemcem na Śląsku oznaczało przeważnie też jakiś związek z polskością. Thomas w pierwszym akcie zwierza się żonie:

– Jesteśmy narodem na granicy! W jaki sposób możemy pozostać sobą? Musimy się zdecydować! Nawet gdyby nas dorosłych miało to zgubić! Wtedy, gdy przyłączano nas do Polski, Marto, nie spałem wiele nocy, ale nie mówiłem o tym. Zbyt długo pozostawiłem cię samą sobie. Chcę być Niemcem!

Jego szwagier, przedstawiony przez autora jako „Alfons Franetzky, brat Marty, inżynier w zarządzie miasta, Polak" twierdzi co prawda złośliwie, że Thomas (Tomasz) „jako młody chłopak mówił tylko po polsku, a jego rodzice nie znali prawie niemieckiego. Teraz udaje, że jest wiernym Niemcem!"

Proces krystalizacji postaw narodowych i politycznych na Górnym Śląsku, tak wśród ludności niemieckiej jak i polskiej, przebiegał niezwykle dynamicznie i różnica dziesięciu lat ma znaczenie podstawowe. Dochodziło zarówno do potwierdzenia identyfikacji narodowej jak i do zmiany orientacji. W 1921 roku mógł ktoś głosować na Polskę, a znaleźć się w granicach państwa niemieckiego lub na odwrót, mógł też w kilka lat później, w 1930 roku, dojść do przekonania, że jednak czuje się bardziej Niemcem względnie Polakiem.

Zsumujmy dane. W roku 1930 główny bohater sztuki ma lat pięćdziesiąt, córka Agnes – dwadzieścia, zaś syn Ernst – czternaście, czyli w roku 1921 (plebiscyt) byli odpowiednio o dziewięć lat młodsi. Podobnie Marta Janoszek, z domu „Franetzky" lub „Franecka". Gdy Tomasz i Marta (później: Thomas i Martha) zawierali związek małżeński, a musiało to być około roku 1908/1909, on miał około trzydziestki, ona – nieco mniej i wtedy niepodległej Polski jeszcze nie było. Wiemy, że w młodości Tomasz mówił tylko po polsku, więc obracał się w środowisku polskim i tam poznał swoją przyszłą żonę. Wniosek nasuwa się prosty: nawet jeśli miał jakieś korzenie niemieckie, nie były one ani pielęgnowane, ani eksponowane, choć pochodzenie niemieckie przynosiło wymierne profity.

Dla ideowych potrzeb dramatu Rudolf Fitzek, zdeklarowany narodowy socjalista, autor wiernopoddańczych wierszy na cześć Hitlera, wyznaczył swojemu bohaterowi trudną drogę dochodzenia do niemieckości. Gdy w akcie pierwszym Thomas Janoschek, człowiek pięćdziesięcioletni, ożeniony z Polką i mający z nią dwoje dzieci, mieszkający na p o l s k i m Górnym Śląsku składa wobec żony sakramentalną deklarację „Chcę być Niemcem!", musi ten akt mieć swoje konsekwencje.

> – Nasz Ernst od kołyski jest Niemcem, a teraz miałby zostać Polakiem? To oznacza złamane życie, jak nasze. Wtedy będzie on na zawsze taką hybrydą, jak ty i ja! Gdy tylko skończy szkołę, wyślę go na studia do Niemiec!

Po burzliwym rozwoju akcji pełnej polskich intryg, polskich szpiegów i polskich bojówkarzy Thomas Janoschek zostaje zdradziecko zabity. Jego ostatnia myśl i wypowiedziane ze sceny słowa poświęcone są synowi, którego wychowywał na „prawdziwego Niemca". Świadomość, że „Ernst jest w ... Niemczech...!" pozwoliła mu spokojnie spełnić rolę ofiary za sprawę i w teatralnych konwulsjach, na oczach wzruszonej taką postawą publiczności, wzburzonej podłością polskich bandytów – wydać ostatnie tchnienie!

Ogólną tendencją „sztuki" było przedstawienie, a właściwie wykreowanie ogromu krzywd Niemców na polskim Górnym Śląsku. Wprzęgając się w nazistowską propagandę autor wypaczył nawet przewodnią ideę *Roty* Marii Konopnickiej i zamiast wersji „Nie będzie Niemiec pluł nam w twarz" włożył w usta młodego Janoschka wersję nakazującą Polakom pluć Niemcom w twarz (!). Główny bohater wygłasza też niejednokrotnie „eksperckie" sądy na temat języka śląskiego i braku jego związków z polszczyzną. Co odnotowuję z kronikarskiego obowiązku.

Literatura uzupełniająca

Chodera J., *Literatura niemiecka o Polsce w latach 1918–1939*, Katowice 1969

Janikowski T., *Die blutende Grenze. Literatur und Publizistik zur oberschlesischen Teilung (1922)*, Berlin 2014

Jesionowski A., *Problem polski na Śląsku w świetle nowszej beletrystyki niemieckiej*, Katowice 1939

Szewczyk G., *Utracona ojczyzna. Śląsk Górny w literaturze niemieckiej*, w: „Śląsk" 1997, nr 6

Urbanowicz M., *Polska w literaturze niemieckiej na Śląsku w I połowie XIX w.*, w: „Germanica Wratislaviensia" 3 (1959), seria A, s. 23–45

Wojciech Korfanty

ROZDZIAŁ SZÓSTY
Pękły okowy
Walka o polski Śląsk

1. Powstania śląskie w literaturze polskiej

Nie jest odkrywcze stwierdzenie, że główni przedstawiciele polskiej literatury dwudziestolecia międzywojennego nie wykazywali większego zainteresowania tematem Śląska, a zwłaszcza losami powstań śląskich i zmagań o jego przyłączenie do macierzy. Fakt ten tłumaczy się na wiele sposobów. Dominuje teza, iż zagrożenie ze strony Rosji bolszewickiej, świeżo powołanego do życia bytu państwowego, skupiło na sobie całą uwagę opinii publicznej. Tylko nieliczni autorzy - by połączyć w jedność zmagania o państwowość polską - posyłali swoich bohaterów najpierw do walki o Śląsk, a następnie wysyłali ich na wschód, do walki z bolszewikami. Równorzędność interesów poszczególnych regionów kraju w tej klamrze ideowo-politycznej nie była bezdyskusyjna. Prawdę tę ujawniła słynna *Odezwa Wojciecha Korfantego do Ludu Śląskiego* z 1927 roku, w której Korfanty otwarcie atakował politykę wschodnią Piłsudskiego, kosztem interesów Śląska:

> Gdyśmy tu walczyli o każdą piędź ziemi polskiej, która więcej jest warta, niż całe powiaty na Rusi, odpowiedzialni sternicy naszego państwa szukali szczęścia i sławy pod Kijowem, by później bronić Polski..., aż pod bramami Warszawy. Niemcy zaś ludności górnośląskiej co dzień obwieszczali o upadku Warszawy, ryczeli pod oknami *Finis Poloniae...* W takich warunkach zdobywaliśmy Górny Śląsk dla Polski[68].

---

68 Cyt. za *Insurgenci. Opowiadania o powstaniach śląskich*, wyboru dokonał i wstępem opatrzył B. Lubosz, Katowice 1980, s. 8.

Podobną w duchu opinię wyrażała Zofia Kossak, opatrując zbiór opowiadań-reportaży z roku 1932 tytułem *Nieznany kraj*. W wydaniu z 1961 roku, w uaktualnionym zakończeniu książki, do starych błędów dodała pisarka i nowe:

> To mściła się słaba znajomość historii własnych ziem, sprawiająca, że dla przybyszów z Polski centralnej lub wschodniej Śląsk pozostawał nadal n i e z n a n y m   k r a j e m. Nie rozumiejąc jego dziejów, nie umieli rozpoznać serc śląskich pod pozornym nalotem niemczyzny[69].

Śląski punkt widzenia na zachowania władzy centralnej wobec tej ziemi[70], wręcz poczucie, iż traktowani są jako „teren zdobyczny" dla majątków, posad i stanowisk ludzi przyjezdnych, manifestował się w o wiele bardziej krytycznych opiniach. Już w wydanej w 1929 roku powieści *Człowiek w płomieniach* Alfons Pośpiech wymieniał cały katalog zarzutów i pretensji rodowitych mieszkańców Śląska, przelewających krew dla obrony polskości wobec tych, którzy niezasłużenie konsumowali ich walkę i zwycięstwo. Kilka przykładów:

> (...) my Ślązacy przelewaliśmy naszą krew, a jeżeli za to, że nie umiemy delikatnie mówić po polsku, chcą nas uważać za Polaków czwartej klasy, źle czynią! Śląsk nam się należy! I na tem koniec!
> – Pierony, pierony fałszywe! – Zgrzytali i inni. Najbardziej odczuć się dało ogólne niezadowolenie wśród urzędników państwowych, którzy nie znajdując odpowiedniej opieki przed potopem Małopolan, gromadzili się około jednego Ślązaka, który posiadał na tyle odwagi, by otwarcie występować przeciw niezdrowym stosunkom, które przez ludzi z Małopolski,

---

[69] Z. Kossak, *Nieznany kraj*, Warszawa 1961, s. 351.
[70] Trudny problem relacji na Górnym Śląsku z niemieckiego punktu widzenia opisuje Horst Bienek w powieści *Pierwsza polka* (wyd. niemieckie 1975, wyd. polskie 1983).

a zwłaszcza przez nieodpowiednie siły zaprowadzone zostały na Górnym Śląsku.

Groźne stanowisko wszystkich tych niezadowolonych, którzy na tego rodzaju upośledzenia Ślązaka spokojnie patrzeć nie mogli, wyłoniło ze środowiska tych zbawicieli Ślązaków szatański pomysł, nazywania ich separatystami i wrogami państwa. Tak nazwano tych, którzy swą krwią udokumentowali polskość uzyskanego krwawemi walkami dla Polski Śląska.

Zrobiono z ofiarnych, niedelikatnych Ślązaków delikatnym sposobem separatystów. A wiesz też, co to znaczy? To jest uderzenie pięścią w twarz każdego tego, który się ofiarował dla Polski, czy to podczas niewoli, czy podczas powstań! To jest nieposzanowanie naszych najświętszych uczuć!
– Co oni sobie z naszych uczuć robią? Byleby im się na Śląsku dobrze wiodło, byleby tylko oni mieli pełne korytko. Co my wobec nich znaczymy? – My szwaby, germany, separatyści i bolszewiki!

Skoro wybitni pisarze dwudziestolecia, poza nielicznymi wyjątkami (Juliusz Kaden-Bandrowski, Halina Krahelska, Pola Gojawiczyńska), nie podjęli szerzej problematyki śląskiej, obowiązek spadł wyłącznie na pisarzy związanych z regionem. Zwłaszcza ich udziałem stało się spłacenie długu wobec zasług uczestników powstań śląskich. Powstała bogata literatura rejestrująca i problematyzująca temat plebiscytu i trzech powstań. Nie tylko z kronikarskiego obowiązku trzeba wspomnieć o wielu autorach i ich pełnych uczuć patriotycznych oraz pasji polemicznych utworach.

I tak: Jan Nikodem Jaroń (1881–1922) opublikował sporo tomów zaangażowanej poezji oraz kilka dramatów, m.in. *Wojsko św. Jadwigi*, Katowice 1931. Walenty Krząszcz (1886–1959) dał się poznać jako płodny choć miernej klasy prozaik, autor powieści *Zdrajca powstańców* (Mikołów 1924). Ludwik Łakomy (1904–1979), publicysta, autor *Obrazków z powstań górnośląskich* (Warszawa 1934) oraz „rapsodu powstańczego" *Słonko jasne* (Będzin 1932). Alfons Pośpiech (1894-1970) autor powieści z Górnego Śląska *Człowiek w płomieniach* (Szopienice 1929). Specjalne miejsce w tym gronie zajmuje pisarstwo Gustawa Morcinka (1891-1963), zwłaszcza jego powieść *Wyrąbany chodnik* z 1932 roku.

Wśród utworów pisarzy spoza regionu[71], autorów *minorum gentium*, wspomnieć należy trzy powieści: Stefana Brodowskiego *Olchenwitze*, Macieja Wierzbińskiego *Pękły okowy* i Zbigniewa Zaniewickiego *Oberschlesien*. Z uwagi na obecność w nich wątku miłości polsko-niemieckiej poświęcam im nieco więcej uwagi.

2. ...darzyła miłością Niemca

Licha to powieść[72], właściwie wszystko w niej szwankuje, od konstrukcji akcji, charakterystyki postaci, po dialogi. Liczyła się naczelna tendencja utworu, czyli potrzeba włączenia zmagań o ziemię śląską w niepodległościową walkę i odbudowę państwa polskiego. Dlatego w finale powieści autor posłał swego bohatera na zagrożony przez bolszewików front wschodni. Po to ratował go jako oficera niemieckiego na froncie zachodnim, by odnalazł korzenie polskie, wziął udział w walkach o polski Śląsk, a po ich zakończeniu udał się na bój przeciwko bolszewikom i tam zginął. Taką klamrą spinała się legenda nowej odrodzonej Polski.

Niemiecki porucznik Ryszard Olchenwitz (właściwie dlaczego nie „Richard"? – PR), jest potomkiem starej rodziny hrabiowskiej. Jej część osiadła w Nadrenii w Niemczech, część pozostała w rodowym zamku na Śląsku. Właściwie dopiero zabiegi i wysiłki Ryszarda oraz jego polskiego przyjaciela Stefana Kreskiego poczynione na zamku w Olchenwitz doprowadziły do odkrycia tajemnic rodziny i jej polskich korzeni. Protoplastą rodu okazał

---

71 Agata Smółka w artykule *Powstania śląskie w powieściach międzywojennych pisarzy spoza regionu*, w: „Śląskie Miscellanea" 1996, t. 9, s. 47-59.
72 S. Brodowski, *Olchenwitze. Powieść z dni plebiscytowych na Górnym Śląsku*, Kielce 1927.

się Sigismundus Olechowiec. Zaświadczała o tym fakcie tablica z 1635 roku odnaleziona na zamku, na której widniał portret dającego się rozpoznać „szlachcica w kontuszu". Przez tragiczną historię w jednym z następnych pokoleń doszło do narodowościowego konfliktu między rodzonymi braćmi i do rozłamu w rodzinie Olchenwitzów. Ryszard przynależał do tej linii, w której najdłużej pielęgnowano świadomość polską.

Niestety, autor nie wyjaśnia nam, w jaki sposób bohater poznał język polski. Wiemy przecież, że został wychowany w duchu czysto niemieckim i posłany do niemieckiego wojska. Gdy wezwany przez umierającego ojca zjawił się na zamku, zaczął się interesować historią własnego rodu i sytuacją przedplebiscytową wśród ludności śląskiej. Od siostry stryjecznej z linii nadreńskiej dowiedział się o pięknej agitatorce, Polce Wandzie Żerbińskiej, mieszkającej w pobliskim dworku Ollenhof. Zaintrygowała go postać tej dziewczyny. Gdy ją w końcu ujrzał, doznał prawdziwego olśnienia:

> W niewielkiej odległości stała bokiem doń zwrócona smukła dziewczyna o greckim profilu twarzy i złotych włosach, przewiązanych barwną chusteczką. Proporcje i kształtność figury uwydatniał obcisły granatowy strój. Zgrabne nóżki przyodziane były w czarne buciki z wysoką sznurowaną cholewką. Wdzięk i niewymuszoność biły od tej skromnej postaci, zajętej rozmową z małą gromadką zdążających do pracy ludzi.

O takiej pięknej pannie śnił od dawna, wiedział, że owa chwila nastąpi. I stało się, co powieściowo stać się musiało:

> Ryszard zakochał się w Wandzie od pierwszego spojrzenia. Ludzie o jego pokroju, a więc natury uczuciowej, noszą w sercu ogromną gotowość umiłowania ideału. I oto gdy człowiek taki na drodze swego życia spotyka urzeczywistnienie wyobrażonego sobie szczęścia, ulega jego czarowi, a jednocześnie szarpie nim trwoga, aby nie ominął go ten skarb...

W wyznaczonym dniu wybrał się na wiec ludu śląskiego, na którym przemawiała Wanda. Usłyszał, jak apelowała do kobiet, by zachęcały swoich synów i mężów do udziału w zbrojnym czynie. Usłyszał argumenty, które przytaczała:

> Oto przed dwoma laty odbudowana Polska zmaga się teraz w śmiertelnym boju z czerwonym najeźdźcą. Szczupłe jej wojska, od Berezyny aż po Kijów rozrzucone, cofają się ku stolicy pod naporem przeważających sił wroga. Kto prawym jej dzieckiem, winien chwycić za broń i przelewać krew. Od nich jednak, Ślązaków, zagrożona ojczyzna żąda innej ofiary, nie mniej może krwawej.

Wanda zagrzewała słuchaczy do czynu, cytując co chwila słowa słynnej *Roty*. Ludzie słuchali i śpiewali. Ryszard wpatrywał się w swoją ukochaną jak zauroczony. Gdy tłum poruszył się, dziewczyna znalazła się nagle w jego pobliżu. I wtedy:

> Oczy ich spotkały się na chwilę. Biała dłoń wyciągnęła się ku niemu z małą książeczką. Widocznie jednak młodzieniec przez tak krótki czas zdążył wypowiedzieć wzrokiem swoje uczucia, gdyż dziewczyna schyliła głowę i zmieszana podążyła dalej między zgromadzonych. A on zawsze taki śmiały nie zdobył się na głośne słowa uwielbienia. Stał przed nią niemy. Teraz było już za późno.

Zakochani zawsze znajdą drogę do siebie. Nie potrzeba było długo czekać, by Ryszard znalazł się w pobliżu Wandy i wyznał jej płomienną miłość.

> – Szaleję za tobą. Od pierwszego spojrzenia ogarnął mnie ogień miłości. Tam, na drodze, skorom cię jeno ujrzał pośród tych ludzi, chciałem wybiec i paść ci do nóg, bylebyś tylko wiedziała o mnie.

Wanda odwzajemniała uczucia Ryszarda, więc szepnęła, omdlewająco: „miłuję bardzo". Scenę miłosnego wyznania obserwował zza krzaków Stefan, przyjaciel, również zakochany w pannie. Jego nadzieje na wzajemność dziewczyny brały się z prostego rachunku, iż Wanda „rozbudzając w innych ducha polskiego, nie będzie darzyć swoją miłością Niemca". Ale mylił się, przecież Ryszard nie czuł się już Niemcem, a serce zakochanej nieomylnie rozpoznało jego przemianę!

Gdy Wanda wyjechała na jakiś czas w sprawach działalności patriotycznej, zakochany Ryszard odwiedzał jej rodziców i nawet oświadczył się, będąc przyjętym z radością. O ślubie miano zadecydować później, pozostawał przecież do odczekania czas żałoby po zmarłym ojcu Ryszarda.

Powieściowe wypadki toczą się z zadziwiającą szybkością. Ledwo dogasa powstanie na Śląsku, przyjaciele wyruszają na front wschodni. Ryszard ze swoim oddziałem czeka na atak bolszewików. W chwili grozy i napięcia myślami powraca do bitwy pod Pachentale we Flandrii na froncie zachodnim. Wtedy przeżył, ale teraz czuje zbliżającą się śmierć. Wcześniej otrzymał szansę na odnalezienie drogi do Polski i poznanie Wandy. Gdy osiągnął szczęście, los upomniał się o niego. I tak poległ Ryszard Olechowiec, oficer polski, vel Ryszard (?) Olchenwitz, oficer niemiecki. Umarł za to, co ukochał.

Zakończenie powieści wypada równie patetycznie jak całość:

> Kiedy zaś ucichły surmy bojowe, pług spokojnie jął krajać ziemię, a nad szemrzącą Odrą błyskał graniczny słup Polski i w Olechówku na zamku powiewała biało-amarantowa chorągiew, hen w Warszawie widywano cichą siostrę klasztorną, jak pospieszała rankiem nad grób Nieznanego Żołnierza i białą dłonią kładła nań wiązanki kwiatów.
> Była to Wanda Żerbińska.

3. Wybrał Polkę Jadwigę

Maciej Wierzbiński płodny powieściopisarz i dziennikarz, aktywny działacz polityczny sporo uwagi poświęcił walce o powrót Górnego Śląska do macierzy. Po propagandowo ważnych broszurkach *Wieczysty nasz wróg Niemiec* (1919) i *Dlaczego Górnoślązak nie może głosować za Niemcami?* (1920), powrócił po latach do tematu, poświęcając mu obszerną rozmiarowo powieść *Pękły okowy*[73].

Wydarzenia plebiscytu z marca 1921 roku i związanych z nim trzech powstań śląskich wywarły ogromny wpływ na świadomość narodową Górnoślązaków. Niemiecko-polskiej konfrontacji zbrojnej o przynależność państwową tej ziemi towarzyszyła zażarta wojna propagandowa o dusze i serca ludności.

Wcześniejsza analiza powieści niemieckich z okresu plebiscytu doskonale obrazowała, jaką wagę Niemcy przywiązywali do obrony ziem, które uznawali za nierozłącznie związane z Rzeszą. Choć osłabieni przegraną wojną i postanowieniami traktatu wersalskiego mobilizowali i angażowali wszystkie dostępne siły oraz możliwości, by zapobiec niekorzystnym wynikom plebiscytu. Spór o pogranicze był i jest sporem trudnym, historycznie skomplikowanym. Od literatury oczekuje się, by z rozwagą podeszła do zapętlonych racji, unikała jednostronnych i łatwych wyjaśnień czy ocen. Nazbyt często jednak mamy do czynienia z utworami pisanymi naprędce, tendencyjnymi, skierowanymi do niewybrednego odbiorcy. Z tego punktu widzenia powieść Wierzbińskiego nie odbiega od schematu. Lektura utworu *Pękły okowy* nieodparcie sprawia wrażenie pośpiesznego produktu o przewadze nadmiernej plakatowości i uproszczeń.

Wierzbiński umieszcza akcję powieści w Mysłowicach w gorącym okresie plebiscytowym, dokładnie między sierpniem 1919

Maciej Wierzbiński

---

[73] M. Wierzbiński, *Pękły okowy. Powieść z czasów plebiscytu śląskiego*, Katowice 1929.

a majem/czerwcem 1921 roku. Głównym bohaterem jest Wiktor Kuna, młody porucznik IV pułku strzelców polskich generała Hallera. Zanim Wiktor przyzna się do polskości i z dumą będzie ją manifestował, musi upłynąć nieco czasu oraz wiele wydarzyć się w jego młodym życiu.

Urodził się w niemieckim miasteczku Myslowitz w rodzinie o rodowodzie śląskim, czyli korzeniach mieszanych. Po śmierci ojca matka wyszła ponownie za mąż, tym razem za Niemca Wilhelma Khunę, dyrektora kopalni. W drugim małżeństwie urodziła jeszcze syna Waltera i córkę Mathildę/Matyldę. Rodzice zgodnie chowali całą trójkę, która wzrastała w atmosferze bogatego, liberalnego niemieckiego domu. Polskość zameldowała się w rodzinie Khunów wraz z wypadkami I wojny światowej i jej następstwami. Wiktor powołany został do armii, wysłany na front, a ranny w bitwie dostał się do niewoli francuskiej. Dzięki wstawiennictwu hrabiny Marii Zamoyskiej z Kórnika, która pełniła rolę tłumaczki, znalazł się w obozie jenieckim dla osób polskiego pochodzenia. Tam przeszedł pierwszy etap repolonizacji, w wyniku czego został przyjęty do korpusu generała Hallera. I tak, jak mawiał, Polakiem był od trzech lat. Właściwie dla polskości odzyskał go pewien rodowity Berlińczyk o nazwisku Kaufmann, „piękna dusza", z którym leżał w lazarecie. To Kaufmann „przefasonował go gruntownie na Polaka", naświetlając mu właściwą rolę Prus i Niemiec w stosunku do Polski.

> Dzięki niemu zobaczyłem Prusy i Polskę i zaprawdę odwróciłem się, jak on, od Prusaka, od tego bandyty wśród narodów... Począł się we mnie proces przetwórczy, odrodzeniowy, który w Lourdes, w tem miejscu cudów, wszedł w drugie stadium. Tam jąłem wchłaniać w siebie polskość...

Na pytanie ojca, „Czyż Niemcy wyrządzili ci chociażby najmniejszą krzywdę", odpowiedział:

Przeciwko mnie samemu nie ukuli prawa wyjątkowego, to prawda. Dali mi to, co byłby mi dał każdy inny organizm państwowy. Nie dlatego wszakże, aby zrobić ze mnie inteligentnego człowieka (jak byłaby to zrobiła Polska), lecz w tym celu, by ulepić sobie ze mnie jednego z milionów użytecznych jak wół roboczy, a pokornych, służalczych pachołków Berlina. Tu nie ma najmniejszego szacunku dla indywidualności. Prusy wychodziły zawsze z tej przesłanki, że ludzie – to trzoda bydła.

Z kolei w rozmowie z przyrodnią siostrą Matyldą, kobietą wrażliwą, podzielającą jego rozterki, wyjaśnia:

> A my, Ślązacy, na przełęczy dwóch światów, byliśmy kulturą związani z Niemcami, krwią, wiarą i pierwiastkami duszy z Polakami, więc kto z nas odczuł ten ogromny dreszcz, jaki przeszedł kataklizmem wojennym wstrząśniętą ludzkość do posad duszy, ten zbudził się z wiekowego letargu. Wybiła godzina Polski i w koncercie jej synów nie mogło zabraknąć Staropolski...

W rodzinie Khunów najnowsze wypadki zaczęły polaryzować postawy narodowe. Ojciec Wilhelm deklarował się niezmiennie jako Górnoślązak, matka Agata jako osoba skłonna do kompromisu w tych sprawach, siostrę Matyldę ciągnęło ku polskości, zwłaszcza pod wpływem ukochanego Augustyna Widery, zaś przyrodni brat Walter pozostał nieprzejednanym Niemcem, czynnie angażującym się w walkę z Polakami.

Powieść Wierzbińskiego nie mogła nie dotknąć i spraw sercowych, mamy wszak do czynienia z młodym bohaterem. Czytelnik dowiaduje się, że w okresie pobytu w lazarecie wojennym Wiktor poznał piękną, bogatą Niemkę, pannę Emmę Schlichtling. Zawiązana wtedy sympatia, a może nawet miłość, odezwała się po latach. Wiktor, natura żywa i kochliwa, nie zapomniał o namiętnej Emmie i to uczucie w nim tkwiło. Dziewczyna nie była mu jednak wierna i prowadziła własną politykę miłosno-matrymonialną. Gdy Wiktor zorientował się, że związek z Emmą stał się z wielu powodów kłopotliwy, napisał do niej pożegnalny list.

Nareszcie wypowiedział to, co nękało go od dawna. Nie miał siły oderwać się od uwodnej kobiety z drugiego brzegu, od którego odpłynął tak daleko, więc dotąd trudno mu było zdobyć się na takie ultimatum, jakie zawierało pismo. Gdy uświadomił sobie, że stawia sprawę na ostrzu noża i ślub uzależnia od jej spolszczenia, przeraził się.

Podobnego typu wątpliwości co do związku brata z Emmą podzielała Matylda:

> Ona jedna rozumiała, że lekkomyślny junak ugrzązł w miłostce, z której rozkwitła miłość cierniasta, przynosząca mu rozterkę duchową. Jakąś jasnowidzącą cząstką duszy ocenił pannę Emmę należycie i nie wierzył jej. Rozumiał, iż z tą rdzennie obcą kobietą nie zaznałby szczęścia, że związek ich z góry skazany byłby na bankructwo, lecz dominował nad tym zew krwi. I nie mógł wyzwolić się z czarownych pętów lwicy salonowej.

Przy okazji narrator wtrącił ważną z punktu widzenia poruszanego problemu uwagę:

> Niemało było na G. Śląsku Polaków, którzy pożenili się z Niemkami, a jednak nie tylko związki te trwały jakoś nierozerwalnie, nawet w tych czasach tak potężnego zaostrzenia antagonizmów narodowych i plemiennych, lecz nie przeszkadzało to tym Polakom być Polakami i dążyć do zespolenia ziemi śląskiej z Polską. Czyż nie mógłby on być jednym z nich?

Pękniętego uczucia nie dało się już skleić, tym bardziej że w życiu Wiktora pojawiła się inna kobieta: Jadwiga Orzelska, piękna młoda dziewczyna z Warszawy, gorąca patriotka, która na wieść o plebiscycie podążyła na Śląsk. Ich drogi musiały się spotkać. Połączyła ich wspólna sprawa, wspólne akcje i wspólne niebezpieczeństwa. Miłość nie potrzebowała zbyt wiele czasu, by zapukać do młodych serc. Na drodze do szczęścia stał jednak niezakończony definitywnie związek z Emmą. Po wielu perypetiach Wiktor zrywa ostatecznie z Niemką i wyznaje otwarcie miłość Jadwidze. Scena miłosna w aranżacji Macieja Wierzbińskiego trąci tanim sentymentalizmem, przeplecionym wyblakłym patriotyzmem, rodem z postromantycznego kiczu.

Wiktor:

I wtedy wreszcie poznałem panią, gdy, tam na wzgórzu, po bitwie ukazała mi się pani z temi wyciągniętemi do mnie, odartego, wojackiego chachara – taka cudowna, świetlana, jedyna na ziemi!..

Jadwiga:

– O najdroższy!... – drżący, łzami ociekający szept zachwytu padł mu na piersi i spoczęła na niej jasna głowa.

Wiktor:

– Później zdało mi się, że ta wizja cudowna to nie była pani, lecz... Polska, wyciągająca kochające ramiona i błogosławiąca nam...

Jadwiga:

– Och, kochany mój!... – ramiona dziewczyny oplotły jego szyję.

Wiktor:

– Ja panią znam i wierzę, bo tyś jest mojem ukochaniem...

Jadwiga:

– I ja znam pana i dlatego tak kocham.

Sprawy gorącego uczucia Wiktora i Jadwigi przybrały naturalny bieg. Po plebiscycie odbył się ślub. Jednak nie dane im było nacieszyć się szczęściem małżeńskim i rodzinnym. Wybuchło trzecie powstanie śląskie i znów widzimy porucznika w ogniu walki.

Do tej pory udawało mu się wyjść obronną ręką z każdej trudnej sytuacji, tym razem wraża kula zakończyła jego młode życie.

4. ...może dlatego ukochała Polskę właśnie?

Tytuł utworu *Oberschlesien*[74] (Górny Śląsk) wzbogacił dwudziestosiedmioletni autor przewrotnym określeniem gatunkowym „Niepowieść". Nie należy zbytnio biedzić się nad dochodzeniem, w jakim sensie go rozumie. Lektura utworu szybko rozwiązuje pozorne dylematy.

Kanwę opowieści tworzą losy dwójki przyjaciół, młodocianych kadetów Korpusu Lwowskiego, najprawdopodobniej tego samego, w którym służył autor. Osiemnastoletni Heniek Czekaliński i niewiele starszy kolega, kapitan Pokłos, dezerterują ze służby, by wziąć udział w walkach III powstania śląskiego. Młodzi idealiści i zapaleńcy z innej części Polski zderzają się z rzeczywistością konfliktu polsko-niemieckiego i z brutalnością działań wojennych. Mają gorące głowy i serca, wierzą, że ich walka nie pójdzie na marne.

W powstańczej scenerii rozgrywa się też prywatny dramat dwojga serc: Heńka Czekalskiego i Trudy Kochanetz. Młodziutki ochotnik-powstaniec poznał starszą od siebie Niemkę, matkę trójki dzieci, której mąż zginął gdzieś na froncie zachodnim. Przypadkowa znajomość w restauracji, gdzie dziewczyna pracowała, w błyskawicznym tempie przerodziła się w gorącą namiętność. Heniek na początku tłumaczył Gertrudzie Kochanetz istotę konfliktu polsko-niemieckiego, przedstawiał historyczne grabie-

---

[74] Z. Zaniewicki, *Oberschlesien. Niepowieść*, Warszawa 1930.

że Prus i prawo Ślązaków do tej ziemi, ale dziewczynę interesowały inne sprawy. Jeszcze tego samego dnia spotkali się wieczorem.

> Świerszcze w trawie zataczały się śpiewem, aż dygotały ciemności; pocałunki ich były jak dotknięcia kwiatów, potrąconych przez wiatr, jak pogłaskania matki, ale po chwili noc wlała się w ich żyły – pocałunki stały się wyzywające, harde, głodne, a potem nieskończone jak ta noc... tajemnicze jak miłość...

Po upojnej nocy przyszła szara codzienność. Truda pracowała dalej w gospodzie, Heniek wyjechał na front, skąd pisał listy. Zapowiadał, że wkrótce znowu się zobaczą. Zakochane serca czekały na siebie długo i doczekały się, choć w jakże zmienionych okolicznościach. Heniek pojawił się jako ranny żołnierz, a dziewczyna pielęgnowała go. Ponowne rozstanie nie było łatwe, całkowicie stracili dla siebie głowę. W Trudzie zaszły nawet poważniejsze zmiany. Na pożegnanie powiedziała: „Myślę jak wy, jestem jak wy – jestem Polką". Miłość nakazywała jej, prostej Niemce, pełną identyfikację narodową z ukochanym.

Wojowanie Heńka (przemieszczanie się po okolicy) to okazja dla autora, by powracać do tła sprawy śląskiej. Bohater dostrzegał pozostałości zakrojonej na olbrzymią skalę akcji propagandy niemieckiej, podkreślającej zasługi Niemiec na rzecz regionu, nawołującej do głosowania przeciw Polsce. Plakaty wywoływały naturalny gniew powstańców. Z tego właśnie powodu byli tutaj, chwycili za broń i narażali swoje młode życie.

W jednej z potyczek stało się nieszczęście. Heniek Czekaliński, pseudonim bojowy „Bohun", został ponownie ranny, tym razem bardzo ciężko. Koledzy dostarczyli go do szpitala, ale operacja nie zdała się na wiele. Bohater zmarł.

Wieść o śmierci ukochanego Truda przyjęła spokojnie, nie płakała. Tylko:

> Coraz szybciej palce jej, do krwi podrapane, biegały, wiązały, plotły kwiaty, leżące na ziemi, jakby śpieszyły się ślubne wieńce na czas przygotować.

Nie dane jej było zaznać szczęścia małżeńskiego z Heńkiem. „Niepowieść" Zaniewickiego kończą „Trzy słowa zakończenia", stanowiące ideową pointę utworu. Autor odniósł się w nich do swoistej apostazji narodowej Trudy, która pod wpływem miłości do Polaka porzuciła niemieckość. Usprawiedliwił także gorycz byłych powstańców, z którymi polityka obeszła się niesprawiedliwie.

„Pierwsze słowo" kreśli także dalsze losy Trudy:

> Mieszka z synkiem w Lublińcu na ulicy Damrota i z trwogą słucha opowiadań o prześladowaniach na Śląsku Opolskim. Grób powstańców na cmentarzu kwitnie od jej modłów codziennych. Często, grób ten biorąc na świadka, opowiada synkowi o wielkim dniu Wyzwolenia, niestety, częściowego tylko. I któżby odgadł, że w ciągu swej młodości nie posłyszała ona ani jednego dobrego, ani jednego sprawiedliwego słowa? Same oszczerstwa, same kłamstwa, same kalumnie!
> A może to dlatego Polskę ukochała właśnie?

5. Czuję, żeś jest Polką!

W rapsodzie powstańczym Ludwika Łakomego *Słonko jasne...*[75], pisanym „prostemi, nieuczonemi słowami", pojawia się dwójka młodych bohaterów poszukujących dróg do polskości, a tym samym do siebie. Obydwoje: Stanisław i Helena pochodzą ze Śląska. Stanisław, „uczeń aptekarski i były porucznik armii niemieckiej", szybko odnajduje w okresie przedplebiscytowym polskie korzenie i przez pełną identyfikację z polskością staje się naturalnym lokalnym przywódcą. Jest człowiekiem szlachetnym i niezłomnym.

Helena potrzebuje więcej czasu, by przebyć podobną drogę. Kiedy się poznają, bez wahania deklaruje się jako Niemka. Na stwierdzenie Stanisława, iż on jest Ślązakiem, odpowiada: „Nie ma takiego narodu, nie znam takiego państwa na kuli ziemskiej. Śląsk

---

75 L. Łakomy, *Słonko jasne... Rapsod powstańczy*, Będzin 1932.

to tylko nazwa jednej z prowincji potężnej Rzeszy niemieckiej...". Na co z kolei riposuje Stanisław: „Może źle się w istocie przedtem wyraziłem. Jesteśmy Polakami, a Śląsk – to część naszej ojczyzny Polski, jej dzielnica". Dalsza wymiana zdań, mająca w pełni edukacyjno-patriotyczny charakter, prowadzi do konkluzji Stanisława:

> (...) może nie za długo poznasz, pani, że mówiłem prawdę. Przekonasz się o słuszności naszych pragnień i dążeń. Przekonasz się, gdy nawet polegli wstaną ze swoich grobów, by stwierdzić, że kraj ten jest polski, gdy krew radosna z szumem odezwie się w żyłach...
> Będę modlił się, by spłynęła na cię łaska oczyszczenia, bo czuję, żeś i ty, pani – Polką. Same nazwisko „Radwan" świadczy, że ojcowie twoi renegatami.

Na tym etapie rozwoju akcji Helena niezłomnie pozostaje przy swoich poglądach:

> I gdybym wiedziała, iż w żyłach moich płynie kropla tej tam krwi polskiej czy śląskiej, wolałabym raczej życie stracić, niż żyć w świadomości, że płynie we mnie krew buntowniczego, podstępnego plemienia, które za cywilizację udzieloną mu przez nas, chce się odpłacić tak czarną niewdzięcznością.

Rozstanie bohaterów nie wróży szansy na zgodę.
Upływa rok, wybucha drugie powstanie śląskie. Helena wraca z Wrocławia powodowana tęsknotą. Dowiadujemy się też, że ma narzeczonego Niemca. Z czasem i w niej zaczyna się coś zmieniać. W trakcie zamieszek ulicznych Stanisław ratuje ją z opresji i wtedy po raz pierwszy Helena odważa się wyznać mu swoje uczucie i konwersję narodową.

> Jestem szalona... Słuchaj mnie, Stachu. Czyż doprawdy nie znajdziesz dla mnie łaskawego słowa? Czyż doprawdy przejdziesz po mem uczuciu jak po trupie ohydnym i niepogrzebanym? Wszak słyszałeś? Jestem Polką!

Po drobnych „boczeniach" kochankowie wyznają sobie gorącą miłość. Jednak Stanisław ma swoje żelazne zasady i zobowiązuje Helenę przysięgą: „że nigdy, przenigdy nie sprzeniewierzy się Ojczyźnie". Odpowiedź dziewczyny jest jednoznaczna i płomienna: „Jeśliby się to miało stać, niech stracę to, co mam najdroższego, Ciebie!" Czytelnik domyśla się, że na taką właśnie próbę wystawi ją autor.

Tymczasem strona niemiecka, czując zagrożenie ze strony powstańców, szykuje podstęp. Oficjalny narzeczony Heleny Hans, z którym (o, dziwo!) jeszcze nie zerwała, będący „dowódcą sotni niemieckiej policji plebiscytowej" oraz jej rodzony ojciec, deklarujący się jako Niemiec, wciągają Helenę w intrygę. Ma pozyskać Stanisława dla sprawy niemieckiej, inaczej chłopak zginie! Hans obiecuje też, że zwróci jej słowo. W tej sytuacji Helena podejmuje próbę wpłynięcia na Stanisława.

Rozwiązanie akcji: Wybucha III powstanie śląskie. Helena dociera do Stanisława i namawia go do wielkiego czynu na rzecz Śląska, ale w sojuszu z Niemcami, przy zdradzie interesów polskich. Jednak Stanisław odkrywa podstępną grę dziewczyny („Zawiodłem się. Odchodzę"). Następuje nieuchronny rozwój wypadków, zapowiadający tragiczny finał, czyli śmierć bohatera. W końcowej scenie dochodzi do najważniejszej rozmowy między kochankami. W didaskaliach autor zaprojektował ją następująco: „Helena zbliża się do Stanisława [śmiertelnie rannego w walkach – PR] i klęka przy nim". Padają dramatyczne słowa: „Stachu, przebacz mi, Stachu! Czuję, żem Polką, lecz czy przyjmie Ojczyzna zbrodniarkę?" Na co ten już „z wysiłkiem" odpowiada:

> Polska przyjmie każdego, kto wraca. Wypełniło się na mnie tylko przeznaczenie. Bo nie wolno mieć innej kochanki nad Ojczyznę!

I jeszcze „w malignie":

> Widzę... Na najmniejszej jeno części piastowskiej dzielnicy buduje się życie polskie..., na najmniejszej! Niezłomny duch ludu śląskiego spod żużla wieków pręży się do nowego życia...

Stawia przyciesie pod gmach Najjaśniejszej Rzeczypospolitej... O, Boże! Ziemie najbardziej polskie: gliwicko-tyszecka, strzelecka, opolska, kozielska i raciborska przy Niemcach... Powstańcy! Na zachód patrzcie! Ogrzewajcie w ciężkiej zimie niewoli zziębnięte serca rodaków znad Odry. By ich wiatr nie zwiał jako liście... Hej, czuwajcie, stróżujcie nad Odrą!

6. ...jak kamień rzucony ręką przeznaczenia

Śląski okres życia i twórczości Pola Gojawiczyńska wyraziła chyba najpełniej w opowiadaniu *Górnoślązaczka*[76]. Konfrontuje w nim postawy dwóch kobiet, reprezentantek dwóch nacji osiadłych tu od wieków, ale bez równych praw prawowitych mieszkańców. Niemce Meinertowej przeciwstawia autorka Górnoślązaczkę Świstołową, która dzięki uporowi i wysiłkowi odnajduje swoją drogę do polskości.

Najpierw czytelnik poznaje, jak prosta lecz rezolutna kobieta, żona górnika, matka ośmiorga dzieci bacznie obserwuje te dwa światy egzystujące obok siebie. Jej świat i niemiecki świat Frau Meinert.

> Meinertowa należy do narodu władającego; rodząc się już uzyskała pewne podstawy bytu; ha! Zawsze to coś znaczy należeć do tak pysznego i mocnego narodu – reguluje to dalsze istnienie. Przyszła do gotowego, kobiety jej narodu już miały wyznaczoną rolę, ba! miały już wszechświatową sławę, opinię, jedną z tych utartych, trochę fałszywych opinii, które, licho wie, skąd biorą początek i są, i trwają, i przetrwają całe wieki, powtarzane przez tysiące pism, książek, ust.

---

[76] P. Gojawiczyńska, *Górnoślązaczka*, Warszawa 1937.

Co oznaczał i czym charakteryzował się świat Frau Meinert? Jej królestwem, jej ołtarzem była kuchnia: biała i lśniąca, z lakierowanymi sprzętami, dziesiątkami puszek porcelanowych na przyprawy, fartuszkami, ściereczkami i wyszywankami. Ale gdy spojrzy się dalej, poza dekorację, bystre oko wypatrzy nieporządek, a nawet brud. Podobnie z innymi przejawami „wspaniałego" niemieckiego świata.

> Ich wspaniałe ryczące chóry, ich związki śpiewacze, ich rektory, ich oświata o żelaznej pięści, ich kościół wojujący, ich policja o ciężkim ciele i umyśle; ich obyczaje pozwalające czcigodnemu Meinertowi załatwiać drobną naturalną potrzebę do zlewu kuchennego w obecności dorastającej córki i żony. I ten czysto kobiecy przywilej ściągania butów przez wdzięczną żonę, nabijania fajki i pilnowania z drżeniem serca godzin piwiarza zajeżdżającego przed dom.

Pola Gajowiczyńska

Co innego w świecie Świstołowej. Początkowo:

> (...) błądziła w ciemnościach, nie wiedziała, w którą iść stronę; ach! Jak musiała myśleć, jak musiała rozmyślać, jak cofać się i błądzić, i wracać, przyjmować i odrzucać – zanim wyprostowana i rozgniewana krzyknęła: – furt!
> Wielka to droga od milczącego podziwu i pokory do okrzyku: furt! Macierz jej, zanim w wiecznym spokoju zasnęła, te same walki toczyła, te same myśli i bunty błyskawicznie przelatywały przez jej „ciemną" głowę.

Bohaterka wykonała wielką pracę, by ostatecznie dojść do świadomości, jakim powinien być jej świat: polskiej mowy, polskiej wiary i godności. Zabrała się też do współorganizowania czytelni polskiej, gromadzenia pism i książek. Z niepokojem obserwuje, jak jej córka Greta odwzajemnia zaloty Niemca Edwina, syna sklepikarzy Müllerów. Czy mogło z tego wyniknąć coś dobrego? Najstarszy jej syn, York, angażuje się też czynnie po stronie polskiej, bierze udział w walkach powstańczych.

Myśli i uczucia Świstołowej pod wpływem jakiejś wewnętrznej siły kierowały ją ku desperackiemu krokowi. Któreś nocy podjęła decyzję. Ubrała się odświętnie, schowała starannie złożony sztandar biało-czerwony, wydała rozporządzenia córce na przyszłość, w tym przykazała zerwanie z Edwinem i wyszła z domu, kierując się ku granicy.

> I oto zobaczyła tę ziemię ojczystą na przeciwległym brzegu, ziemię, do której całe życie bezwiednie szła – rozłożoną na łagodnych wzgórzach, nad szachownicami pól, w błękitnym mroku wstającego świtu... Do piersi tylko swój sztandar przycisnęła i z szumem kiecek szła, biegła w dół, do rzeki (...) Szła w uniesieniu, biegła naprzód jak kamień rzucony ręką przeznaczenia. Piersi jej rozdzierały okrzyki – Najświętsza Panno! – i – Polsko! – Maryjo Cudowna! – i – Polsko... Polsko...

Zanim dotarła na drugi, polski brzeg, dogoniła ją niemiecka kula. Padła na ziemię, „na rozrzucony swój sztandar".

Ta dramatyczno-patriotyczna scena w opowiadaniu Gojawiczyńskiej przypomina inną, odwrotnego kolorytu. Jak pamiętamy, Niemka Gertruda Baumann z powieści Marty Trott *Die Heimat ruft* po stracie męża i syna namawiana jest przez żołnierzy polskich do zdrady niemieckiej ojczyzny i głosowania w plebiscycie na Polskę. Tego oczywiście nie mogło wytrzymać gorące serce niemieckiej patriotki...

Literatura uzupełniająca

Górdziałek J., *Powstania śląskie w literaturze*, w: „Śląsk" 2006, nr 5

Heska-Kwaśniewicz K., *Wyznanie narodowe Śląska. Teksty literackie i paraliterackie w drukach okresu powstań i plebiscytu na Górnym Śląsku*, Katowice 1999

Hierowski Z., *Życie literackie na Śląsku w latach 1922–1939*, Katowice 1969

Jesionowski A., *Plebiscyt i powstania śląskie w polskiej literaturze pięknej*, Katowice 1938

Powstania śląskie i plebiscyt w dokumentach i w pamiętnikach, oprac. F. Hawranek, Opole 1980

Smołka A., *Trudny powrót. Motyw powstań śląskich w polskiej prozie międzywojennej*, w: „Śląsk" 1996, nr 5

Śląsk w walce. Antologia piśmiennictwa poświęconego walce ludu śląskiego w latach 1918–1945, wybór i opracowanie S. Wilczek, Warszawa 1975

Wierzbiński M., *Wieczysty nasz wróg Niemiec*, Warszawa 1921

Okładka polskiego przekładu powieści Rolfa Hochhutha Eine Liebe in Deutschland

ROZDZIAŁ SIÓDMY
Kiedy miłość była zbrodnią
(Niemcy 1939–1945)

1. Rassenschande

W ustawach norymberskich, uchwalonych 15 września 1935 roku, znalazł się zapis dotyczący „ochrony krwi niemieckiej i niemieckiej czci" (*Gesetz zum Schutze des deutschen Blutes und der deutschen Ehre*), zakazujący aryjczykom małżeństw, a nawet wszelkich stosunków intymnych, z Żydami. „Pohańbienie czystości rasy niemieckiej" (*Rassenschande*) groziło bardzo poważnymi konsekwencjami dla obu stron w postaci napiętnowania przez lokalną społeczność oraz wyroków skazujących na pobyt w obozie koncentracyjnym.

Ten sam przepis, rozszerzony o inne zakazy, znalazł zastosowanie w „Dekretach polskich" (*Polenerlasse*), wydanych 8 marca 1940 roku, regulujących „Obowiązki robotników i robotnic cywilnych narodowości polskiej podczas ich pobytu w Rzeszy" (*Pflichten der Zivilarbeiter und –arbeiterinnen polnischen Volkstums während ihres Aufenthaltes im Reich*). Nie był przeznaczony do publikacji ani do rozpowszechniania. Zakazów było dziesięć. Cytuję z oryginalnego źródła[77], w którym obok tekstu niemieckiego został umieszczony tekst polski:

> Każdemu robotnikowi narodowości polskiej daje Wielka Rzesza Niemiecka pracę, chleb i zapłatę. Za to Rzesza wymaga, żeby każdy swą jemu przekazaną pracę wykonywał sumiennie i zastosował się starannie do wszystkich rozporządzeń i rozkazów obowiązujących.

---

77 Staatsarchiv Sigmaringen Sa T 4 Nr 2.

Dla wszyszystkich robotników i robotnic narodowości polskiej we Wielkiej Rzeszy Niemieckiej zobowiązują następujące szczególne przepisy:

1. Opuszczenie miejscowości pobytu jest surowo zakazane.

2. W czasie, w którym przez władzę policyjną nie jest zezwolone zwiedzić miejscowość, także zakazano jest opuścić mieszkanie.

3. Użytkowanie publicznych środków komunikacyjnych n.p. koleji, jest tylko zezwolone za specjalnym pozwoleniem miejscowej władzy policyjnej.

4. Wszyscy robotnicy i robotniczki narodowości polskiej są zobowiązani do stale widocznego noszenia, na prawej stronie piersi swej odzieży mocno przyszytych odznaków które im zostały wręczone[78].

5. Kto pracuje opieszale, pracę swą złoży, innych robotników podburza, miejsce pracy samowolnie opuszcza i.t.d., będzie karany pracą przymusową we wychowawczym obozie pracy. Czyny sabotażowe i inne ciężkie wykroczenia przeciw dyscyplinie robotniczej zostaną surowo ukarane i to przynajmniej umieszczeniem we wychowawczym obozie pracy na kilka lat.

6. Każde obcowanie z ludnością niemiecką, szczególnie odwiedzanie teatrów, kin, zabaw tanecznych, restauracij i kościoła razem z ludnością niemiecką jest zakazane. Tańczenie i zażywanie alkoholu dozwolone jest polskim robotnikom tylko w oberżach specjalnie dla nich przeznaczonych.

---

78 Chodzi o naszywkę w kształcie rombu: na żółtym tle fioletowa litera „P", jak „Pole" (Polak).

7. Spółkowanie z kobietą niemiecką lub z mężczyzną niemieckim względnie zbliżenie niemoralne do nich będzie karane śmiercią.

8. Każde wykroczenie przeciwko rozporządzeniom i przepisom wydanym dla robotników cywilnych polskiej narodowości, będzie karane w Niemczech, odstawienie do Polski nie nastąpi.

9. Każdy robotnik polski i robotniczka polska ma sobie każdego czasu o tem przypomnić, że przyśli dobrowolnie na pracę do Niemiec. Kto pracuje do zadowolenia otrzyma zasługę swoją. Jednakże kto pracuje opieszale, i nie zastosuje się do przepisów, będzie niewzględnie zciągnięty do odpowiedzialności, i to szczególnie w czasie wojny.

10. O niniejszych rozporządzeniach rozmawiać lub pisać jest surowo zakazane.

O wielkim problemie, jaki pojawił się wraz z napływem setek tysięcy cudzoziemskich robotnic i robotników przymusowych na teren Rzeszy, już w 1940 roku meldował Urząd Polityki Rasowej (*Das Rassenpolitische Amt*):

> Nie istnieje chyba wątpliwość, że z rasowo-politycznej perspektywy z powodu zmasowanej obecności obcych etnicznie robotników (...) należy podjąć wszystkimi dostępnymi środkami walkę z grożącym niebezpieczeństwem skażenia i zanieczyszczenia niemieckości. Nie wolno nam bezczynnie przyglądać się, jak nasi niedawni najzagorzalsi wrogowie, którzy wewnętrznie nimi pozostali, przenikają do najgłębszej istoty naszego życia narodowego, zapładniają kobiety niemieckie i psują nasze młode pokolenie.

Na początku roku 1940 Regionalny Urząd Propagandy (*Das Gaupropaganda Amt*) Oldenburg wydał swoistą instrukcję dla ludności „Jak postępujemy w stosunku do Polaków?" (*Wie verhalten wir uns gegenüber den Polen?*), zawierającą 10 pouczeń, na kształt dziesięciu przykazań nazistowskich. Po krótkim wprowadzeniu, skąd wzięli się Polacy na terenie Rzeszy, następują pouczenia i krótkie uzasadnienia.

Zachowajcie dystans wobec Polaków!

Należą do narodu, który jeszcze przed kilkoma miesiącami zamordował 58.000 Niemców[79].

Nie stańcie się zdrajcami niemieckiej wspólnoty narodowej!

Polacy nie należą do wspólnoty niemieckiej. Kto traktuje ich jak Niemców, albo jeszcze lepiej, ten zrównuje własnych rodaków z obcymi rasowo. To samo odnosi się do pozdrowienia niemieckiego. Jeśli nie można temu zapobiec, że mieszkają z wami pod jednym dachem, to należy umieścić ich możliwie na dolnym poziomie, tak by bliższe kontakty z waszą rodziną zostały wykluczone.

Nie spożywajcie posiłków przy jednym stole z Polakami!

Nie należą do waszej wspólnoty gospodarskiej, ani tym bardziej do rodziny. Co prawda powinniście im dawać do jedzenia wystarczająco, ale jadać powinni oddzielnie.

Polacy nie powinni brać udziału w waszych uroczystościach i świętach!

Podczas naszych świąt i uroczystości rodzinnych chcemy być między naszymi. Polacy są obcym narodem. Niech świętują między sobą.

---

[79] Aluzja odnosząca się do liczby zamordowanych volksdeutschów w czasie tzw. krwawej niedzieli w Bydgoszczy 3. września 1939 roku („Bromberger Blutsonntag"). Pierwsze oficjalne dane hitlerowskie mówiły o 5.400 zabitych. Jak podaje historyk Ian Kershaw, zawyżono je właśnie do wysokości 58.000 rzekomo na osobiste polecenie Hitlera w lutym 1940 roku. I. Kershaw: *Hitler 1936–1945*, München 2002, s. 336.

Nie chodźcie do gospod z Polakami!
Nie będą wam za to wdzięczni. Podejmie się kroki, by niektóre gospody jednego dnia tygodnia zostały im udostępnione.

Nie obdarowujcie Polaków niczym!
Jeśli sądzicie, że prezenty wzmocnią ich chęć do pracy, to się mylicie. Każde łagodne traktowanie, wiadomo z doświadczenia, osłabia ją tylko.

Bądźcie pewni siebie wobec Polaków!
W czasie kampanii wrześniowej żołnierze niemieccy poznali „polską gospodarkę". Bądźcie dumni z waszej przewagi w każdym kontakcie. Polacy nie zostali sprowadzeni do Niemiec po to, by wieść tu lepsze życie niż w prymitywnych warunkach w swojej ojczyźnie, lecz po to, by przez swoją pracę naprawić niezmierzone szkody, jakie państwo polskie wyrządziło narodowi niemieckiemu. Nie traktujcie Polaków nikczemnie, ale dajcie im odczuć, że jesteście panami we własnym kraju.

Dbajcie o czystość krwi niemieckiej!
To dotyczy mężczyzn i kobiet!
Tak jak największą hańbą jest zadać się z żydem, tak popełnia grzech każdy Niemiec, nawiązując
intymne kontakty z Polakiem lub Polką. Pogardzajcie zwierzęcą pożądliwością tej rasy! Bądźcie
świadomi swojej przynależności rasowej i chrońcie dzieci. Inaczej utracicie swoją najwyższą wartość:
wasz honor.

Najwyższa czujność w kontaktach z jeńcami wojennymi!
Jeniec wojenny pozostał naszym wrogiem. Postępuje jak żołnierz według wydanych mu przed niewolą
rozkazów, które mu nakazują szkodzić wrogowi, gdzie tylko może. Należy z nim postępować tak, jak
wcześniej powiedziano, w jeszcze ostrzejszym wymiarze.

Myślcie przede wszystkim o niebezpieczeństwie szpiegostwa!
Każda ustępliwość i łatwowierność sprzyja szpiegostwu. Nie odbierajcie od jeńców wojennych listów.
Nie czyńcie też żadnych drobnych przysług. Nie prowadźcie niepotrzebnych rozmów, mówcie krótko i służbowo do nich. Najcięższa kara spotka tego, kto nieostrożnie dopuści się zdrady kraju.

Niemcy, bądźcie zbyt dumni, by zadawać się z Polakami!

Archiwa pełne są akt policyjnych rejestrujących liczne przypadki wykrycia i surowego ukarania dopuszczających się przestępstwa „pohańbienia rasy". Dwa przykłady:

Geheime Staatspolizei
Staatspolizeistelle Stettin
B.- Nr. II E 1 – 3015/41

Szczecin, dnia 16 stycznia 1942 r.

Do Prezydenta Policji
w Szczecinie

Dotyczy: Egzekucji Polaka Stanisława Krawczyka, ur. 25.7.1921 r. w Poznaniu.

Akta: nie załącza się.
Załączniki: brak.
Polaka Stanisława Krawczyka, z rozkazu Reichsführera SS i szefa Policji Niemieckiej, za utrzymywanie kontaktów płciowych z niemiecką robotnicą Käte Link należy powiesić. Egzekucja odbędzie się w poniedziałek dnia 19 stycznia 1942 roku o godz. 8.30 na strzelnicy parku (obecnie obóz Polaków) na Przetowie w Szczecinie. Niniejsze podaje się do wiadomości[80]

---

[80] Cyt za: R. Hochhuth, *Miłość w Niemczech,* Poznań 1984, s. 153.

Z instrukcji wykonania wyroku:

Powieszenia należy dokonać posługując się w tym celu więźniami, w przypadku robotników innej narodowości, przez, o ile to możliwe, członków tej samej grupy narodowościowej. Za czyn ten każdy z więźniów otrzymuje po 3 papierosy[81].

> Der Reichsführer SS
> und Chef der Deutschen Polizei –
> SIVD2 – 450/42g-81 z 6.1.1943

Badacz młodego pokolenia Thomas Muggenthaler[82] podjął niezwykły trud wykrycia i udokumentowania przypadków złamania zakazu o „Czystości rasowej". Odnalazł, zarejestrował i dokładnie opisał 22 wydarzenia, które miały miejsce na terenie Dolnej Bawarii i Górnego Palatynatu w latach 1941–1942. Wszystkie są od strony formalnej właściwie identyczne. Oskarżonymi byli: on, czyli polski jeniec wojenny względnie robotnik przymusowy przydzielony do niewolniczej pracy w gospodarstwie rolnym, ona – Niemka, młoda wyrobnica również tam pracująca. Młodzi ludzie w sposób naturalny ciągnęli ku sobie i dochodziło do zbliżeń fizycznych. Niby wiedzieli, co im za to grozi, mimo to miłość i pożądanie okazywały się silniejsze. Zakazanych praktyk nie udawało się raczej ukryć przed czujnym okiem sąsiadów czy członków rodziny. Wspierana przez władze denuncjacja była prawdziwą zmorą. Zwłaszcza w małych, zamkniętych społecznościach młodzi nie mieli szans, by zataić przed innymi „zakazane spojrzenia". A jakie „możliwości" otwierały się przed ludzką zazdrością, zawiścią, zemstą czy zwykłym strachem, by samemu nie zostać oskarżonym? „Ujawnienie faktu" skutkowało przewidzianym w prawie scenariu-

---

81 Tamże, s.181.
82 T. Muggenthaler, *Verbrechen Liebe. Von polnischen Männern und deutschen Frauen: Hinrichtungen und Verfolgung in Niederbayern und der Oberpfalz während der NS-Zeit*, Viechtach 2010.

szem. Następowało aresztowanie winowajców i doprowadzenie na policję. Śledztwo podjęte przez gestapo wykazywało winę i zapadał z góry wiadomy wyrok. Polaka skazywano na śmierć przez powieszenie, Niemkę zsyłano do obozu koncentracyjnego. Muggenthaler podaje tylko dwa przykłady wyjątkowego złagodzenia kary, czyli uniknięcia stryczka. Przepisy zezwalały na podjęcie starań o „Eindeutschung", tzn. uznanie przez Komisję do spraw czystości rasy za zdolnego do włączenia do narodu niemieckiego, pod warunkiem że dziewczyna i jej rodzice wyrażają taką zgodę. Z reguły podania były odrzucane, a wyrok bezwzględnie wykonywany. Niemek, uznanych za zdrajczynie rasy, nie traktowano łagodniej. Nawet ciąża nie chroniła przed więzieniem, a potem obozem koncentracyjnym. Srogo musiały pokutować za swój czyn. Jeśli przeżyły obóz i powróciły do rodzinnej miejscowości, nie czekał na nie łaskawszy los. Spotykały się one i ich dziecko z szykanami różnego rodzaju. Na dodatek nowe powojenne władze odmawiały im prawa do zadośćuczynienia za doznane ze strony reżimu nazistowskiego cierpienia. Nie przysługiwało im odszkodowanie za prześladowania przez III Rzeszę.

W albumie amerykańskiego żołnierza wyzwalającego obóz we Flossenbürgu odnaleziono pięć zdjęć rejestrujących egzekucję dwudziestoośmioletniego Polaka Juliana Majki. Został on oskarżony o zakazane stosunki seksualne z siedemnastoletnią Niemką, która zaszła w ciążę. Powieszono go 18 kwietnia 1941 roku w bawarskiej miejscowości Michelsneukirchen. Zdjęcia stanowią jedyną w swoim rodzaju fotograficzną dokumentację tego typu zbrodni. Pierwsze przedstawia miejsce egzekucji. W lesie przygotowana jest prowizoryczna szubienica, a wokół niej zgromadzeni więźniowie i urzędnicy gestapo. Drugie uwidacznia moment nakładania stryczka na głowę skazanego przez dwóch współwięźniów w pasiakach. Trzecie i czwarte rejestrują fakt wykonania wyroku w dwóch ujęciach: pokazują powieszonego w zbliżeniu i na tle spędzonych „widzów". Na ostatnim widzimy zwłoki Juliana Majki w trumnie. Według przekazu (po latach) niemieckiego świadka egzekucja wyglądała następująco:

Następnie delikwent został doprowadzony do szubienicy przez dwie osoby w pasiakach. Jeden z pracowników gestapo wyłożył delikwentowi powód skazania i zapytał, czy ma jakieś ostatnie życzenie, na przykład papieros czy coś podobnego. Zapytany odpowiedział głosem opanowanym i stanowczym „nie". (...) Po tym musiał wejść na skrzynkę. Stryczek na szubienicy był tak umocowany, że bez trudu mógł zostać mu nałożony. Więźniowie usunęli skrzynkę spod nóg delikwenta, co spowodowało zaciśnięcie pętli. Jakiś nieznany mi mężczyzna podszedł od tyłu do powieszonego i pociągnął za ramiona w dół, by przyspieszyć zgon. Twarz powieszonego stopniowo bledła, a głowa opadała powoli na prawo. Następnie podszedł lekarz, który zbadał puls i stwierdził jednoznacznie śmierć. Myślę, że chodziło o lekarza, który przybył wraz z komandem egzekucyjnym. Zebranych Polaków przeprowadzono obok zmarłego. Ci pracownicy i pracownice wydawali żałosne jęki[83].

Dziewczynie pozwolono urodzić dziecko, następnie została skazana na 3 lata obozu w KZ Ravensbrück.

Wina dokonywanych „przestępstw" zhańbienia rasy niemieckiej była w jakimś sensie stopniowalna. Najgorszym występkiem był „aktywny" udział Polaka w intymnych kontaktach, tzn. „udowodniony" gwałt lub inny rodzaj „napastliwości" mężczyzny. Pomijając sprawę gwałtu, na który odważało się niewielu, wiedząc, co za to grozi, ewidentną winę mężczyzny potwierdzała ciąża kobiety. Najczęściej do wymierzenia kary wystarczały zeznania osób trzecich, których prawdziwości nikt oczywiście nie sprawdzał. Jak wynika z badań, wiele Niemek zachęcało polskich robotników przymusowych do współżycia. Powody były najprzeróżniejsze: wdowieństwo, długie rozstanie z mężem-żołnierzem frontowym, czy mała własna atrakcyjność. Gdy sprawa się wydała, powodowane strachem przed odpowiedzialnością winę zrzucały na mężczyznę. Niewiele to przynosiło, ponieważ prze-

---

83 T. Muggenthaler, op. cit., s. 37–38.

pisy brzmiały jednoznaczne. Dopiero na tle ujawnionych podobnych przypadków ocenić można wyjątkową postawę oraz ogrom cierpień tych kobiet niemieckich, które w zeznaniach otwarcie przyznawały się do „współwiny", wskazując jako powód uczucie do oskarżonego i chęć poślubienia go. Thomas Muggenthaler wymienia przypadek Stanisława Młynarskiego, którego po szczegółowych badaniach uznano za zdolnego do „Eindeutschung" i uwolniono od kary. Przeżył wojnę i dożył sędziwego wieku, zmarł w 2008 roku.

2. Raport spod szubienicy

> (...) mieszkanka Schwarzwaldu: Paulina, rozmawiała ze swoimi dziećmi, z mężem, z rodzicami, właścicielami górskiej zagrody, a także z klientami w sklepie warzywnym, oczywiście dialektem. Mówiła nim zresztą, wciąż o tym zapominając, także do polskiego jeńca wojennego, który pomagał jej wieczorem w pracy. (...) chłopak liczący dwadzieścia jeden lat uczył się języka niemieckiego w gimnazjum realnym w Łodzi i poprawił ową znajomość wówczas, kiedy półtora roku temu, we wrześniu 1939 roku został przez Niemców wzięty do niewoli, potem zwolniony z obozu i odkomenderowany do gospodarzy jako parobek lub wozak[84].

Jest to autentyczna historia Pauliny Krop i Staśka (Stanisława, Staniego) Zasady. Na pytanie Adama Gaika: „Jak wpadł pan na pomysł napisania powieści *Miłość w Niemczech*" pisarz odpowiedział:

> Po wojnie mieszkałem niedaleko miasta Bazylea (Szwajcaria), położonego bardzo blisko niemieckiej granicy. Polski żołnierz, o którym mowa w powieści, został stracony w Brombach, po-

---

84 R. Hochhuth, *Miłość w Niemczech*, op. cit.

nieważ najlepsza przyjaciółka kobiety z którą sypiał, doniosła o tym na gestapo, za co groziła kara śmierci. Historię tę opowiedziała mi nasza sprzątaczka, która również tam mieszkała. Postanowiłem dowiedzieć się o tych wydarzeniach nieco więcej. Przeprowadziłem wywiady z donosicielką Weigandt oraz panią Kropf, która miała romans z Polakiem. Kronika tej tragedii złożyła się na tę powieść[85].

Rolf Hochhuth skonstruuował swoją opowieść wielotorowo: ze zdarzeń w mikroświecie bohaterów, cytatów dokumentów epoki oraz własnych komentarzy i analiz, dotyczących szerszego zjawiska jakim był narodowy socjalizm w Niemczech. Potrzeba oglądu ciemnej strony duszy niemieckiej, wniknięcia w strukturę myśli sprawców zła oraz wytworzonego przez nich aparatu zniewolenia pozwoliła pisarzowi podjąć próbę zrozumienia, dlaczego los tych dwojga młodych ludzi (jak wielu im podobnych) znalazł tragiczny finał.

Autor rozpoczyna opowieść od znamiennej sceny, rozmowy Pauliny i Staśka. Paulina, matka dwojga małych dzieci, której mąż został powołany do służby wojskowej, skazana wyłącznie na siebie w prowadzeniu gospodarstwa domowego i sklepu, chętnie korzystała z pomocy młodego, silnego, mówiącego po niemiecku i rezolutnego Polaka. Nie byli też w stosunku do siebie obojętni; powoli nad zwykłą sympatią i potrzebą bliskości zaczęło górować poważniejsze uczucie, przeradzające się w namiętność, nad którą nie potrafili zapanować. Paulina w rozmowie ze Stanim podzieliła się „sensacją" dnia z życia małej miejscowości, powiedziała do niego:

> Rosi Lindner z Lehnacker powiesiła się. Mówią, że Polak, który u niej pracował, zrobił jej dziecko. Okropne, troje dzieci już miała!

---

85 „Zarys" nr 10, s. 53–64.

Autor *Miłości w Niemczech*, chcąc zrekonstruować wydarzenia, musiał znaleźć odpowiedź na pytanie: co jest tak silnego w człowieku, że mimo świadomości kary (lęk przed śmiercią) waży się na czyn zabroniony?

> O czym w tym samym czasie myślała, wolała przemilczeć, nawet przed sobą: o tym, że nie ma prawie ratunku, tam gdzie kobieta, której mąż jest nieobecny miesiącami albo latami, a ona dzień w dzień pracuje, je posiłki i mieszka z mężczyzną, któremu nie wolno dotknąć kobiety, który żadnej innej kobiety także spotkać nie może, gdyż najpóźniej o dziesiątej wieczorem musi być u siebie w pokoju! Aż do pytania, które nasuwało się samo przez się. Czyż ona sama będąc na miejscu Rosi dochowałaby wierności mężowi? pytania którego nie odważyła się sobie zadać, wiedząc, w jaki sposób sama postępuje...

16 października 1941 roku Stanisław Zasada, urodzony 21 listopada 1916 roku w Łodzi (Litzmannstadt), został powieszony o godzinie ósmej minut dziewięć w kamieniołomach miasteczka Brombach.

W archiwum pobliskiego miasta Lörrach zachował się oryginalny dokument sporządzony przez burmistrza Brombach na żądanie władz okupacyjnych prowadzących śledztwo w sprawie mordu na polskim robotniku przymusowym. Nosi datę 16 maja 1945 roku i zawiera krótki opis zdarzenia. Jest pisany wyraźnie pod nowe władze i pozbawiony już retoryki nazistowskiej. Co zastanawiające, nie zawiera uzasadnienia wyroku. Cytuję większy fragment:

> Dotyczy: Stracenia robotnika cywilnego polskiego pochodzenia Stanisława Zasady w Brombach 16.10.41
>
> Wyżej wymieniony przybył do Brombach w 1939 roku jako polski jeniec wojenny do właściciela gospody Fritza Bürgelina.

Następnie przeszedł do handlarza węgla w Brombach Erwina Rusera.

Zasada był znany ze swej pracowitości. Z tego powodu miał u swego pracodawcy nieco swobody. W sąsiedztwie rodziny Ruser znajdował się sklep warzywny Kropfa. Pan Kropf w międzyczasie został powołany do Wehrmachtu. Jego żona jakiś czas prowadziła sama sklep. Zasada często zachodził do sklepu pani Kropf i tam kupował owoce oraz inne towary. Z czasem między panią Kropf a Zasadą wywiązał się stosunek miłosny. Ten stosunek nie pozostał bez następstw. Przyjaciółką pani Kropf była pani Weigandt, zamieszkała w Brombach, Lörracherstr. 15. Wzmiankowana pani Weigandt wiedziała o tym stosunku i złożyła doniesienie na Gestapo w Lörrach. W tej sprawie odpowiednie dochodzenie przeprowadził sekretarz kryminalny Mai.

15.10.41 pod nadzorem sekretarza kryminalnego Maia w kamieniołomach w Brombach została postawiona szubienica. 16.10.41 około ósmej Zasada został powieszony[86].

Opisując historię Pauliny i Staśka burmistrz nie wspomniał ani słowem, dlaczego doszło do tego mordu. Niewątpliwie miał w tym własny interes, podobnie jak inni współwinni funkcjonariusze hitlerowskiego aparatu władzy. Dopiero po trzydziestu paru latach to co przemilczał burmistrz, ujawnił Rolf Hochhuth. Dotarł do uczestników oraz świadków zdarzenia i wydobył na światło dzienne skrycie ukrywane tajemnice małej społeczności Brombach.

---

86 A. Gaik, praca licencjacka w Instytucie Slawistyki uniwersytetu w Kolonii.

3. Scenariusze, które napisało życie

Historia Józefa Jurkiewicza

Lekarz psychiatra z Bad Hersfeld, dr Friedhelm Röder, społecznik i entuzjasta regionalnej przeszłości opisał w miejscowym piśmie „Mein Heimatland"[87] historię polskiego robotnika przymusowego Józefa Jurkiewicza, który 26 stycznia 1942 roku został powieszony przez Gestapo Kassel za zakazane kontakty seksualne z niemiecką kobietą. Jak pisze dr Röder, zbieraniu materiałów do sprawy poświęcił 4 lata, wiele faktów udało mu się ustalić i tym samym zrekonstruować historię, którą dzielił się teraz ze swoimi krajanami.

Józef Jurkiewicz urodził się w 1909 roku we wsi Mokronosy (Mühlenburg) w Poznańskiem w wielodzietnej rodzinie chłopskiej. W wieku 20 lat ożenił się z dziewczyną z sąsiedztwa, z którą do wybuchu wojny doczekał się dwóch córek. Po klęsce wrześniowej dostał się jako prosty żołnierz do obozu jenieckiego w Ziegenhain, skąd przydzielony został do pracy u gospodarza K[88]. Józef dzięki dobrej znajomości języka niemieckiego i wysokim kwalifikacjom w prowadzeniu gospodarstwa przypadł do gustu gospodarzowi.

W lipcu/sierpniu 1940 roku zmienił się status polskich jeńców wojennych. Z dnia na dzień przestali nimi być, a stali się robotnikami przymusowymi. W praktyce oznaczało to likwidację wszelkich opłat za pracę, która teraz stała się na pół niewolniczą.

U gospodarza K. przebywała jego niezamężna siostra. Była starsza od Józefa o 9 lat. Po przebytym w młodości wypadku miała sztywną nogę, co wydatnie ograniczyło możliwości pracy na roli. Zajmowała się za to prowadzeniem domu i opieką nad dziećmi brata.

---

87 „Mein Heimatland". Zeitschrift für Geschichte, Volks- und Heimatkunde, 1999, nr 13, s. 69–72.
88 Autor na prośbę rodziny zaszyfrował prawdziwe dane.

Siostra gospodarza i Józef zakochali się w sobie. Józef złożył nawet wniosek o uznanie swojego niemieckiego pochodzenia, co stwarzało nadzieję na małżeństwo. (Niestety zataił przy tym, że w Polsce ma już żonę i dzieci). W końcu 1940 roku siostra gospodarza zaszła w ciążę.

Kiedy ciąża była już zaawansowana i nie dało się tego faktu ukryć, młodzi zostali oskarżeni o utrzymywanie zakazanych kontaktów seksualnych. Józef został aresztowany i osadzony w Obozie Pracy Wychowawczej w Breitenau. Siostrę gospodarza przesłuchiwała policja, ale pozwolono jej urodzić dziecko.

Z końcem czerwca 1941 przyszła na świat córeczka, którą w 2 tygodnie później ochrzczono. Ponieważ matka nie miała pokarmu, dziecko było dokarmiane sztucznie. Po sześciu dniach zmarło. Jako przyczynę zgonu podano biegunkę, co raczej wskazywało na celowe działanie personelu szpitala w celu pozbycia się niemowlęcia.

Po kolejnych 3 tygodniach kobieta została wypisana ze szpitala i wróciła do domu, lecz nie na długo. Wkrótce aresztowano ją i osadzono w obozie w Breitenau, gdzie przebywał już Józef. Spotkali się na krótko w obozie i to było ich ostatnie widzenie i pożegnanie.

Według dokumentów gestapo, do których dotarł autor reportażu, los każdego Polaka oskarżonego o popełnienie tego czynu był praktycznie przesądzony. Jak pisano:

> (...) już jedynie obecność Polaka w niemieckiej przestrzeni stwarza niebezpieczeństwo dla niemieckiego porządku narodowego i dlatego właściwie nie chodzi o to, by dla jego przestępstwa znaleźć odpowiednią pokutę, ale o to, by przestał być zagrożeniem dla niemieckiego porządku.

Wszystko odbyło się i w tym przypadku według ustalonego scenariusza. Na dzień kaźni wybrano poniedziałek 26 stycznia 1942 roku. Miejsce wyznaczył burmistrz na skraju lasu, tam też spędzono około 100 polskich robotników przymusowych z pobliskich wiosek.

Pod dębem ustawiono stół, a na nim krzesło. Najpierw wystąpił oficjalny tłumacz, który odczytał decyzję Głównego Urzędu Bezpieczeństwa Rzeszy, informującą obecnych o pohańbieniu rasy niemieckiej przez skazanego, za co grozi kara śmierci. Później zapytano Józefa o ostatnie życzenie. Dwaj esesmani związali mu ręce do tyłu, nałożyli pętlę i usunęli krzesło, na którym stał. Obecny przy egzekucji lekarz stwierdził zgon Józefa Jurkiewicza dokładnie o 16.34. Zwłoki zostały złożone do przygotowanej trumny, a obaj kaci zdjęli białe rękawiczki, którymi dotykali skazanego i wrzucili je. Ciało zostało przetransportowane do Instytutu Anatomicznego uniwersytetu w Marburgu jako materiał poglądowy dla studentów medycyny. Jedyny ślad, jaki pozostał po Józefie na ziemi niemieckiej to obecność jego nazwiska na tablicy ofiar w obozie w Breitenau.

Gospodarz K. powiadomił o wszystkim wdowę po Józefie w Polsce i postawił mu pomnik na miejscowym cmentarzu. Jego starania, by uzyskać zwolnienie siostry z obozu, nie przyniosły żadnego skutku. Była tam przetrzymywana aż do końca wojny.

Finał historii. Siostra gospodarza długo walczyła z sądami niemieckimi po wyzwoleniu o przyznanie jej odszkodowania za doznane od nazistów cierpienia i krzywdy. Autor reportażu po latach odnalazł najstarszą córkę Józefa, odwiedził ją w Polsce i przekazał jej zebrane informacje.

Bronia i Gerhard

O tragicznej historii Broni i Gerharda świat dowiedział się dzięki filmowi dokumentalnemu Marka Tomasza Pawłowskiego *Zakazana miłość. Historia Broni i Gerharda*, który pokazano w Niemczech w 2002 roku. Widzowie w Polsce zobaczyli go dopiero trzy lata później.

Film opowiada i komentuje jedną z licznych historii, jakie wydarzyły się w czasie ostatniej wojny. Ona to Bronia, szesnastoletnia Polka, robotnica przymusowa pracująca w gospodarstwie Josefa Aldera. On to Gerhard Greschok, dziewiętnastoletni Niemiec, również tam zatrudniony. Był rok 1941, gdy w miejscowości Steinsdorf, dzisiejsza Ściniawa Nyska w Opolskiem, „odkryto" niedozwolony związek. Dalej wypadki potoczyły się szybko. Jej zawieszono na szyi kartkę z napisem „jestem polską świnią", jemu – „jestem niemieckim zdrajcą" i popędzono na rynek. Tam zgolono im włosy pozostawiając jedynie „świński ogonek", dla większego upokorzenia.

Opisane sceny jakiś anonimowy operator uwiecznił na czarno-białym czterominutowym filmie. Dziwnym zrządzeniem losu filmik odnalazł się po wojnie w Czechosłowacji, skąd trafił do Instytutu Śląskiego w Opolu. Zainteresował się nim reżyser Pawłowski. Po długich poszukiwaniach odnalazł wielu świadków i ze starych oraz nowych materiałów zmontował pięćdziesięcioczterominutowy dokument, rekonstruujący wydarzenie sprzed sześćdziesięciu lat. Na ekranie pojawiają się wspomnienia byłych robotników przymusowych, stare fotografie miejsc i ludzi. Co ciekawe, reżyser odnalazł i nakłonił do zwierzeń małoletniego wówczas syna Alderów. Widz poznaje otoczenie ofiar nazistowskiej polityki robót przymusowych, stosunki w gospodarstwie, nieludzki wyzysk parobków, wreszcie atmosferę donosicielstwa. Zwłaszcza wszelkie przejawy sympatii między polskimi dziewczętami a Niemcami tropione były z zawziętością. Karze podlegali nie tylko ci, którzy dopuszczali się zabronionych czynów, ale i ci, którzy próbowali je zataić. Psychoza podejrzliwości panowała powszechnie, a każdorazowe „wykrycie" przypadku złamania przepisów stawało się okazją do organizowania scen hańbiących winowajców.

Pawłowskiemu nie udało się ustalić, co stało się z Bronią. Najprawdopodobniej trafiła do obozu koncentracyjnego i tam zginęła. Gerhard został zesłany na front wschodni do kompanii karnej. Ciężko ranny wrócił do domu, ale długo nie pożył, zmarł w 1945 roku. Dramatyczny obrót przybrały powojenne losy matki Gerharda Käthe. Gdy w 1966 roku obejrzała wraz z innymi mieszkańcami wioski króciutki film ze scenami pohańbienia syna, serce jej nie wytrzymało. Po sześciu dniach od projekcji zmarła.

Elwira i Fortunat

Pierwszy opisał ich historię Remigiusz Rzepczak na łamach „Gazety Wyborczej" (wydanie z 10 listopada 2006 roku), później powtórzyła ją „Transodra" (po polsku i po niemiecku), a w 2009 roku „odkryły" ją dzienniki szwajcarskie („Tages-Anzeiger", „Basler Zeitung"). Polski tytuł był dość wstrzemięźliwy: *Niezwykła historia Elwiry i Fortunata*, redaktorzy ze Szwajcarii zrobili z niej nieco sensacyjną *Polsko-niemiecką historię miłości*, która „przetrwała podział Europy i po półwieczu znalazła swój happy end".

Remigiusz Rzepczak był na miejscu, odnalazł bohaterów reportażu, rozmawiał z nimi, więc jego obszerna relacja jest w pełni wiarygodna. Praktycznie zamyka się w sześciu zdaniach wprowadzenia:

> Poznali się zimą 1946 roku. Ona, dwudziestoletnia córka fabrykanta, jednego z ostatnich Niemców, którzy w 1947 r. byli jeszcze w Mieszkowicach. On, o pięć lat starszy Polak z Wileńszczyzny, jeden z pierwszych powojennych mieszkańców miasteczka. Zakochali się, postanowili wziąć ślub. Czekali aż 58 lat. W minioną sobotę świętowali pierwszą rocznicę.

Ale kto zna wojenną i powojenną historię Polaków i Niemców, wie, że między pierwszym a ostatnim zdaniem wprowadzenia wydarzyło się wiele dramatycznych momentów, i że trzeba koniecznie przeczytać tekst główny, by zrozumieć grozę czasu.

Z reportażu dowiemy się o losach rodziny Waltera Profé, właściciela fabryki w miejscowości Bärwalde nad Odrą pod koniec stycznia 1945 roku. Po zdobyciu miasteczka Rosjanie dokonali zemsty na mieszkańcach, rabując i gwałcąc, i taki los spotkałby niechybnie familię Profé, gdyby nie wstawiennictwo polskich robotników. Rodzina przetrwała do lutego, po czym została wysiedlona wraz z innymi z miasta. Młodą Elwirę wytypowano do wywózki na Syberię. Poznajemy jej losy w czasie transportu i w obozie pracy. Po roku pobytu, wycieńczoną i niezdolną do pracy, zwolniono i pozwolono na powrót „do domu", ale gdzie on teraz był? Dawne Bärwalde stało się polskimi Mieszkowicami, w których osiedlili się nowi mieszkańcy, a tych przywieziono ze wschodu, z terenów zajętych z kolei przez Rosjan. Wśród przybyszów z Wileńszczyzny znalazł się Fortunat Mackiewicz z rodzicami. I w tym momencie po raz pierwszy krzyżują się drogi Elwiry i Fortunata.

Teraz w 1946 roku to pozostali w Mieszkowicach Niemcy byli zdani na pomoc Polaków. Elwira, by zdobyć trochę mleka, chcąc nie chcąc udała się do obejścia Mackiewiczów, którzy przywieźli ze sobą krowę. Po początkowej nieufności wizyty mnożyły się, co było naturalną okazją do zbliżenia młodych.

Latem 1946 roku, jak wyznali po latach, uświadomili sobie, że są sobie bliscy, a Fortunat zaczął myśleć o małżeństwie. Jednak opór otoczenia okazał się tak silny, że nie doszło do oficjalnego ślubu, a na dodatek jesienią 1947 roku rodzina Profé otrzymała nakaz wyjazdu do Niemiec. I tak skończył się pierwszy etap ich znajomości.

Elwira rozpoczęła budowę swej nowej niemieckiej egzystencji, Fortunat – polskiej.

Po raz pierwszy po wyjeździe wybrała się Elwira do Mieszkowic w 1991 roku, teraz jako dobrze sytuowana emerytka, mająca sporo wolnego czasu. Ale jeszcze nie wtedy spotkała swojego Fortunata. On również zmienił miejsce zamieszkania, ożenił się.

Do spotkania po długich latach rozstania doszło w roku 1995. I od razu odpadły wszelkie obawy i wątpliwości, czy rozpoznają się. Szybko okazało się, że chcą być razem. Postanowili więc – ludzie już przecież w zaawansowanym wieku – zacząć wszystko od początku. Sprowadzili się do Mieszkowic, postawili dom, Elwira ściągnęła matkę.

I zakończenie reportażu, stan na 4 listopada 2005 roku:

> Dzisiaj w Mieszkowicach Elwira i Fortek znają wielu ludzi. Zaprosili ich na swój ślub i wesele. Było to możliwe po załatwieniu wielu formalności – opowiada Elwira. – Za to, gdy czwartego listopada ubiegłego roku wchodziliśmy po schodach do Urzędu Stanu Cywilnego w ratuszu, pomyślałam: czy to nie jest ukoronowanie długiego i nie zawsze lekkiego życia? Jesteśmy pewni, że tak się właśnie stało.

Anni i Henryk

Wiedzieliśmy o karze, ale miłość była silniejsza

Historię Anny Marii Wrzesinski pierwsza opisała Erdmuthe von Baudissin, publikując książkę *Es darf nicht sein*[89]. (To nie powinno się zdarzyć. Relacja służącej z Allgäu o niebezpiecznej miłości). Tytuł, a zwłaszcza podtytuł, brzmi nieco sensacyjnie i nie oddaje istoty rzeczy. Już znacznie precyzyjniejsza jest druga autorka, Lydia Leipert, która na podstawie książki von Baudissin i własnej rozmowy z autorką wspomnień zrealizowała audycję radiową wyemitowaną 21 września 2008 roku w Deutschlandradio. Publikowany na stronach internetowych „Deutschlandradiokultur" tekst[90] nosi już jednoznacznie brzmiący podtytuł „Niemiecko-polska miłość w czasie narodowego socjalizmu".

Z powyższego tekstu wybieram najbardziej kluczowe fragmenty, pozwalające zrekonstruować historię dziewiętnastoletniej Anny Marii Zick, wiejskiej dziewczyny z miejscowości Wolfertschwenden, najmującej się do pracy jako wyrobnica. Któregoś listopadowego wieczoru 1940 roku, gdy zmywała naczynia, z izby czeladnej gospodarza dobiegły ją obce głosy.

Anni wspomina:

> Byłam ciekawa, co się tam dzieje i na szczęście miałam sztućce, które musiałam schować do szuflady. Poszłam tam i zwlekałam przy ich sortowaniu. Poza moim gospodarzem i gospodynią przy stole siedział jeden gospodarz z Wolfertschwenden i mężczyzna, który milczał. Wystarczyło spojrzenie i wiedziałam: ten jest mój i on też wiedział, że należymy do siebie. Kim jest ten obcy i skąd pochodzi, o tym w ogóle nie myślałam.

---

89 E. Baudissin, *Es darf nicht sein. Der Bericht einer Allgäuer Magd über eine lebensgefährliche Liebe,* Augsburg 2007.
90 www.deutschlandradiokultur.de/es-darf-nicht-sein.

Komentarz autorki:

To jest Henryk, we wsi nazywany Heinrich, polski robotnik przymusowy. Pochodził z miasta Piotrków Trybunalski, na północ od Łodzi. Został wyprowadzony wprost z piekarni, w której pracował. Razem z siostrą dostarczono go do Allgäu. (...)
Anni i Henryk nie próbują się do siebie zbliżyć. Według prawa nazistów kontakt z niearyjczykiem jest zabroniony. Ale każdego dnia pracują razem. Na polu przy żniwach i przy czyszczeniu obory Anni uczy Henryka niemieckiego. Promienieje, gdy myśli o chwili, w której w jej życiu pojawił się Henryk.

Anni:

To był moment, nie zwracaliśmy uwagi na karę. To była chwila, rzeczywiście... Nie powinna się zdarzyć. Wiedzieliśmy o karze, ale miłość była silniejsza.

Komentarz:

Anni i Henryk zaczynają potajemnie spotykać się nocą. Są młodzi i zakochani szczęśliwie. Jesienią 1942 roku Anni zachodzi w ciążę. Nie ma odwagi powiedzieć o tym rodzicom. Mimo strachu, któregoś dnia wyrzuca to z siebie. Wszystko jedno, co się zdarzy, chcą zawsze mówić prawdę. To obiecali sobie.

Anni:

„Gdyby nie ta kara", powiedział zakłopotany ojciec, ale mimo wszystko cała rodzina cieszyła się z powodu dziecka. Gdy jest w szóstym miesiącu ciąży, wymawia pracę. Gospodarz gniewa się z powodu, że traci parobka. W knajpie mówi, że ojcem dziecka jest Polak, tak myśli. Zdanie, które natychmiast ma następstwa. Tak nagle, jak Henryk pojawił się w życiu Anni, tak zniknął. (...) Miejscowy policjant aresztował go. Początkowo Anni jest przesłuchiwana, ale jeszcze wraca do rodziców. (...) 9 maja 1943 przychodzi na świat dziecko. Henryk siedzi wtedy w celi śmierci w monachijskim Stadelheim. Następnie trafia do obozu w Dachau i tam uznaje swoje ojcostwo. Anni nazywa córkę imieniem Elsbeth. We wsi wołają na nią „polska małpa". Ojciec Anni nie przejmuje się tym, dumnie pcha wózek z wnuczką przez liczącą 400 dusz wioskę. (...) Jednak w grudniu zjawia się policjant. (...) Dostarcza dziewczynę pociągiem do Kwatery Głównej Gestapo, mieszczącej się w Monachium na Briennerstr.

Scena w Gestapo:

– Anna Zick, wystąp. Czy rzeczywiście chce pani poślubić Henryka Wrzesińskiego?
– Tak.

Komentarz:

Krótko po powrocie do celi, Anni zapada na szkarlatynę. Mimo to transportowana jest do KZ Ravensbrück. Jest wyczerpana, bez sił. (...) W grudniu 1944 roku zostaje zwolniona z obozu. Zmieniona, wraca do Wolfertschwenden (...) Także Henryk przeżył obóz i powraca. Pieszo idzie z Dachau do wsi. Wymarzony powrót przebiega jednak inaczej niż oczekiwano. Po dwóch latach pobytu w Dachau Henryk jest wychudzony i wycieńczony, z bólu nie może jasno myśleć. Nie poznaje Anni. W gospodarstwie jej rodziców po raz pierwszy widzi swoją półtoraroczną córkę, ale całkiem jest bez sił. (...) Lekarze nie rokują dobrze. Tygodniami może pić tylko mleko, powoli jednak zaznacza się poprawa. 16 czerwca 1945 roku biorą ślub, pierwszy po wojnie w Wolfertschwenden. (...) Młodzi chcą pozostać na miejscu. Jedno nie daje Anni spokoju: kto ich wtedy zdradził? Miejscowy policjant przyrzeka, że sprawca zamelduje się u nich. Po paru dniach w obejściu ojca zjawia się wcześniejszy gospodarz Anni. Przyznaje, że był tym, który ujawnił ich związek. Ojciec Anni powiedział: „podajcie sobie ręce i przebaczcie. Każdy robi błędy". I w istocie młodzi wybaczają donosicielowi.

Anni:

Jakżeż miał rację mój ojciec! Dwa lata później gospodarz odebrał sobie życie. Ale dzięki Bogu nie z naszego powodu. Zrobił to z powodów rodzinnych. Gdybyśmy mu nie wybaczyli, mielibyśmy go na sumieniu.

Komentarz:

Anni nie czuła nigdy nienawiści ani potrzeby zemsty. Gdy widziała cierpiącego męża, sprawiało jej to wielki ból. Wspomnienia z czasu pobytu w KZ nie pozwalały Henrykowi normalnie funkcjonować. Potrzebował coraz silniejszych środków przeciwbólowych. Często krzyczał i budził się w nocy zlany potem. Gdy w 1993 roku bóle bardzo się nasiliły, Henryk popełnił samobójstwo, rzucając się pod pociąg. Elisabeth i urodzony po wojnie brat nie mają łatwego życia. We wsi ubliżają im od „Polaków". (...) Anni nie powie już nic o tamtym czasie. O swoim cierpieniu w KZ, o strachu o męża i o dziecko. Przed półroczem (2007) Anni Wrzesinski zmarła. Za żółtym kościołem parafialnym znajduje się jej grób. Przed płytą nagrobną i obok kwiatów leży serce z jasnego kamienia. Wygrawerowano na nim: „Miłość i wiara są niezwyciężone".

Wilhelmine i Antoni

O tej historii pierwsze napisały gazety poznańskie[91], a sprawa została nagłośniona dzięki współpracy szkół z Poznania i Berlina. W ramach ogólnego projektu „Między dwoma światami", ma-

---

91 P. Bojarski, *Wilka, Niemka, która walczyła w AK*, w: „Gazeta Wyborcza" z 11 czerwca 2010.

jącemu upamiętniać osoby walczące z faszyzmem, nauczyciele i uczniowie zrekonstruowali historię Wilhelmine Günther.

Kim była i czym zasłużyła na pamięć współczesnego pokolenia Polaków i Niemców młoda dziewczyna urodzona w 1917 roku w rodzinie niemieckiej w Poznaniu? Ojciec, z zawodu krawiec, choć żył wśród Polaków, nie mówił po polsku, wszystkie sprawy rodzinne regulowała Marianne, żona, z domu Bardzińska. Siłą rzeczy mała Wilhelmine wyrastała w dwóch światach, w domu mówiło się po niemiecku, na podwórku i w szkole po polsku. Wybuch wojny 1939 roku radykalnie zmienił delikatną i kruchą symbiozę między dwiema społecznościami. Mimo iż rodzina Güntherów otrzymała dokumenty niemieckie, Wilhelmine nie zerwała dawnych przyjacielskich kontaktów ze światem polskim, ba, miała chłopaka Polaka, Antoniego Jagłę. Znajomość i to zażyła – z ciążą i planowanym ślubem – niemieckiej dziewczyny z polskim chłopakiem nie miała żadnych szans powodzenia. W wyniku denuncjacji Antoni został aresztowany i zesłany do Auschwitz, gdzie zginął. Po urodzeniu dziecka, które wkrótce zmarło, również Wilhelmine została aresztowana i kilka tygodni spędziła w więzieniu.

To część pierwsza tej dramatycznej historii. Druga mówi o niezwykłej decyzji, odwadze i cierpieniu młodej niemieckiej dziewczyny. Wilhelmine, po wszystkim co ją spotkało, jeszcze bardziej zacieśniła kontakty z Polakami, podjęła współpracę z AK. W 1942 roku została uroczyście zaprzysiężona i jako łączniczka oraz informatorka polskiego podziemia wykonywała określone zadania organizacyjne. Niemka, znająca świetnie język polski, działająca przeciwko interesom Rzeszy narażała się na wielkie niebezpieczeństwo. Wpadła w listopadzie 1943 roku. Krótki proces poprzedził nieuchronny wyrok: kara śmierci.

4. Niemieckie dzieci polskich ojców

Niełatwy los czekał dzieci spłodzone przez polskich robotników przymusowych. Gdy podrastały, środowisko przypominało im, że są gorszym elementem: *Polen-* lub *Polackenkind,* dzieckiem Polaka bądź Polaczyny, co było już wystarczająco obraźliwe. Wewnątrz rodziny zwykle przemilczano temat ojca lub kłamano, że zginął na wojnie. Dorosłe dzieci różnie reagowały na wiadomość o swoim pochodzeniu. Albo starały się ją ignorować, albo podejmowały nadzwyczajne wysiłki, by dowiedzieć się prawdy, ustalić miejsce stracenia ojca, poznać jego, a zatem i swoją część rodziny. Dowiadujemy się coraz więcej o takich ludziach.

Swego czasu głośno było o Stefanie Wisniewskim, członku terrorystycznego ugrupowania RAF. Zainteresowała się nim Hanna Krall, a to z powodów, które ujawniły się dopiero przy okazji głośnego procesu Wisniewskiego. Okazało się, że Stefan był synem Stanisława Wiśniewskiego, polskiego robotnika przymusowego. Typowy los młodych mężczyzn skazanych przez reżim nazistowski na niewolniczą pracę w Niemczech. Gdy wielu z nich wracało do kraju, Stanisław postanowił pozostać. Na wiejskiej zabawie poznał starszą od siebie Gizelę, matkę trójki dzieci. Mąż nie wracał z frontu wschodniego, więc jako samotnej, ale w miarę młodej jeszcze kobiecie, trudno było przebijać się przez życie w sytuacji powojennej. Pobrali się. Właściwie nie chcieli pozostać w Niemczech, planowali emigrację, ale pojawiła się nowa ciąża, która pokrzyżowała te plany. Stanisław zmarł w 1953 roku w wieku 27 lat. Syn Stefan, urodzony pół roku wcześniej, wzrastał bez większej świadomości pochodzenia swego ojca, ten problem nie odgrywał praktycznie żadnej roli w jego życiu. Hannę Krall zainteresował młody terrorysta również dlatego, iż napisał do niej list z więzienia po przeczytaniu książki *Zdążyć przed Panem Bogiem.* W 1990 roku odwiedziła go wielokrotnie w więzieniu. Powstał z tych rozmów reportaż *Stefan Wisniewski, Sohn eines Zwangsarbeiters*[92] (Stefan Wisniewski, syn robotnika przymusowego).

Do głosu zameldowało się również pokolenie wnuków polskich dziadków. Za dobry przykład poszukiwania własnej tożsamości, odgrzebywania przemilczanych, często wstydliwych historii ro-

---

92 H. Krall, *Stefan Wisniewski, Sohn eines Zwangsarbeiters,* w: „Die Welt" 2007.

dzinnych, służyć może książka Kolji Mensinga *Süß schmeckt nur der Mohn*[93] (Słodko smakuje tylko mak).

Młody autor, z zawodu dziennikarz, jako dziecko usłyszał, iż jego dziadkiem z linii ojca jest niejaki Józef Koźlik, Polak, który w czasie wojny był spadochroniarzem. Zdezerterował z armii niemieckiej i przez Palestynę przedostał się do Anglików, skąd trafił do armii Andersa. Już jako polski żołnierz wziął udział w walkach z Niemcami. W 1945 roku spotkał Niemkę Mariannę, córkę stolarza, z którą spłodził syna. Kolja wiedział też, że dziadek zmarł w biedzie i zapomnieniu, nie dożywając sześćdziesięciu lat.

Dopiero wysiłki wnuka, który wybrał się do Polski i nie szczędził trudu, by odszukać ślady przeszłości, doprowadziły do rozjaśnienia mroków rodzinnej historii. Okazała się ona, jak to często bywa w życiu, bardziej płaska i przyziemna niż życzyliby sobie potomkowie, pragnący zachować w pamięci inną prawdę o swoich przodkach.

Kolja Mensing odkrył, iż Józef Koźlik już w latach czterdziestych opuścił żonę i syna. Ich miłość nie wytrzymała negatywnej presji środowiska, które odwróciło się od Marianny uznając ją za „polską dziwkę". Poza tym sam Józef nie radził sobie w życiu i zaczął mieć problemy z alkoholem. Po nieudanych próbach zbudowania egzystencji w Niemczech, wrócił do Polski.

Historia jedna z wielu, jakie zdarzały się i zdarzają w życiu. Dla naszej opowieści o tyle istotna, iż odkrywa kolejną kartę w skomplikowanych relacjach rodzinnych polsko-niemieckich.

---

93 K. Mensing, *Süß schmeckt nur Mohn*, Berlin 2011.

Literatura uzupełniająca

Berlin. Wspomnienia Polaków z robót przymusowych w stolicy III Rzeszy w latach 1039–1945, Warszawa 2012

Łuczak Cz., *Praca przymusowa Polaków w Trzeciej Rzeszy i na okupowanych przez nią terenach innych państw*, Poznań 2001

Polscy robotnicy przymusowi w Trzeciej Rzeszy, red. Wł. Bonusiak, Rzeszów 2005

Przerembel Al., *Rassenschande und Vernichtungslegitimation im Nationalsozialismus*, Göttingen 2003

Warszawskimi ulicami
chodzą szkopy ze...
świniami!!!

ROZDZIAŁ ÓSMY
Szwabska dziwka
(Okupacja)

1. W polskim miasteczku

W śpiewniku najpopularniejszych pieśni Wehrmachtu pod numerem 53 widnieje utwór pt. *In einem Polenstädtchen*[94] (W polskim miasteczku):

> In einem Polenstädtchen,
> da wohnte einst ein Mädchen,
> das war so schön.
> Sie war das allerschönste Kind,
> das man in Polen find't
> aber nein, aber nein sprach sie,
> ich küsse nie.
>
> Wir spielten Schach und Mühle,
> in jedem dieser Spiele
> gewann nur ich.
> Bezahle Deine, Deine Schuld
> Durch eines Kusses Huld.
> Aber nein, aber nein sprach sie,
> ich küsse nie.

---

94 Cytuję za *Liederbuch der Wehrmacht*, Reutlingen 1935.

Ich führte sie zum Tanze,
da fiel aus ihrem Kranze,
ein Röslein rot.
Ich hob es auf von ihrem Fuß,
bat sie um einen Kuß,
aber nein, aber nein sprach sie,
ich küsse nie.

Und als der Tanz zu Ende,
da nahm sie meine Hände,
zum erstenmal.
Sie lag in meinem Arm,
mir schlug das Herz so warm,
aber nein, aber nein sprach sie,
ich küsse nie.

Und in der Trennungsstunde,
da kam aus ihrem Munde,
das schönste Wort.
So nimm Du stolzer Grenadier,
den ersten Kuß von mir,
vergiß Maruschka nicht,
das Polenkind.

Każdy żołnierz wkraczający do Polski 1 września 1939 roku znał ją doskonale. Skoczna melodia łatwo wpadająca w ucho idealnie nadawała się dla potrzeb wojska. Maszerowali więc w jej rytm po łatwą zdobycz: kraju i dziewcząt, które tam na nich „czekały". Tekst podaję we własnym przekładzie:

W polskim miasteczku
dziewczę mieszkało,
cudnej urody
najpiękniejsze,
jakie się w Polsce widziało,
mówiła: nie, ależ nie,

nie dam całować się.
Graliśmy w różne gry,
wygrałem
w każdej z nich,
proponuję, zamiast fanta
daj całusa mi.
Ależ nie, mówiła, nie,
nie dam pocałować się.

Zaprosiłem ją do tańca,
wypadła jej
różyczka z wianka,
kwiatek podniosłem spod stóp
i całować chciałem już.
Ależ nie, mówiła, nie,
nie dam pocałować się.

Gdy taniec skończył się,
za rękę wzięła mnie,
raz pierwszy,
gdym ją otoczył ramieniem
poczułem serca drgnienie,
ale nie, mówiła, nie
nie dam całować się.

Gdy nastał czas rozstania,
rzekła
na pożegnanie,
wojaku dzielny mój
weź pierwszy całus swój,
pamiętaj dziewczę co
Maruszką[95] zwą.

---

95 Zadomowione od XVIII wieku w literaturze niemieckiej imię „polskiej" dziewczyny.

To klasyczna, ludowa wersja, ze słowiańskim imieniem Maruszka, znana od 1896 roku, z wielkim zapałem śpiewana już podczas I wojny światowej. Badacze pieśni z okresu ostatniej wojny, m.in. Rudolf Walter Leonhardt, odnotowali różne jej warianty, niektóre o zbrutalizowanym, obscenicznym wydźwięku. Na przykład wersja przytoczona przez Leonhardta[96], ze zmienionymi nieco słowami, przynosi takie zakończenie historii Maruszki:

In einem Polenteiche,
da fand man ihre Leiche,
noch immer schön
(und die war tot).
Sie trug ʼnen Zettel in der Hand,
darauf geschrieben stand,
ich habe einmal geküßt und schwer gebüßtʼ
(ich hab zu viel geschmatzt und bin geplatzt).

W jakimś polskim stawie
znaleziono dziewczę martwe,
piękna jeszcze była
(ale już nie żyła).
W dłoni kartkę chowa,
a na niej te słowa:
pocałowałam i ciężko odpokutowałam
(za dużo tego było i źle się skończyło).

Wymowa dopisanej zwrotki jest nad wyraz czytelna. „Przygoda" dziewczyny źle się dla niej skończyła. Możemy się tylko domyślać, kim był sprawca (sprawcy) jej tragedii.

Ciekawy materiał opublikowali dwaj naukowcy: Sönke Neitzel i Harald Welzer w książce *Soldaten. Protokolle vom Kämp-*

---

[96] www.zeit.de/1977/34/obszoen- und sentimental.

*fen, Töten und Sterben*⁹⁷ (Żołnierze. Protokoły o walce, zabijaniu i śmierci). Opracowali i skomentowali podsłuchane rozmowy zwykłych żołnierzy Wehrmachtu, którzy dostali się do niewoli aliantów i czekali na rozprawę sądową. O czym głównie rozmawiali młodzi mężczyźni? Oczywiście o przygodach seksualnych i gwałtach, które ich utwierdzały w przekonaniu, iż są bezkarni w swej męskiej dominacji nad słabszymi, zwłaszcza kobietami. Zachowywali się wszędzie podobnie, bez względu na miejsce walk czy stacjonowania. Jeden z przykładów:

> Złapaliśmy dziewczynę szpiega, która kręciła się po okolicy. Najpierw biliśmy ją kijem i dźgaliśmy bagnetem. Później gwałciliśmy ją, następnie porzucili i strzelaliśmy do niej. Gdy leżała na plecach, celowaliśmy w nią granatami. Za każdym razem krzyczała, gdy trafiliśmy w pobliże. W końcu zdechła i wyrzuciliśmy ciało⁹⁸.

Dowództwo Wehrmachtu świadome potrzeb wojska nie reagowało na akty przemocy. Problem zaspokojenia seksualnego młodych mężczyzn nabrał ostrości wtedy, gdy rozpoczęła się okupacja zajętych terenów. Zdecydowano się na kontrolowaną prostytucję, wydając szczegółowe rozporządzenia jak powinny funkcjonować burdele, by nie rozprzestrzeniały się choroby weneryczne. Powstało ich w całej Europie około pięciuset. Przeznaczano do nich młode kobiety, które wyłapywane były prosto z ulic miast czy pacyfikowanych wiosek. O losie tych dziewcząt nie rozpowiadano publicznie; dowiadujemy się o nim bądź po latach ze wspomnień samych pokrzywdzonych, bądź z materiałów podobnych do protokołów żołnierzy niemieckich. Kolejny przykład:

---

97 S. Neitzel, H. Welzer, *Soldaten. Protokolle vom Kämpfen, Töten und Sterben*, Frankfurt/M 2011.
98 *Soldaten.*, op.cit., s. 423.

W Warszawie nasze oddziały stały w kolejce przed drzwiami. W Radomiu pierwsze pomieszczenie było pełne, a kierowcy czekali na zewnątrz. Każda kobieta przyjmowała w ciągu godziny 14 do 15 mężczyzn. Co drugi dzień wymieniano ją w tym miejscu.

Oficjalnie kontakty seksualne wojska z ludnością cywilną były zabronione, głównie w imię czystości rasy. Praktyka dnia codziennego wyglądała jednakże inaczej. Oficerowie i żołnierze na własną rękę układali sobie życie. Wśród polskich dziewcząt i kobiet rozpowszechniło się zjawisko uprawiania nierządu z okupantem, z najróżniejszych zresztą powodów. Głównie dla korzyści materialnych czy w poszukiwaniu bezpieczeństwa. Pary spotykały się w prywatnych domach bądź w parkach, wspólnie chodzono do kina, kawiarni, restauracji. Publiczne „afiszowanie się" z Niemcem groziło Polce utratą nie tylko dobrego imienia. Nie można tu nie wspomnieć i o kontaktach seksualnych podejmowanych na zlecenie organizacji zbrojnych w ramach działalności wywiadowczej, często tak zakonspirowanej, że kobiety te były narażane na represje ze strony polskiego Podziemia. Zdarzały się również autentyczne miłości, sympatie, dłuższe znajomości, wspólne dzieci. Były zawierane i tzw. „Ostehen", czyli „małżeństwa wschodnie", jak je urzędowo nazywano. Nierzadkie były podania wojskowych o oficjalną zgodę na zawarcie związku małżeńskiego. Maren Röger[99] wymienia kilka przykładów. Prosty żołnierz Heinrich R. w 1944 zwracał się do Urzędu Stanu Cywilnego w Warszawie o wydanie takiej zgody ze względu na zaawansowaną ciążę „narzeczonej", jak napisał we wniosku.

---

[99] M. Röger, *Kriegsbeziehungen. Intimität, Gewalt und Prostitution im besetzten Polen 1939 bis 1945*, Frankfurt am Main 2015.

2. Czerwone jabłuszko

Opinia publiczna i Podziemie od pierwszych dni okupacji reagowało gwałtownie na przejawy prostytucji wśród Polek. Ostrzegano je, grożono karami, golono głowy, wyklinano. Już w maju 1940 roku w piśmie „Polska żyje!" ogłoszony został swoistego rodzaju dekalog postępowania prawdziwego Polaka i patrioty w warunkach okupacyjnych. W punkcie 5 autorzy ostrzegali:

> Nie ma usprawiedliwienia dla Polaka przyjmującego w swym domu wrogich im przybyszów, nawet gdyby to byli znajomi sprzed wojny. Każdego Polaka i każdą Polkę utrzymujących jakiekolwiek stosunki z zaborcą należy bojkotować tak samo jak wroga.

Pierwszy skrojony na nowe warunki *Kodeks Polaka* ukazał się we wrześniu 1940, a rok później – jeszcze bardziej szczegółowy *Kodeks moralności obywatelskiej*.

Życie w okupowanej Warszawie, jeszcze na początku lat czterdziestych, miało również swe w miarę „normalne" oblicze. Funkcjonowały kawiarnie, kina, teatrzyki, ludzie spotykali się, spacerowali. Mimo licznych ograniczeń, utrudnień i niebezpieczeństw starano się je tak organizować, by zachować wiele ze zwykłej codzienności. Zwłaszcza młodzież nie chciała rezygnować z przywilejów młodego wieku.

Z oporami, ale do świadomości społecznej zaczyna przebijać się prawda, że dzień okupacyjny miał swe różne oblicza. Że nie każde zachowanie da się osądzić wedle twardych kryteriów różnicujących: „patriotyzmu" lub „kolaboracji". Zwłaszcza sfera uczuć wymyka się ostrym i jednoznacznym podziałom i osądom.

Ciekawym dokumentem czasu okazuje się odnaleziony po latach pamiętnik młodej dziewczyny z okupowanej Warszawy Hanki Zach *Mój wróg, moja miłość*[100]. Zapiski szesnastoletniej

---

100 H. Zach, *Mój wróg, moja miłość. Pamiętnik dziewczyny z okupowanej Warszawy*, wstęp, opracowanie i redakcja: S. Chutnik, K. Jaszczyński, Warszawa 2016.

panienki przynoszą cenny materiał dotyczący nie tylko codzienności okupacyjnej, ale i dokumentują jej stosunek do Niemców, w których dostrzega głównie... młodych, przystojnych mężczyzn, z którymi warto umówić się na randkę. Jak ocenić jej zapis z lutego 1942 roku?

> A propos Niemców. Umówiłam się na randkę z pewnym oficerem, no i świnia nie przyszedł. Muszę znaleźć innego. W ogóle jestem kretynka, coś podobnego mieści się w mojej głowie (...) Mój stosunek do naszych największych wrogów nie był bynajmniej nigdy wrogi. Odwrotnie, miałam do nich zawsze słabość, szczególnie jednak po wybuchu wojny. Zdaję sobie sprawę, że w takich warunkach, o ile się nie zmienią, nie potrafię być dobrą Polką[101].

Dalsze lata okupacji dokonały zasadniczej korekty w tym wizerunku.

Podziemie kolportowało plakaty i satyryczne rysunki ośmieszające kobiety zadające się z Niemcami. Na jednym z nich widać esesmana z papierosem w ustach, którego trzyma pod rękę Polka, ale pod postacią świni w bluzeczce i spódniczce. Zza chmur wygląda oburzone słońce i pluje na nią. Pod karykaturą widnieje napis: „Warszawskimi ulicami chodzą szkopy ze świniami!!!". Inna satyra kontrastuje wyfiokowaną damulkę z biedną, nieszczęśliwą dziewczyną. Pod rysunkiem wierszyk:

> Tu kawa, tam zabawa, tu loczek, tam pióro,
> Czy nędzy już nie widzisz, wyrodna Polski córo!

I małym drukiem informacja: „Wytnij ten obrazek i poślij pocztą, komu należy". Również na murach przyklejano nalepki z podobnymi hasłami. Kilka przykładów:

---

[101] H. Zach, op. cit., s. 138.

Diabła wnuczka – szkopska suczka
Z Niemcem zaczyna –
swołocz dziewczyna

Szwaba towarzystwa szuka
nie kobieta – ale suka

Ojcze, matko – bijcie w dupę
córkę, co zna Niemców kupę!

Do popularnych w czasie okupacji należała piosenka *Czerwone jabłuszko, pokrojone na krzyż*, obrazująca historię dziewczyny współpracującej z Niemcami, którą zlikwidowało Podziemie:

Idzie sobie panna
Ze szwabem pod rękę,
Bardzo z tego dumna,
Z getta ma sukienkę.
Za taką córeczkę
Jak ci nie wstyd, ojcze?
Nie wstyd, bo jak córka
Zrobił się volksdojczem.

(...)
Złapali ją w bramie
Chłopcy z konspiracji
Zgolili do skóry
Łeb wraz z ondulacją.
A jak nie pomogło,
Chłopcy nieśli kwiaty,
W jednej ręce róże,
W drugiej automaty.

Gęsi za wodą, kaczki za wodą,
Zastrzelili pannę,

> Choć była młodą,
> Już dziś nie wyda, jutro nie wyda,
> Na nic im się martwy
> Szpicel nie przyda...

Koniec wojny nie oznaczał abolicji dla „szwabskich dziwek". Wręcz przeciwnie, dopiero teraz nastąpiło prawdziwe „rozliczenie" z nimi, jakby to one ucieleśniały całe zło, okrucieństwo i bestialstwo czasu. Akt oskarżenia był prosty: kolaboracja z wrogiem, za co groziły drakońskie kary. Od golenia głów, pohańbienia osoby i imienia, po więzienie czy nawet karę śmierci. Temat ten stanowił przez lata społeczne tabu, o którym rzadko kto pisał, wspominał czy badał. Co najważniejsze, milczały same doświadczone przez los kobiety.

3. Puff w KZ Auschwitz

Miejscem szczególnego poniżenia kobiet w czasie okupacji były tzw. *puffy*, czyli domy publiczne w obozach koncentracyjnych. Jeden z najjaskrawszych w literaturze polskiej opisów wyglądu i funkcjonowania *puffu* pozostawił Tadeusz Borowski, sam więzień Oświęcimia, w opowiadaniu *U nas w Auschwitzu...*

> Ale najważniejsza rzecz mieści się na piętrze. Jest to puff. Puff są to okna, nawet w zimie na wpół uchylone. W oknach – po apelu wychylają się główki kobiece o różnych odcieniach, a spod niebieskich, różowych i seledynowych (bardzo lubię ten kolor) szlafroczków wynurzają się śnieżne jak piana morska ramiona. Główek jest, zdaje się, piętnaście, a ramion – trzydzieści, jeśli nie liczymy starej Madame o potężnym, epickim, legendarnym biuście, która czuwa nad główkami, szyjkami, ramionami etc... Madame oknem się nie wychyla, ale za to urzęduje na piętrze jako cerber u wejścia do puffu.
> Naokoło puffu stoi tłum prominencji lagrowej. Jeśli Julii jest dziesięć, to Romeów (i to nie byle jakich) z tysiąc. Stąd przy

każdej Julii tłok i konkurencja. Romeowie stoją w oknach przeciwległych bloków, krzyczą, sygnalizują rękoma, wabią. Jest lageraltester i lagerkapo, są lekarze ze szpitala i kapowie z komand. Niejedna z Julii ma stałego adoratora i obok zapewnień o wiecznej miłości, o szczęśliwym wspólnym życiu po obozie, obok wyrzutów i przekomarzań się słychać bardziej konkretne dane dotyczące mydła, perfum, jedwabnych majtek i papierosów. Jest wśród ludzi duże koleżeństwo: nie konkurują nielojalnie. Kobiety z okien są bardzo czułe i ponętne, ale jak złote ryby w akwarium niedosiężne. Tak wygląda puff z zewnątrz. Do środka można się dostać jedynie przez szrajbsztubę za karteczką, która stanowi nagrodę za dobrą i pilną pracę. Wprawdzie my, jako goście z Birkenau, i tu mamy pierwszeństwo, ale odmówiliśmy, mamy czerwone winkle, a niech kryminaliści korzystają z tego, co dla nich. Dlatego żałuj, ale ten opis będzie tylko pośredni, choć oparty na tak dobrych świadkach i tak starych numerach, jak fleger (co prawda już honorowy) M... z naszego bloku, który ma numer prawie trzy razy mniejszy niż dwie ostatnie cyfry mojego. Rozumiesz – członek założyciel! Dlatego kołysze się jak kaczka i ma szerokie spodnie z klinami, spięte z przodu agrafkami. Wieczorem wraca podniecony i wesoły. Oto idzie do szrajbsztuby i gdy czytają numery tych „dopuszczonych", czyha na nieobecnego; krzyczy wtedy hier, łapie przepustkę i gna do Madame. Wsuwa jej w łapę parę paczek papierosów, ona czyni koło niego szereg zabiegów natury higienicznej i wyszprycowany fleger gna wielkimi susami na górę. Po korytarzyku przechadzają się owe Julie z okna, w szlafroczkach niedbale owiniętych dookoła ciała. Czasem któraś przejdzie obok flegera i zapyta od niechcenia:
– Który ma pan numer?
– Osiem – odpowie fleger, dla pewności patrząc na karteczkę.
– A to nie do mnie, to do tej Irmy, blondyneczki – mruknie rozczarowana i powłóczystym krokiem odejdzie ku oknu.
Wtedy fleger wchodzi pod ósemkę. Na drzwiach czyta jeszcze, że takich a takich zdrożności uskuteczniać nie wolno, bo

bunkier, że dozwolone tylko to a to (szczegółowy wykaz) i tylko na tyle a tyle minut, wzdycha w kierunku judasza, przez który czasem zaglądają koleżanki, czasem Madame, czasem komandofuhrer od puffu, a czasem nawet sam komendant obozu, kładzie na stole paczkę papierosów i ... aha, jeszcze dostrzega, że na szafeczce leżą dwie paczki angielskich papierosów. Podlega znowu dezynfekcji i wesół i szczęśliwy opowiada nam o tym wszystkim.

Ale dezynfekcja czasem zawodzi, w związku z czym wybuchła onegdaj w puffie zaraza. Puff zamknięto, po numerach sprawdzono, kto był, wezwano ich urzędowo i zaaplikowano kurację. Ponieważ handel przepustkami jest szeroko uprawiany, wykurowano nie tych, co trzeba. Ha, takie jest życie. Kobiety z puffu czyniły również wycieczki na lager. W nocy wychodziły po drabinie w męskich ubraniach na pijatyki i orgie. Ale nie podobało się to postowi z pobliskiej budki i wszystko się urwało.

Literacki obraz *puffu* w opowiadaniu Borowskiego znajduje w pełni potwierdzenie w badaniach historyków, niemieckich i polskich, którzy z wielkim opóźnieniem zajęli się tym przemilczanym i tabuizowanym problemem. Przez dziesięciolecia kobiety z domów publicznych zakładanych w obozach koncentracyjnych traktowane były jako sprawczynie swego losu. Nie chciano dostrzec w nich ofiar nieludzkiego systemu, który w równym stopniu przymuszał jak i zachęcał je do sprzedawania swego ciała. Były trybikami w machinie zachęt dla więźniów, mających motywować ich do jeszcze większego i wydajniejszego wysiłku na rzecz Rzeszy. Jak ocenić dziś decyzję i postępowanie pewnej młodej dziewczyny, o której donosiła w swoim oficjalnym oświadczeniu złożonym w Muzeum Oświęcimskim Zofia Bator-Stępień, była więźniarka obozu Auschwitz-Birkenau? I czy naprawdę mamy prawo oceniać?

Kiedyś ogłoszono, że poszukują chętnych do lekkiej pracy, ona się zgłosiła (...), nie wiedząc, co to jest. Przyjął ją lekarz esesman (...) Kiedy ją zbadał, powiedział: czy ty wiesz, gdzie pójdziesz? Ona mówiła: nie, nie wiem, mówili, że do lekkiej pracy, gdzie będzie dużo chleba. Więc on jej mówił: słuchaj, ta praca będzie polegała na tym, że będziesz miała do czynienia z mężczyznami, a poza tym jest taka rzecz, że będziesz miała przeprowadzony zabieg, który pozbawi cię możliwości macierzyństwa. Zastanów się, bo istnieje szansa przeżycia obozu, jesteś młoda, zapragniesz być matką – a wtedy to będzie już zupełnie niemożliwe. Ona mówiła – a co tam matką, matką. Ja chcę chleba[102].

4. Od „podstępnej Polki" do Rassenschande

Kiedy spróbujemy porównać materiał historyczny i literacki zgromadzony w poprzednich rozdziałach z dokumentami epoki omówionymi w rozdziale siódmym i ósmym, uderzy nas „paradoksalna" konsekwencja rozwoju zdarzeń. Wystarczyło niewiele więcej niż pół wieku, by początkowe, wydawałoby się mniej groźne, bo przecież tylko włożone w usta fikcyjnych bohaterów literackich epitety znieważające jakąś nację, przerodziły się w jakże okrutną rzeczywistość. Jeśli przypomnimy sobie setki zadrukowanych stron, od artykułów prasowych, materiałów propagandowych po tendencyjną literaturę niemiecką przełomu XIX i XX wieku, bez trudu zauważymy narastającą brutalizację języka. Jej fundamentem były zaostrzające się konflikty narodowościowe. Druga połowa XIX wieku i początek wieku XX upłynęły pod znakiem wzmożonej akcji germanizacyjnej wcielonych w granice państwa niemieckiego ziem polskich. Umacnianie negatywnego stereotypu Polaków wynikało z prostej potrzeby usprawiedliwienia bezprawnej ich aneksji. Przecież, jak twierdzono, prawem silniejszego było podbicie i ucywilizowanie ziem zrujnowanych przez lud

---

102 Cyt. za: A. Weseli, *Puff w Auschwitz*, w: polityka.pl/tygodnikpolityka/historia/260561,1,puff-w-auschwitz.read

opóźniony w rozwoju, niegospodarny, niepotrafiący się rządzić... Coraz cięższe działa wytaczano też przeciwko Polkom, ucieleśnieniu „płci słabszej", ale, o dziwo!, mogącej realnie zagrozić wielkoniemieckim interesom. Okazywało się, że problem stawał się na tyle palący, iż do głosu zameldował się sam kanclerz Bismarck, a dziesiątki wyrobników pióra agitowało przeciwko związkom dwuplemiennym. Co prawda, prawo nie zabraniało zawierania małżeństw mieszanych, lecz zdaniem ideologów i propagandystów idei wyższości rasy germańskiej nad słowiańską były one zjawiskiem niepożądanym czy wręcz szkodliwym. Dlatego wszelkimi sposobami starali się odwieść młodych Niemców od zakładania takich rodzin. Padały dwa koronne argumenty przeciwko wiązaniu się z Polkami: ich silne przywiązanie do idei narodowej i katolicyzm. A te dominanty ich osobowości wchodziły w naturalny konflikt z niemieckością i protestantyzmem, czego nawet najbardziej namiętna i gorąca miłość nie była w stanie unieważnić ani nawet złagodzić. Tytuł mizernej opowieści Hansa von Ponceta *Unvereinbar*, czyli „Nie do pogodzenia", z roku 1910 uznać należy za charakterystyczny i trafny dla opisu konfliktów niemiecko-polskich w tamtym czasie.

    Nowa sytuacja polityczna w Europie i w Niemczech po przegranej w I wojnie światowej doprowadziła do zaostrzenia wzajemnych relacji. Zwłaszcza oderwanie się Poznańskiego i utrata części Górnego Śląska na rzecz niepodległego państwa polskiego spowodowały poczucie „krzywdy" wśród Niemców i rosnące pragnienie odwetu. Ton publicystyki i literatury niemieckiej zradykalizował się do tego stopnia, że pierwotne, z okresu plebiscytu, nawoływania pisarzy pokroju Clary Schweiger, Magdy Trott czy Gertrudy von Brockdorff do „wyrównywania rachunków" przybrały formę nieskrywanych gróźb. *Blutende Grenze* (Krwawiąca granica, tytuł powieści Wilhelma Wirbitzky'ego z 1932 roku) stała się wkrótce granicą „płonącą". Już ustawodawstwo nazistowskie z lat trzydziestych XX wieku zapowiadało radykalne „rozwiązanie" wcześniejszych konfliktów rasowych i narodowościowych. Ustawy o czystości rasy niemieckiej bez niedomówień definiowały cele i sposoby likwidacji problemu. Słowo „likwidacja" jest jak najbardziej na miejscu. Fikcyjni bohaterowie powieści niemieckich o tematyce polskiej końca XIX i początków XX wieku nie tylko przestali zakładać wspólne rodziny, spierać się o ważne dla siebie pryncypia, ale w ogóle przestali się spotykać i rozmawiać ze sobą. Ich świat, do pewnego momentu jeszcze w jakimś stopniu kompatybilny, przestał istnieć. Papierowych antagonistów, będących dla siebie mimo wszystko partnerami, zastąpił nowy, rzeczywisty i „prawdziwy" układ bez „miejsc wspólnych". Po jednej stronie pozycjonował się hermetyczny świat niemiecki, po drugiej – świat istot podrzędnych rasowo i etnicznie. One istniały co prawda obok siebie, ale na pewno nie mogły wchodzić w żadne związki, szczególnie natury uczuciowo-seksualnej! Za te przestępstwa groziły straszliwe kary.

W poprzednich dwóch rozdziałach nie spotkał czytelnik fikcyjnych opowieści o miłosnych perypetiach młodych ludzi wywodzących się z wrogich sobie nacji. Zetknął się wyłącznie z dokumentami epoki rejestrującymi tragiczne przypadki łamania zakazów *Rassengesetze*. A o zabronionych uczuciach dowiadywał się z protokołów przesłuchań oskarżonych na Gestapo. Trudno znaleźć właściwe słowa, by w beznamiętnej relacji kronikarza oddać cały tragizm losów ludzi żyjących – nie bohaterów literackich.

Literatura uzupełniająca

Jastrzębski Z., *Poetyka humoru lat okupacyjnych 1939–1944*, Warszawa 1986
Liederbuch der Wehrmacht, Tübingen 1935
Obszön und sentimental, w: Die Zeit Archiv 1977, Ausgabe 34
Satyra w Konspiracji 1939–1944, zebrał i opracował G. Załęski, Warszawa 1958
Szarota T., *Karuzela na placu Krasińskiego. Studia i szkice z lat wojny i okupacji*, Warszawa 2007
Szarota T., *Okupowanej Warszawy dzień powszedni*, Warszawa 2010

Okładka książki, Hanka Zach, *Mój wróg, moja miłość. Pamiętnik dziewczyny z okupowanej Warszawy*

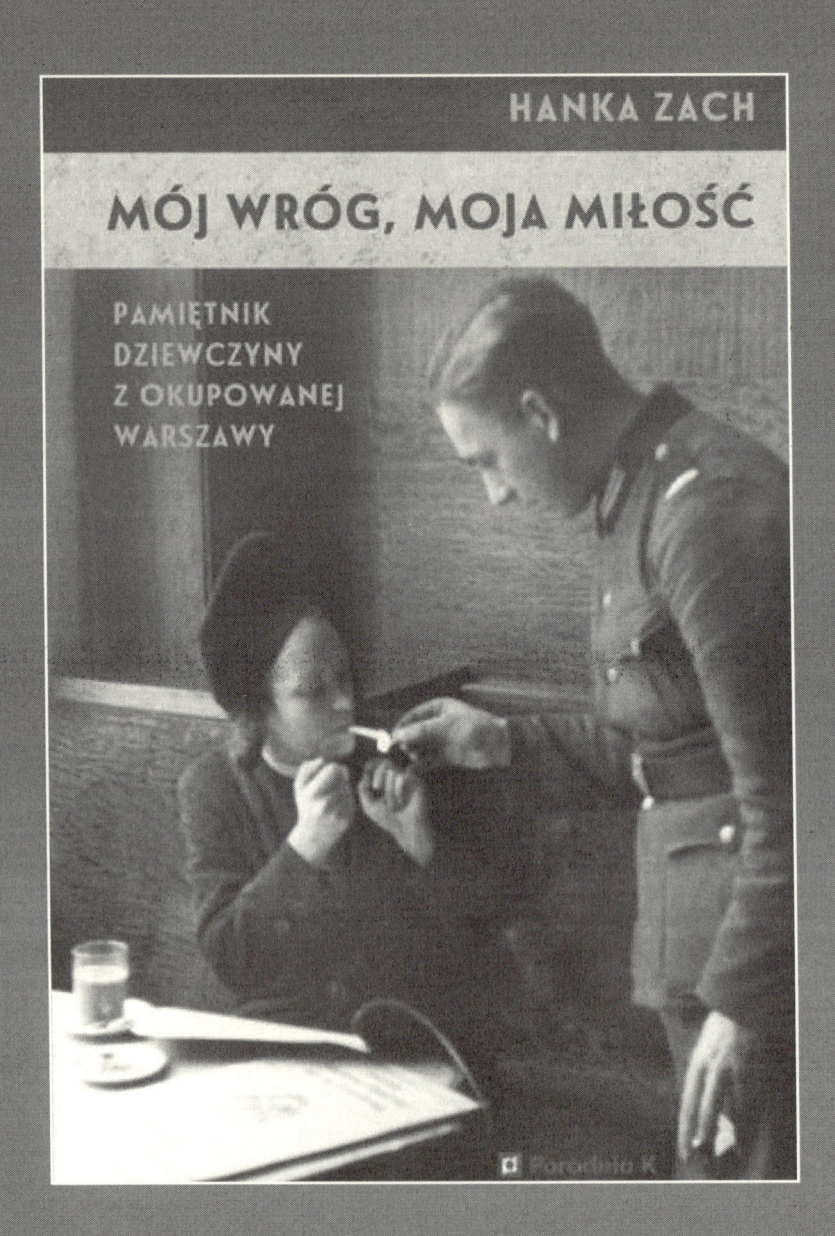

ROZDZIAŁ DZIEWIĄTY
Co warta jest miłość w czasie wojny?
(Polskie obrachunki)

W 1945 roku Witold Dederko w wierszu *Zapłata* stwierdzał:

> W sercach musimy litość zdławić,
> Pamiętać słowo dziejów – nienawiść.
>
> Po latach męki, straszliwych latach
> Z Niemcem nie wolno nam się pobratać!

Wypowiedziane słowa brzmiały jak rachunek (i testament jednocześnie), wystawiony przez wojnę oraz okupację do wyrównania przez tych, którzy ocaleli. Trudno polemizować z zasadnością przedstawionej argumentacji, w myśl której litość dla pokonanego wroga nie powinna zmiękczać w naszych sercach usprawiedliwionego uczucia gniewu, czyli w efekcie nie ulec, by tak rzec, „pokusie pojednania". Po winie musi nastąpić kara (odpłata).

Podobnie myślała większość Polaków, wśród nich młody Michał Głowiński, który jako dziecko żydowskie przeżył czas Zagłady. Gdy w 1949 roku w czasopiśmie „Odrodzenie" przeczytał fragmenty znanej sztuki Leona Kruczkowskiego, noszącej wówczas tytuł *Niemcy są ludźmi,* nie mógł pojąć (wspomina o tym po latach w książce *Czarne sezony),* że po tylu zbrodniach oprawców można określać mianem „ludzi". Kim w takim razie byli oni, ich ofiary?

Uczucia potępienia, pogardy czy wprost nienawiści do wszystkiego co niemieckie zdominowały wczesny okres powojenny. Nagromadzone krzywdy i niesprawiedliwości, doznane cierpienia i upokorzenia pozostawiły głębokie rany. Jedne częściowo uleczył czas, inne zamieniły się w kształtujące świadomość narodową traumy. Literatura stanęła przed ogromem pytań, domagających się odpowiedzi, a wśród nich i tych, które dotyczyły delikatnej materii uczuć. Jak ustosunkować się do pogmatwanych relacji międzyludzkich, gdy „wrogowie" znajdowali drogę do siebie, gdy robotnik przymusowy z Polski i niemiecka dziewczyna wbrew grożącym karom obdarzali się uczuciem, gdy niemiecki (polski) oficer zakochiwał się w Polce (Niemce)...?! Jak do małżeństw mieszanych na Śląsku, gdy pobierali się młodzi z sąsiedztwa, a zmieniająca się niezależnie od ich woli władza żądała bezwzględnej lojalności. I wreszcie do uczuć zrodzonych już po wojnie...?

W literaturze obu krajów wątek miłości i małżeństw mieszanych będzie obecny i znajdzie swoje miejsce, trudno bowiem zignorować coś, co istniało i istnieje niezależnie od czasu oraz uwarunkowań politycznych.

1. ...nie wyobrażam sobie, żeby Oleńka mogła pana pokochać

Wojenną literaturę rozrachunkową z Niemcami rozpoczyna, jako jedna z pierwszych, powieść Jana Dobraczyńskiego *Najeźdźcy*[103]. W słowie *Od autora* pisał:

> Pomysł *Najeźdźców* przyszedł mi do głowy pewnego jesiennego dnia 1940 roku (...) Rozpoczynała się dopiero wojna, a ja chciałem pisać powieść o wojnie. Kto wiedział w 1940 roku, jak się ona skończy? Poza tym moimi bohaterami mieli być Niemcy. A ja nie byłem wcale pewny, czy moja znajomość natury niemieckiej jest dostatecznie duża.

Powieść o wojnie „od drugiej strony", od strony wroga, nie jest zjawiskiem częstym w polskiej literaturze powojennej. Swoich sił w tym zakresie próbowali ze starszego pokolenia Zofia Nałkowska, Leon Kruczkowski, Andrzej Szczypiorski. Jawił się podsta-

---

[103] J. Dobraczyński, *Najeźdźcy*, Warszawa 1946.

wowy problem, jak ze sobą rozmawiać? Kwestii do rozmowy, dyskusji, pytań wymagających odpowiedzi nasuwało się wiele, ale jak znaleźć naturalną płaszczyznę dialogu, skoro okupacja była jego zaprzeczeniem. Z literackiego punktu widzenia najdogodniejszą i najbardziej wiarygodną okazję do aranżowania takich rozmów stwarzały rzadkie, ale zdarzające się nawet w rzeczywistości wojennej sympatie czy wręcz romanse między przedstawicielami wrogich narodów. Nie dziwi sam fakt, że trzydziestoletni wówczas autor wprowadzał do swej powieści-notatnika wątek rodzącej się, ale nieodwzajemnianej miłości oficera niemieckiego do młodej Polki. Ta powracająca w wielu miejscach historia znajomości Herberta Köstringa z Oleńką, bez specjalnego znaczenia dla rozwoju akcji, której siłę napędową stanowiła tocząca się wojna, pozwalała autorowi na prowadzenie długich, ideowo ważnych z perspektywy głównej tendencji powieści rozmów polsko-niemiecko-polskich. Czytelnicy

Jan Dobraczyński

pierwszych, powojennych, jak i współczesnych wydań *Najeźdźców* bez zastrzeżeń akceptują zawiązanie i rozwiązanie wątku. Mogło się przecież zdarzyć, że w przypływie współczucia, sympatii czy dla zwykłego kaprysu młody oficer niemiecki uratował z łapanki ulicznej, a nawet wyciągnął z więzienia młodą Polkę. Czego oczekiwał w zamian? Też mogło być różnie: wdzięczności, pieniędzy, a może bliższej znajomości, sympatii? I zapewne prawie zawsze otrzymywał, czego chciał. Ale w powieści Dobraczyńskiego od pierwszych słów rozmowy bohaterów było jasne, że Herbert nie mógł liczyć na nic. Oleńka okazała się niezłomna. Był to klasyczny konflikt między powinnością (wobec zabitego narzeczonego, swoich, sprawy, kraju) a wdzięcznością (za uratowanie życia) ze świadomością, że wybawca może zmienić swoje nastawienie i stać się katem. Między tymi skrajnościami toczy się wątek znajomości Herberta i Oleńki, dwojga młodych ludzi, którzy w innym czasie może znaleźliby drogę do siebie, teraz jednak w sytuacji wojny skazani są na wrogość. Od pierwszych sytuacji czytelnik akceptuje postępowanie Oleńki. By zachować twarz, nie może ona pozwolić sobie na chwilę „zapomnienia", czy „słabości kobiecej", względnie po ludzku odczuwanej wdzięczności – każdy taki gest groziłby katastrofą. Dobraczyński świadomie konstruuje tę wersję związku między młodymi bohaterami, wyłącza sytuację skrajną, jak chociażby szantaż, co stawiałoby obie strony w niebywale trudnym położeniu. Mniejsza o Oleńkę, tu sprawa jest jasna, ale autorowi chodzi i o Herberta, w którym chce dostrzec ślady człowieczeństwa, uratować chociażby cząstkę niemieckości dla przyszłości. Stąd wyczuwalne w lekturze zabiegi autora wokół zbudowania nieschematycznego – z polskiej perspektywy – bohatera niemieckiego obdarzonego refleksyjnym wnętrzem, skłonnego do prowadzenia rozmów z Polakami, czyli oficjalnie istotami „niższymi rasowo". Ten prosty, lecz trzeba przyznać odważny jak na czas powstania powieści, zabieg literacki pozwalał na głębszą charakterystykę obu stron. Znawca „niemieckiej psyche" odnotuje co prawda wiele uproszczeń i schematów, ale doceni wysiłek poszukiwania płaszczyzny dialogu. *Najeźdźcy* są powieścią skierowaną nie do obcego, lecz do własnego odbiorcy, są przy tym notatnikiem myśli i odczuć młodego polskiego autora, prowadzonym w trakcie trwania wojny.

„Oficer nie umiałby powiedzieć, dlaczego zainteresowała go ta nieznana Polka" – tak rozpoczyna się historia Herberta Köstringa, porucznika Luftwaffe, i Aleksandry, zwanej dalej Oleńką. Naturalnych okazji do zawarcia znajomości nie było, oficer niemiecki mógł liczyć jedynie na zbieg okoliczności, obserwował więc dziewczynę, przesiadującą na skwerku między ulicą Wawelską a aleją Filtrową. Okazja wreszcie się nadarzyła, ale była dość szczególnej natury. Na oczach Herberta dziewczyna została zatrzymana w ulicznej łapance i gdyby nie jego interwencja, z pewnością zostałyby uwięziona.

Sam nie wiedział, co go do tego wystąpienia skłoniło. Może była to wdzięczność za chwile ciszy, jakich zakosztował na skwerze? W każdym razie nie była to reakcja na bezprawie. Nie pierwszy raz spotykał się z nim, ale zawsze zachowywał dyskretne milczenie. Żył pod hipnozą przekonania o słuszności wszystkiego, co robiła partia. Partia była najwyższą racją.

Dochodzi do pierwszej wymiany zdań, w której o dziwo zapanowała od razu otwartość i szczerość, bez swoistego lęku, że rozmawiają ze sobą dwie wrogie istoty, a jedna jest całkowicie zdana na kaprys i łaskę drugiej. Ze strony Polki padają oczywiste argumenty o zniewoleniu, bezprawiu i niezgodzie narodu na taki stan rzeczy. Ze strony oficera niemieckiego – argumenty o nieposłuszeństwie Polaków, naiwnej wierze w angielską pomoc i o konieczności pogodzenia się z losem, który określają w nowej Europie silniejsi. Temperatura rozmowy podnosi się, argumenty ulegają zaostrzeniu, Polka w determinacji zrywa się z ławki i odchodzi, i nic się nie dzieje...!

Herbert pozostał na ławce i zapalił papierosa (...) Poczuł się nagle w doskonałym humorze. Całe to zdarzenie, rozmowa z Polką, zawzięta dyskusja, w której, był o tym przekonany, odniósł pełny triumf, pozwoliły mu zapomnieć o zwykłej melancholii. Miał ciągle w pamięci czarne oczy lśniące od gniewu, wysokie czoło, na którym drżał woal rozwianych włosów. Polka była naprawdę ładna...

Dziewczynę spotkał Herbert po paru dniach, gdy zmierzała do kościoła. Pobiegł za nią i znalazł się w przybytku polskiej wiary.
Ten zabieg nie był przypadkowy. Autor zaplanował go starannie, by móc skonfrontować dwa światy: chrześcijańsko-polski z pogańsko-germańskim w wersji narodowosocjalistycznej, w którym wola Führera miała zapanować całkowicie nad duszami młodego pokolenia Niemców. I zwycięstwo wodza byłoby absolutne, gdyby nie wahania bohaterów typu Herberta, często też katolików, niezdeprawowanych do końca przez nazizm. Wizyta w polskim kościele, krótka rozmowa ze starym księdzem zapraszającym go do spowiedzi sprawiły, że wątpliwości młodego Niemca zaczęły narastać.

Przy następnym przypadkowym spotkaniu dwojga młodych doszło do kolejnej rozmowy. Tym razem, prowadzona po części po polsku (!), miała już nieco inny, łagodniejszy, charakter, ale dotyczyła ponownie pryncypiów: charakteru obu narodów, istoty religii i uczucia nienawiści jako nieubłaganej prawdy wojny, w której jedna ze stron musi zginąć.

– A jednak to tak trudno wypowiedzieć... Właściwie, co wybrać? Bo choć krzywdzicie nas, nienawiść jest nam obca... Cokolwiek byśmy mówili...
– Czy dlatego, że jesteście Polakami?
– Nie. Polskość nie obroniłaby nas przed nienawiścią...

Dziewczyna nie mogła wyjść Herbertowi z głowy. Wciąż myślał o niej. Jej polskość nie odstręczała go i choć była katoliczką, on patrzył na jej fanatyzm prawie życzliwym okiem.

Któregoś dnia Oleńka sama zjawiła się na ich dawnym skwerku. Przyszła nie we własnej sprawie. Miała zamiar prosić Herberta o pomoc w wyciągnięciu z więzienia księdza Tomasza Gerleckiego, tego samego, którego spotkał w kościele i który zachęcał go do spowiedzi. Herbert zgodził się pomóc. Przy okazji skierował rozmowę na bliskie swemu sercu myśli.

– Czy pani kiedy kochała? – zapytał nagle Herbert.
Milczała. Dopiero po dłuższym czasie, już prawie na drugim końcu ulicy, rzekła:
– Po co pan o to pyta? Bez miłości żyć nie można.
– A jednak... z pani zawziętością...
Przerwała mu.
– Nie jestem taka znowu zawzięta... Lecz sytuacja, w jakiej znaleźliśmy się, żąda od nas walki. A pan ma niezrozumiałą dla mnie miękkość. Nie mogę się z tym pogodzić... Jestem jak człowiek, który daje cios i trafia w próżnię.
– Pani chciałaby mnie uderzyć?
– Nie. Chciałabym tylko zasłonić się przed uderzeniem z pańskiej strony...

Wtedy też uświadomił sobie, że

> (...) kocha tę dziewczynę. Otworzyła się przed nim jakby jakaś ścieżka, na której mógł się jeszcze wprawdzie zatrzymać, ale ona kusiła go tajemniczym i nieznanym czarem. Tego natomiast dnia doznał jakby zawrotu głowy. Już nie analizował swoich uczuć, już nie stwierdzał, że byłoby niepodobieństwem rozstanie się z tą dziewczyną. Czuł, że kocha ją mocno, do szaleństwa, kocha tak, że tylko z nią wyobraża sobie dalsze życie, a bez niej nie widzi świata.

Wydarzenia widziane oczyma Herberta uzupełnia autor zapiskami Oleńki. Pod datą 29 lipca 1940 roku bohaterka notuje:

> Przeżyłam dziś straszliwe zdarzenie. Dostałam się w łapankę. Jeszcze do tej chwili nie mogę się opanować (...) W tym wydarzeniu jest pewien zgrzyt. Może nie powinnam tak myśleć. I choć mogę uważać się za szczęśliwą, że wyszłam cało z dzisiejszej przygody, to jednak nie mogę pogodzić się z faktem, iż ocalił mnie Niemiec. Nie chcę uznać żadnego szlachetnego odruchu w tych ludziach. Wolę sądzić, że wszyscy są jednakowo źli. Wierzę, że dotknie ich w końcu kara Boża i po prostu lękam się, aby jej nie uniknęli. Podłe, wstrętne uczucie. Wiem... Ale inny sposób myślenia przekracza moje siły (...) Ten Niemiec spodziewał się może, że rzucę się mu na szyję dziękując za ocalenie. Zresztą nie wiem (...) Chwilami wydaje mi się, że mam żal do niego za to ocalenie.

Pod datą 27 sierpnia:

> Ten Niemiec musi być jednak uczciwym człowiekiem. Tylko czy Niemiec może być uczciwy? (...) Żal mi go. Nawet są w nim jakieś dobre odruchy. Obronił mnie, teraz załatwił sprawę księdza Tomasza. (...) Szliśmy obok siebie dłuższy czas bez słowa. Jeszcze raz mu podziękowałam: „Och, zrobiłbym

więcej dla pani". Powiedział to tak serdecznie, że nawet nie dotknął mnie w tym zdaniu jego twardy i niemiły akcent. „Dlaczego dla mnie?" „Bo muszę wciąż o pani myśleć" – powiedział to z wybuchem. Znowu czułam, że się czerwienię. Ale opanowałam się. Mówiłam możliwie najobojętniejszym tonem: „Powinien się pan pozbyć jak najszybciej myślenia o mnie. To nie ma sensu. Między nami istnieje nieprzekraczalna przepaść".

W notatniku Oleńka wypowiada dobitnie prawdę o nieprzekraczalnej granicy między młodymi ludźmi należącymi do wrogich narodów. I prawdę o chrześcijańskiej nadziei, która nie wyklucza powrotu do normalności czy nawet porozumienia... Oto fragment cytowanego pod datą 27 sierpnia zapisu:

Znowu szliśmy w milczeniu aż do końca uliczki. Potem rzekł: „Nie będę już pani prześladował. Wyjeżdżam". „Będzie pan o mnie myślał z gniewem?" „Nie, proszę pani. Zostanie mi w pamięci tylko żal, żeśmy się nie mogli porozumieć". Przemogłam się wewnętrznie. „Tak, nie moglibyśmy się porozumieć. Ale gdyby pan zadał sobie trud wejrzenia w prawdy, którymi żyję..." „Po co, proszę pani? Nie zbliży nas to do siebie". „Przecież nie o to tylko chodzi". „Mnie tylko o to". „Kto wie? Może kiedyś po wojnie, gdy wypalą się urazy, ten trud podjęty przez pana potrafi nas zbliżyć..." Po co to powiedziałam? Gdy mnie żegnał, ujrzałam błysk w jego oczach.

Ostatnie zdanie Oleńki jest programową deklaracją autora, sformułowaną w pierwszych latach wojny! Deklaracją wcale niełatwą, mimo katolickiego/chrześcijańskiego rodowodu. W tę wizję integralnie wpisana była nadzieja, pozwalająca trwać i przetrwać, dopuszczająca ekspiację i nowe życie. Stąd zrozumiały wydaje się ostry atak na powieść ze strony oficjalnej propagandy komunistycznej, programowo antyreligijnej i antyniemieckiej. Ale i zrozumiałe wydaje się późne zwycięstwo tej idei, podjętej przez środowiska chrześcijańskie obu narodów. Proces dochodzenia do normalizacji nie był łatwy, historia potwierdziła, że był słuszny.

Pożegnalna rozmowa Herberta i Oleńki nie była ostatnią, los powieściowy zetknął ich jeszcze ze sobą. Właściwie po co? Przecież powiedzieli sobie wszystko. Ale zamysłem Dobraczyńskiego było sprowadzenie Herberta ponownie do Warszawy, miał tu bowiem jeszcze jeden otwarty rachunek, rachunek z Kościołem katolickim...

Herbert po ucieczce z niewoli rosyjskiej wraca ranny do Warszawy na rekonwalescencję. Przypadkowo odnajduje w kieszeni płaszcza karteczkę z imieniem i nazwiskiem księdza. Po nieudanych próbach spotkania ukochanej w dawnym miejscu, wybrał się z wizytą do księdza Gerleckiego. Od niego dowiedział się, że Oleńka żyje.

– Biedna dziewczyna – powiedział ksiądz. – Wiele przeżyła. Straciła narzeczonego, potem brata. Ale trzyma się mocno. Dzielna dziewczyna...

– Tak – powiedział Herbert, nie odrywając wzroku od fotografii. – Jest dzielna i wspaniała. Taką kobietę trzeba kochać. Ale ja – skrzywił usta – jestem Niemcem...

Ksiądz poprawił przygasającą lampę.

– To nie o to chodzi, proszę pana – mówił pochylony nad stołem. – Nie, nie. Tylko, widzi pan, ja nie wyobrażam sobie, aby Oleńka mogła pana pokochać. Są rany serca, które uleczyć potrafi jedynie wielka ofiara i wielkie poświęcenie (...)

– Na miłości dwojga ludzi zbudować można wiele! – prawie wykrzyknął Herbert.

– Pan ma słuszność: można. Ale wówczas, gdy służy ona za podbudowę do rzeczy największych.

– Nie rozumiem tego. Zawsze będę wierzył, że ona odrzuciła moją miłość dlatego, że jestem Niemcem...

Wizyta u księdza Gerleckiego miała przede wszystkim tę korzyść, że wkrótce doszło do ponownego spotkania młodych.

Siedziała na kanapce naprzeciw Herberta bawiąc się mosiężnym nożykiem do rozcinania kartek. Przez długi czas pozwo-

liła mu mówić, sama nie odpowiadając ani jednym słowem
(...)
– Po co pan to mówi?
Mimo to Herbert czuł jakby mniejszy niż poprzednio opór
w jej głosie. Skąd się wziął ten rumieniec na jej bladych policzkach, gdy zobaczyła go wchodzącego do pokoju? (...)
– Po co to mówię? – Herbert powtórzył jej pytanie głosem,
w którym brzmiało zdumienie. Czyżby ona nie domyślała się,
że były w nim uczucia, jakich naprawdę nigdy dotychczas nie
doświadczał? (...)
Sama nie mogła zrozumieć, co sprawiło, że gniew, którym
żyła, opadł z niej. Ten chłopak... Nie! Nie! Cóż stąd, że patrzył na nią wzrokiem tak mile jasnym, jakby nie był jednym
z nich? Wolała nie patrzeć na jego twarz. Przywoływała wspomnienie twarzy Bohdana i broniła się nim niby tarczą. Lecz
przed czym się broniła? Przed tym Niemcem? A może raczej
przed sobą...? (...)
Nie. To jest zdrada – zapewniała siebie. Zdrada wobec tych
wszystkich, którzy walczą w tej chwili w Anglii, w Syrii, w Libii, w Rosji, którzy cierpią i umierają w Oświęcimiu, w Dachau, w Mauthausen. Zdrada wobec Bohdana. Zdrada wobec
samej siebie. Po co z takim poświęceniem pracowała w szpitalu, konspirowała kolportując pisemka (...) Czy ten wysiłek
już ją tak zmęczył? Czy wkradło się osłabienie, a z nim słabość
gnącego się ku mężczyźnie serca?

Rozmowa i myśli obydwojga zmierzały ku nieuchronnemu finałowi. Herbert, wyznając Oleńce miłość, zdał sobie sprawę, iż nigdy nie osiągnie celu – jej wzajemności. Nie tylko dzieliła ich rzeczywistość wojny, ale również prywatny los dziewczyny. Z opowieści i ze zdjęcia odtworzył historię zabicia Bohdana, w której uczestniczył. Jego zapewnienia, że nigdy nie zabił żadnego Polaka, okazały się kłamstwem. Nie tylko nie mógł konkurować z pamięcią o zmarłym, ale wydało się, że był współwinnym. Oleńka, nie zdając sobie do końca sprawy, że Herbert brał udział w akcji, w której rozstrzelano Bohdana, odrzuca wszelką myśl o dalszej znajomości. Decyzję uzasadnia własną słabością, która mogłaby zaprowadzić ją wprost do zdrady ideałów i zdrady pamięci o Bohdanie.

Ta świadomość doprowadziła ich do definitywnego rozstania.

> – No tak, rozumiem panią – powiedział. – I przepraszam... Nie powinienem był pani mówić o mojej miłości. Przepraszam... Powiedziałem to ostatni raz... Więcej nie powtórzę. Nie zobaczy mnie już pani...
> Wstał z krzesła, na pożegnanie wyciągnął ku niej rękę.
> – Nie mówię: do widzenia, ale – żegnam.
> (...)
> – Żegnam pana... – Coś chciała jeszcze dodać, ale urwała i tylko rzekła: – Niech Bóg będzie dla pana miłosierny...

Scenie rozstania towarzyszy obraz drewnianego krucyfiksu, z którego ukrzyżowany słał w stronę dziewczyny słowa pocieszenia i chrześcijańskiego przesłania o konieczności cierpienia i wyboru właściwej drogi.

Opisana scena nie kończy powieści. Dobraczyński poprowadził swych bohaterów już rozdzielnie do gorzkiego końca wojny. Oleńka zginęła w powstaniu warszawskim podczas nalotów na szpital, w którym leżała, Herbert przeżył upadek wielkich Niemiec w Berlinie. Autor, ratując bohatera Niemca z pożogi wojennej, zaplanował dla jego życia ciąg dalszy. Dawny major Luftwaffe przemienia się w powieści *A znak nie będzie mu dany* w księdza katolickiego, który dalej będzie „służył", ale już nie Führerowi, a Bogu.

2. Ożenił się ze Szwabką, z taką, za przeproszeniem, szkopską zdzirą...

Czy możliwa była miłość i małżeństwo między Niemcem/Niemką a Polką/Polakiem w czasie wojny i okupacji? Prawnie, legalnie oczywiście nie. Karano ją najsurowiej, jak można było ukarać dwoje młodych ludzi, czujących do siebie sympatię, pociąg fizyczny czy głębsze uczucie, pragnących zapomnieć i unieważnić choćby przez chwilę dzielącą ich nienawiść rasową. To inni decydowali, że za ujawnienie, a raczej wyszpiegowanie tego faktu, muszą zostać aresztowani, poniżeni i przykładnie ukarani. Dekrety o *Rassenschande* nie przewidywały innych rozwiązań.

Mimo że skończyła się wojna i ustała moc prawodawstwa nazistowskiego, jego trucizna nie przestała działać. Pozostała nienawiść po obu stronach. Każdy, kto się ważył złamać niepisane, a przecież nadal obowiązujące reguły, musiał brać pod uwagę nieuchronne konsekwencje. Na co więc liczył bohater powieści Tadeusza Nowakowskiego?[104].

> Czy podporucznik Stefan Grzegorczyk, pseudonim bojowy „Mściciel", ożenił się z Urszulą Heinemann z miłości? Dzisiaj, w dziesięć lat po Papenburgu, z perspektywy tego wszystkiego, co się potem stało, trudno powiedzieć, co właściwie leżało na dnie odważnej decyzji Grzegorczyka – fatalizm, atawizm rodzinny czy od dawna zakorzeniony uraz upokorzonej młodości? Miłość? Dziwna to była miłość…

Już na wstępie powieści narrator wprowadza czytelnika w sedno problemu:

> Ludzie koczujący na pobojowisku, w kręgu niezagojonych wspomnień i niewygasłych namiętności, nie znali, bo po latach okrucieństw znać nie mogli, uczuć tak luksusowych, jak wyrozumiałość i wielkoduszność. Stąd też Polak, żeniący się z Niemką, wówczas, w roku 1947-ym, tuż po wojnie, kiedy ludzie w obozach dla wysiedleńców, kacetowców i innych niedobitków żyli nienawiścią z chęcią odwetu, uchodził za zdrajcę.

Narrator nie skazuje czytelnika na domysły, podsuwa mu tłumaczenia, które mogą rozjaśnić nieco motywy postępowa-

---

104 T. Nowakowski, *Obóz Wszystkich Świętych*, Paris 1957.

nia podporucznika Grzegorczyka. Opowiada historię jego życia, przeszłość, jak zawsze pogmatwaną. Próbuje to i owo zrozumieć, ale w reakcji środowiska niczego zmienić nie może, musi oddać ją możliwie wiernie.

> – Po tym wszystkim, co Niemcy zrobili w Warszawie i w Oświęcimiu, ożenił się ze Szwabką, z taką, za przeproszeniem, szkopską zdzirą! – mówią zgorszone kobiety w ogonku po chleb.
> – Nic go ta wojna nie nauczyła!
> (...)
> Wyszydził swoją i naszą mękę – powiedziała pani Buszkowska w kasynie. – Zakpił sobie z naszego cierpienia.
> Zdrajca Grzegorczyk! – Jak Papenburg długi i szeroki, opinia była jednolita i potępiająca. – Zdrajca i dezerter!

I kolejna próba wyjaśnienia:

> Dlaczego Grzegorczyk, człowiek rozgarnięty, patriota, obywatel o nieposzlakowanej (jak dotychczas) czci, ożenił się z Urszulą, a raczej z Fräulein Ursula Heinemann – tej prowokacji nikt nie umiał sobie w polskim Papenburgu wyjaśnić.

Z punktu widzenia bohatera sprawy jawiły się nadzwyczaj prosto. Znajomość z Urszulą, namiastka domu, wspólne łóżko, bliskość kobiecego ciała były odwrotnością obozowej rzeczywistości. Tak bardzo tęsknił za normalnością, odwieczną procedurą codzienności, wyrażającą się w wychodzeniu do pracy i powrocie z niej, wspólnym posiłku, filcowych pantoflach, żonie, dzieciach... Cząstkę tego wszystkiego odnalazł w domu Urszuli, zapominając jednocześnie, że nie można uciec od rzeczywistości, którą na chwilę pozostawiło się za drzwiami. Wdzierała się w ciszę miłosnej nocy przy każdej sposobności, raz jako wyrzut sumienia, raz jako wspomnienie na reakcję otoczenia.

> – Czy niczego nie żałujesz? – usłyszał szept w półmroku.
> Urszula niepokoiła się jego milczeniem.

– Nie żałuję – zaprzeczył nowym pocałunkiem. – A czegóż to miałbym żałować? Powiedz sama: czego?
– Właśnie! Czego? – pochwyciła skwapliwie. – Czegóż to miałbyś żałować? Nie dość ci nadokuczali? Nie myśl o przeszłości...
– Masz rację – westchnął i znowu myślał o obozie.

A było o czym myśleć. Polskie środowisko całkowicie odrzuciło i potępiło jego zachowanie. Nie znalazł się nikt, kto stanąłby w jego obronie. Groziło mu postępowanie dyscyplinarne, włącznie z eksmisją z obozu przesiedleńczego.

Reakcja otoczenia niemieckiego była równie gwałtowna. Czyjaś ręka napisała kredą pod tabliczką z nazwiskiem Urszuli obraźliwą rymowankę:

Ich bin das allergrösste Schwein: / Jestem największą świnią
ich liess mich mit dem Polen ein!/ puściłam się z Polaczyną!

Rzecz jasna próbowali bagatelizować objawy zewnętrznej agresji, pocieszać się, że to inne już czasy, planowali zmianę miejsca zamieszkania, wyjazd do Ameryki. Nawet dopięli swego, biorąc potajemnie ślub. Ale te posunięcia nie zmieniały podstawowego faktu, że ich miłość i życie rodzinne skazane było na porażkę. Niedawna przeszłość nie pozostawiła ich w spokoju. Wszystko, od spraw poważnych po drobiazgi, groziło nieobliczalnymi konsekwencjami: rozdrażnienie, docinki, ostrzejsza wymiana zdań, aż wreszcie przyzwolenie na pełne uprzedzeń poglądy, przed którymi tak niedawno jeszcze się bronili ...

Obydwoje nie wytrzymali ciśnienia wrogiego otoczenia (polskiego i niemieckiego), nieakceptującego tego mariażu. Podporucznik Grzegorczyk opuścił Urszulę i wrócił do obozu przesiedleńczego w Papenburgu.

Zakazana miłość czasów pogardy położyła się długim cieniem i na ich związku. Jedynym ratunkiem mogła być tylko emigracja, najlepiej do Ameryki, gdzie obydwoje wtopiliby się w obce otoczenie. Czy jednak i tam potrafiliby ochronić uczucie miłości przed wypaleniem, znudzeniem, ale też przed naturalnymi odmiennościami, płynącymi z różnic rodzimej kultury i tragicznych doświadczeń historycznych?

3. Sztandar wygląda z okna, nie z serca, można go wywiesić także pod przymusem

Jednym z pierwszych w powojennej literaturze polskiej, który podjął drażliwy problem mieszanej ludności Śląska, był Wilhelm Szewczyk. Miał wyjątkowe prawo do zabierania głosu na ten temat. Urodził się w Czuchowie, uczył się w Rybniku, pracował w Katowicach. Po wybuchu II wojny światowej został wcielony do Wehrmachtu, odbył kilka kampanii, w wyniku zawiłych okoliczności zdołał wymknąć się władzom nazistowskim i dotrwać szczęśliwie do końca wojny. Po wojnie powrócił do Katowic i włączył się bardzo aktywnie w budowę nowego życia, za co władza komunistyczna sowicie go wynagradzała.

W opowiadaniu *Klara Krause*[105] podjął Szewczyk trudny dla wszystkich stron narodowościowy problem na Śląsku: autochtonów obu narodowości i ludzi napływowych, też o zróżnicowanym rodowodzie. Nic dziwnego, że wzajemne urazy i uprzedzenia były na porządku dziennym. Jedni wyjeżdżali lub marzyli o wyjeździe do niemieckiej ojczyzny, inni przyjeżdżali z całej Polski, by zdobyć pracę, polepszyć sobie byt. Zakładali przy tym rodziny, wchodząc w związki z członkami wrogich sobie społeczności.

Historię Klary rozpoczyna Szewczyk w momencie, kiedy

> (...) jako osiemnastoletnia dziewczyna wyszła po raz pierwszy za mąż za starszego od niej o rok chłopca z pobliskiego Zabrza. Nie znała go przedtem wcale. Był dorodny, wesoły, przyjechał na urlop z frontu francuskiego – na pokochanie jej, zmówiny, oświadczyny i ślub miał zaledwie dziesięć dni. Oszołomiona

---

[105] W. Szewczyk, *Klara Krause*, Kraków 1956.

poddała mu się. Wojna usprawiedliwiała ją, a matka, wdowa po górniku, godziła się na wszystko z ochotą, bo to – „nawet jeżeli padnie tam gdzieś od kuli, dostaniesz rentę po nim, a i młoda jeszcze będziesz, znajdziesz sobie innego" (...) Nazywała się po mężu Klara Leśnik. Nie trwało to jednak długo.

Owocem związku z Feliksem Leśnikiem był syn Ernest, po ojcu pół-Polak. Drugi raz wyszła Klara za mąż za Niemca, fryzjera Alfonsa Krausego, członka SA, który zginął w wypadku samochodowym w 1934 roku, pozostawiając córkę Gizelę. Dzieci wzrastały w rodzinie niemieckiej, na co dzień posługując się tylko tym językiem.

Wypadki historyczne spowodowały zaostrzenie kwestii narodowościowej. „W roku 1942 smarkaty jeszcze Ernest poszedł do wojska", a wysłany na front wschodni wkrótce dostał się do niewoli sowieckiej. Z dalszej opowieści dowiadujemy się, że zwolniony po wojnie z obozu wyjechał do wschodnich Niemiec i zamieszkał w Berlinie. Na początku lat pięćdziesiątych Klara otrzymała list z informacją, iż nowa władza NRD-owska dała mu szansę wykształcenia i że wkrótce będzie nauczycielem. Los Ernesta, pół-Polaka po ojcu, ukształtował się jako jednoznacznie niemiecki w wersji socjalistycznej.

Wilhelm Szewczyk

Ponieważ Klara pozostała w Zabrzu, a miasto stało się polskie, musiała przystosować się do nowych warunków. Władza ludowa zajęła zakład fryzjerski po mężu, do małego domku dokwaterowała sublokatorów, więc pozbawiona dochodów kobieta utrzymywała się z ogródka i tego co udało jej się sprzedać z posiadanych rzeczy. W roku 1950 Gizela skończyła lat dwadzieścia, uczęszczała na kursy repolonizacyjne, szlifowała język polski, wkrótce znalazła pracę na poczcie. Zainteresował się nią technik dołowy Wacek Korowaj i po niedługich staraniach oświadczył się. Klara była przeciwna małżeństwu córki z Polakiem, ale wobec oporu młodych jedyne co mogła zrobić, to rozluźnić kontakty z córką. Pozostała sama w domku. Gizela zamieszkała z Wackiem. I tak los Gizeli, Niemki po matce i ojcu, ale z mężem Polakiem, zaczął układać się w los szczęśliwej, polskiej rodziny.

Na optymizmie zakończenia opowiadania Szewczyka zaważył zdecydowanie czas jego publikacji. Październik 1956 roku przyniósł rozluźnienie stalinowskiej cenzury, nie na tyle jednak, by można było ze swobodą dyskutować na tematy niemiecko-polskie. Wciąż w polityce i kulturze dominował obraz Niemca wroga. Dopiero lata osiemdziesiąte XX wieku przyniosły paradoksalną zmianę. W pogoni za lepszym życiem i legalizacją pobytu w bogatej Republice Federalnej tysiące wyjeżdżających Polaków gorączkowo poszukiwało śladów swego, autentycznego lub naprędce fabrykowanego, niemieckiego rodowodu. Powojenny proces przymusowej polonizacji Niemców na Śląsku wywoluował w całkowicie dobrowolną germanizację wielu Polaków w Niemczech.

4. ...w czasie wojny miłość jest więcej warta niż kiedy indziej. Każda miłość

Warszawa, czas okupacji, skromne mieszkanie gdzieś na Pradze. Zjawiają się młodzi chłopcy z konspiracji, czekają na dziewczynę, córkę właścicielki. Kiedy ta przychodzi, przystępują do egzekucji. Cytat pierwszy:

– Co chcecie zrobić? – zapytała i teraz po raz pierwszy usłyszeli w jej głosie strach.
– Zgolili ci głowę przed czterema miesiącami, prawda? I ostrzegano cię. Powiedzieli ci, żebyś z nim skończyła – powiedział chłopiec bez zarostu. Podszedł do niej i zerwał z jej głowy chustkę; włosy jej były jasne, krótkie; wyglądała teraz bardziej na chłopca i jeszcze młodziej. – Dlaczego nie skończyłaś z nim? – zapytał.
– Nie mogłam z nim skończyć – powiedziała. Znów oparła się o stół. – Kocham go.

– Niemca?
– No i co z tego? Czy brałam od niego pieniądze? Czy dał mi kiedy cokolwiek? Czy zaszkodziłam komu? Dlaczego nie zabijacie ludzi, którzy handlują z Niemcami? Choćby tych, którzy sprzedają im papierosy czy wódkę?
– I nie przeszkadzało ci, że ten człowiek jest Niemcem? Nie pomyślałaś o tym, że tacy jak on zabijają codziennie takich jak ty?
– Nie brałam nic od tego człowieka – powtórzyła. – I nie powiedziałam nigdy nic złego na nikogo. Nie mogę na to nic poradzić, że zakochałam się akurat w Niemcu.
– Każdy człowiek może wybierać.
– Nie – powiedziała. – Na szczęście jest inaczej.

Cytat drugi:

– To dlatego, że nic jeszcze nie rozumiecie i że nawet nie wiecie, jak to jest, kiedy kocha się mężczyznę, i wtedy ważne jest tylko to, że on jest mężczyzną, tylko mężczyzną. I nie mundur, który on nosi. Ale wy jesteście dziećmi, którym dano się pobawić bronią, zanim zginą. I nie możecie wiedzieć o tym, że teraz, w czasie wojny miłość jest więcej warta niż kiedy indziej. Każda miłość.

Obydwa cytaty nie streszczają dokładnie całego zdarzenia, ale na pewno oddają jego istotę.

W czasie okupacji w strukturach AK funkcjonowały grupy tzw. „egzekutorów", specjalizujące się na zlecenie dowództwa w fizycznej likwidacji wszelkiego rodzaju wrogów. Termin „wróg" jest kategorią na tyle nieostrą i szeroką, że zawsze wzbudza zastrzeżenia. W rzeczywistości okupacyjnej, gdy zagrożona była egzystencja nie tylko jednostki, ale i całego narodu znacznie ograniczono pole wątpliwości i skrupułów, decydując się na radykalne, wręcz drastyczne działania. Likwidowano nie tylko ewidentnych zdrajców, kolaborantów czy donosicieli. Maksyma „gdzie drwa rąbią, tam wióry lecą" zapanowała powszechnie, nie tylko jako imperatyw, ale i usprawiedliwienie. W tej sprawie warto wrócić do lektury gorzkiego i samokrytycznego wyznania Stefana Dąmbskiego[106], młodziutkiego egzekutora z ramienia rzeszowskiej AK.

Marek Hłasko w opowiadaniu *Miesiąc Matki Boskiej* (1963) zarysował jedną z podobnych sytuacji: wyroku Podziemia na młodej Polce utrzymującej kontakty z żołnierzem niemieckim. Dziewczyna nazywała się Anna Hauswedell, nosiła niemieckie nazwisko, ale, jak sama mówi, „to przypadek". Nie była volksdeutschką, więc jej zachowanie tym bardziej nie mogło być akceptowane przez polskie otoczenie. Jak się dowiadujemy, już wcześniej ostrzeżono ją, goląc głowę, co było powszechną praktyką stosowaną wobec dziewcząt (niezależnie od narodowości) zadających się z wrogiem. Tym razem grupa egzekutorów, złożona z czterech młodych chłopaków, otrzymała precyzyjniejsze polecenie. Miała ukarać dziewczynę poniżająco i boleśnie. Nie chodziło o wyrok śmierci, ale o takie okaleczenie jej kobiecości, by więcej nie mogła spotykać się z okupantem, a właściwie już z żadnym mężczyzną. W tekście Hłaski zastanawia rodzaj argumentacji dziewczyny w obliczu haniebnej egzekucji; wie, co ją czeka i z jakiego powodu.

Obiegowym tłumaczeniem dziewcząt nawiązujących w krajach okupowanych kontakty z wrogiem była potrzeba zapewnienia sobie, względnie rodzinie, bezpieczeństwa. Utrzymanki oficerów lub nawet prostych żołnierzy mogły niewątpliwie liczyć na spore korzyści (nie miejsce tu na ich dokładne opisywanie). Z usług kobiet-agentek chętnie korzystały własne i obce wywiady, ale zdarzały się, i to nierzadko, przypadki wzajemnych młodocianych fascynacji, namiętności czy wreszcie miłości. Nagle okazywało się, że różnice, które powinny tych dwoje od siebie odpychać lub stanowić przeszkodę nie do pokonania, w zbliżeniu traciły na znaczeniu. Do głosu dochodziły wtedy „irracjonalne" z punktu widzenia

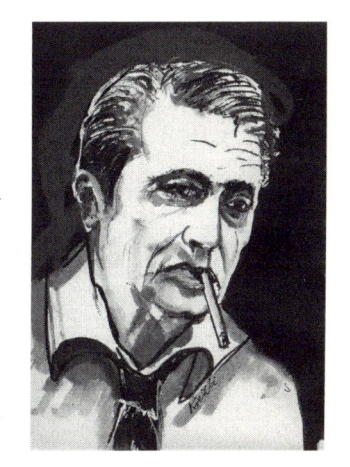

Marek Hłasko

---

106 S. Dąmbski, *Egzekutor*, Warszawa 2010.

okoliczności siły, wyłączające powszechny rozsądek. Anna niewiele miała na swoją obronę. Czy mogła odwieść egzekutorów od wykonania okrutnego wyroku lub zmiękczyć ich młociane serca wyznaniem swojej rzeczywistej niewinności, przeciwko której oni nie wytaczają żadnego dowodu, poza obowiązkiem ogólnie pojętej solidarności plemiennej? Czy byli w ogóle w stanie, pomijając kwestię obowiązku wykonania wyroku, zrozumieć, co do nich mówiła ta niewiele od nich starsza dziewczyna, której jedynym przewinieniem była miłość nie do munduru przecież, a do zwykłego niemieckiego chłopaka? Ten zwykły niemiecki chłopak dał jej prawdziwe i spełnione szczęście, zwłaszcza, mówiła do nich Anna, że „w czasie wojny miłość jest więcej warta niż kiedy indziej. Każda miłość."

Ale może właśnie z tego powodu w czasie wojny, w czasie zaostrzonej wrogości miłość ponadplemienna, ponadnarodowa stanowi istotne zagrożenie dla obu walczących stron? Na zarzut dowódcy grupy, iż spotykając się z Niemcem wiedziała, czym ryzykuje, przecież „każdy człowiek może wybierać", Anna odpowiedziała: „Nie (...) Na szczęście jest inaczej". Ona nie była w stanie wybierać. Miłość zawiesiła możliwość racjonalnego wyboru. Jej uczucie przeniosło ją w inne relacje międzyludzkie, unieważniające okoliczności czasu. Oleńka z powieści Dobraczyńskiego rozumiała, że okoliczności i czasu nie da się unieważnić. Unieważniła więc miłość.

5. ...wstydziłam się tej bezsensownej miłości, borykałam się z nią, a jednak zwyciężyła

W 1966 roku temat okupacyjnej, zakazanej miłości podjęła autorka popularnych powieści Krystyna Nepomucka. Nie był to czas sprzyjający niuansowaniu problematyki polsko-niemieckiej. Zwłaszcza po słynnym *Liście biskupów polskich do niemieckich* z 1965 roku, ostro i napastliwie skrytykowanym przez rządzącą partię (PZPR), zarzucającą episkopatowi zdradę i fałszowanie historii. Obraz Niemców miał pozostawać ideologicznie wrogi.

Nepomucka podjęła temat „okupacyjnej miłości do Niemca" świadoma ograniczeń czasu, jednak konwencja romansowa pomysłu zdawała się ratować projekt i była do zaakceptowania przez cenzurę. Główna bohaterka, a jednocześnie autorka projektowanej powieści o swoim życiu wyznaje:

> (...) gdy Polska trwała pod hitlerowską okupacją, gdy jeszcze grzmiały działa na wydłużających się liniach frontów, gdy niemiecka armia szła wciąż naprzód – ja pokochałam Niemca. Wstydziłam się tej bezsensownej miłości, borykałam się z nią, a jednak zwyciężyła. Przetrwała dziesiątki lat. (...) Długo trwałam w oku cyklonu. Gdy minął, zostałam zupełnie sama. Wyobcowana ze środowiska, obca nieomal, straszliwie samotna, z zapiekłym żalem do losu, do samej siebie, do przyjaciół, którzy się ode mnie odwrócili. Walter nigdy nie wrócił. Nawet w snach nigdy nie potrafiłam się z nim odnaleźć. Być może nie żył już, podczas gdy ja wciąż czekałam, oddając się marzeniom.

Kto zna wcześniejsze utwory poruszające problematykę związków uczuciowych polsko-niemieckich w czasie wojny i okupacji, nie odnajdzie w powieści Nepomuckiej żadnych nowych pytań, odpowiedzi, wątpliwości. Właściwie wszystko zostało już wcześniej omówione: kto jest kim, co łączy dwoje ludzi, a co dzieli i dlaczego nie mogą być na zawsze razem. Podobnie jest z bohaterami *Obrączki ze słomy*[107], Polką Anną Marią i żołnierzem niemieckim Walterem. Od czego jednak wyobraźnia autorki, potrafiąca zaczarować spragnionego szczęśliwych rozwiązań czytelnika?!

Ten romansowy sen ma ważną zaletę, jest nią piękne przesłanie. W czasie intymnego spotkania Walter (Niemiec) mówi do Anny:

---

107 K. Nepomucka, *Obrączka ze słomy*, Łódź 1966.

– Gdy skończy się wojna, Annemarie, przyjadę do ciebie. Kupię nowe ubranie, bo w tamto przedwojenne już się nie zmieszczę. Wyrosłem z niego. Założę najładniejszy krawat. Nie widziałaś mnie przecież nigdy w krawacie, Annemarie... Przyjadę do ciebie, zapukam do drzwi, a ty je otworzysz. Popatrzysz ze zdziwieniem i zapytasz: „A pan do kogo?" Wtedy odpowiem: „Szukam pewnej młodej damy, gnädige Frau" i odejdę niepocieszony. A gdy krzykniesz: „Walter!", wtedy powiem... Wiesz, co ci powiem, Annemarie? – Milczy chwilę i uroczyście z namysłem wymawia obce sobie słowa: – Być moja szona...

6. Ten ból jest wyłącznie mój

W 1971 roku Albin Siekierski wydał dwie powieści, nawiązujące do tematyki powstań śląskich: *Ku górze nad rzeką*[108] i *Ziemia nie boi się kul*[109]. Obie mają charakter rocznicowego powrotu do wydarzeń sprzed półwiecza. Urodzony w Imielinie pisarz spłacał tym samym dług wobec ziemi rodzinnej i sprawy, za którą walczyło pokolenie jego rodziców. Do naszej problematyki nie wnoszą absolutnie nic nowego, odnotowuję je wyłącznie z kronikarskiego obowiązku.

W powieści *Ziemia nie boi się kul*, poświęconej sytuacji przed wybuchem pierwszego powstania śląskiego i jego przebiegowi, zjawia się wątek górniczej rodziny Figlów. Na przykładzie losów ojca i syna autor śledzi proces dochodzenia Ślązaków do polskości. Jakkolwiek powieść Siekierskiego nie jest wolna od politycznych wpływów i wymogów czasu, autor zdołał zawrzeć w niej wiele psychologicznych niuansów, charakteryzujących lokalną społeczność. Zwłaszcza postać głównego bohatera, Henryka (Hajnela, od niemieckiego Heinrich) Figla, wypada przekonująco. Ten ambitny młody człowiek dojrzewa między nędzą polskiego środowiska gór-

---

108 A. Siekierski, *Ku górze nad rzeką*, Warszawa 1971.
109 A. Siekierski, *Ziemia nie boi się kul*, Katowice 1971.

niczego, z którego się wywodzi, a bogactwem i pozycją środowiska niemieckich uczniów, z którymi uczęszcza do szkoły.

Za działalność społeczną i polityczną żandarmi aresztują ojca Henryka. Gdy Henryk staje w jego obronie, dochodzi do szarpaniny i za znieważenie policjanta sam zostaje osadzony w areszcie. Wypadki te rzutują na dalsze losy chłopaka. Dodatkowy wątek to młodzieńcze uczucie do koleżanki szkolnej Hildy Harding, córki niemieckiego kapitana.

Siekierski (misternie) rozbudowuje motyw uczniowskiej miłości, w której zderzają się dwa wrogie światy. Początkowo autor sugeruje, że Hilda jest osobą wyrafinowaną i że pomoże ojcu schwytać Henryka, uwikłanego nie tylko w konflikt z prawem, ale i należącego do polskiej organizacji wojskowej, przygotowującej powstanie. Henryk w pierwszej scenie z Hildą wydaje się być człowiekiem całkowicie zdezorientowanym, gotowym z miłości wyrzec się wszelkich związków z polskością, a na dodatek zdradzić współtowarzyszy, ujawniając wiele tajemnic wojskowych.

Albin Siekierski

- Ukrywałem się i przy tej okazji zdążyłem się dowiedzieć cośkolwiek o tym, co się święci.
- To znaczy, chcesz zdradzić – wstała z krzesła.
- Ty jesteś dobra i masz prawo brzydzić się takimi jak ja. O nic nie proszę, Hildo, nie domagam się wcale przebaczenia. Pragnę tylko oglądać ciebie i naprawić popełnione błędy. Błądzić nie jest zbrodnią.
- Zdrada jest zawsze podła...
- A kogoż to ja zdradziłem według ciebie?
- Przecież jesteś Polakiem.
- Przyznaję, chciałem nim zostać pod wpływem goryczy, ale przekonałem się, że to jest niemożliwe. Może mój ojciec jest jeszcze Polakiem, może matka, ale ja już nie. Jeśli więc zdradziłem, to na pewno nie Polaków.
- Uważasz, że zdradziłeś Niemców?

Co warta jest miłość w czasie wojny?

– Tak. Nie miałem prawa przystawać do Polaków. Ani oni sobie z tego nie zdawali sprawy, ani ja.

Po tych deklaracjach Henryk rozpłynął się w miłosnych wyznaniach, gotów popełnić każde głupstwo. Hilda okazała się zdecydowanie trzeźwiejsza w ocenie sytuacji.

– Nie możemy tej miłości dzielić – powiedziała po chwili, a widząc, że Henryk nie rozumie, dodała – nie możemy jej wiązać z takimi sprawami jak narodowość, upodobania, nawyki. Osobiście sądzę, że jesteś raczej Polakiem, ale mnie to nie przeszkadza.

Rozwój wypadków, czyli wybuch walk powstańczych, nie sprzyjał pogłębianiu uczuć między zakochanymi. Opis wewnętrznych rozterek Henryka pozwolił autorowi na wyrażenie własnego stanowiska w delikatnej kwestii prawa młodych do miłości. Siekierski zadawał sobie podobne pytania, jak dziesiątki cytowanych w tej książce autorów. I odpowiadał:

Ona ci nie dowierza tak samo jak ty jej i to jest chyba najbliższe prawdy. Ona jest Niemką i ma wszelkie dane ku temu, żeby cię za takiego nie uważać. To was dzieli, to jest waszym nieszczęściem. Gdybyście byli Francuzami, nie przeżywalibyście tych wszystkich niepokojów. Sprawdzilibyście swoje charaktery, nie obchodziłyby was odrębności językowe, obyczajowe, kochalibyście się, a wy zadręczacie się tym, czy aby za nią nie stoi cały pułk Grenzschutzu, czy tobie nie pomaga cała Polska.

Finał powieści to nieuchronne rozstanie zakochanych. Hilda, która okazała się osobą uczciwą i wrażliwą na cierpienia innych, pozostała ze swoimi, w tym okresie konfrontacji będącymi stroną zwycięską. Henryk ze swoim oddziałem wycofał się do lasu i przeszedł na drugą stronę granicy. W sercach unosili gorycz porażki i chęć odwetu: „my tam jeszcze wrócimy, na naszą ziemię, po nasz los, z gniewem w piersi, z bronią w ręku".

7. Dwie drogi do nieba

Wojciech Sarnowicz i Michał Smolorz zrealizowali w 1994 roku film dokumentalny *Droga do nieba Stanika Cyronia*[110]. Scenarzysta filmu Michał Smolorz opowiada w nim o mieszanej rodzinie swojego dziadka ze strony mamy, Stanika (Stanisława) Cyronia[111]. On pochodził z polskiej rodziny śląskiej, ona, Marie, była pasierbicą niemieckiej rodziny. Gdy 20 czerwca 1922 roku most graniczny między Szopienicami a Sosnowcem przekraczał gen. Stanisław Szeptycki na czele oddziałów polskich, by uroczyście przyłączyć Górny Śląsk do Polski, skromnym uczestnikiem historycznych zdarzeń był młody powstaniec Stanik Cyroń. Z pewnością obserwował główne uroczystości i brał udział w licznych zabawach, i to w towarzystwie narzeczonej Marie. Tego jeszcze roku odbył się ich ślub w kościele pod wezwaniem św. Jadwigi w Szopienicach. Liczni goście z obu stron zaśpiewali wspólnie *Te Deum*.

Później nastał dzień powszedni związku, naznaczony codziennym trudem, troskami i radościami. Stanik pracował w hucie, Marie zajmowała się domem i dziećmi. Wbrew przeciwnościom burzliwych czasów dożyli sędziwych lat w rodzinnej komitywie. Tu była ich mała ojczyzna i choć mówili różnymi językami, każdy był jak własny. Michał Smolorz wspomina, że na Śląsku „nie było pomieszania języków", Bóg nie pokarał tutejszych, mówili po swojemu i rozumieli się dobrze.

Ciężkie czasy dla rodziny nadeszły nie za sprawą ich prywatnych kłopotów, przyszły z zewnątrz. Najpierw nastał rok 1939. Wybuchła wojna i tereny, które oderwały się wcześniej, zostały ponownie włączone do Rzeszy. Któregoś dnia, wspomina Smolorz, Marie została wezwana do siedziby miejscowego urzędu NSDAP. Młody funkcjonariusz, przeglądający akta rodziny Cyroniów, rozpoczął dobrze znany monolog:

---

110 Dziękuję p. Tomaszowi Smolorzowi za udostępnienie mi nagrania.
111 W filmie pojawia się podwójna narracja. Lektor czyta fragmenty niepublikowanego opowiadania M. Smolorza *Dwie drogi do nieba*, które uzupełniają wspomnienia i refleksje autora.

Pani jest Niemką, czy nie wstyd, że wyszła pani za tego Polaczka, on walczył za Polskę, dobrze radzę, powinna się pani rozwieść.

Obydwoje postanowili inaczej.

Potem nastał rok 1946. Do tego samego gmachu, tym razem siedziby miejscowego oddziału komisji weryfikacyjnej, działającej na mocy zarządzenia Ministra Ziem Odzyskanych z dnia 6 kwietnia 1946 roku w sprawie „stwierdzenia przynależności narodowej osób zamieszkałych na obszarze Ziem Odzyskanych"[112], wezwany został Stanik. Motyw działania akcji repolonizacyjnej dobrze oddają słowa Aleksandra Zawadzkiego, ówczesnego wojewody śląskiego: „Nie chcemy ani jednego Niemca, nie oddamy ani jednej duszy polskiej". Polski urzędnik w podobnym duchu jak jego poprzednik niemiecki monologizował i stawiał warunki.

Panie Cyroń, pan jest powstańcem śląskim, a pana żona Niemką. Ona musi opuścić tę ziemię, albo wyjedziecie oboje, albo pan zostanie. Dobrze radzę, powinien się pan rozwieść.

Obydwoje postanowili inaczej. Smolorz komentuje:

Ten świat po potopie nie podniósł się już. Pozostała opowieść o ,dobrym Polaku' i ,złym Niemcu'. Ale Pan Bóg ocalił przecież Noego. I może po potopie śląskim Bóg ocalił Stanika i Marie?!

Wśród rodzinnych pamiątek zachowały się dwa modlitewniki, dwie książeczki do nabożeństwa, z których Stanik i Marie modlili się do katolickiego Boga. Niby wspólnego, ale przecież człowiek modli się najżarliwiej we własnym języku. Wtedy znika rozdźwięk między słowem a myślą. Podniszczone, posklejane i poślinione od użycia, obie autorstwa ks. Ludwika Skowronka. Wersja polska nosiła tytuł: *Droga do nieba. Książka parafialna*

---

[112] P. Kacprzak, *Weryfikacja narodowościowa ludności rodzimej i rehabilitacja tzw. volksdeutschów w latach 1945–1949* w: „Czasopismo Prawno-Historyczne", tom LXIII, 2011, z. 2.

do nabożeństwa dla katolików każdego stanu i wieku, wydana w Raciborzu w wydawnictwie dzieł katolickich Reinharda Meyera. Przeglądałem edycję z 1903 roku. Druga w niemieckiej wersji: *Weg zum Himmel,* wydana w tym samym wydawnictwie. Przeglądałem edycję z 1929 roku.

Dwie książeczki, jeden autor. Ten sam Bóg, obrządek, identyczne modlitwy, pieśni, tyle że w dwóch językach. Niby to samo, ale nastały czasy, kiedy ludzie tak bardzo odsunęli się od siebie, że i języki uznali za wrogie.

Końcowy komentarz Smolorza:

> Dwie drogi do nieba symbolizują wszystko to, co wiedzą tylko Ślązacy, jak można żyć w symbiozie.

Literatura uzupełniająca

Adler B., *Geteilte Erinnerung. Polen, Deutsche und der Krieg,* Tübingen 2006

Bartmiński J., *Jak zmienia się stereotyp Niemca w Polsce* w: biblioteka.teatrnn.pl/dlibra/.../Bartminski_stereotyp_Niemca.pdf

Czapliński P., *Dojczland. Obraz Niemców w literaturze polskiej,* w: „Respublika Nowa" 2011, nr 15

Czyżewski A., *Piękny dwudziestoletni. Biografia Marka Hłaski,* Warszawa 2012

Niemcy bezkarnie gwałcili Polki. Wywiad Adama Tycnera z Maren Röger, w:. historia wp.pl

Tichomirowa W., *Portretowanie Niemców we współczesnej literaturze polskiej,* w: www.studiapolskie.us.edu.pl/lit.../04Tichomirowa.pdf

Okładka książki. Uwe von Seltmann, Gabi i Uwe. Mój dziadek zginął w Auschwitz. A mój był esesmanem

ROZDZIAŁ DZIESIĄTY
Niemieckie powroty i rachunki

1. Dlaczego Polka, dlaczego obca?

To pytanie pada z ust matki syna, który przyprowadza rodzicom swoją dziewczynę. Każda matka na świecie ma prawo zapytać, z kim chce się związać jej dorosłe już dziecko. Kim jest ta osoba, czym się zajmuje, z jakiej rodziny pochodzi, jakie ma poglądy itd. Gdy dołącza się do tego komponent odmienności narodowej (rasowej, wyznaniowej) czujność serca rodzicielskiego wzrasta. Wie, że sprawy są poważne, a młodzi ulegają często chwilowemu zauroczeniu, są niecierpliwi, nikogo nie chcą słuchać ani czekać. A w życiu, o czym rodzic wie najlepiej, szczególnie w życiu rodzinnym sprawdzają się też inne przymioty: stabilność zawodowa, wzajemny szacunek, charakter obydwojga, środowisko, stosunek do rodziny... Wszystko o czym w tym momencie najmniej myśli młoda para.

To ważne (dla szczęśliwego pożycia) pytanie przeniesiemy do skromnego mieszkania w nowym budownictwie w niewielkim miasteczku przemysłowym byłej już Niemieckiej Republiki Demokratycznej. Syn państwa Müllerów, dwudziestoletni Peter, po odbyciu służby wojskowej wrócił do dawnego zakładu, w którym pracował jako elektryk. Tam poznał młodziutką Polkę Sławę, zwaną przez koleżanki Pawką (Paffka), będącą wraz ze sporą grupą dziewcząt na kontrakcie. Praktyka zatrudniania robotnic i robotników z Polski w NRD była zjawiskiem dość rozpowszechnionym, wykorzystywanym również ideologicznie do nawiązywania i zacieśniania współpracy między „bratnimi narodami wielkiej wspólnoty socjalistycznej". Uczucie, o ile się rodzi, niespecjalnie przejmuje się ideologią, więc próbuje poradzić sobie w każdych warunkach. Reklamowy tekst wybity na okładce książki zachęcał:

Miłość Petera do Polki Pawki jest miłością od pierwszego wejrzenia i jego nieustępliwość odnosi sukces. Jednak po krótkim czasie wydarza się coś, co sprawia, że ona odchodzi, chociaż zamierzali się pobrać.

Powieść Petera Löpelta *Die Rosen heb für später auf*[113] (Róże zachowaj na później) uznać można za socjalistyczny produkcyjniak, mający realizować linię partii. I taki był zapewne zamysł autora, jeśli odczytamy go w kontekście ówczesnych realiów politycznych. Dla komentatora spuścizny literackiej wieków powieść ta odsłania pewien walor, którego nie zaplanował pisarz NRD-owski. Niezależnie bowiem od systemów politycznych rodzina niemiecka pozostała ta sama i nawet socjalizm nie zdołał jej gruntownie zmienić. Przynajmniej w sferze postaw rodzicielskich. I w tym względzie powieść Löpelta skupia jak w soczewce odwieczną problematykę małżeństw polsko-niemieckich. Rozważmy rzecz po kolei.

1. Typowa sytuacja życiowa. Praktycznie od zawsze – wyłączając okres ustawodawstwa nazistowskiego – w polskich i niemieckich domach padało podobne pytanie: dlaczego Polka/Polak, dlaczego Niemka/Niemiec? Towarzyszyło mu niedające się ukryć zdziwienie-zarzut, czyż nie ma wśród nas wystarczająco atrakcyjnych obiektów miłości? Czy musi być koniecznie „ta Polka" lub „ten Niemiec", przecież jesteśmy sobie obcy, dzieli nas praktycznie wszystko. Okoliczności historyczno-polityczne wzmacniały lub łagodziły zarzuty, ale argument „obcości" pozostawał.

2. Wzajemna prezentacja. Jeśli dochodziło już do akceptacji pierwszego kroku, który o niczym jeszcze nie przesądzał, przyglądano się sobie nadzwyczaj uważnie. Testowano każdy ruch, każde słowo i naturalnie wygląd. Czytelnik łatwo zestawi sobie podobne sceny na podstawie przedstawionego materiału źródłowego. W powieści Löpelta pewnego niedzielnego południa Peter przyprowadził Paffkę do domu. Ojciec nie stwarzał problemów, starał się być miły, matka od początku szukała wad dziewczyny i okazji do wyartykułowania swojego niezadowolenia. Już jej

---

[113] P. Löpelt, *Die Rosen heb für später auf,* Berlin 1979.

pierwszy obiad wypadł fatalnie: przy jedzeniu zupy Paffka „oparła się łokciami o stół i siorbała z łyżki". W kuchni, gdy zostały obie, matka przystąpiła do ataku. Bez ogródek powiedziała to, co zaplanowała: „Na pewno nie sprawi pani trudu zerwanie z naszym synem"! Paffka nie pozostała dłużna:

> Nie podoba się pani pomysł, by mieć za synową Polkę; nieprawdaż? Jeśli kocham, wszystko jedno, czy mężczyzna jest Polakiem, Niemcem czy Kongolańczykiem, wszystko wtedy jedno, jeśli trzyma moją stronę zarówno w dobrym jak i w złym. I nikt nie powinien się do tego wtrącać!

Matka dalej:

> Myli się pani. Sama miłość nie wystarczy. Cały świat będzie się do pani życia wtrącał i to nawet bez złych zamiarów.

Tego było za dużo i nie żegnając się nawet, Paffka wybiegła z mieszkania. Wszyscy byli skonsternowani, a najbardziej cierpiał Peter. Nieudana wizyta nie zraziła na szczęście młodych do siebie. Spotykali się dalej, a gdy Paffka kupiła stary używany samochód, zaczęli planować wspólną podróż. Dziewczyna zaproponowała odwiedziny u jej rodziców, a następnie w drodze powrotnej krótki pobyt w polskich górach.

3. Polska droga, polska wieś, wizyta w polskiej rodzinie. Oczy dwudziestoletniego Niemca zarejestrowały w końcowych latach siedemdziesiątych XX wieku następujące obrazy.

> Jechali wolno wyboistą drogą wiejską. Domy szare, z odpadniętym tynkiem stoją w poprzek ulicy, zakurzone...
> (...)
> Brama powinna zostać naprawiona, stodoła potrzebowała nowego dachu, a dom malowania. Podwórze błotniste.
> (...)
> Korytarz jest ciemny, zastawiony motykami, pojemnikami, workami i znoszonymi butami.

(...)
Wchodzą do pomieszczenia, którego przeznaczenie trudno rozpoznać. Tu się jada, kobiety wykonują potrzebne prace, także hodowane są kurczaczki, słowem pomieszczenie do wszystkiego; jego ozdobą jest ogromny piec z drewnianą ławką.

Matka przyjęła Petera, czym miała, wyciągnęła z szafy wódkę. Reakcja ojca ściągniętego z pola była całkowicie odmienna i bezkompromisowa. Gdy córka przedstawiła mu chłopaka, powiedział tylko:

Zapomniałaś zupełnie, że ciocia Bronka zginęła w Niemczech. Zapomniałaś wszystko! Sprzątnij jedzenie ze stołu!

Nieśmiały sprzeciw Paffki:

Co on ma z tym wspólnego? Nie zrobił nic złego. Dlaczego chcesz obarczyć go winą, z którą nie ma nic wspólnego?

Ojciec na odchodne, zwracając się do Petera, dorzucił po niemiecku:

Wiem, że nasza przeszłość nie ma nic wspólnego z panem. Ale w moim domu nie będzie wesela z Niemcem.

Jeszcze matka przy pożegnaniu słabą niemczyzną dodała od siebie:

My mamy nasze doświadczenia, wy dzieci, swoje... Nasze były złe, wasze są dobre. Dla ojca nie ma mostu... Czas biegnie za szybko, a my jesteśmy jak stare drzewa z głęboko zapuszczonymi korzeniami. Trzeba je pozostawić, a ulicę przebudować...

I to byłaby cała historia. Jeszcze autor zbliża młodych do siebie, dochodzi do pierwszego stosunku miłosnego i do snucia planów małżeńskich. Peter, po wszystkich przygodach z Paffką, wie, że jest to dziewczyna, z którą nie da się zaplanować niemieckiego życia z „ogrodem i myciem auta". A może przeprowadzą się do Polski? Fantazje potrzebne są w życiu.

Przerywa je, jak i cały związek, przykre zdarzenie. Po powrocie z podróży do Polski Peter uparł się, że noc spędzi w hotelu robotniczym Paffki, w pokoju w którym mieszkała wraz z koleżanką. Mimo jej sprzeciwu wkradł się do pokoju i został nakryty przez polską opiekunkę dziewcząt. Ta zareagowała zdecydowanie – wyprosiła go i zawiadomiła zakład pracy. W konsekwencji całej afery Paffka została zwolniona z pracy i odstawiona do granicy. Peter stał się tylko niemym świadkiem zdarzenia. Nie mógł zobaczyć się z dziewczyną, ani z nią porozmawiać. Na bukiet kwiatów, które przyniósł, opiekunka zareagowała słowami „Róże zachowaj na później"!

2. Miłość Enerdówki

Już początkowe zwrotki piosenki, które przytaczam we własnym przekładzie, dobrze oddają sens opowiadania Helmuta Richtera[114]:

> Czasem błądzę ślepo po ulicach,
> Czasem śnię o bujanym koniku.
> Czasem pędzę bez chwili oddechu,
> Czasem drzwi przed światem zamykam.
> Czasem jest mi raz tak, raz tak,
> Czasem sama nie wiem, czego mi brak.
> Czasem jestem już rano bez ducha,
> Wtedy szukam w piosence otuchy.

> Przez siedem mostów musisz przejść,
> Siedem ciemnych lat przetrzymać,

---

[114] H. Richter, *Über sieben Brücken musst du gehen. Literarische Landschaften*, Halle 1983.

Siedem razy w proch obrócić się,
By raz stać się jasnym promykiem[115].

Tekst piosenki, który autor stworzył dopiero w trakcie ekranizacji swojego opowiadania, przetrwał dłużej niż film czy podstawa literacka. Utwór stał się wielkim przebojem, śpiewanym w całych Niemczech. Pierwotna wersja opowiadania opublikowana w 1975 roku w zakończeniu zawierała jedynie informację narratora, iż po głowie bohaterki krążył „jakiś wers piosenki":

> To znaczy, sama właściwie nie wiedziała, czy był to wers piosenki. W każdym razie powracały ciągle te słowa, ponieważ wystarczająco dobrze oddawały teraźniejsze jej uczucie: całe jej zmartwienie, nadzieję i wiarę. *Przez siedem mostów musisz przejść*. I zobaczyła przed sobą te mosty i na każdym z nich wychodziła wraz z dzieckiem jemu naprzeciw. Przez siedem mostów... Później spokojnie zasnęła.

Helmut Richter, podobnie jak Peter Löpelt, opowiedział historię pewnej polsko-niemieckiej miłości rozgrywającej się w realiach NRD-owskich na początku lat siedemdziesiątych XX wieku. Wielu polskich robotników – o czym była już mowa – pracowało wtedy na budowach enerdowskich, bo Niemcy Wschodnie potrzebowały młodych rąk do pracy. A młodzi mężczyźni (jak wiadomo) intere-

---

[115] Manchmal geh' ich meine Straße ohne Blick,
Manchmal wünsche' ich mir mein Schaukelpferd zurück.
Manchmal bin ich ohne Rast und Ruh',
Manchmal schließ' ich alle Türe nach mir zu.
Manchmal ist mir kalt und manchmal heiß,
Manchmal weiß ich nicht mehr, was ich weiß.
Manchmal bin ich schon am Morgen müd',
Und dann such ich Trost in einem Lied.

Über sieben Brücken mußt du gehen,
Sieben dunkle Jahre überstehen,
Siebenmal wirst du die Asche sein,
Aber einmal auch der helle Schein.

sują się młodymi kobietami... Richter stworzył odwrotny układ niż Löpelt: „on" jest Polakiem, „ona" – Niemką. Z tych wspólnych kontaktów partnerskich na wieczorkach, zabawach czy przy piwie zawiązywały się bardziej lub mniej trwałe związki. Jedne kończyły się szybko, po innych pozostawały dzieci z samotnymi matkami, tylko nieliczne przekształcały się w układy małżeńskie (w dalszej części analizuję powieść Henryka Sekulskiego, opisującego historię małżeństwa polsko-enerdowskiego z polskiej perspektywy).

Opowieść Richtera zaczyna się dość stereotypowo. Do miejscowości Zaspenhain przyjeżdżają Polacy, wśród nich młody robotnik Jerzy Roman. W pracy poznaje dwudziestoczteroletnią Niemkę Gittę Rebus. Ta znajomość będzie miała ciąg dalszy i określone konsekwencje. Związek Polaka i Niemki, nawet ludzi młodych, nie mógł przebiegać bezkonfliktowo.

Helmut Richter

Wprawdzie stosunki polityczne między PRL-em a NRD zostały unormowane, jednak pamięć o minionych latach pozostała żywa. Trudno było uniknąć próby odpowiedzi na ważne pytania. Czy i na ile pokolenie dzieci obciążone jest przeszłością rodziców? Czy powojenny ład polityczno-społeczny sprawi, iż przestaną być wrogami i uda im się wyrwać z zaklętego kręgu nienawiści? Czy potrafią (są w stanie) nawiązać normalne kontakty, a może zakiełkuje gdzieś miłość? I kolejne: jaki los spotka ich dzieci?

Powróćmy do opowiadania Helmuta Richtera. Jerzy i Gitta, choć nie znają ani słowa w języku partnera, nie zrażają się tym faktem. Nawiązują bliższą znajomość. Są młodzi, ciągną ku sobie i oddają się miłości. Gitta zachodzi w ciążę. Jak reagują rówieśnicy i dorośli na tę znajomość? W ramach poprawności socjalistycznej oficjalnie nie było mowy o żadnych uprzedzeniach na tle rasowym, religijnym czy narodowościowym, więc w obu środowiskach nie spotkają się z oznakami niechęci. Pozornie była to wyłącznie ich sprawa. Jednak matka Jerzego, gdy tylko dowiedziała się, że syn wyjeżdża właśnie do Zaspenhain, opowiedziała mu nieco szczegółów z dawnych lat. Jerzy wiedział wprawdzie, że w jego metryce urodzenia figuruje dziwna nazwa „Zaspenhain", ale nigdy o tym nie rozmawiano. Nie wiedział więc najważniejszego – tego, że urodził się w obozie pracy przymusowej i że tam zginął jego ojciec. Matka nie wracała do wspomnień i nawet nie pokazała mu jedynego zdjęcia ojca, które posiadała. Teraz Jerzy po raz pierwszy zobaczył na fotografii ojca. Był w podobnym co on wieku, bez trudu rozpoznał rysy twarzy, sylwetkę. Jeden szczegół zwrócił uwagę Jerzego. Ojciec lewym ramieniem wspierał się na hydrancie, prawe zaś spoczywało na barkach osoby stojącej obok. Niestety, ustalenie o kogo chodzi, nie było możliwe. Zdjęcie zostało przecięte na pół. Na pytanie, czy wie, kim była druga osoba, matka odpowiedziała przecząco, utrzymując, że tylko ta część dotarła do niej. Gdy Jerzy przyjechał do pracy do Zaspenhain, udał się na opisywane przez matkę miejsce. Właściwie wszystko pozostało po dawnemu: hałdy i baraki. Jedynie druty kolczaste zastąpiono zwykłymi, a nad wejściem wisiał teraz napis „Skład materiałów budowlanych Eubitz". Po lustarcji miejsca Jerzy poszedł na pobliski cmentarz. Odnalazł liczne groby z lat 1939–1945, wśród nich z nazwiskami polskimi, ale grobu ojca tam nie było.

Teraz historia rodziny Gitty. Pamięta, że gdy była dzieckiem, któregoś dnia przyszli dwaj panowie po cywilnemu i aresztowali ojca. Zarzut brzmiał: sabotaż na szkodę socjalistycznej ojczyzny. Po zwolnieniu z aresztu ojciec natychmiast zniknął, udało mu się zbiec na Zachód. Później przysyłał listy i chciał żonę i córkę ściągnąć do siebie, ale listy pozostawały bez odpowiedzi. Gitta dowiedziała się z plotek, że w ostatnich latach wojny ojciec pracował w obozie. Szeptano, że znęcał się nad więźniami. To był zatem prawdziwy powód ucieczki...? Młoda Gitta musiała żyć z tym ciężarem.

Wróćmy do wątku miłosnego. Po wizycie na święta w domu rodzinnym i po rozmowie z matką Jerzy postanowił rozmówić się z Gittą co do przyszłości. Miał też zapytać ją o przeszłość, powiedzieć jej w końcu, że urodził się w baraku obozowym w Zaspenhain. O podobnej rozmowie Gitta myślała od dawna. Nie chciała niczego ukrywać, jednocześnie bała się, co będzie z ich związkiem.

Jerzy zaczął coraz częściej bywać w rodzinnym domu Gitty. Któregoś wieczoru zaczęli razem przeglądać albumy rodzinne. Przesuwały się postaci, sytuacje, krajobrazy i wtedy zadał pytanie, dlaczego ojciec zniknął z ich życia? Siedząca obok matka dała wymijającą odpowiedź: „Być może ze strachu". Jednak jedno zdjęcie wywarło na Jerzym piorunujące wrażenie. Przedstawiało ojca Gitty:

> Był w mundurze i stał obok chłopaka w spodenkach kąpielowych. Obejmowali się ramionami. Lewe ramię chłopak opierał o hydrant. W tle, po lewej stronie, w oddali widać było kilka baraków, po prawej stronie krzaki, a za nimi hałdę...

Gitta z przerażeniem spojrzała na Jerzego, który zapytał szyderczo: „Uciekł ze strachu?" I przypomniał sobie zdjęcie, które pokazała mu matka. Teraz wszystko pasowało do siebie. Tym w mundurze był jej ojciec, chłopakiem w spodenkach – jego ojciec, a on sam urodził się w którymś z baraków widocznych w tle. Prawda wystarczająco okrutna. Jerzy wzburzony, bez słowa pożegnania wybiegł z domu. Wkrótce też wyjechał.

Po powrocie do domu w Polsce długo nie rozmawiał z matką o tym, co się stało. Gdy minęło nieco czasu, matka opowiedziała mu wszystko, co przedtem chciała przed nim przemilczeć:

> Pod koniec wojny część mężczyzn postanowiła uciec z obozu. Było to wielkie ryzyko, ale wydawało się mniejsze, niż czekanie na śmierć. Zdobyli zapasy, nawet kilka sztuk broni, ale wieczorem przed dniem ucieczki plan został wykryty. Pięciu głównych organizatorów aresztowano i rozstrzelano. Przypadek? Raczej nie! Zdrada wydawała się jedynym rozsądnym wyjaśnieniem.

Tragiczne pytanie nasuwało się samo: czy zdradził ojciec? Matka zaprzeczyła, pozostawało jednak wiele wątpliwości. W jej opowieści ojciec Jerzego od początku przeciwny był ucieczce, ponieważ obawiał się o życie najbliższych. Zabiegał też wszystkimi możliwymi sposobami o zdobycie dla nich dodatkowych racji żywności i wtedy, jak przypuszcza, zostało zrobione to wspólne zdjęcie. „Nie była to postawa heroiczna, ale gdyby twój ojciec tak nie działał, nie przeżyłbyś". Na dodatek współtowarzysze niedoli znaleźli przy nim nieszczęsną fotografię, wszystko wydawało się więc jasne... Ale czy na pewno? Prawdy nigdy nie ustalono, pozostawały domysły i podejrzenia. Jerzy musiał jednak poradzić sobie z nimi na własny użytek. Według narratora opowiadania:

> Stopniowo pojmował, że wartość jednej połowy zdjęcia została określona przez wartość drugiej części. Jeśli jeden z ojców był zdrajcą, drugi stawał się współodpowiedzialny; jeśli podejrzenie, w które popadł, było tragiczną pomyłką, zdjęcie mogło dostarczać alibi drugiemu. Jeśli tak było, co mógł na to poradzić? Jeśli było inaczej, co ona była winna?

Dziwne to postawienie problemu. Niby wszystko się zgadza w tezie, iż „wartość jednej połowy zdjęcia została określona przez wartość drugiej", ale czytelnik polski ma zastrzeżenia do takiego równania. Te dwie postaci ze zdjęcia nie są sobie równorzędne i ich czyny (zachowanie) nie dadzą się ze sobą zestawiać bez wiedzy o ogólniejszych warunkach, w których się znajdowały i działały. Jedna była bezsprzecznie katem, druga zaś ofiarą. I nawet jeśli ojciec Jerzego popełnił jakiś błąd, nadal pozostawał ofiarą (więźniem obozu pracy) w relacji do pozycji ojca Gitty, funkcjonariusza tego obozu.

Zakończenie utworu. Gitta szczęśliwie wydała na świat dziecko. Na sali porodowej jej głowę zajmowały różne myśli, krążyły wokół Jerzego i ich potomka. Natrętnie powracały słowa *Przez siedem mostów musi przejść*, być może jakiejś piosenki... Pozostawała nadzieja: „Gdzie pociągi odjeżdżają, tam w końcu pojawiają się znowu".

3. On wdowiec, ona wdowa

On, Aleksander (Reschke), wdowiec, numer butów czterdzieści trzy, ona, Aleksandra (Piątkowska), wdowa, numer butów trzydzieści siedem. Tak może zaczynać się każda opowieść o życiu prawdziwym lub zmyślonym. Coś bohaterów łączy, coś dzieli. Gdy zaciemnimy lub weźmiemy w nawias nazwisko, narodowość, kolor skóry lub wyznanie otrzymamy postać, do której trudno odnieść pospolite uprzedzenia. Günter Grass[116] skonstruował powieść z elementów polsko-niemieckich. Z tego powodu jest to powieść z tezą.

Do tego spotkania, Aleksandra i Aleksandry, Niemca i Polki, musiało dojść. Gdy doszło pół wieku wcześniej, Aleksander miał na imię Herbert, Aleksandra była Oleńką. On paradował w mundurze porucznika Luftwaffe, ona konspirowała w podziemiu. Czas stawiał ich niestety na z góry straconych pozycjach: jego w roli najeźdźcy, ją w roli ofiary. Przypadek, ten posłuszny wykonawca woli losu, doprowadził jednak do spotkania, wystawiając obydwoje na ciężką próbę. Właściwie czemu? Czemu kazał zakochać się niemieckiemu oficerowi w Polce-katoliczce, a jej przeżywać rozterki związane z tą nader trudną i kłopotliwą poprzez dodatkowy fakt wdzięczności za uratowane życie – sytuacją? Dobraczyński, autor *Najeźdźców*, zaprojektował ten wątek z myślą o ideałach chrześcijańskich, wedle których cierpienie i ekspiacja odgrywają wielką rolę w życiu jednostki oraz narodów.

Günter Grass

W Zaduszki 2 listopada 1989 roku na targu w Gdańsku los zetknął Aleksandra i Aleksandrę nie tylko dla kilku podobieństw: imion, stanu cywilnego, wykonywanych zawodów, czy numeru butów. Powołując się na pamięć o przeszłości, poprowadził ich ku sobie, by zaczęli rozmawiać.

Ich pierwsza przechadzka wiodła na gdański cmentarz na Grodzisku, na którym znajdowały się groby rodziców Aleksandry. Ale ten cmentarz miał swoją starszą twarz, niemiecką, gdzieniegdzie jeszcze widoczną, dziwnym zbiegiem okoliczności zachowaną, choć niszczoną i tępioną przez nowych użytkowników. To dobry temat do rozmów o wojnie, wypędzeniach, śmierci, prawie do pochówku w rodzinnej ziemi, a oni jakby „stworzeni do takich rozmów".

---

116 G. Grass, *Wróżby kumaka*, przeł. S. Błaut, Gdańsk 1992.

Wizyta na cmentarzu, później wspólny posiłek w domu Aleksandry, sprzyjały wspomnieniom i myślom, które – pobudzane winem bułgarskim – zaowocowały ideą „Polsko-Niemiecko-Litewskiego Towarzystwa Cmentarnego", proklamowanego jeszcze tego samego dnia. Dodatek „litewski" poczyniony został na rzecz Aleksandry, której rodzina wypędzona została z Wilna. Towarzystwo, propagując ideę chowania zmarłych w ich ziemi rodzinnej, miało rozpocząć proces prawdziwego pojednania.

> To długa rozmowa przy coraz to na nowo zaparzanej kawie po kilkakrotnym wysłuchaniu pobliskich kurantów „krótko przed wybiciem dziewiątej" musiała rozniecić tę ideę, uznać ją za swoją i wreszcie podnieść do rangi idei służącej pojednaniu narodów. Ona była zdolna do entuzjazmu, on wykorzystał swój temat „Stulecie wypędzeń" i wyliczał wypędzonych lub przymusowo wysiedlonych, wszystkich, którzy musieli uciekać (...).
> Potem Reschke mówił o właściwej człowiekowi potrzebie spoczęcia na wieki tam, gdzie przed ucieczką albo wymuszonym przesiedleniem miał swoje miejsce, przypuszczał, że ma, szukał i znalazł, odnalazł na nowo, miał je zawsze, od urodzenia. Powiedział: – To, co nazywamy ziemią rodzinną, jest przez nas doświadczane mocniej aniżeli same pojęcia ojczyzny czy narodu, dlatego tak liczni, z pewnością nie wszyscy, ale w miarę starzenia się coraz liczniejsi ludzie żywią pragnienie, żeby być pogrzebanym niejako u siebie (...) W katalogu praw człowieka należałoby wreszcie zagwarantować również i tę zasadę. Nie, nie mam na myśli postulowanego przez działaczy naszych uciekinierskich związków prawa do ziemi rodzinnej – właściwą nam ziemię rodzinną utraciliśmy w sposób zawiniony i ostateczny – ale o prawo zmarłych do powrotu w swoje strony można by było, powinno by się, należałoby się upominać!

Cały ten dłuższy cytat, wyrażający literacko-polityczną ideę Towarzystwa Cmentarnego jako wspólnej polsko-niemieckiej (niemiecko-polskiej) inicjatywy służącej pojednaniu, może wywoływać u czytelnika polskiego ambiwalentne odczucia. Powodem jest powoływanie się Grassa, wprost czy okrężnie, na „prawa naturalne". Dlaczego respektowanie woli zmarłego do pochówku w miejscu urodzenia musi znaleźć uzasadnienie w respektowaniu „naturalnego prawa" zmarłego do pochówku w ziemi rodzinnej? Na przekór asekuracyjnym wywodom bohatera o dystansowaniu się wobec roszczeń Związku Wypędzonych, włożony mu w usta przez autora wywód o „ziemi rodzinnej" należy do tego samego katalogu pojęć wrażliwych, jak „naród" i „ojczyzna". Jeśli nie chcemy powtórki z wieku nacjonalizmu, musimy je na nowo definiować.

Zostawmy politykę historyczną na boku, wróćmy do ludzkiego wymiaru znajomości bohaterów Grassa.

> To znowu ja – powiedziała wdowa Aleksandra Piątkowska, nawiedzając krótko przed północą wdowca Aleksandra Reschkego (...) Ona zrobiła mały krok; on krok-potknięcie. Potem ona jeszcze jeden, równocześnie on. I już przypadli do siebie, rzucili się sobie w ramiona.
> Tak to musiało być. Albo tak ja widzę ich sprawę, choć Reschke powierzył swemu dziennikowi bardzo niewiele szczegółów (...)
> Potem są jeszcze wzmianki o zbyt wąskim jednoosobowym łóżku (...) A po zasygnalizowaniu krótkiej utarczki – on chciał zgasić światło, ona nie – przychodzi jego wyznanie: „Tak, kochaliśmy się, mogliśmy, mieliśmy prawo się kochać. I ja – o Boże – byłem zdolny do miłości!"
> (...)
> Niewiele snu zaznali Aleksandra i Aleksander. Podołali pewnie swej miłości jak zadaniu. W ich wieku potrzebna była cierpliwość, owa odmiana humoru, która wyklucza klęski.

Po pierwszym spotkaniu, każde wróciło do swoich wcześniejszych zajęć. Rozstanie zabudowywała obfita korespondencja. Na jej podstawie narrator-sprawozdawca rekonstruował stany emocjonalne obydwojga. Nie tylko powracali w listach do nocy spędzonej w hotelu „Hevelius", ale mieli świadomość pełnej przynależności, otwarcie o tym pisząc i wyznając sobie miłość. Fragment listu Aleksandra:

> Nasze późne unisono, to radosne Gloria, to przytłumione Credo rozbrzmiewa we mnie i rozbrzmiewa. I nawet Twój śmiech, o którym często sądziłem, że mnie wyśmiewa, znajduje coraz to nowe przestrzenie rezonansowe, chociaż to boleśnie mi uświadamia Twoją nieobecność i staje się moim, podszytym cierpieniem, motywem przewodnim – więcej w nim cierpienia niż przewodzenia.

Odnotować trzeba również liczne komentarze narratora, wiernie kibicującego parze i zatroskanego o jej przyszłość. Reagującego z czułością barometru na zawirowania zewnętrzne, mogące mieć niekorzystny wpływ tak na rodzącą się polsko-niemiecką miłość jak i wspólne przedsięwzięcie cmentarne.

Można by sądzić, że ten napór brzemiennej w wydarzenia rzeczywistości będzie niekorzystny dla ledwie rozgorzałej miłości między dwojgiem: wścibskie wtrącanie się polityki, ten wdzierający się nawet w sny „tętent cwałującego ducha świata", te napisy na transparentach. Czy spotęgowane przez wzmacniacze wołanie: „Jesteśmy jednym narodem! Nie zagłuszyło szeptu kochanków, ich cichego zapewnienia: „Jesteśmy jednym ciałem"?

Sprawy biegły swoim torem. Para spotykała się na przemian w Niemczech i w Polsce, co gruntowało uczucie i pozwalało finalizować przedsięwzięcie. Doszło do tego, że Aleksander zrezygnował okresowo z kariery uniwersyteckiej i przeniósł się do Gdańska.

Los, choć cierpliwy, powoli zaczął realizować swoje plany wobec wdowca i wdowy. A sygnalizował je przez natarczywe wołania kumaka, które wedle starej przepowiedni zwiastowały nieszczęście.

Jeszcze przez chwilę zapanowała codzienność w trzypokojowym mieszkaniu Aleksandry na ulicy Ogarnej:

Może to kryzysowa sytuacja na świecie, która potokiem obrazów nawiedziła każdy dom, nastawiła parę tak ustępliwie, w każdym razie ona nie gorszyła się jego rannymi pantoflami, on zaś zrezygnował z prób zaprowadzenia ładu w jej wymieszanej jak groch z kapustą bibliotece. Mało tego: ona kochała nie tylko jego, lecz i jego ranne pantofle z wielbłądziej wełny. A jemu wraz z jej osobą miły był bałagan na przekrzywionym regale z książkami. Ona nie chciała odzwyczaić go od człapania, on jej – od kurzenia papierosów. Polka i Niemiec! Mógłbym wypełnić nimi książkę z obrazkami: wolną od kłótni, pełną ustępliwości, zbyt piękną, żeby była prawdziwa.

I tak trwała ta znajomość do chwili, gdy „po załatwieniu wszystkich formalności 30 maja odbył się ślub".

Właściwie historia Aleksandry i Aleksandra mogłaby się w tym momencie zakończyć zwyczajowym *happy endem*. Ale los postanowił inaczej, o czym przypominało Reschkemu przy każdej okazji wołanie kumaka. Nawet w podróży poślubnej do Włoch rozbrzmiało w rzymskim Panteonie.

Następnego dnia w drodze do (albo z) Neapolu ulegli wypadkowi. Ich samochód nie zmieścił się w zakręcie wąskiej i krętej drogi, i spadł ze stromego stoku. Policja znalazła wrak samochodu i zwęglone zwłoki.

Sprawozdawca podaje, gdzie zostali pochowani. Nie w Gdańsku na Cmentarzu Pojednania, który był ich dziełem. Pozostali w Italii, na wioskowym cmentarzu.

> Aleksander i Aleksandra leżą tam bezimiennie. Tylko dwa drewniane krzyże oznaczają podwójny grób. Nie chcę, żeby ich przenosić. Byli przeciwni przenosinom. Z wiejskiego cmentarza ma się rozległy widok na okolicę. Zdawało mi się, że dojrzałem morze. Dobrze im się leży. Pozwólcie im tak leżeć.

Zakończenie historii Aleksandry Piątkowskiej i Aleksandra Reschkego oraz ostatnie słowa komentarza doskonale pointują relacje polsko-niemieckie, te przeszłe, teraźniejsze jak i przyszłe.

Tylko idealiści po obu stronach, ludzie ze szlachetną wizją naprawy zła mogą zaprojektować drogę porozumienia. Ale i tak wezmą ją w posiadanie inni. Dla idealistów nie pozostaje zbyt wiele przestrzeni, zwykle usuwają się sami lub są usuwani w cień. Wybierają dystans, samotność, odludzie.

Azylem dla pośmiertnej harmonii świata Aleksandra i Aleksandry, idealnym miejscem właściwego pojednania polsko-niemieckiego, stał się wiejski cmentarz w Italii. Przyjął ich, bez wypominania przeszłości. Przyjął i unieważnił problem „odwiecznej" wrogości. Przypomniał też o jedynej, odległej jeszcze, przeto symbolicznej (metafizycznej) perspektywie wspólnoty losów ziemskiego pielgrzymowania wszystkich, bez względu na różnice. Można by i na grobie polsko-niemieckiej pary pomieścić krótki wiersz Heinricha Heinego, zdobiący jego emigrancki grób na cmentarzu Montmartre w Paryżu:

> Gdzie znużonemu wędrówką
> Przyjdzie złożyć swoje prochy?
> Na południu pod palmami?
> Czy nad Renem pod lipami?
>
> Czy w dalekiej pustyni
> Obca pochowa mnie dłoń?
> Czy nad brzegiem morza
> Piaskowa pochłonie mnie toń?
>
> Jak wypadnie! Wszędzie mnie
> Niebiański błękit otoczy,
> A nocą jak lampiony śmierci
> Gwiazdy zaświecą mi w oczy[117].

---

117 Wo wird einst des Wandermüden
   letzte Ruhestätte sein?
   Unter Palmen in dem Süden?
   Unter Linden an dem Rhein?

4. Miałam świadomość, na jakie niebezpieczeństwo się narażamy

Zofia Jasińska[118], nazwisko okupacyjne, które zachowała, do wybuchu wojny była Polką i katoliczką. Młodą, atrakcyjną i szczęśliwą dziewczyną bez trosk materialnych, z widokami na sukces zawodowy. Wojna brutalnie wtargnęła w jej życie, przypominając, że z pochodzenia jest Żydówką, dla której nie ma miejsca poza gettem i beznadziejną wegetacją, aż skończy gdzieś w obozie zagłady. Zosia, zawsze energiczna, świadoma swej niezależności i urody nie mogła i nie chciała poddać się losowi wyznaczonemu przez nazistów. Zdecydowała się na ucieczkę z getta, wykorzystując własne atuty, czyli urodę nie przypominającą semickiej i pewność siebie. Gdy udało jej się przejść bez trudności przez bramę, uwierzyła, że przeżyje. Wiedziała, że czeka ją teraz ucieczka bez wytchnienia, nadzwyczajna ostrożność i czujność, by nie zostać rozpoznaną i zdemaskowaną.

Wspomnienia, które spisała pod koniec życia i opublikowała w języku niemieckim (dlatego włączyłem je do tego rozdziału), są zapisem dramatycznych wydarzeń. Po traumatycznych przeżyciach udaje jej się znaleźć pracę kucharki w majątku będącym zapleczem logistycznym dla jednostek niemieckich wyruszających na front wschodni. Zjawia się tam kapitan Schäfer ze swoim oddziałem. Choć jest oficerem niemieckim, członkiem Waffen-SS,

> Wird' ich wo in einer Wüste
> eingescharrt von fremder Hand?
> Oder ruh' ich an der Küste
> eines Meeres in dem Sand?
>
> Immerhin! Mich wird umgeben
> Gotteshimmel, dort wie hier,
> und als Totenlampen schweben
> nachts die Sterne über mir.

118 Z. Jasińska, *Der Krieg, die Liebe und das Leben. Eine polnische Jüdin unter Deutschen*, Berlin 1998.

okazuje jej wiele sympatii. Gdy dochodzi do rozmowy, pyta, czemu nie chciała, by odprowadził ją po pracy do domu. Zofia odważa się na szczerą odpowiedź: „To mundur, który mi przeszkadza, panie oficerze, mundur wroga i okupanta". Przerażona tym, co powiedziała, milknie, kapitan oddala się bez słowa.

Po tygodniu kapitan nieoczekiwanie odwiedził Zofię w jej pokoju. Starał się być miły, częstował winem, zaczął opowiadać o sobie. Jego brat zginął właśnie na froncie wschodnim, a on sam zostawił żonę w Niemczech, z którą nie ma dzieci. Wizyta przedłużała się, a rano Zosia stwierdziła, że leży w łóżku obok Niemca i że uczyniła to z własnej woli. Kapitan okazał się młodym, miłym człowiekiem, który nie chce wojny, nie chce nikogo zabijać, ale mimo to Zosię dręczyło pytanie, co by się stało, gdyby dowiedział się, że jest Żydówką!!

Jednak młodość, potrzeba ciepła i chociażby pozoru bezpieczeństwa zwyciężyła:

> W ten sposób nie byłam co prawda całkiem samotna, ale o jeden palący problem bogatsza. Nie mogłam zaakceptować miłości między Niemcem i Żydówką, jednak nie byłam w stanie niczego przeciwko niej przedsięwziąć.
> Jakub był dwa lata młodszy ode mnie. Nasz stosunek pozostał w tajemnicy, nikt nie zorientował się. Mieliśmy świadomość, na jakie niebezpieczeństwo się narażamy. Według niemieckiej interpretacji popełnialiśmy „Hańbę krwi", ale to ja odczuwałam hańbę tego związku. Pytałam się, czy mam w ogóle prawo przebywać na tej wyspie bezpieczeństwa.

Ich życie uczuciowe kwitło. Spotykali się coraz częściej i kochali. Zosia zaszła w ciążę. Gdy powiedziała Jakubowi, ten nie posiadał się z radości. Ponieważ jego małżeństwo było bezdzietne, zapragnął mieć potomka i snuł w miłosnej gorączce różne plany. Stanęło na tym, że o przyszłości ciąży zadecyduje Zosia. Postanowiła więc, że wbrew wszelkim przeciwnościom postara się donosić ciążę. Doskonale zdawała sobie sprawę, na co się poważa, chcąc urodzić dziecko „żonatego mężczyzny, Niemca, kapitana Waffen-SS".

Wojna zbliżała się do końca. Jakub wyruszył na front i tam zginął, a Zosia pozostała sama, będąc w zaawansowanej ciąży.

Dalsze wspomnienia Zofii Jasińskiej dotyczą wspólnych losów matki i małego Jacka. Trudne czasy powojenne w Krakowie, początek szykan, decyzja o wyjeździe do Izraela, gdzie nigdy nie zapuściła korzeni. Powoli zaczęła w niej dojrzewać decyzja, by przenieść się do Niemiec i tam spróbować uzyskać odszkodowanie z racji niemieckiego pochodzenia syna. Sprawy nie do końca ułożyły się po myśli Zofii, ale na tyle dobrze, że została we Frankfurcie nad Menem do końca życia. Po długich zabiegach ściągnęła również z Izraela do siebie syna. Jacek poznał rodzinę swojego ojca. Zofia cytuje jego wyznanie:

> Kto jest moim ojcem, nie wiedziałem do dzisiaj. Ta sytuacja czyni człowieka niepewnym. Do dzisiaj moje korzenie sięgały rodziny Gottliebów i Kohnów w Krakowie, teraz doszedł Nadreńczyk Jakub Schäfer. To muszę, co ja mówię, już to zaakceptowałem. Akceptuję, jak identyfikuję się z walką Żydów, Polaków i wszystkich, którzy byli przeciwko nazistom, dlatego walka mojego ojca pozostanie dla mnie na zawsze obca i nie do pojęcia.

Po śmierci w 2003 Zofia Jasińska pochowana została w Krakowie na nowym cmentarzu żydowskim.

5. Miłość w czasie Solidarności

Po lekturze pierwszego rozdziału (z czternastu plus epilog)[119], czytelnik zdobywa podstawową wiedzę o głównej bohaterce powieści Norze Laezius. Urodzona w 1943 w wojennym Kolbergu, relacjonuje krótko swoje losy do momentu osiągnięcia stabilizacji zawodowej i rodzinnej. Egzystencji charakterystycznej dla pokolenia powojennego dobrobytu Republiki Federalnej, egzystencji

---

[119] M. Janssen-Jurreit, *Zbrodnia miłości w środku Europy*, przeł. K. Niedenthal, Warszawa 2007.

sytej, wygodnej i nudnej, o ile ma się nudnego męża. W ten stan błogostanu wkrada się szalony pomysł matki, by wybrały się śladami wspomnień do dawnego, a obecnie polskiego Kołobrzegu. Drobne perypetie sprawiają, że w podróż Nora wyrusza sama, wyposażona w pamięć i dawne kontakty matki. Ale to nie wszystko. Jest rok 1981, czas burzliwych zmian w Polsce. Bohaterka-narratorka ma wtedy trzydzieści osiem lat.

Z nagromadzonych szczegółów da się już ułożyć bogatą kompozycję możliwych „ciągów dalszych", zwłaszcza w zakresie stereotypów etnicznych i klisz historycznych. Co uchwyciła z klimatu roku 1981? Przede wszystkim odnotowała cieszącą się sympatią społeczeństwa niemieckiego akcję pomocy dla potrzebujących w Polsce. Głównie lekarstw, wyposażenia medycznego, środków higieny, ale też zakazanego sprzętu drukarskiego i radiowego. Jedni zbierali dary, inni je transportowali, co oznaczało, że narażali się na szykany ze strony celników NRD-owskich i polskich. Nora zapamiętała sceny z pociągu relacji Paryż–Warszawa, do którego wsiadła w Kolonii. Po nieprzyjemnych przejściach w czasie podróży, niczym lepszym nie przywitał jej Kołobrzeg. Kto zna realia polskie z tamtego okresu, tego nie zdziwią zbytnio opisy i negatywne wrażenia bohaterki.

Pierwsza wizyta w polskim domu u znajomej matki, pierwsze obserwacje. Zauważyła od razu, że Polacy całują kobiety w rękę, są gościnni, wręcz nachalni w częstowaniu, dużo piją.

Na scenę wkracza Adam Łętowski, krewny pani domu. Urodził się w 1946 roku w Toruniu, czyli trzy lata później niż Nora. Długo rozmawiali, mówili o swoich wspomnieniach, pili wódkę. Nora wspomina:

> (...) Adam głaskał mnie delikatnie po policzku. Potem położył swoją silną rękę na mojej, a ja jej nie cofnęłam. Jego dłonie były szerokie i kościste, palce niezbyt długie, ale od spodu ciepłe i mięsiste (...) Jego głos brzmiał obco i podniecająco, chociaż to, co mówił, było prawie aroganckie. Na wszelki wypadek poinformowałam go, że jestem mężatką. On nie ma żony, powiedział z wyrzutem, jakby miał prawo krytykować mój stan cywilny.

Zgodnie z zasadą przyjętej dramaturgii rozmowa schodzi na politykę, zahacza o „Solidarność". Adam jest odważnym, ale niezbyt racjonalnie myślącym człowiekiem. Wypowiada zadziwiające sądy, których ona oczywiście nie podziela:

> (...) my, Polacy, zawsze przedkładaliśmy obłęd nad rozsądek. Historycznym sensem naszego istnienia jest martyrologia. Polska Chrystusem narodów. Jeśli przestalibyśmy kiedyś cierpieć, nie bylibyśmy już prawdziwymi Polakami.

Odwozi dziewczynę do hotelu i w nim zostaje. Jeszcze tego samego dnia Nora ucieka do domu w Bonn.

Po kilku miesiącach, pod koniec września Adam zjawił się w Berlinie. Nora niezbyt długo broniła się przed intymnym kontaktem. Gdy leżała na materacu w jakiejś obleśnej studenckiej budzie, rozmyślała:

> Przespałam się z Adamem, nie umiałabym jednak powiedzieć, czy jestem w nim zakochana (...) Po raz pierwszy zdarzyło się coś innego, nieprzewidzianego, coś w środku mnie, na końcówkach nerwów i na skraju duszy, tam gdzie bierze początek pożądanie i zatraca się „ja".

Nora pochodziła z rozbitej rodziny. Matka rozwiodła się z mężem z powodu jego indolencji seksualnej. Szczęście znalazła z innymi. Ojciec był zawodowym oficerem, z nazistowską przeszłością, nie interesował się życiem córki. W Norze tkwiły urazy z głębokiego dzieciństwa, prześladowały ją koszmary wojny, cierpienia, przemocy, co sprawiło, że rozwinęła się u niej silna nerwica. Kontakt z psychoterapeutą okazał się konieczny. Po kolejnym seansie diagnoza psychologa brzmiała:

> Sposób, w jaki przedstawia pani spotkanie z Adamem, świadczy o tym, że wybrała go pani na przewodnika po labiryncie wypartych z pamięci przeżyć. W przeciwnym razie nie pojechałaby z nim pani do willi dziadka. Hades jest w pani. Adam ma

uwolnić panią od strachu przed śmiercią. Dlatego jest nim pani opętana.

„Strach przed śmiercią" bohaterki to metafora lęku młodego pokolenia Niemców, które uświadomiło sobie, jaki historyczny spadek odziedziczyło. To wiele jak na wrażliwą psychikę Nory. Ale po co w jej świecie zjawia się Polak? Przecież i jego psychika jest neurotyczna, jak neurotyczną jest cała historia Polski. A Nora potrzebowała Adama wyłącznie dla siebie:

> Jak miałabym utrzymać w ryzach moje lęki, gdyby nie było przy mnie Adama? Jego ciało chroniło mnie niczym mur obronny przed śmiercią, nie potrafiłam bez niego żyć.

Rozwój wydarzeń w Polsce traktowała jako zagrożenie dla ich miłości. Bała się, że polityka odbierze jej ukochanego. Stan wojenny przyspieszył tylko to, co nieuchronnie musiało nastąpić. Adam bez pożegnania wyjechał do Warszawy. Norze zawalił się świat.

Na dalsze zdarzenia nie musiała długo czekać. Zaszła w ciążę, a ojcem mógł być tylko Adam. Od tego momentu jej życie nabrało nowego wymiaru. Teraz musiała myśleć o innych sprawach: o rozwodzie, o dziecku, o Adamie.

Trudno zrozumieć dokładnie, dlaczego w takim właśnie momencie (stan wojenny) wybrała się do Warszawy. Gdy spotkali się w hotelu powiedziała tylko:

> (...) to twoje dziecko. Chciałam ci je pokazać, powinieneś je poczuć, zanim się urodzi. Dlatego przyjechałam.

Reakcja Adama daleka była od entuzjazmu. Rzecz dodatkowo komplikowała się przez jego zaangażowanie w działalność opozycyjną, czynną walkę z władzą, grożącą jemu samemu, a także rodzinie represjami. Na umówione kolejne spotkanie Adam nie przyszedł. Nie ma sensu opisywać dalszych szczegółów. Dość, że Nora urodziła dziecko w Warszawie i zaraz po koniecznym pobycie w szpitalu wróciła do Frankfurtu. Pozostała gorycz, że mężczyzny, którego potrzebowała w takim momencie, nie było przy niej. Ta gorycz miała siłę niszczycielską, teraz w życiu Nory liczył się tylko mały Malte. Nie znała jednak całej prawdy, co rzeczywiście stało się z Adamem i dlaczego nie zjawił się na spotkanie?

Z Paryża odezwała się do Nory biologiczna matka Adama, Irena, babcia Maltego. Jako Żydówkę przechowywała ją podczas wojny pewna Polka, której mąż był biologicznym ojcem Adama. I tak Adam, syn Żydówki i Polaka, wzrastał w polskiej rodzinie katolickiej, nic nie wiedząc o prawdziwych relacjach rodzinnych. Z czasem przybrana matka stała się jedyną, dla której żywił szacunek. Matka biologiczna wyemigrowała w 1968 z Polski. Dalsze losy Adama w stanie wojennym potoczyły się tak, jak losy wielu aktywnych opozycjonistów. Były aresztowania, internowanie, represje. Niektórzy stracili życie. Obie kobiety, Nora i Irena - matka Adama - wybrały się do Warszawy. Wizyta potwierdziła tylko to, czego się spodziewały: w wyniku pobicia przez SB Adam znajdował się w bardzo ciężkim stanie, prawie wegetatywnym, zdany całkowicie na opiekę otoczenia. Kobiety przyjechały z nastawieniem, że przybrana matka „odda" syna matce biologicznej lub nieślubnej żonie. Ponieważ Adam sam nie był w stanie podjąć żadnej decyzji, o wszystkim zdecydowała jego polska matka. I postanowiła, że wszystko ma zostać po staremu. Adam zmarł cztery lata po drugiej wizycie Nory w Warszawie. W końcowych zdaniach Nora wyznaje szczerze: „Poprosiłam matkę i Irenę, by pojechały z Maltem na pogrzeb ojca".

> Na cmentarzu, na którym leży, nigdy jeszcze nie byłam. Ponieważ go kochałam, a miłość ta tkwi we mnie tak głęboko, że nigdy nie wymażę jej ze świadomości, nie mogę pójść tam, gdzie została pochowana. Kiedyś, kiedy będę dużo starsza, może tam pojadę. Odwiedzę grób Adama, a moje serce wpadnie w panikę, kiedy przeczytam jego imię.

Czy to zwykła historia pewnej nieszczęśliwej miłości, gwałtownej, namiętnej, powikłanej przez życie? W ogólnych ramach tak. Fakt, że jej bohaterką jest Niemka, mężczyzna zaś Polakiem, mieści się w schemacie dzisiejszego rozumienia związków binacjonalnych. Trudno jednak zrozumieć, czemu autorka wmieszała w tę zwykłą (nawet banalną), choć nie pozbawioną dramatyzmu historię wątek żydowski? Tłumaczę sobie, że pewnie dlatego, iż w powojennej terapii duszy niemieckiej nie mogło go zabraknąć. W przeciwnym wypadku ekspiacja nie byłaby pełna. Jednak miłość, nawet ta literacka, nie potrzebuje przecież żadnej domieszki.

6. Małżeństwo w ramach projektu

Do spotkania doszło na początku lipca 2006 roku w Café Singer na krakowskim Kazimierzu. On, Uwe von Seltmann, niemiecki dziennikarz i pisarz, urodzony w 1964 roku, pracował nad nową książką. Ona, Gabriela Maciejowska, rocznik 1971, dziennikarka, była tam z przyjaciółmi. Jak wspomina Uwe w książce[120], nad którą wówczas pracował, w kilka dni później Gabriela odprowadzała go na pociąg do Berlina. To pierwsze rozstanie po tak niedawnym poznaniu nasunęło obojgu wiele myśli.

> Jak mi Gabriela długi czas później opowiedziała, dopiero tam uświadomiła sobie, że idzie na spacer z kimś, kto wydał się jej właściwie sympatyczny, ale jednocześnie był wnukiem hitlerowca. To było bolesne. Naturalnie wiedziała, że jestem kimś innym niż dziadek i że nie można mnie obwiniać o jego czyny. Ale dyskomfort pozostał. I jednocześnie też uczucie, że również i w jej rodzinie coś jest nie w porządku. Że musi skonfrontować się z tą historią. Nasze pożegnanie raczej nie dawało powodu do nadziei na ponowne spotkanie.

Te obiekcje Uwego nie sprawdziły się. Kiełkujące uczucie było silniejsze, podjęli korespondencję, a już po dwóch tygodniach do-

---

[120] U. von Seltmann, *Gabi i Uwe. Mój dziadek zginął w Auschwitz, a mój był esesmanem*, Warszawa 2012.

szło do ponownego spotkania w Café Singer. Po roku wyprawili wesele, a...

Cztery lata później Program III Polskiego Radia nadał o nas, jako polsko-niemieckiej parze małżeńskiej audycję. Na internetowej stronie rozgłośni umieszczono wysoce symboliczny obrazek – biało-czerwona polska flaga po lewej, czarno-czerwono-złota niemiecka flaga po prawej, obie połączone pośrodku splecionymi ze sobą dwiema złotymi obrączkami. *Polsko-niemiecki happy end* – brzmiał tytuł. Jednak do szczęśliwego końca droga była daleka. Ale i to też tylko połowa prawdy.

Dalszy ciąg historii Gabrieli i Uwego pozostał ich całkowicie prywatną sprawą. Na szczęście już żadne okoliczności zewnętrzne, poza układami rodzinno-towarzyskimi, nie współdecydowały o nim. Małżeństwo Gabrieli i Uwego ma swój dodatkowy wymiar. Obydwoje ustalili, iż ich historie rodzinne wykazują typowe cechy losów pokolenia naznaczonego i doświadczonego przez wojnę i okupację. Uwe z przerażeniem odkrył, iż jego dziadek z męskiej linii, Lothar von Seltmann, był wysokim funkcjonariuszem w strukturach SS i ma na swoim koncie wiele zbrodni. Z kolei dziadek Gabrieli, z linii mamy, Michał Pazdanowski, więziony był w obozach Majdanek i Auschwitz, gdzie zginął. Dwie historie rodzinne, dwie przeszłości, z którymi dopiero trzecia generacja, ich pokolenie, było w stanie się zmierzyć.

(...) pewnej nocy, kiedy leżeliśmy przytuleni, nagle usiadła, stężała w sobie i spytała, co też by powiedział jej dziadek, gdyby wiedział, że leży w łóżku z Niemcem. Albo mój dziadek, że spędzam noc z Polką?

Przesłaniem książki jest odkrywanie historii rodzinnej, ale nie tylko. To również poszukiwanie odpowiedzi na ważne pytanie współczesności, czy przeszłość da się na tyle zabliźnić, by móc myśleć o wspólnej przyszłości? Dla Gabrieli i Uwego to oczywistość. To również misja, której się poświęcili, powołując do życia projekt „Dwie rodziny, dwie przeszłości – wspólna przyszłość".

7. Gołąb i dziewczyna

Hartmuta Georgego, rocznik 1940, można by z powodzeniem nazwać pisarzem enerdowskim, gdyby NRD przetrwała do dnia dzisiejszego. Powstała w 1949 roku z woli towarzyszy radzieckich, również z ich woli przeszła do lamusa historii w 1990. To historia polityczna. Przez cztery dekady była jednak domem dla kilku pokoleń Niemców, którzy rodzili się w niej, zdobywali wykształcenie, pracowali, zakładali rodziny, wydawali na świat potomstwo. Bycie obywatelem jednej z powojennych republik niemieckich miało wpływ na postawy zwykłych obywateli. Proces i stopień identyfikacji z ustrojem przyjmował różne formy, od negacji po akceptację, przemieniającą się po upadku muru berlińskiego często w nostalgię za „czasem minionym".

Przypominam w zarysach te fakty, mają one bowiem podstawowe znaczenie dla zrozumienia atmosfery i przesłania powieści Hartmuta Georgego *Die Taube und das Mädchen*[121] (Gołąb i dziewczyna). W podtytule autor zaznaczył co prawda, iż jest to „historia miłości niemiecko-polskiej", ale o wiele ważniejszy wydaje mi się inny rodzaj uczucia autora, mianowicie jego nieskrywana miłość do gołębi. Nie są to kwestie sprzeczne, więc w sercu autora, jak i w jego książce znalazło się miejsce na uczucie do tych ptaków, które połączyły go zawodowo z Polską, jak i na uczucie do Polki, zresztą córki hodowcy gołębi.

George we wstępie dość precyzyjnie definiuje stronę formalną utworu. *Die Taube und das Mädchen* określa jako „beletrystykę dokumentalną", łączącą zdarzenia realne z literacką fikcją. Nie jest w tej materii bynajmniej nowatorem, szczególnie literatura współczesna wykorzystuje i zestawia chętnie różne formy narracji. W przypadku

---

[121] H. George, *Die Taube und das Mädchen. Eine deutsch-polnische Liebesgeschichte*, wyd. II, Magdeburg 2013.

Hartmuta Georgego dokumentalista góruje zdecydowanie nad romansopisarzem, co nie czyni jego prozy zbyt atrakcyjną.

Interesującym dla czytelnika polskiego jest bez wątpienia perspektywa narratora, obserwującego realia polskie po roku 1989. Edmund Gerlach, z zawodu weterynarz z cenzusem uniwersyteckim i po doktoracie, prowadzi na terenie północnej Polski wspólne projekty z kolegami polskimi. Jego opisy krajobrazu, ludzi i wiedza historyczna, zwłaszcza związana z ostatnią wojną, świadczą o otwartości i braku tradycyjnych uprzedzeń autora Niemca w stosunku do Polaków.

Teraz o niemiecko-polskiej historii miłosnej. Zjawia się ona nieoczekiwanie w życiu Edmunda, właściwie bez „okresu inkubacyjnego". W Niemczech ma wszystko, czego potrzebuje dojrzały mężczyzna: kochającą starą matkę i stęsknioną przyjaciółkę. Jest im ze sobą dobrze, razem spędzają urlopy, zaręczają się, planują wspólną przyszłość. Wyjazdy do Polski mają mieć charakter służbowy, zatem przejściowy. Edmundowi wydawało się, że tak będzie i w przypadku znajomości z Ewą, córką polskiego kolegi.

Po powrocie do Niemiec Edmund wrócił do dawnego życia, dawnych spraw i planów. Gdy jednak po jakimś czasie dowiedział się, że Ewa miała poważny wypadek i leży w szpitalu, uznał, że musi tam pojechać i być przy niej. Przyjazd oznaczał przełom we wzajemnej relacji. Na szczęście obrażenia Ewy nie były zbyt poważne i szybko po szpitalu wracała do zdrowia. Edmund zastał ją już w domu. Przyjęcie było serdeczne, ojciec postawił wódkę, gość poczuł się zmęczony, pozostał na noc. W nocy wydarzyło się to, czego w istocie pragnęli. I wspólnych nocy było więcej.

Sytuacja skomplikowała się i jedynie Edmund mógł ją rozwiązać. Rozmowa z Anke nie należała do przyjemnych, odkładał ją, ale wiedział, że musi nastąpić. Warto w tym miejscu zacytować uwagę Anke na wieść o jej polskiej konkurentce:

> Mam cię jeszcze do tego żałować, mój biedaku? Przecież nie wybrałeś się do sąsiedniego kraju jako „student żebrak", ale zdanie librecisty opery Carla Millöckera, że wdzięk Polek jest niezrównany, wydaje się mieć dla ciebie szczególne znaczenie.

Anke okazała się nadzwyczaj rozsądna, pozostawiając ostateczną decyzję Edmundowi. Kontakty urwały się i z wolną już głową Edmund mógł wrócić do Ewy. Przed ślubem odbyli rozmowę, która miała upewnić ich, że postępują słusznie.

Ewa:

Czy znajdziesz w swojej ojczyźnie akceptację, kiedy powrócisz z wyprawy do Polski z partnerką? Wiesz przecież, że mimo upływu dziesięcioleci od czasów wojny wielu moich rodaków żyje urazami, dotyczy to obu stron. Czy nasz związek poradzi sobie z tym?

Edmund:

Myślę, że nie powinniśmy naszego związku porównywać z podobnymi układami na poziomie narodowym. Jeśli chcemy go obydwoje i będziemy go respektować, nic nie może zagrozić naszemu wspólnemu życiu. W stosunkach między naszymi krajami nie wszystko jeszcze zostało wyjaśnione. Sądząc jednak po rozwoju spraw w ostatnich latach, można mieć nadzieję, że wszystko przybierze pozytywny obrót.

Ewie towarzyszą obawy, Edmund jest nastawiony do ich wspólnej przyszłości bardziej optymistycznie. Zdobywa się nawet na dość pompatyczne i patetyczne słowa:

Nam Niemcom, podobnie jak większości twoich rodaków, chodzi o rozwój partnerskiego współżycia. Nasza strona jednoznacznie zadeklarowała absolutną rezygnację z zemsty i przemocy. Wiele z przeszłości i współczesności należy teraz do wspólnego dziedzictwa naszych państw i wspólnej Europy.

W opowiadaniu Georgego kochankowie raczej nie rozmawiają czule, lecz wygłaszają quasi-polityczne deklaracje. Widocznie autor uznał, że ich miłość ma szansę tylko wtedy, kiedy i państwa zawrą stosowne pakty i układy.

A gdzie uwiją, jak kochające się gołąbki, wspólne gniazdko? Tego jeszcze nie wiedzą. Wiedzą z całą pewnością, że na weselu wypuszczą w niebo gołębie, na szczęście!

Literatura uzupełniająca

Logemann D., *Das polnische Fenster. Deutsch-polnische Kontakte im sozialistischen Alltag Leipzigs 1972–1989*, München 2012

Wojtaszyn D., *Obraz Polski i Polaków w prasie i literaturze Niemieckiej Republiki Demokratycznej w okresie powstania Solidarności i stanu wojennego*, Wrocław 2007

Zwischen Erinnerung und Fremdheit. Entwicklungen in der deutschen und polnischen Literatur nach 1989, Hg. C. Gansel, M. Joch, M. Wolting, Göttingen 2015

Okładka książki, Justyna Poremba-Patze, Niemieckie eldorado

ROZDZIAŁ JEDENASTY
Polska bieda: wypędzeni do raju...

1. Uciekłam z kraju: przesiedleńcy, azylanci, uciekinierzy...

Wyjazdy z Polski w latach osiemdziesiątych XX wieku wykazują wiele cech wspólnych z wcześniejszymi falami emigracyjnymi, gdy decyzje o opuszczeniu kraju podejmowano z pobudek politycznych i ekonomicznych. Represyjny charakter „władzy ludowej" połączony z totalną nieefektywnością gospodarki socjalistycznej wymuszał lub przyspieszał takie decyzje. Korzystano z każdej nadarzającej się okazji wyjazdu: delegacje służbowe, wycieczki turystyczne, zaproszenia indywidualne, czy słynne wyjazdy „na pochodzenie". Wielu opozycjonistów opuściło kraj z „paszportem w jedną stronę". Szacuje się, że tylko w latach 1981–1989 wyjechało z Polski około miliona osób. Republika Federalna Niemiec gwarantowała wiele przywilejów uchodźcom na czas rozpatrywania wniosku o azyl, przede wszystkim zakwaterowanie i opiekę socjalną. Wśród opuszczających Polskę było wielu młodych adeptów literatury. W wyniku ich aktywności pisarskiej powstało dość bogate zjawisko literackie, które z czasem doczekało się opracowań krytyczno- i historyczno- -literackich.[122] W dziesiątkach (bardziej lub mniej udanych) powieści, opowiadań, wierszy, wspomnień, pamiętników z łatwością daje się dostrzec zespół powtarzalnych elementów i zachowań charakterystycznych dla losów bohaterów-emigrantów, pokonujących te same etapy drogi do wymarzonego „raju na ziemi". Do słownika

---

122 Por. publikację Katarzyny Karwowskiej *Wypędzeni do raju. Portret własny późnych przesiedleńców z Polski w literaturze polskiej w Niemczech*, Warszawa 2016. Tam bogata bibliografia przedmiotu.

obiegowych terminów wszedł tytuł powieści Krzysztofa Marii Załuskiego *Wypędzeni do raju*.

2. Cudzoziemski mąż

> Ona – Polka, on – cudzoziemiec. Poznali się, pokochali. Zdecydowali na wspólne życie. Więc ślub i marzenia o wspólnej przyszłości. Najczęściej w jego kraju. A potem zwyczajne życie. I konieczność dostosowania się do innych obyczajów, innego języka, innych warunków.

Książka, z której pochodzi powyższy cytat, jest pokłosiem rozpisanego w 1987 roku przez redakcję „Kobiety i Życia" konkursu pt. *Cudzoziemski mąż*[123]. Napłynęło 135 prac z różnych krajów świata, z czego redakcja wyselekcjonowała 31 najciekawszych i ogłosiła drukiem. Wśród opublikowanych cztery były z Niemiec.

Relacja pierwsza: *Między tęczą a szachownicą*. Narratorka podpisująca się godłem „Wanda, co chciała Niemca" cofa się do roku 1965. Studiowała wtedy na Politechnice Gdańskiej i tam poznała chłopaka z NRD, studenta mówiącego po polsku. Bariera językowa nie istniała, co sprzyjało częstszym kontaktom. Zaręczyli się, a po roku wzięli w NRD ślub. Przeprowadzka na obcy teren wymagała kompromisów i poświęceń, wiążących się przede wszystkim z różnicami w mentalności. Narratorka w swojej opowieści posłużyła się zgrabną metaforą „szachownicy" i „tęczy" na określenie sposobu oraz jakości życia w dwóch społeczeństwach. W jednym żyje się wygodniej, ale w schemacie, w drugim co prawda weselej, ale z kłopotami i w ciągłej improwizacji. Było to duże wyzwanie dla młodej dziewczyny, z którym radziła sobie przez dwadzieścia lat ze zmiennym szczęściem. Bilans jej małżeństwa mieszanego wypadł w sumie pozytywnie, co wyraziła słowami, iż „grając w szachy i patrząc na tęczę, można żyć". Współczesnej „Wandzie, co chciała

---

123 A. Filochowska-Pietrzyk, *Cudzoziemski mąż*, Warszawa 1991.

Niemca" marzy się, by wniosek z jej osobistych doświadczeń stał się receptą na pokojowe współżycie dwóch narodów.

Relacja druga: *Pozostałam „Die Ausländerin".* Marta, dziewczyna ze Szczecina, często bywa w porcie, gdzie obserwuje ruch statków. Pewnego dnia odpływał statek szkoleniowy do Hamburga, a jeden z marynarzy rzucił na brzeg zawiniątko, które spadło prosto pod jej nogi. Gdy rozwinęła pakunek, okazało się, że w środku jest karteczka od „Roberta T." z prośbą o nawiązanie korespondencji. Po kilku miesiącach wymiany listów (z pomocą tłumacza) od Roberta przyszło zaproszenie na przyjazd do Bawarii, gdzie mieszkał z matką. Dziewczyna nie wahała się zbytnio i wiosną 1977 roku wyruszyła „w nieznane". Była odważna, ale nie do końca zdawała sobie sprawę, co oznacza jechać do obcych sobie ludzi i to bez znajomości ich języka. Na szczęście wszystko przebiegło bez kłopotów. Robert okazał się miłym chłopakiem. Po urlopie Marta powinna wracać do domu. W trakcie wieczoru pożegnalnego Robert niespodziewanie oświadczył się jej (przy pomocy kolegi „tłumacza"). Znali się raptem dwa tygodnie, mimo to zgodziła się. Matka nie była oczywiście zadowolona z takiego obrotu rzeczy. Robert przewalczył jednak wszystkie trudności i wkrótce pobrali się.

Jak wspomina Marta, teraz zaczął się dla niej czas uległości wobec nowej sytuacji. Nie znając języka, nie mogła podjąć pracy, pozostała w domu i zajmowała się gospodarstwem. Podobnie było ze wszystkimi zakupami, które robili co prawda razem, ale pod dyktando i gust Roberta. Nie miała własnych pieniędzy, była całkowicie na utrzymaniu męża, więc jakie mogła mieć wymagania?. Po pięciu latach urodził się im syn. Również w nowej sytuacji nie miała nic do powiedzenia, zwłaszcza na temat wychowania dziecka. Język polski został całkowicie wyeliminowany z jego edukacji, w domu mówiło się tylko po niemiecku. Za to Robert okazał się troskliwym ojcem. Swoje małżeństwo mieszane Marta określa jako szczęśliwe i spełnione.

Relacja trzecia: *Berlin na ciebie czeka...* Helena jest trzydziestoparoletnią rozwódką z dzieckiem, które wychowuje babcia. Ma własne mieszkanie, niezłą posadę, osiągnęła pewną stabilizację życiową i zawodową. Przypadkowo (jak pisze) podała adres do jakiegoś biura, które w rzeczywistości okazało się międzynarodowym biurem matrymonialnym. Zaczęła otrzymywać dziesiątki listów. I jeden z nich, żeglarza z Berlina Zachodniego, odmienił jej dotychczasowe życie. Klaus wkrótce zjawił się u niej w mieszkaniu. Rozmowa odbywała się w koślawym angielskim, niemiecki zupełnie nie wchodził Helenie do głowy. Klaus okazał się człowiekiem gorącego uczucia, zasypywał dziewczynę czułymi słówkami, kwiatami i licznymi podarunkami. Był na krótko przed rozwodem, miał dwoje dzieci i chciał ułożyć sobie życie na nowo. Wizyty mnożyły się, aż wreszcie padła propozycja ślubu i wspólnego zamieszkania w Berlinie. Była końcówka lat siedemdziesiątych, w Polsce zaczynał się kryzys, więc Helena nie zastanawiała się zbyt długo. Początek pobytu w Berlinie przyniósł zapowiedź problemów, z którymi teraz będzie się musiała zmierzyć. Nieznajomość języka wykluczała ją z poważniejszych starań o pracę. Pozostawało siedzenie w domu, kontynuacja nauki języka, skazanie na towarzystwo polskie. Tego na dłuższą metę nie dało się wytrzymać, pojawiły się utarczki w domu, spory, zarzuty w stosunku do Klausa. Wreszcie Helena zdobyła pracę pomocy opiekunki, co oznaczało pewną stabilizację i regularną pensję, ale i ciężką pracę fizyczną ze starymi ludźmi, do czego nie była przyzwyczajona. Helena zderzyła się z rzeczywistością niemiecką początku lat osiemdziesiątych i doświadczyła wszystkich dolegliwości, na jakie skazani byli cudzoziemcy szukający w Niemczech pracy. Mimo małżeństwa z Niemcem zatrzymała polski paszport konsularny, pozwalający jej na wielokrotne przekraczanie granicy polskiej, by odwiedzać matkę i syna. W nowej rodzinie nie działo się najlepiej. Klaus nie był człowiekiem zaradnym życiowo, lubił przede wszystkim żeglowanie, robił długi. Helena ciężko pracowała i coraz częściej czuła się zawiedziona, zrezygnowana. Jej wspomnienie kończy ważne pytanie: „jak długo?" Jak długo wytrzyma w tym związku?

Relacja czwarta: *Cel osiągnęłam*. Narratorka o imieniu Bella zaczyna wspomnienie od jasnej wykładni zamiaru poślubienia cudzoziemca:

Moje małżeństwo nie jest dziełem przypadku czy też szalonej miłości. Zostało zaplanowane świadomie, parę lat wcześniej. Dwa poprzednie małżeństwa były niezbyt udane, spowodowały, że przestałam wierzyć w prawdziwe uczucie. Postanowiłam wyjść za mąż z wyrachowania za obcokrajowca, i to dewizowego. Dla kobiety z czternastoletnim synem i czterdziestką na karku nie było to łatwe przedsięwzięcie.

Przez znajomą poznała Detleva, było to na wiosnę 1986 roku. Trudności językowe nie były przeszkodą, by dwoje prawie nieznajomych ludzi zdecydowało się na wspólne życie. Po ślubie Bella przeniosła się z synem do Niemiec. Dotychczasowe życie zamieniło się w nieustającą harówkę w domu męża, głównie z powodu opieki nad mocno schorowaną teściową. Dom, gdzieś na niemieckiej prowincji, był mocno zaniedbany, praca w nim męcząca i niewdzięczna. Pojawiły się więc pierwsze wątpliwości, czy dobrze postąpiła. Jednak syn świetnie aklimatyzował się w nowym środowisku, zatem zaciskała zęby, byle przetrzymać trudny czas. Wreszcie, gdy zmarła teściowa, Bella zyskała więcej czasu dla siebie. Zaczęła uczęszczać na kursy języka, grać w tenisa w miejscowym klubie. Postępy w nauce i satysfakcja z sukcesów sportowych utwierdzała ją w przekonaniu, że to będzie jej właściwe miejsce w życiu. Z Detlevem nie miała problemów małżeńskich, raczej przychylnym okiem patrzył na jej aktywność i kontakty. W końcu opowieści Bella zdobywa się na wyznanie:

> Mija powoli prawie rok mojego pobytu tutaj. Zaczynam czuć się w tym domu jak u siebie (...) Jedno mogę stwierdzić – cel wytyczony przed paru laty osiągnęłam.

3. Był to po prostu interes

Miłe zaskoczenie. Okazuje się, że Bella, autorka czwartej relacji z książki *Cudzoziemski mąż*, prowadzi pamiętnik i dość regularnie notuje swoje uwagi. Wysłana na konkurs pisma "Kobieta i Życie" praca była tylko jego początkiem. Teraz autorka publikuje całość. Książkę[124] rozpoczyna „Prolog", czyli powtórzone wspomnienia z lat 1986/87, a kończy „Epilog" noszący datę 29 kwietnia 1994 roku. Czytelnik otrzymał zapis przeżyć ośmiu lat życia Izabelli (Izy) w Niemczech, w burzliwym dla najnowszych dziejów Polski i Niemiec (upadek NRD) okresie zmierzchu lat osiemdziesiątych i początku lat dziewięćdziesiątych XX wieku.

Co wydarzyło się w jej życiu? Czasami chcemy poznać ciąg dalszy opowiadanych historii, wiedzieć, „jak się to skończyło"? Niestety, i ta historia nie odbiega od tylekroć prezentowanych tu losów małżeństw mieszanych. Rzadko które przetrzymuje trudności i kłopoty, niespełnione oczekiwania, zawiedzione uczucia, a przede wszystkim napięcia płynące z oczywistych różnic jak język, otoczenie, wzajemne postrzegania czy uprzedzenia. Różowe okulary młodości i miłości nie na długo wystarczają.

Jedno trzeba przyznać autorce pamiętnika, że nie ukrywa prawdy o swojej decyzji:

> Od przeszło dwóch lat jestem w Niemczech. Wydałam się za mąż za Niemca po to, aby uciec z Polski, bo nie widziałam tu szans dla siebie, a przede wszystkim dla mojego syna Tomka. Biedny Detlev jest z tego małżeństwa coraz bardziej niezadowolony. I rzeczywiście my nie pasujemy do siebie.

Nie tu miejsce, by oceniać postępowanie Izy. Faktem jest, że z wyrachowaniem dążyła do osiągnięcia wyznaczonego celu. Skoro w nowym związku nie była szczęśliwa, do wypełnienia pozostawała umowa, którą dobrowolnie złożyła i podpisała. Cierpliwie spełniała więc obowiązki gospodyni domu, ale odmawiała posługi małżeńskiej, marząc o prawdziwej miłości. Wiedziała jedno: za wszelką cenę chce pozostać w Niemczech. I ta determinacja wydaje się centralna dla zachowań Polaków podejmujących decyzję opuszczenia kraju w latach osiemdziesiątych oraz dzie-

---

124 J. Degen, *Wygrać siebie*, Wrocław 1995.

więćdziesiątych XX wieku. Zanim zdobyli prawo do dłuższego lub stałego pobytu, prawo do pracy, zanim uznano ich dyplom czy uprawnienia zawodowe, upływały lata. Wszędzie natykali się na zakazy, przeszkody i utrudnienia administracyjne związane głównie z nieuregulowanym statusem przynależności państwowej. Imali się wszelkich sposobów, by uzyskać upragnione „prawo pobytu" (Aufenthalterlaubnis). Jednym z nich było fikcyjne małżeństwo. Rozdźwięk między „chęcią pozostania" a przeszkodami prawnymi stawiał Polaków przed poważnymi dylematami i decyzjami. Jak w takiej sytuacji radziła sobie Iza? Z zapisów pamiętnika wynika, iż całkiem nieźle, choć przezwyciężyć musiała wiele przeszkód, w tym przede wszystkim własne słabości.

Izabella Degen, Wygrać siebie

W małżeństwie Izy układało się coraz gorzej. Czuła się jeszcze młodą i atrakcyjną kobietą, mającą prawo do miłości, przygody, samodzielnego życia.

W kolejnych miesiącach i latach pamiętnik Izy przynosi informacje o znalezieniu upragnionej miłości i o powolnych sukcesach sportowo-zawodowych, co przyspiesza definitywny rozpad małżeństwa z Detlevem. Gorzka uwaga narratorki:

> Jedno wiem, małżeństwo z cudzoziemcem bez miłości jest skazane na rozpad. Jest budowlą tak kruchą, jak dom bez fundamentów i w każdej chwili może się rozlecieć. A pielęgnować taką konstrukcję to znaczy trzymać język za zębami, czyli grać w teatrze życia rolę kapłanki ogniska domowego.

Pamiętnik wydaje się ciekawy jeszcze w innym aspekcie. Nie znajdziemy w nim uwag o mentalności Niemców, o dzielących nas różnicach, o historii, nawet tej całkiem nieodległej, tragicznej. Choćby w opiniach teściów, którzy z racji wieku pamiętali wojnę i całą jej grozę, nie pojawiają się aluzje do pochodzenia synowej... Iza śledzi i odnotowuje wiele aktualnych wydarzeń, przekracza wielokrotnie granicę polsko-niemiecką (w tym NRD-owską), ale nie pogłębia swoich obserwacji, nie interesuje się przyczynami zachodzących procesów i zmian. Swoją postawę definiuje jednoznacznie w zapisie z 29 października 1989 roku:

> Ja nie jestem patriotą. Czuję się kosmopolitką. Jest mi obojętne, czy jestem Polką czy Niemką. Spędziłam w Polsce 40 lat i ciągle byłam okłamywana. Do dziś nie znam dobrze historii Polski, bo czego innego uczyła się w szkole moja starsza siostra, czego innego ja, a jeszcze czegoś zupełnie innego mój Tomek.

Trudno skomentować to szczere wyznanie. Tak jak trudno rozstrzygać między prawem jednostki do indywidualnego szczęścia, wolności i samorealizacji a innymi obowiązkami, chociażby wobec rodziny czy kraju, z którego się pochodzi.

4. Moja niemiecka żona

Pierwszoosobowy bohater powieści Henryka Sekulskiego *Przebitka*[125] długo nie ujawnia swojego imienia. Chowa się za ogólnikowym „ja" lub „my" i z tej perspektywy relacjonuje wydarzenia, które znalazły się w polu jego życiowego doświadczenia. Już wydawca książki uznał za istotne podkreślenie tła biograficznego *Przebitki*. Pisze: Sekulski „przez wiele lat mieszkał w Niemczech" oraz: „powraca na rynek czytelniczy powieścią, która jest owocem obu kultur". Przeto dla wygody zaczynam nazywać go „Henrykiem", aż do strony 63, kiedy jako czytelnik dowiaduję się (dość przypadkowo), że ma na imię Edek. Ponad sto stron dalej zjawia się informacja, że nazywa się Zięba.

Edek Zięba to *porte-parole* Sekulskiego, urodzony w Siedlcach, w Polsce wschodniej, z jej szczególną mentalnością i językiem. Do czasów pierwszej „Solidarności" niewiele wydarzyło się w życiu bohatera. Dopiero połowa lat osiemdziesiątych zeszłego stulecia, okres kryzysu i biedy polskiej, przynosi zasadniczy przełom. Wraz z kil-

---

[125] H. Sekulski, *Przebitka*, Olsztyn 2001.

kunastoosobową grupą kolegów z zakładu udaje mu się wyjechać na roczny kontrakt do pracy w NRD. Dlaczego akurat do NRD?

> Jak nie można gdzie indziej, to dobre i NRD, choć w Polsce opinii najlepszej nie ma.
> Wiadomo: Enerdówek, Dederówek.
> Cwaniaki wyjeżdżają do RFN, a takim frajerom jak my pozostaje ojczyzna Trabanta.

Każdy, kto żył w PRL-u, wie, że marzeniem dorosłego Polaka stawał się wyjazd zagraniczny. Za szczęśliwców uważano tych, którym udało się wyjechać „na Zachód", ale nikt nie gardził i „demoludami". Jechało się tam, dokąd wysyłali. „Pracować jedziemy – wspomina Edek. Zapieprzać, a nie na sympozjum. Najważniejsze to zarobić, co tam polityka". I właściwie dopiero w pociągu relacji (przykładowo): Warszawa – Lipsk, Moskwa, Praga czeska czy Budapeszt zastanawiali się, dokąd jadą, co wiedzą o tym kraju i jego mieszkańcach? Przy wódce uruchamiali pamięć, która przechowywała szczątki obiegowych wyobrażeń, sądów, powiedzeń, stereotypów.

Jaki obraz NRD mogli zabrać w drogę trzydziestolatkowie z Siedlec, Ostrołęki czy Łomży? Gdy dotarli do Lipska i jechali do miejsca pobytu, przed ich oczami przesuwały się widoki nakazujące konfrontację z tym, co kilkanaście godzin temu opuścili.

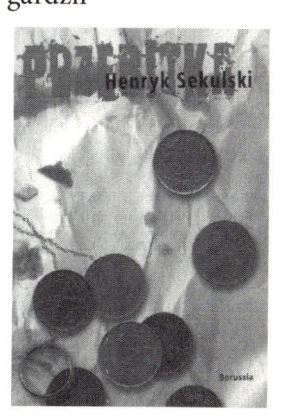

Henryk Sekulski,
Przebitka

> Domy, ogólnie rzecz biorąc, podobne do naszych. Też szare i zniszczone. Z tym, że drewnianych nie ma w ogóle. Krat w oknach brak, bielizna suszy się na podwórzu; znaczy, że nie kradną, inaczej by nie wynosili. U nas schnie na balkonach, żeby nikt nie ściągnął, od pierwszego piętra wzwyż. Eternitu na dachach nie widać, przeważnie dachówka albo łupek. Blach mało. Przejeżdżamy przez jakieś miasteczko i widzimy, że zbudowane całkiem inaczej niż na Podlasiu. Rynek. Ratusz. Z rynku, z każdego rogu, uliczki. Zamysł jest, logika.

I natychmiast porównanie z rodzinnym miastem, które nie wypada najlepiej. Podobnie z ludźmi:

> Helmuty, jako ludzie, gdy się na nich patrzy z autobusu, na pierwszy rzut oka niczym specjalnym się od nas nie różnią. Wzrostu różnego, jeden wysoki, a drugi niski, jeden gruby, drugi chudy. Nie ma tak, że każdy rudy, tęgi, postawny, nalany, brzuchaty.
> Od razu jednak można zorientować się, że to Niemcy, nikt inny. Z tym że po czym da się rozpoznać, nie bardzo wiadomo, bo przecież z ulicy ich niemieckiego szwargotu nie słychać. Z karabinem nie chodzą, piwa nie piją.

Nastał szary scenariusz dnia codziennego: praca, odpoczynek i znowu praca. Najbardziej lubili szwędać się po sklepach, a stałym punktem rozrywki i miejscem spotkań towarzyskich były zakładowe wieczorki taneczne. Mierzyli się wtedy z niemieckimi kolegami, kto ile wypije i czyja wódka mocniejsza, prowadzili ułomną konwersację po niemiecku, zalecali się do miejscowych dziewcząt.

Edek:

> Chadaj chce poczęstować je spirytusem, żeby kontakt był łatwiejszy, ale nie udaje mu się ich przekonać, z tym że piwo, nie można powiedzieć, ciągną prima sort. Lepiej niż Polki słodkie wino. Próbujemy zintegrować się z nimi erotycznie, oczywiście na tyle, na ile nam stan trzeźwości pozwala, czyli w sumie bardzo powierzchownie. Ale porozumieć się już teraz dużo łatwiej.

I pierwsze lody zostały przełamane. Okazało się też, że mimo różnic siła przyciągania Heike zwyciężyła. Podchmielony Chadaj zdradził koledze swoje plany życiowe:

> – Ty Edek – mówi – jak chcesz, ale ja już stąd nie wyjadę. Mur-beton. Zobacz: dziewczyna konkretna, na kuchni się zna, dzieci lubi, oddychać ma czym. To co ja mam lepszego szukać?

Imię jej dali co prawda byle jakie, ale mogło być gorzej. Dobrze, że nie Gerda czy Kunegunda. Zapamiętaj, co ci dziś powiem, chociaż po pijanemu: czołgiem mnie stąd nie ruszą.

Jak zapowiedział, tak zrobił. Ożenił się z Heike i pozostał w Niemczech, a małżeństwo przetrwało nie tylko upadek NRD. Po kilkunastu latach wspominał Edek ich związek:

> Po latach przypatrywałem się im znowu, Romanowi i Heike, którą nazywaliśmy gruba Berta, i po raz kolejny utwierdzałem się w głębokim przekonaniu, może nawet i trochę zazdroszcząc, że znakomicie do siebie pasują; jakby byli dwiema, odnalezionymi cudem, połówkami tego samego przedmiotu. Skompletowanymi wbrew wszelkiej logice, na przekór wszystkim przesłankom.
> Niebywały, niesamowity traf.
> Dwoje ludzi, których dzieliło wszystko – język, kultura, zwyczaje, nieprzekraczalna granica państwowa, wrogość obu narodów – spotyka się przypadkowo i od razu, od pierwszej chwili każde z nich wie, że odnalazło tę drugą połowę, dopełniającą całość, której odtąd nie pozwolą podzielić.

Drugim kandydatem do małżeństwa polsko-enerdowskiego okazał się Zdzich Dziedziuszko. Swoją przyszłą żonę poznał na zakładowej dyskotece, kończącej jakąś tam akademię ku czci... Powód akademii nie przytrzymał się głowy narratora, zapamiętał za to doskonale wrażenie, jakie na koledze wywarło spotkanie z Kerstin.

> A Dziedziuszkę jakby paraliż chwycił.
> Stanął w rogu ze swoją Niemką i stoi. Ona tak samo, sztywna jak słup soli. Za ręce się trzymają, w oczy sobie patrzą, nic nie mówią.
> Scena jakby wyjęta z jakiegoś melodramatu; w życiu rzadko spotykana.
> (...) Wyraźnie widać, że go przygwoździło: miłość od pierwszego wejrzenia, uczucie nie z tej ziemi.

W niedługim czasie Dziedziuszko oznajmił kolegom, że się żeni. - „Nie pierwszy ty Polak, co się w Niemczech żeni" - skwitował wiadomość Edek. Ale jego ślub i przyjęcie wzbudziły zasadnicze kontrowersje.

W urzędzie oczy wybałuszamy: okazuje się, że Zdzicho zgodził się przyjąć nazwisko żony (...) Jak to tak? Od tego momentu ma być Detzold? Trudno nam sobie wyobrazić (...) Nie bardzo nam się spodobało. To tak jakby wypierał się nas, rodziny i Polski. Jak kolaborant. Jakby Volkslistę podpisywał.

Co prawda Kerstin zgodziła się i na ślub kościelny, nie wypadł on jednak tak, jak bywało w Polsce. Również przyjęcie, chociaż zorganizowane w prominentnej *Auerbachskeller* w Lipsku, nie miało należytej oprawy.

Wyglądamy jak manekiny.
W środku młoda para. Przy pannie młodej Helmutowo, przy panu młodym Podlasie. Rozmawiamy półgłosem, w dodatku każdy gada ze sobą. My po polsku, oni po niemiecku. Rodzice Kerstin zamienili parę słów z siostrą Zdzicha, Chadaj przetłumaczył i na tym koniec.
(...)
Stół niby weselny, a cicho jak na stypie.
Na weselu tak być nie może, żeby jedzenie w zabawie przeszkadzało. Stoły muszą być pełne (...) Butelki muszą krążyć, sąsiad musi nalewać sąsiadowi, śpiew musi się rozlegać, sto lat, chlup i można biesiadować dalej (...) Kapela musi rżnąć. Przed ślubem. Po ślubie.

Teraz kolej na narratora Edka. Swoją Grit poznał na urodzinach niemieckiego opiekuna grupy polskiej. Był grill, sporo gości, w tym koleżanka córki gospodarza. Znajomość rozwijała się szybko i pomyślnie.
Święta Bożego Narodzenia spędził bohater w domu w Siedlcach. Przy świątecznym stole wyznał, że chce się żenić. Zaczęły się pytania oraz komentarze:

Fotografia wędruje z rąk do rąk.
Ojciec obejrzał.
Nic.
Matka.
– Niemiec – mówi – też człowiek, czasem może być lepszy niż Polak.
Stryj Stefan przyświadcza, że święta prawda. Niemki jako żony bardzo dobre.

Niestety, roczny kontrakt zakończył się i nie było mowy o jego przedłużeniu. Czy to rzeczywiście koniec enerdowskiej przygody, koniec znajomości z Grit i marzeń o innym, lepszym, wygodniejszym życiu; powrót do podlaskiej, siermiężnej rzeczywistości?

Nawet w świecie obozu socjalistycznego, mimo dobrze strzeżonych granic i ściśle kontrolowanej polityki paszportowej, istniały możliwości kontaktowania się ludzi. Zakochani szybko rozpoznali nadarzające się możliwości i już wkrótce zaczęli się dość regularnie spotykać.

Wszystkie rozmowy polsko-niemieckie, nawet te najintymniejsze damsko-męskie schodzą kiedyś na „przeklęte" tematy. Nie da się uniknąć pytań dotyczących własnej tożsamości, pytań o bliższą i dalszą rodzinę, krewnych, znajomych, wreszcie – konfrontacji krajów, społeczeństw i własnych historii. To naturalne rafy, o które mogą rozbić się związki nawet najbardziej zakochanych.

Polskie środowisko bohatera miało praktyczny stosunek do Niemców:

– Jeśli już Niemka, to przynajmniej erefenka. Trudno się mówi, nie ma nic za darmo. A En Er De? Hi hi hi.
(...)
– A ty zapaliłeś się do NRD jak kot do spyrki i nie widzisz najważniejszego. Pal diabli, że Niemka, ale jaką będziesz miał z tego korzyść, co będziesz mógł przywieźć?

Ten pragmatyzm wywoływał szlachetne oburzenie bohatera:

Strasznie mnie obrażały te wykalkulowane uczucia, natrętna interesowność polsko-niemieckich par.
Przykra.
Zawstydzająca.
Obrzydliwie legitymizował to wyrachowanie (...) stan wojenny, fatalna sytuacja gospodarcza, trudy codzienności. Usprawiedliwiały je, wystawiały im alibi.

Powoływał się na Piastów, którzy żenili się z Niemkami i przez te mariaże budowali potęgę państwa.

Przysięgałem, w nerwach, upokorzony: nie wiem jeszcze kiedy, lecz kiedyś, gdy tylko będę mógł, sprowadzę ją do Polski, jak Krzywousty Salomeę, jak Piastowie te swoje Niemki, spolszczę, żeby mi nikt nie zarzucił, że pojechałem na lekki chleb, że połaszczyłem się na głupi Dederówek.

Po ślubie czekała na Edka wizyta u niemieckich teściów. Mogło do niej nie dojść, gdyby nie chciał. Jednak „kiedyś trzeba, sam nalegałem; nie można udawać, że nie ma teściów, kiedy są".
Droga w odwiedziny do teściów to prawdziwa droga przez mękę dla udręczonej kwestiami polsko-niemieckimi głowy bohatera. Scena w pociągu:

Medytuje mi się, że jadę do moich niemieckich teściów, a choć to Niemcy, jadę do nich jak do swoich, jak do najbliższej rodziny, złości do nich żadnej nie mam, nawet ich jeszcze nie znam, jedynie z fotografii i z opowiadań Grit (...)
(...)
W głowie jednak mi siedzi, wyjść nie chce, ciągle kotłuje się, że zaledwie czterdzieści lat temu takiego zucha bym nie rżnął, czterdzieści lat temu nie jechalibyśmy tak obok siebie; mnie sznur na szyję, a Grit sru, do obozu. Za to, że zadała się z Polakiem, z Untermenschem. Nie miałbym żadnych szans.
Verboten!
Rassenschande.

Boże mój, Boże, zrób coś, żebym o tym zapomniał, pozwól mi patrzeć spokojnie na te krajobrazy, na moją niemiecką żonę, która siedzi koło mnie, nie daj zniszczyć mi tej mojej małej radości.

Z jednej strony trudno było bohaterowi zapomnieć o nieodległej przeszłości, z drugiej rodziła się w nim wątpliwość, czy ma prawo obarczać zbrodniami dziadków i rodziców pokolenie dzieci oraz wnuków? Niezwykle sugestywne były skojarzenia z filmem Andrzeja Wajdy.

Diabeł tylko na to czeka! Natychmiast wyjeżdża z filmem Wajdy „Eine Liebe in Deutschland", na podstawie niemieckiej książki Hochhutha, który, tak jak i ja, nie wymyślił żadnej fikcji, nie fantazjował – wszystko, co spisał, to autentyczne wydarzenia.
Przed oczami staje mi Hanna Schygulla, coraz bardziej podobna do mojej żony, a Zasada, który marnie skończył, ten mój rodak, pokonany w swojej, nie w porę, niemieckiej miłości, coraz bardziej podobny do mnie.
Jedziemy, Zasada i Zięba w jednej osobie – nie do Sangerhausen, lecz pod szubienicę, a w drugiej osobie Grit i Hanna Schygulla zapierdalają do Buchenwaldu, aż pociąg dudni.
(...)
Milczę. Patrzę przed siebie, nic nie widząc. Kim ona by wówczas była, ta moja niemiecka żona, jak by się zachowywała? Czy też wariowałaby na widok führera z wyciągniętą w górę ręką, w tych spazmach radości, które znam z filmów i znieść ich nie jestem w stanie, a może dostałaby posadę w jakimś obozie koncentracyjnym i chodziłaby z psem i pejczem i waliła te kościotrupy przez łeb jak krwawa Brygida. Patrzę na nią i nie wiem, przecież też Niemka, chcę ją zobaczyć czterdzieści lat młodszą, przeniesioną w tamten czas.
Grit nie wie co zrobić, co powiedzieć, przytula się mocniej.
Odsuwam ją gwałtownie, stanowczo, choć mi jej żal – cóż ona winna.

Z punktu widzenia niemieckich żon polskich mężów ich frustracje na tle niedawnej historii godne były współczucia i politowania. Świetnie obrazuje je wypowiedź Heike, żony Romana Chadaja:

> (...) czasami Romanowi odbija, szczególnie gdy mu coś źle pójdzie i wróci pijany do domu.
> – Co ja się wtedy nasłucham! Wyzywa, że dorobiliśmy się bogactw na polskiej krzywdzie, że ciągle was wyzyskiwaliśmy. Wszystko po polsku, po niemiecku słowa nie powie. Na koniec otwiera tapczan, włazi do środka, kładzie się i krzyczy:
> – Przez tyle wieków nas, Szwaby, uciskaliście, to i ty, szwabska mordo, uciskaj mnie dalej!
> I przymyka wieko, każe mi siadać na wierzchu i uciskać. Całą noc nieraz przesiedzę w fotelu, bo muszę pilnować, żeby temu durniowi nie stało się coś złego. Przecież mógłby się w tym zamknięciu udusić!

Dopiero po ślubie, w kieracie problemów dnia codziennego, Edek Zięba zaczął poznawać „niemieckie życie od kuchni". A było się z czym konfrontować: dom, praca, rodzina własna, rodzina żony, codzienne troski, do tego inne otoczenie, inny język, mentalność.

Dalsze powieściowe losy bohaterów *Przebitki* Henryka Sekulskiego określiły burzliwe wydarzenia polityczne. Zmierzch NRD okazał się wielką próbą dla wszystkich. Dawne zakazy, ograniczenia, pokusy, marzenia nabrały nowego wymiaru. Nagle okazało się, że nie trzeba już uciekać „na Zachód", wymarzony Zachód wtargnął do ich domu i po początkowym zachwycie wszystkim co było zakazane, trzeba było na nowo układać sobie życie, znaleźć w nowych warunkach pracę, utrzymać rodzinę.

Ucieczka Romana Chadaja z Heike do Berlina Zachodniego straciła dla polskiego otoczenia całkowicie na znaczeniu, istotne stało się, czy ich związek przetrzyma zmiany i przetrwa w nowej kapitalistycznej rzeczywistości. Małżeństwo Chadajów nie rozpadło się, dorobiło się ciężką pracą drobnego zakładu gastronomicznego, wydało też na świat dwoje dzieci. Rodzinne stosunki polsko-niemieckie układały się poprawnie, choć polskiego obserwatora mógł zaniepokoić fakt, że córki państwa Chadajów nie znały polskiego. Co prawda, można by zapytać, czy warto uczyć się języka kraju, w którym nie będzie się mieszkało, czy nie lepiej uczyć się angielskiego, którym posługują się wszyscy?! Ta drobna w sumie niekonsekwencja nie przeszkadzała zachować Chadajowi dobrego narodowego samopoczucia.

Odmiennie potoczyły się losy Zdzicha Dziedziuszki i Kerstin. Zdzich, zadziorny i niepokorny w środowisku enerdowskim, nie poradził sobie w nowych warunkach. Małżeństwo planowało wyjazd do Hanoweru, by tam zbudować nową egzystencję, ale nic z tego nie wyszło. Zdzich rozpił się, zaniedbał rodzinę i doprowadził do faktycznego jej rozbicia. Został sam, ze swoimi żalami, w końcu zmarł na zawał.

Czas na finał powieściowych losów Edka Zięby. Ułożyły się zupełnie inaczej niż losy kolegów, po części tak jak sobie po cichu marzył, chociaż dużo nerwów i wewnętrznej szarpaniny kosztowała go ta droga.

Edek wymarzył sobie, że wzorem Piastów to on sprowadzi niemiecką żonę do Polski, tu zbuduje dla niej i siebie godne życie, a dzieci wychowa na Polaków. Tak rozumiał swój patriotyczny obowiązek, bez wyzbywania się prawa do indywidualnego szczęścia rodzinnego.

> Nie do szklanych domów jechałem, nie do idealnej ojczyzny, nie do raju, lecz tam, gdzie mnie przez cały czas ciągnęło, a teraz niemalże dumny byłem, że mogę przybyć z podniesionym czołem, nie z przymusu, nie na tarczy, a z całą rodziną, tak właśnie jak to sobie w skrytości serca roiłem.

Okres najnowszej przebudowy ustrojowej Polski był czasem dynamicznym, ze wstrząsami na rynku pracy i własności, czasem upadku i powstawania fortun, rozluźnienia prawa, obyczajowości, związków międzyludzkich. Utrzymać się w tym chaosie (lub raju dla sprytniejszych, silniejszych, bardziej bezwzględnych) nie było łatwo, zwłaszcza tym, którzy chcieli zachować jakąś elementarną przyzwoitość. Stąd gorzkie refleksje bohatera:

> Napieprzą człowiekowi wzniosłych słów o patriotyzmie, o wspaniałych Polakach, niewinnych barankach; w domu, w szkole, w kościele, w radiu, w prasie, w telewizji, w wierszach, w piosenkach...
> (...)
> I gdzie to wszystko?
> Wszyscy tak tę ojczyznę kochają, to dlaczego największym szczęściem dla Polaka jest z niej wyjechać?

Losy polsko-niemieckiej rodziny Ziębów ustabilizowały się z czasem. Edek założył własny interes, Grit znalazła dobrą pracę i własne środowisko, dzieci rosły, wychowywały się w duchu polskim. Wraz ze zmianami, tymi po obu stronach Odry jak i w całej Europie, poszerzył się ich horyzont indywidualnej i narodowej wolności. Okazało się, że można zachować własną tożsamość bez zbędnych deklaracji i zobowiązań, wybrać dobrowolnie miejsce zamieszkania. Ale odpowiedzi na zasadnicze pytania nikt nam nie udzieli, musimy to zrobić sami. Uświadomiła je sobie Grit w czasie jednej z wizyt w Niemczech:

> – Kim ja – pyta – właściwie jestem?
> – Jesteś – zaśmiałem się – Grit Zięba, moja niemiecka żona.
> Ale ona poważnie, zamyślona, nie ma ochoty do żartowania – wiem, wtedy trzeba ustąpić.
> Biadoli, że wszystko trwa w zawieszeniu, zastygło w połowie; jakieś takie cały czas niejasne, nierozstrzygnięte.
> – Mam – narzeka – prawie czterdzieści lat, nie jestem ani młoda, ani stara, Niemką chyba nie bardzo – niewiele mnie już łączy z tym krajem, a Polką jeszcze nie, bo ciągle z niemieckim paszportem. I nigdy nią nie będę, no bo jak? Za późno; tyle tylko, że w Polsce mieszkam.

Czy sentencyjna odpowiedź Edka udzielona niemieckiej żonie: „Wystarczy być przyzwoitym człowiekiem, reszta nie ma większego znaczenia" uspokoiła ją, nie wiemy. W czasie pokoju z pewnością może mieć moc sprawczą, gorzej w okresie niepokojów, gdy do głosu zaczynają meldować się demony nienawiści. Wtedy każda „przyzwoitość" ulegnie szaleństwu rozpalonych fanatyzmem głów...

5. Biuro matrymonialne „Wanda"

Autorka szczupłej książki[126] reklamuje na okładce swoje dzieło jako „retrospekcję działalności właścicielki biura matrymonialnego". Nadaje mu formę „powieści o losach Polek, które za wszelką cenę chcą wyjechać z biednej ojczyzny, decydując się na emigrację poprzez małżeństwo z Niemcem". Ta *mini-* i *quasi*-powieść, oparta na prawdziwym materiale, stanowi ciekawy przyczynek do dziejów mentalności polskiej ostatnich dekad XX wieku.

Śmiałkowska po wielu latach pracy w roli współczesnej swatki tak definiuje istotę tego fenomenu:

> Dawno minęły czasy legendarnej Wandy, która nie zgadzając się na zamążpójście za Niemca, wolała utopić się w nurtach Wisły. Dzisiaj rzesze Wand, Zoś, Maryś i innych pięknych Polek oddałyby wiele w zamian za poznanie przystojnego, bogatego Niemca, który mógłby im zapewnić świetlaną przyszłość. Pomagają im w tym setki biur matrymonialnych, wyspecjalizowanych w kojarzeniu międzynarodowych małżeństw.

Czego chciały i co oferowały Polki? Posłużmy się kilkoma przykładami z książki Śmiałkowskiej.

---

[126] W. Śmiałkowska, *Biuro matrymonialne, czyli o Wandzie, która chciała Niemca*, Toruń 2002.

Zofia:

Szanowne biuro, jestem samotną wdową. Mam dwóch żonatych synów i dwoje wnucząt. Od kiedy zmarł mąż czuję się bardzo samotna. Mam pięćdziesiąt lat, ale jestem zadbana i czuję się młodo, zresztą wszyscy mi mówią, że wyglądam znacznie młodziej. Należę do puszystych (160/90). Chciałabym poznać inteligentnego pana w wieku 50–70 lat, najlepiej z własną firmą i domem z ogródkiem, bo ja bardzo lubię pracować w ogrodzie, kiedyś mieliśmy gospodarstwo. Dobrze byłoby, żeby ten pan mówił po polsku, bo ja nie znam niemieckiego. Będę wdzięczna, jeżeli w waszym biurze znajdę pana, który zapewni mi dobrobyt.

Irena:

Szanowne biuro, przeczytałam, że panowie z Niemiec poszukują żon. Czy sześćdziesięciolatki też jeszcze mogą próbować? Bo ja mam pięćdziesiąt dziewięć lat, ale jestem jeszcze pełna sił witalnych i bardzo wydajna pod każdym względem. Czuję się jednak samotna i chciałabym nawiązać kontakt z jakimś porządnym panem z Niemiec, który mógłby zapewnić mi spokojną starość.

Historie życia zgłaszających się do biura pań (Marzeny, Róży, Anny, Heleny, Elżbiety, Renaty czy Wandy) i motywacje zdobycia niemieckiego męża niewiele się od siebie różnią. Chciały przyjechać i pozostać w Niemczech (najlepiej w roli żony), mieć prawo do legalnego pobytu, pracy, opieki socjalnej i innych świadczeń. Gdy te marzenia przeciągały się w realizacji, godziły się na rolę kochanek, sprzątaczek, opiekunek, chwytały się różnych zajęć i sposobów, by na nowym terenie nie zginąć. Myślały nie tylko o własnym losie, ale i o losie pozostawionej w Polsce rodziny. O dorastających lub dorosłych dzieciach, wnukach, które czekały na wsparcie finansowe i podarunki, wszak Niemcy to kraj miodem i mlekiem płynący... Młode dziewczyny, dorosłe kobiety, studentki, rozwódki, wdowy, mniej lub bardziej atrakcyjne, najczęściej bez znajomości języka, kompletnie nieprzygotowane do zderzenia z obcą mentalnością, niekiedy zagubione i bezbronne, ofiary własnej naiwności czy głupoty, czasem sprytne i przebiegłe... Pozostawiły po sobie dobre i złe wspomnienia. Stąd opowieści o Polkach jako o pięknych, zdolnych i zaradnych Słowiankach, ale i jako o łatwych dziewczynach (które na dodatek niewiele kosztują), o kobietach bez ambicji i wymagań, chętnych do każdej nisko opłacanej pracy. Niebywała siła stereotypu odcisnęła się najmocniej w niemieckich dowcipach o polskich złodziejach samochodów i polskich sprzątaczkach: tych tańszych, bez cenzusu uniwersyteckiego, i tych droższych – z dyplomem lekarki, pielęgniarki, nauczycielki czy filolożki. Gdy wraca się do tych opowieści, denerwują i bolą jeszcze po latach.

Wiesława Śmiałkowska,
Biuro matrymonialne, czyli
o Wandzie, która chciała Niemca

6. Miłość zwariowanej Polki i głupiego Szwaba

Oficjalnie o autorce[127] wiemy tyle, ile podała do wiadomości publicznej na odwrocie książki, czyli niewiele. Oprócz imienia i nazwiska za istotne uznała ujawnienie daty i miejsca urodzenia.

Autorka wykłada zamysł swojej książki w „Prologu":

> Pragnę opowiedzieć Państwu moją historię, historię emigrantki, która opuściła kiedyś krakowskie podwórko i wyruszyła w daleki świat. A może wykorzystuję tę szansę, aby udowodnić sobie i Wam, drodzy czytelnicy, że tkwiąc w więzach politycznych, obyczajowych i religijnych, nie potrafiłam przeskoczyć własnego cienia.

Wyznanie szczere, brzmiące jak rachunek jednostkowego życia z *pointą* dla siebie i innych. To coś dla miłośników „prawdziwych

---

[127] J. Poremba-Patze, *Niemieckie eldorado*, Kraków 2008.

historii, które napisało życie", jeśli nie pouczających swoim przykładem, to na pewno czytanych z zainteresowaniem dla ludzkich zmartwień.

Uzbrojeni w konieczne informacje wstępne możemy postawić następny krok.

W części pierwszej *Wschód* poznajemy narratorkę jako młodą dziewczynę, która z siostrą pojechała na obóz letni. Atrakcją mieli być goście z zagranicy, okazało się jednak, że to tylko grupa rówieśników z NRD. Justyna trafnie rozpoznaje atmosferę tamtych lat. Ideologiczną przyjaźń, która nie jest przyjaźnią, izolację w obrębie własnej grupy narodowościowej, nieśmiałe próby zbliżenia, świadomość dzielących barier. I wydarza się coś, co początkowo wygląda na wakacyjną przygodę, czyli młodzieńcza miłość dziewczyny z Polski i chłopaka z NRD. Nieśmiałe uczucie wpisuje się natychmiast w tysiącletnią wrogą tradycję. Stąd przywoływane we wspomnieniach Justyny pytania: „Jak można zakochać się we wrogu?" oraz „Jak można pokochać dziewczynę z getta?" oddają ducha myśli i rozmów po obu stronach. Zastanawiające i być może pocieszające, że zakochani w pierwszym okresie nie wierzą w siłę sprawczą powszechnych uprzedzeń. Sądzą, że pokierują swoim losem wbrew stereotypom i będą mieć wystarczająco dużo siły, by oprzeć się przeciwnościom. Po wakacyjnym rozstaniu któregoś dnia pociąg z Drezna przywiózł Andreasa do Krakowa.

> Dni, które razem spędziliśmy wtedy w Krakowie, były takie szczęśliwe. Tylko o wiele za krótkie. Ale po nich przyszły nowe: pełne zachwytu, miłości i oczekiwania na jego przyjazd, na listy, na miłe słowa, na dzwonki do drzwi, na randki nad Wisłą i na pocałunki.

Po wizycie następuje zwykle rewizyta. Justyna, osiemnastolatka po maturze, wybrała się z siostrą Danutą, przyjaciółką Niną oraz kolegą Bogdanem do Drezna do Andreasa. Opis podróży, opis dworca Dresden-Neustadt i parę szczegółów związanych z pierwszą wyprawą do NRD odpowiadają w ogólnych zarysach realiom enerdowskim końca lat siedemdziesiątych XX wieku. Zwłaszcza dworzec Dresden-Neustadt znany był dobrze Polakom. Przyjmował ich wcześnie rano i odprawiał na wschód przed północą. Jak sobie radzili między przyjazdem a odjazdem pociągu? Tu spędzali sporo godzin, załatwiając najpilniejsze potrzeby, wytracając czas, względnie wyładowując przy piwie frustracje za niepowodzenia w mieście. Zwracali na siebie uwagę, byli raczej nieproszonymi gośćmi, obiektem pogardliwych uwag i zaczepek. Dworzec Dresden-Neustadt stanowił fragment socjalistycznej rzeczywistości, od której nie dało się uciec, jak nie można było uciec od brudnego pociągu nocnego czy obskurnego dworca w Warszawie lub w Krakowie.

Justyna przyjechała do ukochanego bez uprzedzenia i to w licznym towarzystwie, ale miłość przezwyciężyła i te niedogodności. Niezrażona niczym świadomie wybrała Andreasa, a z nim dworzec Neustadt.

> Zdałam sobie sprawę z tego, że decydując się na Niemca, decyduję się na porzucenie Polski i wybieram nowy, nieznany mi świat...

W następnej odsłonie czytelnik dowiaduje się, że minęły cztery lata i że Justyna podjęła ostateczną decyzję wyjazdu do ukochanego. By nie czuć się samotną i mieć pod ręką bratnią duszę, namówiła do wyjazdu przyjaciółkę Ninę. Dwie dwudziestokilkuletnie panienki z Krakowa wyruszyły na spotkanie miłości polsko-niemieckiej. Od razu trzeba dodać, że wkrótce i Nina znalazła sobie niemieckiego przyjaciela, więc szczęście wydawało się absolutne.

Po jakimś czasie dziewczyny wróciły do Krakowa i okazało się, że Justyna jest w ciąży. Rodzina nalegała, by zakochani wzięli ślub, ale kandydat na męża zamilkł i nie pojawiał się. Nastała rozpacz i towarzysząca przez miesiące myśl o hańbie. W końcu przyszły mąż odnalazł się i z kwiatami oraz wózkiem dla dziecka zapukał do drzwi krakowskiego mieszkania Justyny. Wszyscy odetchnęli, odbył się ślub, urodziła się córeczka Alicja. Niby początek rodzinnego szczęścia, rzecz jednak w tym, że Andreas ponownie zniknął.

Odsłona czwarta i piąta. Mimo, że zguba odnalazła się w końcu, nie chciała jednak przyjechać i zamieszkać w Krakowie. Z konieczności młode małżeństwo polsko-niemieckie wiodło żywot rozłączny. Do czasu, gdy Justyna postanowiła opuścić kraj i wraz z córeczką przenieść się do Drezna.

Rodzina Andreasa nie szczędziła Justynie przykrości z powodu jej pochodzenia.

> Dla nich zawsze byłam obca. Próbowałam bronić ojczyzny, tłumaczyć, prostować, przybliżać obyczaje, wady i zalety naszego narodu, ale nikt nie chciał mnie słuchać. Kpiono oficjalnie, bez żenady z Polaków, Polski i ze mnie. I kiedy w końcu zabrakło mi sił i argumentów, pozwalałam się obrażać. A najdziwniejsze w tym wszystkim było to, że powoli zaczęłam wstydzić się swojego pochodzenia, a nawet zatajałam je, kiedy pytano mnie czasami na ulicy, skąd jestem. Do dzisiaj zastanawiam się nad tym, jak można upokorzyć człowieka i wmówić mu, że nie jest nic wart i że jego narodowość jest hańbą. Ale widocznie pewien gatunek ludzi zupełnie nieźle to potrafi.

Życie Justyny, wystarczająco samotne i narażone na nieprzyjemności ze strony otoczenia, dodatkowo obarczył ciężki wypadek Andreasa. Stała się teraz opiekunką niesprawnego męża i z widoków na szczęście rodzinne nie pozostało nic.

Z przyjaciółką Niną los obszedł się też niezbyt łagodnie. Porzucona przez Petera straciła uśmiech i ochotę do życia.

Odsłona od szóstej do dziewiątej. Dalsze losy Justyny i Andreasa to gmatwanina uciążliwości i utarczek dnia codziennego, pogłębiającej się obcości małżonków. Czytelnik dowiaduje się o dziwnym zachowaniu Andreasa, który przy swym kalectwie i upośledzonej męskości nawiązuje jakieś romanse. Justyna odreagowuje domowy stres częstymi wyjazdami do Krakowa i próbami znalezienia prawdziwej miłości.

Część druga *Zachód*. Nowy kraj przyspieszył rozkład związku, który praktycznie nie istniał. W rozmarzonym i spragnionym miłości sercu Justyny pojawił się inny Niemiec, zaskakujące, ale okazał się nim Peter, ten sam, przez którego nacierpiała się przyjaciółka Nina.

Zawiłości staro-nowej znajomości z Peterem, później związku, z którego urodził się syn Philip nie zaskakują zbytnio. Czytelnik przeczuwał, że sprawy pójdą w tym kierunku. Zatem w skrócie. Peter pomagał Justynie w trudnych początkach ułożenia sobie życia na Zachodzie i był przy niej, gdy czuła się samotna, zawiedziona postawą Andreasa. Romantyczne wieczory przy winie, świecach i księżycu skutkowały zgodą obydwojga na trwały związek. Justyna rozwiodła się z Andresem i przeniosła się do Petera. Teoretycznie zaczęła nowe życie, które okazało się, że biegnie według starego, dobrze jej znanego scenariusza.

> Peter uczy mnie dostrzegania takich drobiazgów, chociażby sposobu prowadzenia konwersacji w niemieckim stylu czy dobrych manier, ale jest przy tym surowym nauczycielem. Rzadko jest zadowolony z moich osiągnięć. Zarzuca mi, że jestem zbyt polska. Drażni go moja polskość, czasami nawet się jej wstydzi, bo co powiedzą inni? Że nie stać było go na żonę Niemkę? Że kupił sobie cudzoziemkę?
>
> Wręcz zabrania mi mówić z Alicją po polsku, zabrania słuchać głośno polskiej muzyki, nie toleruje w domu polskich książek.

Justyna próbuje go usprawiedliwiać i łudzi się, że z czasem coś się zmieni w ich związku. Ale piekło rodzinne poszerza się o nowe konflikty, a pod ręką są wypróbowane stereotypy o Polsce, odżywające z byle powodu. Bez zdziwienia czytamy wyznanie bohaterki:

> Peter wykorzystuje moją słabość i stara się mi wmówić, że jestem beznadziejna. Czasami mówi do mnie: – Nic na to nie poradzisz, ale wyszłaś z getta i do getta wrócisz, więc zanim rozpoczniesz nowy dzień, popatrz w lustro i powiedz sobie: jestem świnią, jestem wielką, polską świnią. Och, jak bardzo bolą mnie te słowa! Ale czy Kościół nie uczy nas: „Wybaczajcie ludziom, bo nie wiedzą, co czynią?".

Przy okazji wynurzeń z własnego życia Justyna odkrywa w sobie żyłkę eksperta w kwestiach niemieckich. Chętnie objaśnia czytelnikowi „zawiłości" europejskiej polityki, historii Niemiec, stosunku do cudzoziemców. Widzi się też w roli pośrednika między Polakami i Niemcami:

> Wiele też zależy od nas samych. Jeżeli zaakceptujemy prawo i obyczaje tego kraju i będziemy według nich postępować, możemy współżyć z Niemcami, jeśli jeszcze nie w wielkiej przyjaźni, to przynajmniej w zgodzie. Uwierzcie mi, rasizm nie jest w Niemczech zjawiskiem powszechnym i nie odzwierciedla też prawdziwego oblicza tego narodu.

W zakończeniu opowieści bohaterka dokonuje konfrontacji państw, w których przebywa, próbuje też zdefiniować własną tożsamość. Po drobnym wahaniu wyznaje:

> Gdy jestem w RFN, to czuję całą duszą i ciałem, że tu nie przynależę, że gdzie indziej jest moja ojczyzna, moje miejsce na ziemi, lecz największy paradoks sytuacji leży w tym, że wracając do Polski, ciągle zdaję sobie sprawę z tego, że to nie ta Polska, której szukam, nie ta, jakiej pragnę.

W końcu znajduje rozwiązanie:

> I nagle odnajduję się w Niemczech. Kochając Polskę, moją ojczyznę, szanuję RFN, Düsseldorf, ponieważ umożliwiono mi tu dobre, wygodne życie, tu otrzymałam pracę i codzienny chleb. Jestem za to bardzo wdzięczna. I, o dziwo, jest mi z tym łatwiej żyć.

Zwierzenia i wyznania Justyny zasługują niewątpliwie na uwagę czytelnika. Odzwierciedlają rozterki tych, którzy próbowali ułożyć sobie życie poza krajem i to w burzliwych czasach przemian ustrojowo-politycznych. Opuszczali Polskę w okresie kryzysu, zmierzchu systemu socjalistycznego, powszechnej biedy. Natrafiali za granicą na obojętność lub wrogość i na kłopoty z odnalezieniem się w dżungli obcych przepisów, zalegalizowaniem pobytu, zdobyciem pracy. Niektórzy za wszelką cenę chcieli wtopić się w nowe społeczeństwo, czepiali się wszelkich sposobności, by uzyskać nowe obywatelstwo. W szybkim tempie „zmywali" z siebie polskość jak osad, który im przeszkadzał. Słaba niemczyzna wypierała język polski. Separowali się od skupisk polskich, próbowali czytać dzieciom bajki po niemiecku i zapomnieć o przeszłości. Wyglądało to pokracznie, niekiedy żałośnie lub komicznie. Rachunki przyszło im płacić dość szybko, bowiem dzieci uczęszczające do szkoły niemieckiej zaczęły się wstydzić swoich rodziców.

Zmiany polityczne w Europie po 1989 roku w zawrotnym tempie burzyły dotychczasowe wątpliwości i problemy, dokonywały ich gwałtownego przewartościowania. Poszerzająca się wolność indywidualna, swoboda poruszania się, wreszcie brak wiz i kontroli granicznych osłabiały nagle ważną kwestię paszportu, tego „cenzora" narodowości. Idea wspólnej Europy stępiała kategorię „zdrady narodowej". W innym świetle jawiły się wszystkie trudne sprawy związków polsko-niemieckich.

Małżeństwa Justyny z Peterem skończyło się jak wcześniejsze z Andreasem, czyli rozwodem. Pozostała sama, z dziećmi różnych ojców, w swojej drugiej ojczyźnie.

7. I o to mi właśnie chodziło!

Opowieści o latach osiemdziesiątych i dziewięćdziesiątych XX wieku mają podłoże autobiograficzne, nieskrywane przez autorki, bo ta płeć dominuje. Jeśli już sięgają po pióro to głównie z powodów osobistych, przeprowadzenia swoistego obrachunku i poukładania tego, co się raz (lub nawet wielokrotnie) rozpadło w ich życiu.

W codziennym życiu, wypełnionym krzątaniną dnia powszedniego, mało jest sposobności, by analizować na bieżąco swoje słowa i czyny. Dopiero po latach wrażliwsze dusze wracają do minionego czasu, analizując podejmowane decyzje. Co pozostało, jaki jest bilans życia? To główne pytania.

Narratorka dwutomowej opowieści[128] Anny Strzelec zaczyna wspomnienia któregoś zimnego i mglistego poranka:

UCIEKŁAM Z KRAJU.
Dzisiaj mija osiemnaście lat od dnia, w którym zeszliśmy z promu na ląd.

Uderzające i charakterystyczne na początku tej opowieści jest wybite wersalikami stwierdzenie: „uciekłam z kraju". Co oznaczała w latach osiemdziesiątych XX wieku „ucieczka z kraju"? Na pewno czyn niezgodny z ówczesnym prawem, za popełnienie którego groziły określone sankcje. Pozostawmy na boku aspekt polityczny ówczesnej sytuacji, zajmijmy się decyzjami zwykłych ludzi, którzy pewnego dnia postanowili opuścić Polskę.

Narratorka opowieści po wejściu na prom kursujący na trasie Świnoujście – Kopenhaga – Travemünde uznała, że znalazła się w innym, lepszym świecie, o którym marzyła dla siebie i swoich dzieci:

Po pierwsze bufet. Matko święta, nigdy nie widzieliśmy tak zastawionego stołu, z którego można było sobie brać tyle jadełka, ile tylko dusza zapragnie i do brzucha się zmieści. Croissanty, pachnąca kawa (…) kakao, mandarynki, banany, które dotychczas otrzymywały moje dzieci w kraju na „zająca" lub od Gwiazdora, po parogodzinnym wystaniu ich przeze mnie w kolejce. Soki, soczki, ciasteczka oraz wiele innych pyszności, o których istnieniu nie mieliśmy do tej pory pojęcia.
Super! I o to mi właśnie chodziło!

Kusząca perspektywa pozostania w spożywczo-konsumpcyjnym raju, w którym wszystko wydawało się lepsze i bezkonfliktowe, stępiała rozwagę. Obcy kraj, nieznajomość języka, brak mieszkania, brak pracy, ograniczone prawo pobytu nie zrażały tysięcy osób liczących na łaskawość obcych władz, pomocną

---

128 A. Strzelec, *Tylko nie życz mi spełnienia marzeń*, Szczecin 2009 oraz *Druga pora życia, czyli jak zabija się miłość*, Tolkmicko 2010.

dłoń napotkanych ludzi, wreszcie łut szczęścia. I tak rozpoczynały nowy etap życia, przebijając się w gąszczu regulacji administracyjnych, poszukiwań nielegalnej pracy, życia w ustawicznym strachu, czy ich *Duldung* (ograniczone prawo pobytu) zostanie przedłużony i na jak długo jeszcze?

Po kilku latach pobytu w Niemczech w życiu narratorki Anny, matki trójki dorastających dzieci, kobiety zdradzonej przez męża, pojawił się Horst. Również po przejściach. Co mieli sobie do zaproponowania?

> Napisałam do Mary, że kocham Horsta. Ależ to szumnie zabrzmiało. Kocham, ale czasem nie rozumiem i myślę, że z nim jest podobnie. Kłopoty językowe, różnica charakterów?

Z tego związku mogło, ale nie musiało nic wyniknąć. Anna do przyjaciółki:

> Przed kilkoma dniami coś mnie napadło i wspomniałam Horstowi, (było to w łóżku po fajnym „numerku"), że właściwie moglibyśmy się pobrać, bo mieszkamy już rok razem i znamy się „jak stare konie"... Odpowiedzi nie było (mnie zrobiło się trochę głupio), a on wstał i poszedł na klo... Czyżby moje zdanie przyprawiło go o lekki rozstrój żołądka? Potem przyniósł z lodówki takiego małego sekta i wypiliśmy przed zaśnięciem... bez komentarza. A wczoraj, przed południem zadzwonił do mnie z Uczelni, że mam się uszykować, bo na dwunastą zrobił termin w Urzędzie Stanu Cywilnego w sprawie złożenia koniecznych dokumentów do Heiratu! No, i co na to powiesz?

Planowany ślub wywołał pierwsze kontrowersje. Rodzice Horsta nie zgodzili się na przyjazd do Polski, więc uroczystość musiała odbyć się w Niemczech. Tak narodziła się Frau Klein - „szczęśliwa żona niemieckiego męża".

Po okresie wzajemnej fascynacji przychodzi rutyna dnia codziennego, znudzenie, grzeczności zastępuje opryskliwość, wymówki i zarzuty.

On:

Czy ty w końcu będziesz potrafiła się richtig wysłowić? Jesteś tu tyle lat i ciągle te same błędy, nie można cię już dłużej słuchać. Jesteś bardziej Polką niż Niemką.

Ona:

A jaka jest twoja znajomość języka polskiego, no? Tyle razy prosiłam cię. Byłoby nam wszystkim łatwiej porozumiewać się, gdybyś też zadał sobie trochę trudu.

Zwykle utarczki nie ustępują, raczej nasilają się. Któregoś dnia Anna wyznaje: „Wczoraj powiedział jeszcze, że nie spełniam jego oczekiwań..." i czuje, że sprawy idą w złym kierunku.

W opowieści Anny różnice narodowe nie odgrywają (już) konfliktującej roli. Z lektury trudno wyczytać, jaki typ problemów decydująco wpływał na rozluźnienie związków uczuciowych między bohaterami. Najwyraźniej tradycyjny materiał zapalny w kwestii czyjejś „gorszości" zaczął powoli tracić na znaczeniu. Możliwość swobodnego przemieszczania się z kraju do kraju, zanikające różnice w poziomie życia, wszystko to wzmacniało pozycję Polki jako partnerki i żony Niemca. Pozostawały różnice historyczne, które zawsze można było przywołać na plac boju, ale to wymiar utarczek małżeńskich polsko-niemieckich, który dość szczegółowo został omówiony przy innych okazjach.

Anna Strzelec,
Tylko nie życz mi spełnienia marzeń

8. Niedźwiedź kocha myszkę

Akcja powieści Joanny Svensson *Klucz do nieba*[129] rozpoczyna się w 1996 roku. Julia, główna bohaterka, wybiera się właśnie w po-

---

129 J. Svensson, *Klucz do nieba*, Warszawa 2015.

dróż. W Szwecji, gdzie dotąd mieszkała, pozostawia kochającego (sic!) męża, który jest tak tolerancyjny, że odwozi ją samochodem na lotnisko. Pozostawia (porzuca?) dwoje dzieci w wieku „prawie dorosłym", piękny dom, przyjazne otoczenie, czyli życie sielskie, bez zmartwień i trosk. Leci do Bremy w Niemczech, ale bynajmniej nie na wycieczkę turystyczną, lecz do innego mężczyzny. Czy ma świadomość tego, co robi? Oczywiście, już w samolocie zadaje sobie pytanie: „Dlaczego ja to wszystko robię?" I odpowiada:

> Teraz jadę do Niemiec. A co będzie dalej, to się okaże. W końcu tu chodzi o mnie. O Julię Bengtsson i to, czego ja chcę. A czy ja właściwie to wiem? Tak, wiem. Na pewno. Chcę zmiany, takiej, abym czuła, że żyję dla siebie. Chcę przeżyć wielką miłość. Miłość dojrzałej kobiety i pewnie jestem na dobrej drodze.

Perypetie życia i decyzje Julii to jedna strona opowiedzianej historii. Interesuje nas ona z powodu zawiązujących się w tym momencie relacji polsko-niemieckich. Dowiadujemy się, że bohaterka jest Polką, która od piętnastu lat pozostaje w związku małżeńskim ze Szwedem Perem Bengtssonem, że mieszkają na małej wyspie i wychowują dwójkę dorastających dzieci. Jest atrakcyjną, niezależną, w średnim wieku kobietą. Pera poznała w Polsce w okresie PRL-owskim i choć nie był jej pierwszą, gorącą miłością, zgodziła się wyjść za niego za mąż i wyjechać do Szwecji. Nowy partner, Niemiec Dirk Schröder, to znajomość dość świeżej daty. Pojawił się w życiu Julii jako zapowiedź wyczekiwanej przez bohaterkę zmiany, chęci przeżycia „wielkiej miłości". Jest starszy od niej, dobiega pięćdziesiątki. Co wiedzą

Joanna Svensson, Klucz do nieba

o sobie? Właściwie tyle, ile informacji i odczuć przynieść może krótkotrwała, przelotna znajomość. Jednak Julia, pod pretekstem nauki języka niemieckiego, decyduje się opuścić dotychczasowy stabilny układ z mężem, dziećmi, środowiskiem. Zostawia sobie co prawda furtkę, iż może wrócić, ale domyślamy się, iż zdecydowana jest zacząć wszystko od początku: z nowym partnerem, w nowym otoczeniu. Jest do tego stopnia zdeterminowana, że wystarczy to za motywację wyboru nowej drogi w poszukiwaniu i dla zaspokojenia „potrzeby miłości". A to oznacza, iż musi podjąć trud nauki nowego języka, poznawania nowych ludzi, ułożenia relacji z nowym mężczyzną i jego rodziną. Postępowaniem Julii kieruje potrzeba zmiany. Jednym słowem, Julia zjawia się w Niemczech całkowicie nieprzygotowana do życia w nowych warunkach, wierząc ślepo w siłę miłości.

Zgodnie z przewidywaniami i logiką życia „miodowy układ" z Dirkiem szybko minął. Zaczęły pojawiać się problemy z rodziną męża, a i on sam ujawnił inne oblicze. Jednak Julia uparcie tkwi w nowym związku i choć okoliczności dostarczają jej coraz to nowych dowodów na kryzys i podwójne życie męża, nie podejmuje radykalnych kroków.

Okazuje się, że Julię pochłania rozwiązanie jakiejś zagadki, która z ich związkiem nie ma nic wspólnego, a dotyczy życia dwóch pobocznych bohaterów: Niemca Heinricha Schmidta oraz Żyda Samuela. Jej sąsiad Heinrich Schmidt, starszy pan z charakterystyczną blizną na twarzy, chętnie rozmawia z Julią i wspomina dawne lata. Z kolei z zażyłej korespondencji z Samuelem, bogatym Żydem, którego poznała w czasie pobytu w Izraelu, dowiadujemy się, iż Julia dzieli się z nim wszystkimi swoimi myślami i spostrzeżeniami. Donosi mu także o sąsiedztwie z Heinrichem. W zamyśle autorki to wystarczający powód, by włączyć do powieści wątek okupacyjny. Samuel każe Julii nawiązać kontakt z Heinrichem, ma bowiem podejrzenie, iż może to być młody esesman, z którym los zetknął go w czasie powstania warszawskiego. I tak wątek okupacyjnej przeszłości polsko–niemiecko–żydowskiej powoli spycha na plan dalszy opis relacji Julii z mężem.

Mimo iż akcja powieści autobiograficznej Joanny Svensson toczy się w scenerii polsko-niemieckiej, autorka nie dokonuje głębszej samoanalizy. Być może sytuacja w relacjach polsko-niemieckich uległa tak dalekiej normalizacji, iż konfliktogenne dotąd obszary straciły na znaczeniu i przestały interesować współczesnych pisarzy?

Dirk i Joanna nie rozmawiają o swoim pochodzeniu, nie pojawiają się żadne historyczne aluzje czy stereotypy, nikt nie komentuje sytuacji ani w Polsce, ani w Niemczech, rodzina męża nie dyskryminuje synowej i bratowej za bycie Polką, a sąsiedzi akceptują ją bez większych zastrzeżeń... Ten różowy zbytnio obraz skomplikowanych z natury stosunków polsko-niemieckich, zwłaszcza w układach rodzinnych, nie przekonuje. Nie podejrzewam Joanny Svensson o próbę przemycenia polskiemu czytelnikowi zbyt optymistycznego wizerunku współczesnych Niemiec, charakter jej „letniej" opowieści wiązałbym z romansową konwencją utworu. Dużo się tu mówi o potrawach i tradycjach regionalnych, prowadzi zdawkowe, banalne rozmowy, wplata wątki sensacyjne. A może to sygnał zachodzących procesów we wzajemnych relacjach: zaniechanie, porzucenie czy wręcz odcięcie się od bolesnych problemów i stereotypów? Czyżby to była swoista droga do normalności przez banalizację? Czy to się może udać?

Literatura uzupełniająca

Gierlak M., *Obraz polskich sprzątaczek i pomocy domowych w prasie i literaturze niemieckiej*, w: Interakcje. Leksykon komunikowania polsko-niemieckiego

Karwowska K., *Wypędzeni do raju. Portret własny późnych przesiedleńców z Polski w literaturze polskiej w Niemczech*, Warszawa 2016

Polanska J., *Pod niemieckimi łóżkami. Zapiski polskiej sprzątaczki*, Warszawa 2012

Wiecha J., *Przebierz się za Niemkę*, Wrocław 2007

Zduniak-Wiktorowicz M., *Współczesny polski pisarz w Niemczech. Doświadczenie, tożsamość, narracja*, Poznań 2010

MAREN RÖGER
WOJENNE ZWIĄZKI
POLKI I NIEMCY PODCZAS OKUPACJI

Świat Książki

Okładka książki, Maren Röger, Wojenne związki. Polki i Niemcy podczas okupacji

Rozdział dwunasty
Od nienawiści do miłości
(Powrót zainteresowania wojną czy handel starzyzną?)

Gdy na rynku czytelniczym pojawia się nowa pozycja, w jakimś stopniu dotycząca omawianego tematu, nieodparcie zadaję sobie pytanie, czym kierują się młode autorki (one dominują), sięgające do problematyki wojennej miłości polsko-niemieckiej. Co takiego, jakie tajemnice i zakamarki tego układu nie zostały jeszcze opisane i zanalizowane, by mogły zainteresować i pobudzić wyobraźnię współczesnej pisarki młodego pokolenia? Jedyna z możliwych odpowiedzi jaka mi się nasuwa, wiąże się nie z samym tematem, lecz z konwencją literacką. Kwestie kiedyś mocno sporne między Polakami a Niemcami, kwestie pochodzenia i przynależności narodowej, które pod presją okoliczności zewnętrznych prowadziły do dramatycznych komplikacji między zakochanymi (kochankami), tracą współcześnie na ostrości i znaczeniu. Tak jak w sposób naturalny traumatyczne przeżycia wojenno-okupacyjne przesuwają się w dalsze rewiry pamięci narodowej. Ani młode autorki, ani ich czytelniczki nie są w stanie odwołać się do własnych doświadczeń, więc głębszy dramat serc polsko-niemieckich, a wraz z nim ostrość konfliktu zawisa w emocjonalnej pustce. Porozumienie autorsko-czytelnicze porusza się przeto w ramach czystej konwencji literackiej. W jakich dekoracjach i w jakim kostiumie narodowym rozgrywać się będzie opowiedziana historia (starszej lub współczesnej daty), nie ma większego znaczenia. Dekoracje i bohaterów można dowolnie zmieniać, a w romansie liczy się jedynie tkanka miłosno-przygodowa. Ale być może zainteresowanie tą tematyką u młodych autorów wiąże się z obserwowaną od kilku lat falą powrotu do historii zdarzeniowej.

1. Ten Niemiec był moją wielką miłością

Opowiedziana historia[130] osadzona jest w realiach najnowszych dziejów Polski, które określiły losy trzech pokoleń: od żyjącej jeszcze babci po dorosłą już wnuczkę.

Opowieść ma strukturę klarowną, czytelnik poznaje ją z perspektywy pierwszoosobowej narracji bohaterki Zuzy, bez cienia wątpliwości *alter ego* autorki.

Zuza ma lat trzydzieści i jest dorosłą kobietą, układającą sobie życie w warunkach współczesnej Polski anno 2006. Mieszka w popadającym w ruinę blokowisku, pozostałości socjalistycznej przeszłości. W mieszkaniu, jak na ówczesne czasy będącym szczytem marzeń wielu rodzin, z czterema pokojami, łazienką i osobnym wc. Ma niezłą pracę w wydziale kultury i promocji urzędu miasta i to jakiego miasta! Toruń ze swoją przeszłością niemiecką i jako siedziba Radia Maryja zajmuje w życiu i myślach bohaterki sporo miejsca.

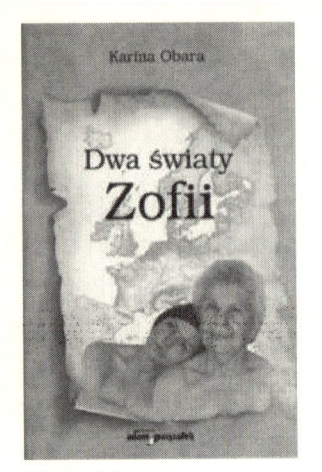

W dość monotonnej egzystencji Zuzy pojawia się Robert. Ma trzydzieści pięć lat i pochodzi z Berlina. Odwiedza Toruń jako pisarz, który chce obejrzeć kulisy akcji swojej książki. Znamienne dla kolorytu czasu są dwa fakty: komunikacja między nimi odbywa się w języku angielskim (słabym) i młodzi przedstawiciele swych narodów deklarują nikłe zainteresowanie tropieniem bolesnej przeszłości. Pierwsze skojarzenia Zuzy na temat Niemiec brzmią rozbrajająco i jednak trochę bulwersująco:

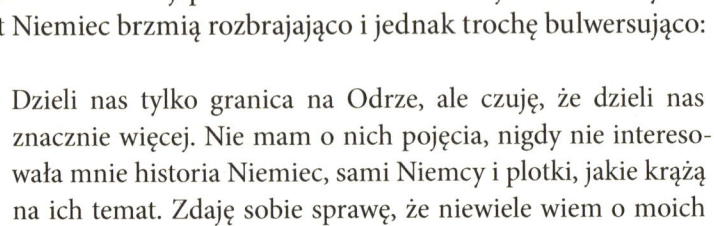

Karina Obara,
Dwa światy Zofii

> Dzieli nas tylko granica na Odrze, ale czuję, że dzieli nas znacznie więcej. Nie mam o nich pojęcia, nigdy nie interesowała mnie historia Niemiec, sami Niemcy i plotki, jakie krążą na ich temat. Zdaję sobie sprawę, że niewiele wiem o moich sąsiadach. Są kosmitami, może w zielonych ubrankach, które

---

130 K. Obara, *Dwa światy Zofii*, Toruń 2008.

polerują starymi szczoteczkami, nakładając na nie pastę do zębów. Wszystko jedno.

Z całą pewnością niemieccy rówieśnicy Zuzy dysponują podobną wiedzą i demonstrują podobną postawę wobec wschodniego sąsiada. Równie naturalnie w oczach Zuzy brzmi intencja Roberta:

> Wielu naszych rodaków ma tu swoje korzenie (…) Ale moja książka byłaby raczej rzeczą współczesną, choć o poszukiwaniu korzeni właśnie w Toruniu.

W innym miejscu dowiadujemy się nieco więcej o poglądach tego przedstawiciela młodego pokolenia Niemców. Na uwagę Zuzy, że w Toruniu otoczeni są byłymi niemieckimi kamienicami i niemiecką architekturą, odpowiada:

> Skoro jesteśmy u was, to wasze i nie zamierzam się chełpić, że jest inaczej. Nie ma we mnie żadnych kompleksów. Może kilka lat temu, kiedy byłem mniej pewny siebie, byłbym się zapierał, że wszystko tu, cała ta architektura jest ściągnięta z Niemiec. A teraz? Ten temat nie istnieje. Jesteśmy w Toruniu. I nie mów, że jesteśmy w Thorn, bo to jest przede wszystkim Toruń, w którym żyją Polacy.

Pod wpływem spotkania z Robertem Zuza zaczyna interesować się tematem i zdobywa pewną wiedzę o stosunkach narodowościowych w przedwojennym Toruniu. Tu bierze początek opowieść, z którą młody Niemiec pojawił się w Toruniu, a która w nieoczekiwany dla wszystkich stron sposób połączy ich mocnymi więzami.

Cofnijmy się do roku 1938, kiedy dwudziestoletni Hans Phluge, mieszkający w Toruniu w kamienicy przy Browarnej, poznaje na miejscowej pływalni dwudziestojednoletnią Zofię Rycerską z ulicy Szczytnej. On studiuje prawo w Berlinie, ona polonistykę na uniwersytecie wileńskim. Spędzają w Toruniu wakacje, są młodzi, znają obydwa języki i nic (teoretycznie) nie stoi na przeszkodzie, by zjawiła się miłość. Miłość w istocie przychodzi, ale wydarzenia 1939 roku nie pozwalają im cieszyć się nią. Następuje rozstanie.

W sześćdziesiąt osiem lat później Hans, trawiony przez lata tęsknotą za Zofią, namawia Roberta, by udał się na poszukiwanie jej śladów. To zadanie Robert, który nie zna polskiego, praktycznie zleca Zuzie. Ma odnaleźć w archiwach postać Zofii i na ile to możliwe, ustalić, co się z nią dalej stało.

Równolegle do historii Zofii w toku narracji bohaterki pojawiają się wspomnienia jej rodzonej babci Agi, w 1942 roku młodej dziewczyny zesłanej do pracy w Niemczech. Czytelnik poznaje losy kolejnej przedstawicielki tragicznego pokolenia doświadczanego przez wojnę: obozy, wysiedlania, przymusową pracę na rzecz okupanta i związane z tym cierpienia. Nigdy nie poznamy do końca mnogości jednostkowych tragedii, stąd każda przejmuje swym indywidualnym wymiarem. Babcia Aga przeszła przez ziemskie piekło nacechowane ciężką pracą i poniżeniami. Wyszła z tego w miarę obronną ręką, na krótko przed końcem wojny znalazła się bowiem z ukraińskim mężem na przepustce w Warszawie. Wybuch powstania uratował ją przed powrotem do Niemiec, ale przyniósł śmierć męża. Później przeżyła ciężki okres powstania, wypędzenie z miasta, wędrówkę pod Toruń. Nowe małżeństwo, nowe dzieci, nowe życie.

Tymczasem współczesny wątek Zuzy i Roberta rozwija się. Dochodzi do zbliżenia, intymności, zaprosin do Berlina. Jednym z celów jest wizyta u Hansa, któremu mają przekazać stare dokumenty z Torunia.

Spotkanie Zuzy z Hansem jest bezproblemowe, ponieważ zna on język polski z dawnych lat. Rozmowa okazuje się zwrotnym punktem w gmatwaninie opowieści. Z obu wątków robi się nagle jeden, a „dwa światy" Zofii układają się w logiczną całość.

Hans wyznaje Robertowi i Zuzie, że z krótkiej ale intensywnej miłości poczęło się dziecko, córeczka. Zofia poinformowała go zresztą o tym w liście, ale zabroniła dalszych kontaktów, by nie narażać się rodzinie, która przeciwna była związkowi z Niemcem. Robert rozpoznaje w historii Zofii Rycerskiej własną babcię, której imię i nazwisko wyjawiła mu jego własna matka, Erika, jak się okazało córka Hansa i Zofii, co przekładało się i układało w kolejne zależności. Robert okazywał się wnukiem Hansa, a Zuza? Kluczem do dalszego ciągu były wyznania babci Agi, która przyznała, iż zmieniła tożsamość, ale pozostała tą samą Zofią Rycerską, którą pokochał Hans i któremu urodziła córeczkę Erykę.

Radości ze spotkania było wiele, tylko Robert i Zuza jako trzecie dzieci po kądzieli musieli zrezygnować z miłości i małżeństwa.

Zaiste splątania losów i zbiegi okoliczności godne niejednego telewizyjnego serialu. I takoż prawdopodobne!

2. Choć sympatyczny, ale wróg

Wydawnictwo stara się jak może, by zareklamować książkę[131]. Na okładce ciekawość potencjalnego nabywcy ma rozbudzać zdanie: „zaskakująca historia niechcianej miłości". Na czwartej stronie okładki, tej najbardziej miarodajnej dla niezdecydowanego czytelnika, zjawiają się aż trzy teksty: dwa reklamowe i jeden będący fragmentem książki. Pierwszy tekst uzupełnia zapowiedź z okładki: „pasjonująca opowieść o dwojgu ludziach, którzy nie chcieli być tym, kim się stali". Drugi jest rodzajem krótkiego streszczenia, wprowadzenia do fabuły i z tego względu warto go tu przytoczyć.

> Warszawa, rok 1942. Anna, młoda kobieta działająca w konspiracji, zostaje zgarnięta z ulicy podczas łapanki wraz z siostrą i jej synkiem. Trafiają na Pawiak. Niemiecki oficer składa Annie zdumiewającą propozycję, a ona się zgadza w zamian za uwolnienie siostry i jej dziecka. W ten sposób świetnie znająca niemiecki Anna Lubieniecka staje się Fräulein Brandt – osobistą sekretarką i damą do towarzystwa Franza von Steinberga, komendanta obozu w Gross Born. Anna nienawidzi Franza – choć sympatyczny, jest przecież jej wrogiem. Ale są uczucia, przed którymi nie można się obronić…

---

[131] M. Kabat, *Kontrakt panny Brandt,* Warszawa 2009.

Końcowe zdanie utwierdza nas w podejrzeniu, że będziemy mieć do czynienia raczej z romansem w historycznych dekoracjach niż z rekonstrukcją nieznanej, opartej na autentycznych dokumentach historii. To nowość w powojennej literaturze, wskazująca na pokoleniową zmianę w podejściu do wątku martyrologicznego.

Autorka potrzebuje zaledwie kilkunastu stron dla zamarkowania atmosfery okupacyjnej przeszłości, w jakimś beztroskim przekonaniu, że wystarczy kilka charakterystycznych szczegółów (okupacja, konspiracja, łapanka, gestapo etc.), by czytelnik rozpoznał malowidło, na którego tle rozgrywać się będzie właściwa akcja. Inny fenomen to dobór bohaterów romansu. Ona: młoda Polka, Anna Lubieniecka, wywodząca się z arystokratycznej rodziny, wykształcona, znająca języki. On: niemiecki oficer, major Franz von Steinberg,

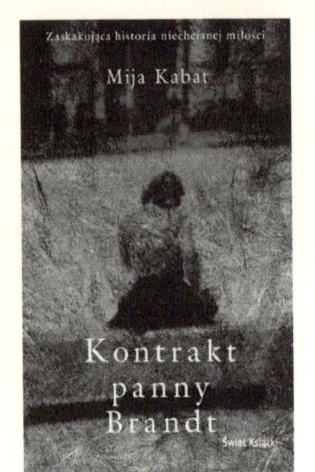

Mija Kabat,
Kontrakt panny Brandt

(...) wysoki, o jasnej cerze i ciemnych blond włosach. W sposobie poruszania się i gestykulacji można było dostrzec nonszalancję typową dla znudzonych życiem młodzieńców z wyższych sfer.

Zatem równi sobie i godni siebie partnerzy, mogący tworzyć nawet dobraną parę, gdyby nie czas... Czas stawia ich na nierównych pozycjach. Franza w roli pana życia i śmierci Anny, Annę w roli ofiary, zdanej na kaprysy Franza. Temat bynajmniej nie nowy, po co więc on debiutantce?

Chciałoby się wierzyć, że młoda autorka wykorzystała jakieś autentyczne materiały, być może rodzinne wspomnienia, ukazujące dramatyczne losy młodego pokolenia wojennego. Wiemy o nim przecież wiele z opublikowanych relacji pamiętnikarskich, reportaży, literatury pięknej. Powieść *Kontrakt panny Brandt* nie wnosi do tematu niczego nowego, żywi się jedynie sensacyjną stroną wydarzeń. Oto one w skrócie:

1. Anna zostaje sekretarką i kochanką Franza von Steinberga, komendanta oflagu dla polskich oficerów w Gross Born. Stosunki mię-

dzy nimi układają się przedziwnie. Taka sytuacja trwa parę lat, a rodzina i przyjaciele Franza nie domyślają się, kim jest Anna naprawdę.

2. Dramatyczny zwrot następuje, gdy Rosjanie i Polacy zdobywają oflag. Franz zostaje aresztowany, a Annie grozi pohańbienie ze strony rodaków za kolaborację. Szczęśliwym zbiegiem okoliczności, a będzie ich jeszcze więcej w powieści, udaje się jej wykazać swoją niewinność i uzyskać zezwolenie na powrót do domu. Tak rozchodzą się (na jakiś czas) drogi głównych bohaterów.

3. Anna wraca do Warszawy i odnajduje dom rodzinny, który na szczęście nie uległ zniszczeniu. Rodzina dowiaduje się, że jest ona w ciąży. Pada więc pytanie: z kim? Anna najpierw ukrywa prawdę, ale później ją wyjawi.

4. Tymczasem Franz zostaje zesłany do obozu na Śląsku. Wycieńczony warunkami obozowymi trafia do izolatki, gdzie lekarz uznaje go za zmarłego. Dalszy ciąg „przygód" Franza to istna galopada fantastyki wojennej. Chłopi odbierający ciała zmarłych zauważają, że jeden z nich daje znaki życia. Zabierają go do chałupy, karmią. Franz rozpoznaje, że znajduje się między Polakami i by ukryć swe pochodzenie, rozmawia po angielsku. To ratuje mu życie. W Krakowie trafia do siedziby Czerwonego Krzyża i zdobywa warszawski adres Anny.

5. Kolejny wątek to historia Żyda Izaaka Bernsteina, któremu Franz umożliwił kiedyś wyjazd z hitlerowskich Niemiec. Dowiedziawszy się o zaginięciu Franza Izaak postanawiał odszukać go... w Polsce i pomóc w ucieczce na Zachód. Był bogaty, miał krewniaka w strukturach nowej ludowej władzy, więc plan powinien się udać.

6. Oba nurty wypadków spotykają się. Franz, nie zatrzymywany przez nikogo i nie wzbudzający podejrzeń (!), przyjeżdża do Warszawy. Tu pod domem Anny spotyka Izaaka. Jest Anna, syn, łzy, wyznanie miłości, wspólne plany ucieczki. Przemytnicy za grube pieniądze organizują ich przerzut do Berlina Zachodniego.

7. Scena finałowa. Rzecz dzieje się „w pierwszym lepszym hotelu w Berlinie Zachodnim":

> Anna z emocji nie mogła jednak zasnąć, stała przy oknie, oparta rękami o parapet. Franz podszedł do niej, trzymając chłopca na rękach.
> – Teraz będziemy mogli znowu spokojnie się kłócić – powiedział i pocałował jej włosy.
> Anna uśmiechnęła się.

3. Człowiek ubrany w niewłaściwy mundur

To jedna z najnowszych pozycji[132] poświęconych tematowi okupacyjnej miłości Polki i Niemca. Na czwartej stronie okładki czytam tekst reklamowy:

> To był związek nie do pomyślenia. Dla otoczenia, dla rodziny i dla samej Jadwigi. Podczas wojny nawet szlachetny człowiek ubrany w niewłaściwy mundur – zawsze będzie śmiertelnym wrogiem.

Ona, Polka, i on – chłopak (mężczyzna) w „niewłaściwym mundurze". To relacja, której wcześniej poświęcili wiele stron swojej prozy: Jan Dobraczyński, Tadeusz Nowakowski, Marek Hłasko, Krystyna Nepomucka. Co w tym temacie zafrapowało Mirosławę Karetę?

Punkt wyjścia opowieści znamy. Ona, Jadwiga Petrycy z domu Ptaszyńska, mieszkała w Krakowie, gdy zjawił się on – Max Bayer. Całą dalszą historię ujawniają jej „Zapiski".

> Twój biologiczny ojciec nazywał się Max Bayer, pochodził z Monachium i przyjechał do Krakowa w 39 roku w ślad za

---

132 M. Kareta, *Pokochałam wroga. Zakazana miłość Polki i Niemca w okupowanym Krakowie*, Kraków 2016.

niemiecką armią. Był specjalistą od budowy linii kolejowych. Przez pięć lat mieszkał pod jednym dachem z naszą rodziną jako przymusowy lokator. Wierz mi, to dość czasu, by poznać człowieka. Nie ma chyba uczucia, od nienawiści i pogardy poczynając, a na miłości i podziwie kończąc, którego bym do niego nie żywiła. To nie była prosta droga... A na jej końcu czekały mnie nadzieja i rozpacz, życie i śmierć. Chcę Ci opisać wszystko, co się zdarzyło i doprowadziło do tego, że na świat przyszedłeś Ty, ukochany mój Synku.

Jadwiga prowadzi notatki z myślą o ich wspólnym synu, któremu dała na imię Maksymilian, po ojcu. Do śmierci w 1990 roku nie była w stanie wyjawić mu całej prawdy. Dopiero z jej zapisków dojrzały już mężczyzna, urodzony we wrześniu 1945 roku, dowiaduje się, kim jest. Ale dowiaduje się tylko tyle, ile napisała matka. Druga połowa historii nadal pozostawała niejasna. Czy biologiczny ojciec żyje jeszcze, czy próbował go odszukać, czy założył nową rodzinę, czy miał dzieci? Dziesiątki pytań, na które nie znajdował odpowiedzi, aż do czasu gdy lokalna gazeta opublikowała artykuł o „zakazanej miłości" w czasie okupacji. Maksymilian dowiedział się z niego, że siostra Maxa Bayera odwiedziła Kraków w poszukiwaniu Jadwigi, jego matki. Wówczas do kontaktu nie doszło, ale przez dziennikarkę opisującą „zakazaną miłość" Maksymilian zdobył adres Klary Weiler, młodszej siostry Maxa. Ślad prowadził do Monachium.

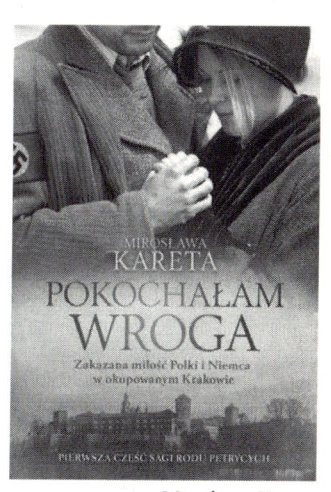

Mirosława Kareta, Pokochałam wroga

Akcja opowieści zaczyna toczyć się dwutorowo. Pojawiają się na przemian „Zapiski Jadwigi" sprzed półwiecza i współczesna narracja Maksymiliana. Autorka włącza i dodatkowe wątki, które są zapowiedzią późniejszych wypadków.

Maksymilian postanowił wyjechać do Monachium, odszukać Klarę i dowiedzieć się dalszych szczegółów. Tak też się dzieje i po kolejnych trzystu stronach zagadka zostaje rozwiązana. W istocie

Maksymilian Petrycy jest pół-Niemcem, synem Maxa Bayera. Co zrobi z tym odkryciem, zapewne dowiemy się z zapowiadanych przez autorkę kolejnych części sagi rodu Petrycych.

Inna sprawa to nadzwyczaj interesujący wątek dzieci ze związków mieszanych, czasem nazywanych „dziećmi Wehrmachtu". O ich losach i kłopotach z własną tożsamością wiemy już nieco dzięki pracom historyków i publicystów. Ciągle jednak za mało. To temat, który właściwie czeka na odkrycie i eksplorację przez literaturę piękną. Być może tym tropem pójdzie autorka, opisując dalsze losy Maksymiliana. Do jego podjęcia jest dobrze przygotowana.

I być może dzieci ze związków mieszanych, dziś bohaterowie jedynie opracowań historycznych, artykułów i reportaży prasowych staną się wkrótce bohaterami literackimi?

Literatura uzupełniająca

(*K. Obara*), w: www.matkapolka.com.pl
Kontrakt panny Brandt/Mija Kabat w: www.granice.pl/recenzja
Od nienawiści do miłości, czyli zakazane związki Polek i Niemców. Rozmowa Grażyny Starzak z Mirosławą Karetą, w: „Dziennik Polski", wyd. z 12 marca 2016.

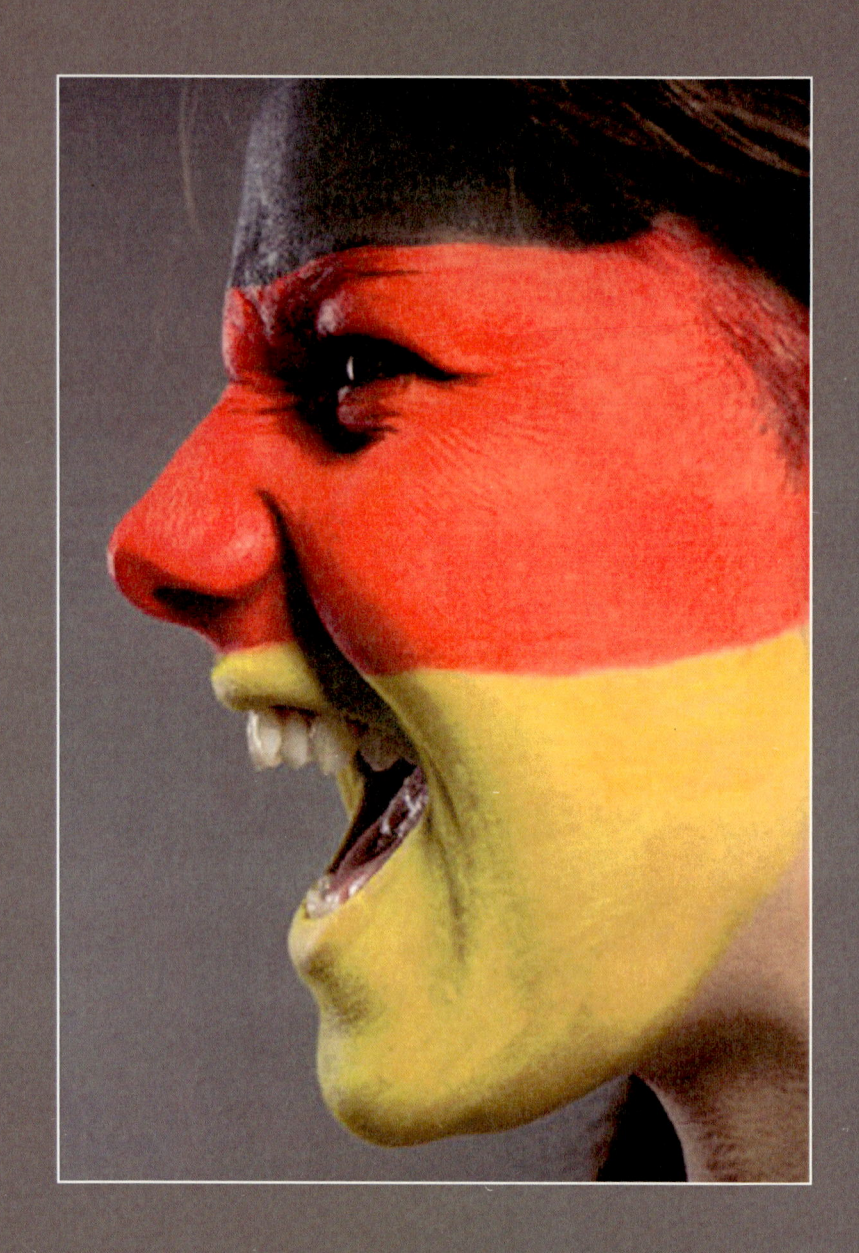

Niemcy chętnie żenią się z Polkami

ROZDZIAŁ TRZYNASTY

Współczesna Wanda
(Niemiecki portret młodej Polki)

W języku polskim termin „małżeństwo mieszane" nikogo nie razi i nie wywołuje negatywnych skojarzeń. Co innego we współczesnym języku niemieckim. Natychmiast zjawiają się słuszne zastrzeżenia ze względu na żywe asocjacje z ustawodawstwem nazistowskim o ochronie krwi niemieckiej i niemieckiego honoru. W ich myśl wszystkie małżeństwa z nie-Aryjczykami były zabronione i surowo karane.

1. Małżeństwa mieszane a Kościół katolicki

Małżeństwy się z narodami złączać nie będziesz (5 Mojż. 7,3). Stanowisko kościoła katolickiego wobec małżeństw mieszanych (*mixtae religionis*) zawsze było niechętne. Pomijam tu historyczne spory, zwłaszcza jeden, którego podłożem było wychowanie religijne dzieci. Gdy w 1835 roku arcybiskupem Kolonii został Clemens August von Droste zu Vischering, odrzucił on rozporządzenie rządu pruskiego, nakazującego chrzest i wychowanie dziecka z małżeństw mieszanych w konfesji ojca. Według niego to matka powinna decydować. Takie stanowisko zajął również Kościół katolicki w zaborze pruskim, co zostało przyjęte przez społeczeństwo polskie z entuzjazmem jako forma walki o zachowanie tożsamości narodowej. Obaj trwający w uporze hierarchowie kościoła: arcybiskup Kolonii Clemens August von Droste i metropolita gnieźnieński arcybiskup Marcin Dunin ukarani zostali więzieniem. Nowy władca Prus Friedrich Wilhelm IV ułaskawił obu i rozluźnił obowiązujące prawo, co oznaczało wzmocnienie pozycji Kościoła katolickiego, zwłaszcza w Prowincji Poznańskiej.

Zwyczajowo utarło się przekonanie w Niemczech, że synowie dziedziczą po ojcu wiarę, córki zaś po matce, czego nie respektował Kościół rzymski, upierając się przy obowiązku wychowania wszystkich dzieci w religii katolickiej.

U schyłku XIX i na początku XX wieku wzmogła się ofensywa publicystyki katolickiej wymierzona przeciwko małżeństwom mieszanym. Sprzeciw dotyczył w równym stopniu protestantów jak i prawosławnych. Walka o dusze polskie przynależące do Kościoła katolickiego prowadzona była oficjalnie w imię pryncypiów dogmatycznych, co w warunkach niewoli politycznej oznaczało również obronę wartości narodowych. Ówcześni czytelnicy (dozwolonej przez cenzora rosyjskiego) broszurki ks. Marcelego Godlewskiego *Dobry katolik między protestantami* (Warszawa 1897 i 1898) nie mieli trudności z odczytaniem intencji autora słów: „Bądź moralnym i przestrzegaj cnoty czystości; nie zawieraj znajomości prowadzącej do małżeństwa z osobami luterskiego wyznania, a co najważniejsze, nie wchodź nigdy w związki małżeńskie z protestantami"[133]. Jeszcze dobitniej wypowiadał się ks. Weredyk („proboszcz z Litwy") w broszurce *Wielka rana narodu polskiego, czyli małżeństwa mieszane. Rzecz praktyczna nietylko dla kapłanów, ale także i dla szerszych warstw intelligentnych wszystkich trzech dzielnic* (Wrocław 1904, Poznań 1906). Autor uwzględniając szeroki materiał porównawczy, zanalizował przyczyny, „dlaczego te małżeństwa tak się w Niemczech mnożą" i udzielił czytelnikowi stosownych odpowiedzi. Wśród siedmiu przyczyn znalazły się: 1. „ułatwione stosunki komunikacyjne", 2. „niewiadomość o skutkach mieszanego małżeństwa", 3. „zapoznawanie doniosłości wiary w życiu", 4. „występek", 5. „egoizm i próżność" i 7. „lekkomyślność". Panaceum na te niekorzystne zjawiska miało być „dziewięć przykazań i ośmnaście rad dla tych, co na bliższe obcowanie z innowiercami są narażeni".

Trzeba nadmienić, że i kościół protestancki dostrzegał niebezpieczeństwa małżeństw mieszanych i podejmował starania o ich

---

[133] M. Godlewski, *Dobry katolik między protestantami*, Warszawa 1898, s. 100.

ograniczenie. Za wyraz takiej postawy uznać należy opublikowany w 1934 roku dramat w pięciu odsłonach *Der Kampf um die Mischehe* (Walka o małżeństwo mieszane) autorstwa pastora ze Zduńskiej Woli Georga Lehmanna.

Już po odzyskaniu niepodległości ks. Kazimierz Naskręcki na łamach „Kroniki rodzinnej" (1936) ponownie powrócił do problemu i wyłuszczył kilka powodów, dla których Kościół daje co prawda dyspensę na małżeństwa z heretykami luterskimi, ale pryncypialnie uważa, iż „mieszane małżeństwa zostają zawsze niepożądanymi", gdyż mieszczą w sobie wiele niebezpieczeństw. Do nich zaliczał przede wszystkim ryzyko utraty prawdziwej wiary („niebezpieczeństwo zguby wiecznej") oraz dominującej roli Kościoła katolickiego w rodzinie. Autora zaniepokoiły zwłaszcza wymierne straty, jakie mogły zaistnieć. Wyliczył sobie, że jeśli

> (...) każde małżeństwo ma po czworo dzieci, już w 10-tym pokoleniu od jednej pary będzie więcej niż milion osób! A ile ich będzie do końca świata?! Statystyka wykazuje, że rokrocznie Kościół traci przez małżeństwa mieszane przeszło 100 tys. dzieci!

Czy Kościół mógł (może) dobrowolnie zrezygnować z tysięcy owieczek, które wymykają mu się przez furtkę małżeństw mieszanych?

2. Poszła za Niemca

W latach sześćdziesiątych i siedemdziesiątych XX wieku zawierano około 200–300 małżeństw polsko-niemieckich rocznie. Z tym, że dopiero od 1976 roku zagraniczny partner uzyskiwał prawo do obywatelstwa niemieckiego. Wzrost liczby tych małżeństw odnotowano w latach dziewięćdziesiątych, w 1996 było już ich 6 000.

Powodów zainteresowania się Niemców partnerkami z Polski należy upatrywać w normalizujących się relacjach między obu społeczeństwami. W ankietach z 2009 roku przeprowadzonych na terenie Niemiec 57% respondentów oceniało swój stosunek do wschodnich sąsiadów jako obojętny, 23% deklarowało sympatię, zaś 13% nastawienie negatywne. Z kolei w Polsce obojętność wobec Niemców deklarowało 44% pytanych, sympatię – 29%, a stosunek negatywny 22%. Badacze zauważają, że małżeństwa polsko-niemieckie wykazywały dużą stabilność. Z danych statystycznych wynika, że z przebadanych 120.000 przypadków, rozpadło się 9.500 małżeństw, co stanowi 13% ogólnej liczby.

Współczesna prasa po obu stronach Odry pełna jest anonsów matrymonialnych. Prezentowane są też historie związków, które brzmią coraz mniej sensacyjnie, a coraz bardziej zwyczajnie. Dla przykładu, internetowe wydanie „Die Welt" z 18 kwietnia 2010 roku donosi o pięciu małżeństwach polsko-niemieckich i przedstawia pięć portretów takich par:

„Izabela Harth, 32, prawniczka, Frankfurt nad Odrą: *12 lat temu przyjechałam z Płocka na studia do Frankfurtu. Steffena poznałam w bibliotece. W przerwach biegaliśmy na nadodrzańskie molo. Rzeka dzieli i łączy oba kraje.* Steffen Harth, 32, prawnik: *Pobraliśmy się w 2003 roku. Dla naszej córki szukaliśmy imienia, które pisze się podobnie w obu językach. Nazwaliśmy ją Eleonorą*".

„Thekla Lange, 32, politolożka, Berlin: *Zadurzyliśmy się w sobie przed piętnastoma laty podczas uczniowskiej wymiany. Mówiliśmy tylko po angielsku. Polacy potrafią świętować o wiele lepiej. Na weselach aż do świtu.* Rafał Zatoński, 33, inżynier: *Gdy w latach dziewięćdziesiątych przybyłem do Niemiec, myślałem, że tu jest wszystko droższe, piękniejsze i na większą skalę. Jednak różnice znikają. Niemcy wolą, by praca sprawiała przyjemność. Polacy pracują, by zarobić*".

„Anna Nassau, 36, urzędniczka w biurze prawniczym, Hamburg: *Urodziłam się w Warszawie. Moje córki wzrastają w dwóch językach. Jestem szczęśliwa, że są cząstką przyjaźni polsko-niemieckiej*. Martin Nassua, 48, kierownik akademickiego biura do spraw cudzoziemców: *Społeczeństwo polskie jest katolickie i posiada bogatą kulturę. Jako Niemcy nie potrafimy tego docenić. Polacy życzą sobie, byśmy traktowali ich po partnersku".*

Joanna M. Rother, 32, europeistka, Berlin: *Na początku moja polska rodzina miała wątpliwości, jak poradzę sobie w tym polsko-niemieckim związku; Stefan z niemieckiego zięcia stał się teraz „polskim" synem w Niemczech.* Stefan Maria Rother, 44, fotograf: *W ciągu ostatnich 20 lat pojęcie Europy oczywiście zmieniło się dla nas wszystkich. Dzięki mojej polskiej żonie Europa znacznie powiększyła się na wschodzie. Wstydzę się, że nie mówię jeszcze po polsku. Ale przynajmniej mogę powiedzieć do żony: „Kochanie".*

Cordula Grodzki, 40, tłumaczka, Bonn: *Co najmniej raz w roku jedziemy do Polski, często na Wielkanoc. Fakt, że polska rodzina trzyma się razem, imponuje mi jako Niemce. Jestem ewangeliczką, ale dzieci są katolikami.* Andrzej Grodzki, 38, nauczyciel języka polskiego: *Od dzieciństwa jestem harcerzem. Teraz próbuję zakotwiczyć tu ten ważny dla Polaków ruch i mam nadzieję, że moi synowie zostaną też harcerzami".*

Na forach internetowych roi się od propozycji zachwalających Polki jako atrakcyjne partnerki dla Niemców. Ich mocne strony:

Kobiety polskie są wesołe, serdeczne, wyluzowane i mają erotyczny powab. Polska jest krajem katolickim i pewnie dlatego są bardziej opiekuńcze w przeciwieństwie do innych kobiet. Trzymają stronę męża i dbają o niego. Mają *sexappeal*, uprawiają sport i zawsze wyglądają dobrze (…) Przede wszystkim dla Polki najważniejsza jest rodzina. Potrzebują bezpieczeństwa i sporo miłości. Ale i same chętnie ją ofiarowują. Stawiają prywatność wyżej niż karierę. To zachowanie wpajane jest im od dziecka.

Czy te przymioty akceptowane są przez niemieckich mężczyzn? Autorzy ogłoszeń zamieszczają również wypowiedzi Niemców, zadowolonych z dokonanych wyborów:

> Wiem dokładnie, jakie są Polki i uważam, że małżeństwa polsko-niemieckie w większości funkcjonują doskonale. Jeśli nawet mentalności obu nacji znacznie się różnią, to dobrze się uzupełniają, może nawet z powodu tych właśnie różnic.

3. Polka-Europejka

Kim są Polki coraz liczniej obecne we współczesnych Niemczech i jak są postrzegane? W ciągu ostatniego półwiecza ujawniły się wyraźne trendy w tych dziedzinach życia, które sprzyjają migracji polskich kobiet. Najczęściej poszukiwane są pielęgniarki, opiekunki do ludzi starszych, sprzątaczki oraz pracujące przy zbiorach płodów rolnych. Aktualny niemiecki rynek pracy określa status społeczny Polek, ale ponieważ nie jest on zbyt wysoki, nie ulega zmianie ich tradycyjne (mało pozytywne) postrzeganie. Nawet młode pokolenie Niemców nie potrafiło uwolnić się od stereotypów skażonych przeszłością. Tę prawdę dobitnie udowodniła młoda berlińska artystka Mareike Hölter. W ramach konkursu „Europejka" przygotowała 17 inscenizacji fotograficznych mających na celu przedstawienie „typowych" (z niemieckiego punktu widzenia) przedstawicielek narodów europejskich. Główną ideę pomysłu wyłożyła sama artystka w 2004 roku we wstępie do projektu:

> Unia Europejska w ostatnim akcie rozszerzenia postawiła sobie za cel pokojowe zniesienie granic dla budowy kulturalnej i gospodarczej jedności. Na papierze ta jedność się dokonała, ale jak wygląda ona w głowach samych Europejczyków? Jakie mają wyobrażenie o Europie? Jak czujemy się w Niemczech jako Europejczycy? Gdzie leżą podobieństwa i różnice w stosunku do innych krajów?

Obracamy się w kręgu wielu klisz, które opanowały nasze wyobrażenia o sąsiadach. Ujawniają nie tylko nasze obawy przed obcością i niezrozumieniem, ale także tęsknoty – przykładowo – za ciepłymi krajami śródziemnomorskimi z romantycznymi zachodami słońca. Która kobieta nie marzy, by upodobnić się do ponętnej, pełnej temperamentu hiszpańskiej tancerki flamenco? Wiemy, że nasze marzenia nie zawsze są zgodne z rzeczywistością, uczucia implikują spojrzenie, zmieniając sposób jej postrzegania. Negatywne stereotypy, które żywimy wobec licznych sąsiadów, pielęgnujemy z pewnością po cichu, ponieważ wzmacniają nasze poczucie wartości.

Realizując ten projekt, wyruszyłam na poszukiwanie mojej europejskiej tożsamości. Spróbowałam rozpoznać własne uprzedzenia, przyznać się do nich i wyrazić je językiem fotografii. W tym celu poprosiłam 50 osób z Niemiec w różnym wieku i o różnym zapleczu kulturowym o spontaniczne skojarzenia, uprzedzenia i stereotypy w stosunku do krajów Unii Europejskiej. Ich wypowiedzi stanowią uzupełnienie moich fotografii.

W mojej samoinscenizacji znalazłam drogę połączenia własnych wyobrażeń i tych, z którymi się zetknęłam. Użyłam więc siebie jako ekranu projekcyjnego dla specyficznie niemieckiego oglądu „Europejki".

Warto zapytać, jaki efekt osiągnęła Mareike Hölter i z jaką reakcją odbiorców się spotkała. Z polskiego punktu widzenia zainscenizowany przez młodą artystkę portret współczesnej Polki nie budzi zachwytu. Na tle sympatyczno-ironicznych wyobrażeń innych Europejek młoda Polka prezentuje się mało sympatycznie, za to na tyle wyraziście, że jest bezproblemowo rozpoznawalna. Co składa się na jej „rozpoznawalność"? Tleniona blondynka z długimi kręconymi włosami, usta pomalowane wyzywająco na czerwono, krótka bluzeczka odkrywająca brzuch, spódniczka mini, rajstopy siatkowe zwane kabaretkami oraz tania torebka przewieszona przez ramię. Skojarzenia, które wywoływała wśród respondentów, były w większości negatywne. Oto niektóre: „tania, ładna, katoliczka, wódka, prostytutka", a jeszcze do tego sfotografowana na obskurnym tle fragmentu zaniedbanego muru lub budynku. Musiał zatem istnieć silnie negatywny kontekst zarówno w głowie artystki jak i u jej respondentów, by doszło do tak nieprzychylnych skojarzeń. Problem jest o tyle przykry, że żadna inna nacja nie kojarzy się aż tak pejoratywnie. Czy przyczyna leży tylko po stronie niemieckiej, czy też przedstawicielki i przedstawicie młodego pokolenia Polaków „zapracowali" sobie na taki właśnie negatywny wizerunek: „dziewczyny lekkich obyczajów" i „złodzieja samochodów"? Ten drugi sprokurował karykaturzysta tygodnika „Die Zeit" w 2004 roku, jakby na powitanie nowego członka ekskluzywnego klubu wspólnoty europejskiej(?!).

Karykatura przedstawia sześć figur, tak sportretowanych, by swoim wyglądem uwypuklały łatwo rozpoznawalne „przymioty" narodowe. Od strony lewej mamy do czynienia z zadbanym i skupionym blondynem (bawarskie spodnie skórzane, przewodnik turystyczny, przenośny materac, białe skarpetki, sandały) bez wątpienia niemieckim turystą. Obok niego stoi elegancki „ciemny" typ i trudno o inne skojarzenie niż włoski mafioso. W środku grupy rysownik umieścił postać kobiecą, ubraną tylko w strój bikini, na biustonoszu zaznaczona symbolika flagi szwedzkiej. Obok niej angielski dżentelmen z łatwo rozpoznawalnymi akcesoriami (melonik, fajka, parasole, gazeta). Poniżej „typowy" Francuz (baskijka, papieros, bagietki). Kim jest szósta, klęcząca postać? Z jej identyfikacją nie powinniśmy mieć również problemów. Twarz szeroka, włosy w nieładzie, wąs à la Wałęsa, koszula rozchełstana (lub rozerwana w geście Rejtana?), na szyi łańcuszek z olbrzymim krzyżem, dresowe spodnie z bazaru. Istotnym dopełnieniem karykatury jest element, który ów jegomość trzyma w lewej ręce – kierownica samochodowa. Chyba wystarczająco dużo sygnałów, by bezbłędnie rozpoznać, o przedstawiciela jakiej narodowości chodzi.

Czy dwa wcześno dziewiętnastowieczne pozytywne niemieckie mity: „pięknej Polki" i „rycerskiego Polaka" legły ostatecznie w gruzach? Czy i dlaczego po ciosach, które zadał im kulturkampf oraz nazistowska ideologia *Rassenschande*, nie potrafiły się obronić również w końcówce XX wieku? Świadectwa performerki Hölter i karykaturzysty tygodnika „Die Zeit", nie wróżą dobrze. Są odbiciem utrwalonych obrazów i uprzedzeń, które wróciły z nową siłą, potwierdzając tezę o niebywałej żywotności stereotypów.

Literatura uzupełniająca

Brzozowska A., *Dobór małżeński i integracja imigrantów w małżeństwach mieszanych – stan badań, maj 2015*, w: www.migracje.uw.edu.pl

Jaroszewska E, *Małżeństwa polsko-niemieckie w RFN. Relacje polskich partnerów na tle obrazu innych małżeństw binacjonalnych,* Warszawa 2003

Szukalski P., *Małżeństwa binacjonalne*, w: www.dspace.uni.lodz.pl

Polskie Stowarzyszenie Rodzice Przeciw Dyskryminacji Dzieci w Niemczech t.z.
www.dyskryminacja.de

Logo Polskiego Stowarzyszenia Rodziców Przeciw Dyskryminacji Dzieci

ROZDZIAŁ CZTERNASTY
Nowa wojna niemiecko-polska
(o dzieci)

Opowieści o rozbitych małżeństwach mieszanych, a w ich konsekwencji o smutnym losie wspólnych, dwunarodowych dzieci często goszczą na łamach współczesnej prasy polskiej i niemieckiej (literatura piękna nie odkryła jeszcze dla siebie tego tematu). Gdy dzieje rodzin binacjonalnych toczą się normalnym trybem, nie wzbudzają zainteresowania czytelniczego. Gdy dochodzi do patologii, a do akcji włączają się urzędy państwowe, sprawy nabierają międzynarodowego charakteru. Obie strony rodzicielskie w obronie własnych praw, a często na przekór drugiej, angażują prasę i liczne instancje państwowe, nie dając łatwo za wygraną. W realiach niemieckich ogromna rola pośrednika w trudnych sprawach rodzinnych przypadła urzędom do spraw dzieci i młodzieży, zwanych Jugendamtami. To na ich sposób postępowania i decyzje dotyczące subtelnej tkanki związków wewnątrzrodzinnych, na często zbiurokratyzowane pojmowanie praw i dobra dziecka jest najwięcej skarg, absorbujących opinię publiczną i instytucje międzynarodowe.

Kiedy w związku mieszanym na świat przychodzą dzieci, rodzice decydują o ich przyszłości. W życiowym wariancie optymistycznym „wspólne dzieci" mają podwójne obywatelstwo, mówią dwoma językami, mają polskich i niemieckich dziadków, z jednymi mówią po polsku, z drugimi po niemiecku i to nikomu nie przeszkadza, ponieważ wszyscy mają te same prawa i pozytywne uczucia względem siebie. W wariancie pesymistycznym, gdy kończy się uczucie, a pojawiają spory oraz kłótnie rodzinne, czynnik narodowy zyskuje niespodziewanie na sile. Tolerancja, oczywistość, zmienia się w nietolerancję, nieoczywistość, skrywane niechęci i uprzedzenia biorą górę, w końcu doprowadzają do rozwodu. Gdy w małżeństwie nie ma dzieci, sprawa jest względnie prosta. Gdy są, problemy nie wygasają, a nasilają się za sprawą instytucji państwowych: sądu orzekającego o prawach rodzicielskich i Jugendamtu. Praktyki obu urzędów każą domniemywać, że tzw. *Kindeswohl*, co opisowo oddać można polskim terminem „dobro (interes) dziecka" wpisuje się w szerszą doktrynę, mającą zapewnić absolutną dominację kultury i języka niemieckiego. Sądy prawie automatycznie przyznają prawo do opieki nad dzieckiem niemieckiemu rodzicowi, zaś rodzic polski otrzymuje prawo do czasowych odwiedzin. Jugendamt z kolei dodatkowo i na swój sposób ogranicza prawa polskiego ojca (matki). Powszechną praktyką jest, że spotkania z dzieckiem mają odbywać się pod kontrolą urzędnika tegoż urzędu i muszą być prowadzone po niemiecku! Absurdalności tego rozporządzenia nie da się niczym usprawiedliwić. Dlatego z niedowierzaniem czytamy orzeczenie Federalnego Trybunału Konstytucyjnego z 31 lipca 2013 roku, podtrzymującego słuszność argumentacji Jugendamtu w Hamburgu, odmawiającego Wojciechowi Pomorskiemu, ojcu dwóch córek z małżeństwa mieszanego, prawa do rozmawiania z nimi w czasie spotkań po polsku. W wersji rozpowszechnianej przez Pomorskiego odpowiedni fragment brzmi:

> Z fachowo-pedagogicznego punktu widzenia nie leży w interesie dzieci, aby podczas spotkań ze swoim ojcem posługiwały się językiem polskim. Jedynie promowanie języka niemieckiego jest dla dzieci korzystne, gdyż w tym kraju wzrastają, tu chodzą i będą chodzić do szkół.

Tej argumentacji nie da się obronić. Jest z gruntu fałszywa i naukowo nie do przyjęcia. Jedyna „racja" to represyjność jako środek, którym urząd dysponuje i stosuje wobec drugiego rodzica. Nasuwają się niedobre skojarzenia z niechlubną przeszłością.

Konkretne przykłady. Beacie, matce dziewięcioletniego Moritza, sąd niemiecki odebrał prawo do opieki nad dzieckiem. Powód? Mimo iż po rozwodzie przez pięć lat wychowywała samotnie syna, wyjechała na osiem miesięcy do Polski bez zgody eksmęża. Otrzymała jedynie prawo do „widzeń kontrolnych", w czasie których powinna rozmawiać z synem po niemiecku, nad czym czuwał pracownik Jugendamtu. Zbuntowała się i dosłownie uprowadziła z ulicy w przygotowanej akcji Moritza (rok 2008). Inna Beata, matka czteroletniego Jasia, scenariusz identyczny. Przykłady można mnożyć. Bulwersująca jest historia Mirosława, lekarza. Po latach niezłych stosunków między małżonkami, m.in. wspólne wyjazdy z synem Filipem do Polski, w małżeństwie zaczęło się psuć. Ciąg dalszy to rozwód, odebrane prawa rodzicielskie i tylko czasowe odwiedziny syna. Tej wystarczająco trudnej sytuacji towarzyszy zawsze jeden warunek, którego polski rodzic nie godzi się tolerować. Rozmowa po niemiecku i w obecności urzędnika Jugendamtu. Stąd oburzenie, protesty, wściekłość na niemieckie przepisy. Jak pisze dziennikarka „Expressu Bydgoskiego":

> Wystarczy domowa kłótnia, do której dziecko niefortunnie przyzna się w szkole, by zostało odebrane rodzicom. Ten sam los spotkać może malca, który będzie szedł z rodzicem za rękę po godz. 22.00. Jeszcze gorzej, gdy rodzic będzie pod wpływem alkoholu. W historiach odebranych dzieci nie brakuje przypadków absurdalnych. Śmierć męża również okazała się powodem, dla którego Jugendamt odebrał dzieci żonie[134].

Pojawiają się skargi do instytucji międzynarodowych, interpelacje poselskie. W 2007 roku adwokat niemiecki Ingo Alberti skierował zredagowaną w ostrej formie petycję do Marcina Libickiego, ówczesnego przewodniczącego Komisji Petycji Parlamentu Europejskiego. Wyłożył w niej 27 powodów, dla których postuluje likwidację Jugendamtów w Niemczech z uwagi na ich „antydemokratyczną, antyeuropejską i skierowaną przeciwko rodzicom" działalność. Ingo Alberti w wielu punktach atakuje, przywoływaną już wcześniej, praktykę Jugendamtów zakazu używania języka polskiego w czasie spotkań polskiego rodzica z własnym

---

[134] S. Gruszka, *Uwagi na niemiecki urząd Jugendamt*, „Express Bydgoski", wydanie z 6 kwietnia 2015.

dzieckiem. Nazywa i piętnuje p r a w d z i w e cele przyświecające urzędowi niemieckiemu. Wyraża je dobitnie punkt 24 i 25 petycji:

> Celowe i zaplanowane wykorzenienie bezbronnych, małoletnich obywateli polskich z narodowych i rodzinnych związków, wygaszenie polskiej tożsamości przez zakaz języka i kultury polskiej, jak również zanik łączności z polskimi rodzicami rozumiane jest przez Jugendamt jako konieczność integracji z narodem niemieckim. W Polsce odbiera się to jako czystkę narodową (...)
>
> Jugendamty stwierdzają szkodliwość języka i kultury polskiej na rozwój dziecka w Niemczech. Jeśli polscy rodzice krytykują i nie akceptują czystki narodowej, odbiera im się prawa rodzicielskie z uzasadnieniem, że nie chcą współpracować z urzędem, co samo w sobie ma podważać ich umiejętności rodzicielsko-wychowawcze.

To bardzo poważne zarzuty, na które nigdy nie zareagował rząd niemiecki. Postulaty mnożą się nadal, bez wpływu na zmianę dotychczasowych praktyk.

Myślę, że dotychczasowe dziennikarskie batalie w sprawie dzieci z rodzin mieszanych sygnalizują ważny problem, wymagający nie tylko (ogólnoeuropejskiej) regulacji prawnej. Wpisuje się on w długie dzieje małżeństw polsko-niemieckich, ze skomplikowanym tłem narodowym, społecznym i rodzinnym. To interesujący temat dla współczesnej literatury.

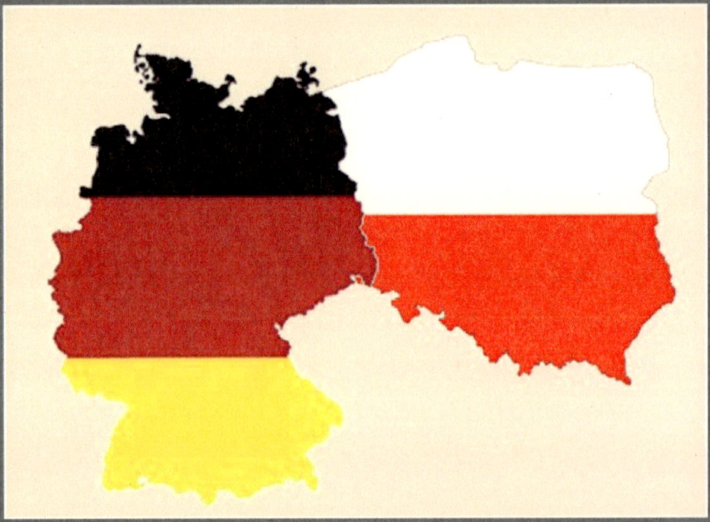

Rozdział piętnasty
W poszukiwaniu tożsamości

Józef Ignacy Kraszewski w powieści *Jelita* pisze: „Syn jego Petrek na pół był Niemcem dla ojca, pół Polakiem dla matki, więcej go jednak pono ciągnęło serce nad Ren, skąd pochodził, niż nad Wartę i Wisłę".

Pytanie, kto jest kim po mieczu, a kim po kądzieli, niepozostające bez znaczenia w wymiarze jednostkowym, w sensie ogólniejszym wyraża podstawową prawdę, iż z małżeństw mieszanych (polsko-niemieckich) rodzą się zawsze „mieszane", czyli polsko-niemieckie dzieci, a te z reguły mają problemy z własną tożsamością.

„Za tatkiem jestem Niemcem, ale za matką Polakiem" – mówi o sobie ponad sześćdziesięcioletni Feliks Bryja, mieszkający w południowej Bukowinie[135]. Podobnie wyznaje Herman Kuczinski: „Moja mama była Niemką a tatko, nieboszczyk, Polakiem". Wśród swoich mówią po polsku i czują się Polakami, otoczeni morzem społeczeństwa rumuńskiego.

Karol Czejarek, rocznik 1939, pracownik naukowy, germanista, tłumacz we wspomnieniu biograficznym *Wyjmuję „drzazgę" z mojej duszy*[136] dość jasno określa swoją tożsamość narodową.

> Urodziłem się 11 sierpnia 1939 r. w Berlinie na Livländische Straße 4, czyli dosłownie kilkanaście dni przed wybuchem II wojny światowej. Ojciec mój – Roman był Ślązakiem z Zabrza,

---

[135] http://www.opowiadania.pl.sprint.php?item=25703.
[136] K. Czejarek, *Wyjmuję „drzazgę" z mojej duszy*, w: *Historia pamięcią pisana. Biografie polsko-niemieckie*, red. K. Czejarek, K. Garczewski, wsp. naukowa T.G. Pszczółkowski, Pułtusk 2014, s. 57–69.

zaś moja matka – Maria, z domu Mellin, była rodowitą Niemką z okolic Hildesheim.

W Berlinie mieszkał do 10 roku życia, po wojnie ojciec zdecydował się wrócić z całą rodziną do Polski. Była to ze wszech miar odważna decyzja, brzemienna w skutkach. Młoda żona nie mówiła po polsku, ojcu robiono trudności ze znalezieniem pracy, głównie z powodu małżeństwa z Niemką[137]. Gdy więc w 1953 roku ojciec Karola ciężko zachorował i wkrótce zmarł, matka nie miała wątpliwości, jak ma dalej postąpić. Po długich staraniach o wyjazd do Niemiec, otrzymała w końcu zgodę władz. Jednak młody Karol zadecydował inaczej:

> Choć urodziłem się w Berlinie, zawsze chciałem być Polakiem i tak się stało, mimo że moja mama (po śmierci ojca) wróciła w swoje rodzinne strony i ponownie stała się obywatelką Niemiec. Nie podążyłem wówczas za jej decyzją i nigdy nie przyszło mi na myśl, aby mogło być inaczej.

Kolejne lata Karola to budowanie polskiej egzystencji, a końcowy wniosek wspomnień jest jednoznaczny.

> Moja decyzja pozostania w Polsce była absolutnie świadoma i suwerenna. Dumny jestem ze swej polskości i zadowolony z tego, co w Polsce osiągnąłem.

Katarzyna Zimmerer, rocznik 1961, dziennikarka i pisarka z Krakowa, opublikowała w Internecie tekst *Losy ludzkie w krytycznych czasach – w poszukiwaniu tożsamości*[138], stawiając w kontekście własnej biografii ważne pytania, dotyczące wielokulturowości i wynikających z niej konsekwencji. Tekst w całości wart jest przytoczenia, z konieczności ograniczam się do fragmentów.

---

137 T. Nowakowski w powieści *Obóz Wszystkich Świętych* zanalizował szczegółowo podobną sytuację.
138 K. Zimmerer, *Losy ludzkie w krytycznych czasach – w poszukiwaniu tożsamości* w: Zimmerer_pl-14Zimmerer_pl.pdf.

Jestem Polką. Wychowała mnie polska historia, kultura, tradycja. Ale: Mój ojciec był Niemcem (...) Moja mama definiuje się jako Polka. Podobnie myślały o sobie moja babcia i prababcia. Ale: Prababcia przyszła na świat w religijnym domu żydowskim (...) Rodzice poznali się dwanaście lat po zakończeniu wojny. (...) Po wojnie mój ojciec wydawał w Essen gazety „Wiara i Rozum" oraz „Początek i Koniec". Z przekonania katolik i marksista zainteresował się Polską. Przyjechał do Warszawy wczesną jesienią 1956 roku (...) Pokochał moją mamę. Postanowił zostać dłużej. I został aż do swojej śmierci w 1987 roku (...) Definiując moją sytuację, mogę powiedzieć: mój naród wymordował mój naród, podczas kiedy mój naród się temu przyglądał. Ale: Mój niemiecki ojciec nikogo nie zabił. Moja żydowska rodzina przeżyła Zagładę, dzięki wielu Polakom, którzy narazili dla niej własne życie. Polska historia, niemiecka historia, żydowska historia były dla mnie i dla mojej rodziny łaskawe. Więc po co zawracam sobie nimi ciągle głowę?

Na forach internetowych młodzi ludzie chętnie podejmują temat pochodzenia i tożsamości narodowej. Jeden z korespondentów pisze:

Zacząłem się zastanawiać. Zgoda, moi Geisheimerowie stali się Polakami, choć nie wszyscy. Napisałem, że określenie swojej narodowości jest czymś będącym swobodną opcją. Tylko jak przebiega proces stawania się Polakiem czy Niemcem? Zgoda, to jest proces. Nie ma tak, że spać kładzie się Niemiec, a rano wstaje Polak. Do którego momentu ten proces przebiega w sposób nieświadomy? Co się dzieje w głowie człowieka, w pewnym momencie stającego na rozdrożu? Czy rodzi się w nim poczucie zdrady w chwili, kiedy stwierdza, że bardziej czuje się Polakiem niż Niemcem? W 1782 roku w Galicji pojawia się pierwszy Geisheimer imieniem Adam rodem z Waldgrehweiler w Pfalzu. Sto pięćdziesiąt lat później umiera mój pradziadek Filip. Filip urodził się w rodzinie jeszcze niemieckiej, wszak w metryce chrztu jak byk jest napisane, że został ochrzczony jako Philipp. Więc to nie dom był tym miejscem, w którym zaczęła się polonizacja. Może był to wpływ prababci Weroniki z Haasów? Też tego nie wiem. A przecież oboje umarli jako Polacy. Co przesądziło, że Vater unser zamienili na Ojcze nasz?

Przy okazji forumowicze często przypominają znany wierszyk Władysława Bełzy z 1900 roku *Katechizm polskiego dziecka*, zaczynający się od słynnego pytania:

Kto ty jesteś?
Polak mały.
Jaki znak twój?
Orzeł biały.
Gdzie ty mieszkasz?
Między swemi.
W jakim kraju?
W polskiej ziemi.
Czem ta ziemia?
Mą ojczyzną.
Czem zdobyta?
Krwią i blizną.
Czy ją kochasz?
Kocham szczerze.

Jak bardzo zmieniają się czasy, a wraz z nimi podejście do spraw przynależności narodowej i stosunku do obcych, pokazuje utwór-song Jacka Karczmarskiego z 1993 roku, w którym artysta wykrzykuje swój protest przeciwko ksenofobicznym poglądom. Wiersz nosi tytuł *Dobre rady Pana Ojca*.

Słuchaj młody ojca grzecznie
A żyć będziesz pożytecznie.
Stamtąd czekaj szczęśliwości,
Gdzie twych przodków leżą kości.

Nie wyjeżdżaj w obce kraje,
Bo tam szpetne obyczaje.

Ref. Nalej ojcu, gardło spłucz
Ucz się na Polaka, ucz.
Bo tam szpetne obyczaje.

One Niemce i Francuzy
Mają pludry i rajtuzy.
Niechrześcijańską miłość głoszą
I na wierzchu jajca noszą.
Pyski w pudrach i w pomadkach,
Wszy w perukach, franca w zadkach.
Ref.

Cudzoziemskich ksiąg nie czytaj,
Czego nie wiesz – księdza spytaj.
Ucz się siodła, szabli, dzbana,
A poznają w tobie pana.
Z targowiska nie bierz złota –
To żydowska jest robota.

W sumie pięć utrzymanych w podobnym duchu zwrotek z pointą:

Taką stoi Polska racją
Na pohybel innym nacjom!

W prześmiewczej optyce wiersza Kaczmarskiego nie ma miejsca na wątpliwości „kim jestem?", a pointa rozstrzyga wszelkie niejasności. Ale wracajmy do tematu. W jednym z wywiadów reżyser młodego pokolenia Grzegorz Jarzyna, rocznik 1968, zdradza interesujące wątki rodzinnej biografii:

Mój ojciec miał na imię Horst, ale nie lubił swojego imienia. Jego prawdziwe nazwisko brzmiało Jarzina, bo rodzina przybyła na Śląsk z Austrii. Tata zmienił je na Jarzyna i zawsze używał imienia Józef (...) Moja babcia Ślązaczka zamieszkała w Niemczech i namawiała mnie do wyjazdu, rozpoczęcia tam nauki. Ale ojciec bardzo mocno trzymał stronę Polski. Nigdy nie akceptował moich wyjazdów. A kiedy miałem 16 lat, powiedział wprost: – Wybieraj, chcesz być Niemcem czy Polakiem? Myślę, że to było jedno z ważniejszych pytań, na jakie musiałem odpowiedzieć w życiu, bo być może bezwiednie stałbym się Niemcem albo Polakiem bez korzeni. Wyjazdy do Niemiec były jednak dla mnie ważnym doświadczeniem (...) Dzięki wyjazdom moje sądy na temat niemieckości i polskości stawały się wyraziste[139].

Historia Edwarda Adamka jest jeszcze inna, wskazuje na stopień powikłań losów ludzkich, jakie przynieść może wojna.

Wspomnienie swoje, które Paul Hadasch zamieścił w książce *Danke schön – dziękuję bardzo*[140], zatytułował Adamek *Niemiecka matka polskiego chłopca*. Na dwóch stronach streścił zwięzłym stylem wydarzenia na przestrzeni półwiecza, od chwili narodzin w październiku 1941 roku w szpitalu w Białej Prudnickiej. Biologicznymi rodzicami chłopca byli Polacy, pracujący jako przymusowi robotnicy w majątku niemieckiego gospodarza. Ten oczywiście nie akceptował obecności niemowlaka. Szczęśliwym zrządzeniem losu przyjęła go do swojej wielodzietnej rodziny Anna Jorek, mieszkanka Białej. Przez jakiś czas biologiczna mama odwiedzała syna, ale wkrótce wraz ze wszystkimi Polakami z okolicy została przeniesiona w inne miejsce, tak że kontakt między nimi urwał się. Gestapo tolerowało pobyt małego Edwarda w rodzinie Jorków tylko pod warunkiem, że zostanie wychowany na Niemca. Po wojnie biologiczna mama upomniała się o swoje dziecko i mimo protestów sporego już chłopca oraz ogromnego smutku całej rodziny Jorków zabrała go do Olkusza. Jak pisze Adamek:

---

139 J. Cieślak, *Polska dusza i niemiecki kościec*, Rzeczpospolita online z 26 grudnia 2007.
140 *Danke schön – dziękuję bardzo*, oprac. Paul Hadasch, Gliwice 1995.

> Poszedłem z nią wbrew mojej woli, zalewając się łzami i głośno płacząc. W Olkuszu nie czułem się dobrze. Choć byłem Polakiem, mówiłem tylko po niemiecku. Tęskniłem bardzo do osób, które mnie otaczały tak wielką miłością i dobrocią. Po moim odejściu mama z Białej rozchorowała się strasznie. Przeleżała w łóżku trzy miesiące.
> Każdą wolną chwilę spędzałem w Białej, bo tam byłem najszczęśliwszy. Nie potrafiłem wyzwolić się z przywiązania do mamy, sióstr...

Dalsze życie Edwarda ukształtowało się tak, jak wielu mieszkańców Śląska. Założył własną rodzinę i pozostał na miejscu, a Anna Jorek po latach starań otrzymała zezwolenie na wyjazd do Niemiec. Likwidując gospodarstwo, pozostawiła przybranemu synowi dom, w którym zamieszkał wraz z żoną i córką. Kontaktów nie zerwali, starsza pani odwiedza go corocznie.

> Gdy moja mama umrze, jej prochy przewiozę do Białej i pochowam w grobie, w którym leży jej mąż. Bo tu jest jej miejsce, na Śląsku, a ja chcę ją mieć blisko siebie.

Carolina Wollny, rocznik 1980, wyemigrowała z całą rodziną do Niemiec w 1989 roku, czyli jako dziewięcioletnia dziewczynka. Rodzice nie mieli żadnych powiązań z Niemcami, nie znali języka, wybrali jednak – jak dziesiątki, czy setki tysięcy podobnych rodzin – los emigrancki, na dobre i złe, określając tym samym i przyszłość swoich dzieci. W roku 2006 Carolina, już jako osoba dorosła, studentka uniwersytetu w Kolonii, na prośbę redakcji pisma „Zarys" poddała refleksji swoje poczucie identyfikacji z jednym lub z drugim krajem. Pisała:

> Jeśli ktoś mnie pyta, czy czuję się bardziej Niemką czy Polką, trudno jest mi jednoznacznie odpowiedzieć na to pytanie. Podam prosty, ale charakterystyczny przykład: w czasie mistrzostw świata w piłce nożnej, gdy Polska będzie grała przeciwko Niemcom, nie wiem, komu będę kibicować. Najprościej

należałoby powiedzieć, że „lepszy powinien wygrać"; chociaż nie do końca jest to oczywiste, ponieważ to Polacy są najlepszymi piłkarzami w drużynie niemieckiej...
Chyba tak naprawdę to nie czuję się ani Polką, ani Niemką, lecz Europejką. To wielki przywilej mojego pokolenia i mojego pochodzenia[141].

Kolejny przykład. Marianna Klara Fiett w opowiadaniu *W cieniu drzewa Yggdrasil*[142] fabularyzuje „prawdziwą historię kobiet należących do trzech pokoleń pewnej pruskiej rodziny". Naturalnym, bo genetycznym łącznikiem między nimi jest Polak Antoni Pałys, zatrudniony jako koniuszy w majątku rodziny Römersów. Młodzieńczym zrządzeniem losu najmłodsza córka, osiemnastoletnia Hedwig, zachodzi w ciążę z Antonim. Trudniej o większą hańbę dla junkierskiego rodu i to w czasach ustaw norymberskich określających zasady czystości rasy niemieckiej.

Rodzina rozwiązuje problem w jeden możliwy sposób. Po przyjściu dziecka na świat odbiera je młodziutkiej matce, rozpowiadając jednocześnie, że urodziło się martwe. Dziecko wędruje do spokrewnionej młodej bezdzietnej pary, która z wiejskiej posiadłości w Prusach Wschodnich przenosi się do Hamburga, by zatrzeć wszelkie ślady. Los małej Marty zależy teraz od miłości przybranych rodziców, ich desperacji w dotrzymaniu tajemnicy, jak i szczęśliwych, nieprzewidywalnych zbiegów okoliczności. Każda dwuznaczność mogłaby się przecież obrócić przeciwko niej.

Los okazał się w sumie łaskawy dla Marty i jej przybranej mamy, Gerdy Belter. Mimo okropnych przeżyć udało im się doczekać końca wojny, powrócić do Hamburga i zacząć nowe życie. Marta dorosłała, podjęła naukę i pracę. Wkrótce została żoną Nillsa, młodszego oficera brytyjskiego. Urodziły się dwie córki: Elisabeth i Karen, ale ten związek rozpadł się.

---

141 C. Wolny, „Zarys" 2006, nr 6, s. 200–201.
142 M.K. Fiett, *W cieniu drzewa Yggdrasil*, Warszawa 2008.

Lata płyną, Gerda zapada na zdrowiu i na łożu śmierci wyznaje przerażonej Marcie historię jej pochodzenia. Marta dowiaduje się, kim byli jej naturalni rodzice.

Do akcji opowieści wkracza trzecie pokolenie, starsza córka Marty – Elisabeth. Jej los nie układa się też bezkonfliktowo, musi przebijać się przez życie zdana wyłącznie na siebie. Bez ojca, jako dziecko wysłana przez matkę do pensjonatu w Szwajcarii, by nauczyła się karności. Przeżycia i lata rozstania zmieniły Martę, zaczęła odczuwać potrzebę kontaktu z córką, podzielenia się tajemnicą, która ciążyła jej coraz bardziej. Oczekiwała wsparcia i pomocy.

Reakcja Elisabeth była natychmiastowa. I w niej odezwała się silna potrzeba skonfrontowania się z nieznaną przeszłością, odnalezienia miejsc związanych z prawdziwą a zatajaną przed nią i matką historią rodzinną. Obie postanowiły wyruszyć na poszukiwanie w dalekiej, nieznanej Polsce śladów Hedwig i Antoniego.

I oto na początku lat dziewięćdziesiątych ubiegłego stulecia udały się na Mazury zaopatrzone w mapy, kilka cudem uratowanych fotografii i wiedzę, że rodowe siedlisko powinno znajdować się we wsi Golikowo koło Węgorzewa. Konfrontacja z miejscem i ludźmi dobrej woli pragnącymi im pomóc, przyniosła sporo ważnych informacji. Dowiedziały się wielu szczegółów o rodzinie Römersów, imionach przodków, stopniu pokrewieństwa, schyłku rodu i upadku majątku. Wreszcie o śmierci Hedwig i Antoniego. Hedwig miała zatonąć na statku „Wilhelm Gustloff". O wiele tragiczniejszy koniec spotkał Antoniego, któremu Römersowie nie wybaczyli doznanej hańby. Zadenuncjowali go pod zarzutem przestępstwa przestępswa i przeszedł najprawdopodobniej typową drogę męki przez więzienia policyjne do obozu zagłady w Sztutthofie.

Marta i Elisabeth, bliskie sobie jak nigdy dotąd, pokłoniły się miejscom i prochom przodków.

W krakowskim wydaniu „Gazety Wyborczej" dziennikarka Małgorzata Skowrońska[143] opisała perypetie Brigitte Brauer, eme-

---

[143] M. Skowrońska, *Dowiedziała się, że jej ojciec był Polakiem. Szuka go*, w: „Gazeta Wyborcza" 2012 z 6.04.

rytowanej nauczycielki z Hamburga, która poszukiwała polskiego ojca. Jej historia zaczęła się w 1946 roku na Dolnym Śląsku w miejscowości Dittersbach, po wojnie – Ogorzelec. To tam trafia z okolic Krakowa 25-letni Stanisław Filipiec, który po Niemcach przejmuje restaurację. W Dittersbach-Ogorzelcu mieszka jeszcze wraz z rodzicami 20-letnia Hildegarda Hinze. Młodzi poznają się i zakochują. Stanisław chce się żenić, jego matka bardzo oponuje, rodzice Hildy podobno nie. Gdy okazuje się, że dziewczyna jest w ciąży, na przyszłe plany matrymonialne nie ma już czasu, ponieważ nowe władze polskie nakazują Niemcom opuszczenie miejscowości. Przed młodymi staje dramatyczna decyzja, co dalej? Podobno Hilda chce zostać w Polsce i stworzyć rodzinę ze Stanisławem, ale rozsądek rodzinny podpowiadał, że nie byłaby to decyzja rozważna. Postanowiono, że Hilda z rodzicami wyjedzie, a Stanisław dołączy do nich w dogodnym momencie. Z uwagi na trudną sytuację polityczną planów tych nie udało się Stanisławowi nigdy zrealizować. Jego córkę, Brigitte, wychowywała matka, która założyła po kilku latach nową rodzinę, podobnie ułożyły się dalsze losy Stanisława.

Młoda Brigitte dosyć późno dowiedziała się, kto jest jej ojcem biologicznym. Miała 21 lat, gdy matka wyjawiła jej prawdę. Podobno była ze Stanisławem bardzo szczęśliwa. Chęć poznania losów ojca stawała się coraz silniejsza. W 2006 roku Brigitte podjęła poszukiwania, rozpytywała w różnych urzędach, dawała ogłoszenia w prasie polskiej. Ponieważ nie znała języka polskiego, trudności w dotarciu do informacji piętrzyły się. W maju 2012 roku nastąpił przełom. Odezwała się rodzina Stanisława, która rozpoznała opublikowane w prasie zdjęcia i w ten sposób Brigitte trafiła na krakowski grób swego ojca.

Przykłady podobnych skomplikowanych losów ludzkich można by mnożyć. Na koniec warto przytoczyć opinię współczesnego pisarza Szczepana Twardocha. W opasłej powieści *Morfina* z 2012 roku w powodzi obrazów, sądów i dywagacji narrator, latorośl małżeństwa polsko-niemieckiego, uwikłany w trudne kwestie przynależności i lojalności narodowej w czasie II wojny światowej, wypowiada zdanie: „Jestem Konstanty Willemann i mam w dupie to, czy jestem Niemcem, czy Polakiem, bo są ważniejsze sprawy na tym świecie".

Ironiczno-prowokacyjny stosunek bohatera do własnej tożsamości brzmi zapewne efektownie, nie zmienia to jednak w niczym faktu, iż jest tak, jak jest i każdy urząd na świecie wpisałby w odpowiedniej rubryce właściwe imiona jego („mieszanych") rodziców. Poprosiłby go również o jasną deklarację w kwestii przynależności narodowej.

DROGA DO NIEBA.

Książka parafialna
do nabożeństwa
dla katolików każdego stanu i wieku.

Wydał
Ks. Ludwik Skowronek,
proboszcz w Bogucicach.

Za pozwoleniem
Zwierzchności Duchownej

Nakładem i drukiem
Wydawnictwa dzieł katolickich
Reinh. Meyera w Raciborzu.

Weg zum Himmel.

Katholisches
Gebet- und Gesangbuch.

Herausgegeben
von
Ludwig Skowronek,
Pfarrer in Bogutschütz.

Mit kirchlicher Druckerlaubnis.

Vierte vermehrte Auflage.

Druck und Verlag:
Katholische Verlagsanstalt
Reinhard Meyer in Ratibor.
1908.

Zakończenie

Czy w małżeństwach polsko-niemieckich dociera się jakaś nowa forma współżycia?

Chyba każdy z nas zetknął się z problemem małżeństw mieszanych. Może opowiedzieć własną lub zasłyszaną historię. Jedne są intrygujące, inne rozczarowujące.

Na początku ubiegłego stulecia Ślązak Stanik Cyroń z Szopienic ożenił się z dziewczyną z sąsiedztwa, Niemką. Jak zachowało się w rodzinnej pamięci, każde mówiło po swojemu, on swoim śląskim polskim, ona po niemiecku i rozumieli się na tyle, by wspólnie przeżyć życie. Modlili się do jednego wspólnego Boga, a on zezwolił, by każde miało swoją książeczkę do nabożeństwa. Zadbał o to jego ziemski sługa ksiądz Ludwik Skowronek. Dla Stanika przygotował wersję polską *Drogi do nieba*, a dla Marie wersję niemiecką *Weg zum Himmel*. I Bóg nakazał, by od początku mieli wspólny stół i łóżko, jak wspólne dzieci, troski, kłopoty i drobne radości.

Historia Stanika Cyronia przypomina mi inną, współczesną sytuację. Gdzieś w okolicach roku 2005 w samolocie na trasie Kolonia–Warszawa, a równie dobrze mogło to być gdzie indziej, spotkałem małżeństwo polsko-niemieckie z kilkuletnim synkiem Maksem (Max). Papa – wysoki, szczupły Niemiec, powyżej trzydziestki, ona – średniego wzrostu, ładna blondynka, Polka. Chłopiec (Junge) kręcił się, zwyczajem dzieci, ciekaw wszystkiego i wszystkich. Gdy zbytnio oddalał się, ojciec przywoływał go i pouczał po niemiecku, swoje dodawała mama, ale po polsku. Nie było wątpliwości, że cała trójka zna obydwa języki. Powaga mieszała się z żartem, a chłopiec z równą łatwością i swobodą zmieniał kody językowe. Był dobrze przygotowany na spotkanie z polską babcią i dziadkiem, do których miał takie samo prawo, jak oni do niego. To samo prawo obowiązywało, przypuszczam, w drugą stronę.

Stanik i Marie doświadczyli w swoim długim życiu wielu trudnych, wręcz dramatycznych momentów związanych z ich pochodzeniem i mową. Na małego Maksa czekały też niełatwe chwile, choć czasów nie da się porównać. Demony wrogości, złych nastawień, uprzedzeń i przesądów nie zaniechały niecnych zamiarów oraz praktyk.

W książce starałem się uporządkować i przypomnieć najważniejsze okresy długiej historii związków polsko-niemieckich, tego ich wymiaru, który z pozoru pozostaje wyłączną domeną dwojga zakochanych osób. W rzeczywistości jest inaczej i nikomu jeszcze nie udało się zbudować szczęścia indywidualnego w „izolacji od świata", bez mniejszej czy większej ingerencji rodziny, panującego prawa czy polityki. Mówiąc słowami poety: „szczęścia w domu (miłości) nie zaznał, bo go nie było w ojczyźnie". Te dwa komponenty: uczucie i narodowość odgrywały w przeszłości podstawową rolę w życiu wielu małżeństw. Ale czy na pewno „w przeszłości", czy dziś i jutro są (będą) wolne od znamienia („piętna") narodowego?

Wielki znawca duszy niemieckiej i polskiej Peter Piotr Lachmann w licznych współczesnych mariażach polsko-niemieckich dostrzegł pewien pocieszający aspekt. W wywiadzie dla „Rzeczpospolitej" stwierdził:

W 1688 roku Wacław Potocki pisał: „Nigdy w szczerej nie żyli Polak z Niemcem zgodzie" i kończy pesymistycznie, że „póki świat światem nie będzie nigdy Niemiec Polakowi bratem". Bratem nie, ale okazuje się, że mężem owszem. I to obecnie już prawie na masową skalę. Ciekawe, czy w małżeństwach polsko-niemieckich nie dociera się jakaś nowa forma współżycia?[144].

W swojej opowieści, której głównym bohaterem jest czas, a na jego tle zmieniające się losy ludzi (kochanków, małżonków obu nacji), uwzględniłem wyłącznie materiał historyczny i literacki

---

144 J. Cieślak, *Trzeba odbudować europejski mit Warszawy*, w: „Rzeczpospolita" 2007, nr 65.

podlegający czytelniczej weryfikacji. Ale przecież każda epoka mogłaby opowiedzieć i dodać do zbioru nową ważną, dramatyczną lub pouczającą historię. Ślad po wielu zatarł się bezpowrotnie i tylko wyobraźnia pisarza była (jest) w stanie wydobyć niektóre z mroków niepamięci. Starałem się podążać ich tropem.

Książki nie powstają nigdy w izolacji, zawsze towarzyszy im grono osób życzliwych autorowi, motywujących go, inspirujących i wspierających w procesie realizacji projektu. Należą im się słowa podziękowania. Spośród wielu cierpliwych i wyrozumiałych rozmówców, życzliwych recenzentów chciałbym wspomnieć trzy osoby towarzyszące od początku mojemu zamysłowi. Mam na myśli: Erharda Brödnera, Mikołaja Ossolińskiego i moją żonę Elżbietę. Z Erhardem Brödnerem, dyplomowanym prawnikiem, slawistą i tłumaczem, współpracowałem przez wiele lat w Instytucie Slawistyki Uniwersytetu Kolońskiego. Był zawsze chętnym i kompetentnym dyskutantem, czytelnikiem, inspiratorem. Z Mikołajem Ossolińskim, potomkiem starego rodu, sąsiadowaliśmy w Kolonii. Częste spotkania owocowały długimi rozmowami o koligacjach rodzinnych, zwłaszcza ostatniego okresu, ponieważ Mikołaj był potomkiem rodziny polsko-niemieckiej z Poznańskiego, która po wojnie osiadła w Niemczech. Rozmówca był niewyczerpanym źródłem wiedzy na temat małżeństw mieszanych. Specjalna rola w pracy nad książką przypadła mojej żonie Elżbiecie. Towarzyszyła jej we wszystkich stadiach powstawania, wspierając radami, krytykując poszczególne ujęcia, dbając o potoczystość narracji. Dziękuję.

Dodatek

Jak postrzegać problematykę małżeństw polsko-niemieckich?

Erhard Brödner, Kolonia

Już w czasie naszej współpracy na uniwersytecie w Kolonii zajmował się Piotr Roguski problematyką małżeństw polsko-niemieckich. Impuls do zainteresowania się tym tematem dali właściwie sami studenci, a głównie studentki z polskimi korzeniami, które po części miały już za mężów Niemców, bądź planowały taki związek. Żadna z nich, jak dość szybko się okazało, nie była zorientowana w historycznych uwikłaniach małżeństw mieszanych, ani tym bardziej w konsekwencjach, jakie powodowały. I być może był to istotny powód ich obecności na zajęciach.

Zaproszony już wówczas do współpracy, jako rodzaj „niemieckiego kontrapunktu", chętnie zabieram głos po latach i, ponownie zaproszony, dopisuję go do ukończonego manuskryptu.

„Miłość, następnie małżeństwo... Niby to proste, a jednocześnie skomplikowane, jak wszystko w życiu" – pisze autor we wstępie do swej obszernej, interesującej, miejscami głęboko wstrząsającej książki. Dobrze jest jednak na początku wiedzieć, co myśli „ta druga" strona, zwłaszcza w kwestii małżeństwa z kimś „obcym", już na starcie wnoszącym do związku niechciane wiano historycznie warunkowanych narodowych stereotypów i uprzedzeń. O ile dla czytelnika polskiego nieudane małżeństwa polsko-niemieckie zawsze odsłaniają bolesny, historyczny kontekst, o tyle współczesny czytelnik niemiecki widzi je zdecydowanie inaczej. Przede wszystkim chodzi o wagę argumentacji i ich zakotwiczenie w historii. Niemcy w myśleniu Polaków odgrywali znacznie ważniejszą rolę niż na odwrót. Widać to już chociażby po randze autorów. Problematyką niemiecką zajmowali się najwybitniejsi pisarze polscy: Kraszewski, Konopnicka, Świętochowski, Reymont czy z nowszych Dobraczyński, Nowakowski, Hłasko. Wśród niemieckich autorów, poza kilkoma bardziej znaczącymi jak Heine, Freytag, Keller czy Grass, pozostali to twórcy *minorum gentium*.

Decydującym wydaje się lęk Polaków przed wynarodowieniem, które groziło ze strony Prus i Niemiec. Nie możemy zapominać, że w tym procederze zaangażowane były wszystkie siły państwa, wspierane przez rodzimą kulturę. Czas wzmożonej germanizacji i pogarda nazistowskiej ideologii pozostawiły w Polakach głębokie i trudne do zaleczenia rany.

Całkiem odmiennie wyglądała ta kwestia ze strony niemieckiej. Tu nie koncentrowano się na „jednym wrogu". Istniała co prawda prusko-polska „walka duchów", chyba najbardziej znacząca walka (kulturkampf) w Niemczech, ale nie jedyna. Podobne, jeśli nawet nie tak jaskrawe i w mniejszym wymiarze, prowadzono z Duńczykami, Czechami, Słowianami bałkańskimi, Włochami, Francuzami itd. Na boku trzeba dodać, że również żyjący poza Rzeszą Niemcy poddawani byli represjom, jak chociażby w węgierskiej części monarchii habsburskiej. Problem represji wobec mniejszości narodowych trzeba widzieć w kontekście historyczno-geograficznym.

Większym i o wiele ważniejszym problemem dla Niemców był podział kraju na dwie konfesje, które nie tylko dzieliły ludzi geograficznie, ale i oddalały ich od siebie duchowo. Ten podział doprowadził do strasznej wojny trzydziestoletniej, powodującej ogromne straty w ludności i głębokie rany w świadomości Niemców. Ma on do dziś znaczenie, a w wieku dziewiętnastym kładł się głębokim cieniem na małżeństwach mieszanych. Dlatego w pytaniu rodzica, kim jest wybranka, kryła się część dotycząca wyznania. Nie dziwmy się przerażeniu prusko-niemieckiej rodziny protestanckiej, gdy miała do niej wejść „Polka-katoliczka"! Ta sama obawa towarzyszyła zresztą i drugiej stronie, gdy starającym się o rękę polskiej panny okazywał się Niemiec-ewangelik!

Z dzisiejszego punktu widzenia zarówno narodowa jak i konfesyjna część pytania o pochodzenie kandydatki (kandydata) do rodziny niemieckiej straciły na znaczeniu. Stało się to za sprawą procesów laicyzacyjnych, a nade wszystko za sprawą demonstracyjnego odrzucenia „niemieckości", jako reakcja na nazistowskie zbrodnie popełnione w imię narodowości. Młodzi Niemcy chętniej określają się mianem Europejczyków.

Z tych dwóch powodów problem małżeństw polsko-niemieckich, patrząc z perspektywy ogólnoniemieckiej i uwzględniając ówczesne tereny wschodnie, szczególnie Poznańskie i Górny Śląsk, nie odgrywał tak ważnej roli, jak dla Polaków. Przy czym ciągle musimy pamiętać o prawie do własnego, narodowego punktu widzenia.

Zawsze uważałem, że nic tak nie zbliża narodów do siebie, jak chęć poznania specyfiki drugiej strony. Studiowanie dokumentów i czytanie literatury „drugiego", to nie tylko ciekawość poznania odmienności, ale i obowiązek ich zrozumienia. Od młodości kierowała mną ta potrzeba i myślę, że zasłużyłem na miano „przyjaciela Polaków", *Polenfreunda*, jak mawiano w 1 połowie XIX wieku w Niemczech.

Noty o autorach

Bethusy-Huc Valeska von, ps. Moritz von Reichenbach. Ur. w dzisiejszym Kiełbasinie na Górnym Śląsku w 1849 r., zm. w Lugano w 1926. Wcześnie wyszła za mąż za hrabiego Eugena von Bethusy-Huc, zamieszkała w majątku Zdzieszowice, w którym przeżyła szczęśliwie 39 lat. Tematyka polska pojawiła się w pisarstwie Valeski Bethusy-Huc za sprawą kontaktów rodzinnych i otoczenia, w którym wzrastała. Jej działalność pisarska przypada na okres nacjonalistycznej konfrontacji obu narodów, nie dziwi więc, że ta perspektywa dominowała. Wydała m.in. powieści *Die Lazinskys* (1888), *Hans der Pole* (1906), *Aus der Chronik schlesischer Städte* (1911), opowiadania *Oberschlesische Geschichten* (1903).

Brockdorff Gertrud von, z domu Stendal. Ur. w 1893 r. w Magdeburgu, zm. w 1961 w Dörnick. Pisarka i dziennikarka. Opublikowała ponad 50 powieści o tematyce historycznej i współczesnej, zaliczanych do gatunku literatury popularnej. Łatwość pisania pozwalała jej wydawać 2–3 pozycje rocznie. Wydała m.in. powieść *Grenzland!* (1923).

Brodowski Stefan, brak bliższych danych.

Busse Carl Hermann, ps. Fritz Döring. Ur. w 1872 r. w miejscowości Lindenstadt w powiecie Birnbaum, w dzisiejszym Międzychodzie. Do gimnazjum chodził w Wągrowcu, dobrze znał realia i z pewnością język polski. Wykorzystał to w swojej bardzo bogatej twórczości. Zm. w roku 1918 w Berlinie w wieku czterdziestu sześciu lat. Aktywny jako dziennikarz i krytyk literacki. Busse pozostawił ok. pięćdziesięciu wydanych książek: powieści, tomów poezji własnej, wyborów liryki, prac historyczno- i krytycznoliterackich. Sporo uwagi poświęcił tematyce polskiej. Wydał m.in. *Die Schüler von Polajewo* (1901), *Im polnischen Wind* (1906), *Das Gymnasium zu Lengowo* (1907), *Geschichte aus der Ostmark* (1922).

Degen Izabella, ur w 1946 r. w Olsztynie. Mieszka w Niemczech. Autorka kilku książek prozy i poezji, m.in. *Opowiadania nie z tej wyspy* (2008), tomik wierszy *W rytmie Ziemi* (2012).

Dobraczyński Jan ur. w 1910 r., zm. w 1994 roku. Prawie całe życie mieszkał w Warszawie. Od wczesnych lat związany z ruchem narodowo-chrześcijańskim. Wziął udział w kampanii wrześniowej, a po klęsce włączył się aktywnie w pracę konspiracyjną. W ramach współpracy z organizacją Żegota ratował od zagłady dzieci żydowskie. Wziął też udział w powstaniu warszawskim, co przypłacił pobytem w niemieckich obozach jenieckich. Po wyzwoleniu włączył się czynnie w nowe życie polityczno-społeczne i kulturalne. Związał się z orientacją narodowo-katolicką, której oficjalną, proustrojową reprezentacją było Stowarzyszenie PAX. Z tego tytułu zasiadał w sejmie PRL i wchodził w skład najważniejszych instytucji państwowych. Opublikował ponad 80 książek, m.in. *Listy Nikodema* (1952), *Przyszedłem rozłączyć* (1959), *Cień Ojca* (1977).

Dzieduszycki Wojciech, ur. w 1848 r. w Jezupolu k. Stanisławowa, zm. w 1909 w Wiedniu. Działacz galicyjski, konserwatywny polityk związany z dworem austriackim, profesor filozofii, prozaik i dramaturg. Opublikował m.in. powieści: *Władysław* (1872), *W Paryżu: Powieść obyczajowa* (1893), z dzieł filozoficznych: *Roztrząsania filozoficzne o podstawach pewności ludzkiej* (1892), *Rzecz o uczuciach ludzkich* (1902).

Filochowska-Pietrzyk Alicja, ur. w 1949 r., dziennikarka.

Fitzek Rudolf, ur. w 1891 r., zm. w 1945. Działacz mniejszości niemieckiej na polskim Górnym Śląsku, pisarz, funkcjonariusz narodowosocjalistycznego reżimu. Opublikował kilka utworów, w tym zbiory poezji, opowiadania i sztuki teatralne. Dramat *Volk an der Grenze. Ein Drama deutscher Minderheit i drei Akten* (Naród na granicy. Dramat mniejszości niemieckiej w 3 aktach) został opublikowany w 1933 roku we Wrocławiu. Wcześniej, w 1930, odbyła się jego prapremiera sceniczna w Würzburgu. W 1932 wystawiony został na otwarcie sezonu świeżo powstałej narodowosocjalistycznej sceny „Deutsche Bühne". Po wojnie jego twórczość znalazła się na liście dzieł skażonych nazizmem i z tego powodu wycofana z obiegu czytelniczego.

Gojawiczyńska Pola, ur. w 1896 r. w Warszawie i tam zm. w 1963. Pisarka, działaczka społeczna i niepodległościowa. Wydała wiele tomów prozy, rozgłos zdobyła powieścią *Dziewczęta z Nowolipek* (1935). Kilka lat spędziła na Górnym Śląsku, żywo interesując się problematyką śląską. Nawiązują do niej opowiadania z tomu *Powszedni dzień* (1933) i powieść *Miłość Elżbiety* (1934).

Grabowski Elisabeth, ur. w Raciborzu (Ratibor) na Górnym Śląsku w 1864 r., zm. w Opolu (Oppeln) w 1929. Z powodów rodzinnych często zmieniała miejsce zamieszkania, wcześnie też zaczęła zarabiać na siebie. Debiutowała dość późno, w wieku 45 lat, dłuższym opowiadaniem *Der weiße Adler* (Orzeł Biały). Opublikowała w sumie 17 książek: powieści, opowiadań, bajek. Zwłaszcza jej bajki górnośląskie cieszyły się dużą popularnością.

Grass Günter, ur. w 1927 r. w Wolnym Mieście Gdańsku, zm. w 2015 w Lubece. Laureat Literackiej Nagrody Nobla (1999), autor wielu znanych powieści, opowiadań, esejów, wierszy. M.in. trylogii gdańskiej: *Blaszany bębenek* (1959), *Kot i mysz* (1961), *Psie lata* (1963).

Gruszecki Artur, ur. w 1852 r. w Samborze, zm. w 1929 r. w Warszawie. Dziennikarz, prozaik, krytyk literacki. Autor powieści: *Tuzy* (1893), *Tam, gdzie się Wisła kończy* (1903), *Maryawita* (1912).

Hłasko Marek, ur. w 1934 r. w Warszawie, zm. w 1969 w Wiesbaden. Prozaik i scenarzysta filmowy. Opublikował wiele tomów powieści i opowiadań, m.in. *Ósmy dzień tygodnia* (1957), *Następny do raju* (1958), *Cmentarze* (1958).

Hochhuth Rolf, ur. w 1931 r. w miejscowości Eschwege. Opublikował wiele utworów scenicznych, prozą, szkiców, wierszy, esejów. W 1963 opublikował głośną sztukę *Namiestnik*, w której ostrej krytyce poddał stanowisko Watykanu wobec zagłady Żydów. Dłuższe opowiadanie *Eine Liebe in Deutschland* ukazało się w 1978 roku w wydawnictwie Rowoltha, polski przekład Eugeniusza Wachowiaka w 1984 w Wydawnictwie Poznańskim, pt. *Miłość w Niemczech*.

Janssen-Jurrei Marielouise, ur. w 1941 r. w Dortmundzie. Jest dziennikarką, pisarką, działaczką ruchu feministycznego.

Jasińska Zofia, ur. w 1908 r. w Krakowie, zm. w 2003 we Frankfurcie nad Menem. Wspomnienia *Der Krieg, die Liebe und das Leben* opublikowała w języku niemieckim.

Kabat Mija, pseudonim „znanej warszawskiej dziennikarki".

Kareta Mirosława, „urodzona w ubiegłym wieku, w Krakowie". Studiowała historię i dziennikarstwo. Autorka kilku powieści.

Konopnicka Maria, ur. w 1842 r. w Suwałkach, zm. w 1910 we Lwowie. Poetka, nowelistka, publicystka, tłumaczka. Autorka popularnych nowel: *Dym, Mendel Gdański, Miłosierdzie gminy*, poematu *Pan Balcer w Brazylii*, wierszy dla dzieci.

Kraszewski Józef Ignacy, ur. w 1812 w Warszawie, zm. w 1887 w Genewie. Prozaik, publicysta, działacz społeczny i polityczny. Jego dorobek jest ogromny, wydał ponad 600 tomów różnej gatunkowo prozy.

Kaeseberg Max, ps. Max Berg, ur. w 1857 r. w Gdańsku, zm. w 1908 w Berlinie. Syn żydowskiego fabrykanta, zdobył wykształcenie kupieckie, ale próbował innych zawodów. Był literatem i prywatnym uczonym. Opublikował kilka powieści.

Kiehl Franz, brak bliższych danych. Autor jednej prawdopodobnie sztuki teatralnej.

Kurpiun Robert, ur. 1869 r. w Prusach Wschodnich. W 1893 przeniósł się na Górny Śląsk do Katowic, gdzie pracował jako nauczyciel. Od 1901 zamieszkał w niemieckich wówczas Tarnowskich Górach, a gdy stały się one w wyniku wojny i plebiscytu miastem polskim, opuścił je i przeniósł się na Dolny Śląsk, by osiąść koło Jeleniej Góry, gdzie zmarł w 1943. Kurpiun obok wyuczonego zawodu nauczycielskiego uprawiał literaturę, próbując sił w prozie, reportażu i dramaturgii. Krytycy lokują go w rzędzie lokalnych pisarzy śląskich, w kategorii „literatury ojczyźnianej" (*Heimatliteratur*).

Laskowski Kazimierz, ur. w 1861 r. w Tokarni, zm. w 1913 w Warszawie. Powieściopisarz, poeta, dramaturg, dziennikarz. Wydał m.in. powieści: *W ślady ojców. Powieść* (1905), *Lokaut. Powieść łódzka* (1907), *Litwaki. Powieść spółczesna* (1911),

Liepe Albert August Ferdinand, ur. w 1860 r., zm. po 1917 roku (źródła podają tylko skąpe informacje). Nauczyciel, pisarz.

Löpelt Peter, debiutował w NRD. Wydał m.in. powieści: *Leben* (*Das neue Abenteuer 214*) w 1963, *Die Weimar Connection* (2014).

Nepomucka Krystyna, ur. w 1920 r. w Warszawie, zm. w 2015 przeżywszy 94 lata. Studiowała medycynę, prawo i sztuki piękne. Zadebiutowała jako pisarka po wojnie. Była też dziennikarką prasową i redaktorką w Polskim Radiu. Opublikowała ponad 30 powieści.

Nowaczyński Adolf, ur. w 1876 r. w Podgórzu (Kraków), zm. w 1944 w Warszawie. Prozaik, dramaturg, satyryk, działacz społeczny i polityczny. Wydał m.in. *Małpie zwierciadło* (1902), *Facecje sowizdrzalskie* (1903), błyskotliwe *Słowa, słowa, słowa* (1938).

Nowakowski Tadeusz, ur. w 1917 r. w Olsztynie, zm. w 1996 w Bydgoszczy. Brał udział w kampanii wrześniowej, w czasie wojny aresztowany za działalność patriotyczną, skazany na długoletni pobyt w obozach niemieckich. Uwolniony przez aliantów przebywał w obozie dla wysiedleńców polskich (*displaced persons*) w Haren. Stamtąd udał się do Londynu, ale na dłużej osiadł w Monachium, gdzie podjął współpracę z sekcją polską Radia Wolna Europa. Pod koniec życia powrócił do rodzinnego miasta. Autor licznych powieści i reportaży.

Obara Karina, ur. w 1974 r. w Wałbrzychu. Jest politolożką i dziennikarką.

Pilf Traugott, ps. Friedrich Frohmut, ur. w 1866 r. w miejscowości Sickte koło Brunszwiku, zm. w 1940 w Wiesbaden. Z zawodu był lekarzem, kilka lat przepracował w Poznańskiem. Autor wielu powieści, m.in. *Geschichten aus der Ostmark* (Opowieści z Marchii Wschodniej), Wiesbaden 1905.

Poncet Hans von, brak bliższych danych.

Prus Bolesław, ur. w 1847 r. w Hrubieszowie, zm. w 1912 w Warszawie. Prozaik, publicysta, kronikarz, działacz społeczny. Autor znanych powieści: *Placówka* (1886), *Lalka* (1890), *Emancypantki* (1894), *Faraon* (1897).

Reymont Władysław Stanisław, ur. w 1867 r. w Kobielach Wielkich, zm. w Warszawie w 1925. Prozaik i nowelista, laureat Nagrody Nobla (1924). Autor znanych powieści: *Komediantka* (1896), *Fermenty* (1897), *Chłopi* (1904–1909).

Poremba-Patze Justyna, ur. w 1959 r. w Krakowie. Mieszka w Düsseldorfie. *Autorka Niemieckiego eldorado.*

Richter Helmut, ur. w 1933 r. w Freudenthal. Po wojnie w NRD, dziennikarz, pisarz, profesor literatury. Opowiadanie *Über sieben Brücken mußt du gehen* (Przez siedem mostów musisz przejść) powstało w 1975. Rok później posłużyło za scenariusz filmu telewizyjnego. W trakcie realizacji filmu dopisał autor słowa piosenki, która z muzyką Ulricha Swillmsa zaczęła żyć własnym życiem, osiągając sukces estradowy.

Rodziewiczówna Maria, ur. w 1864 r. we wsi Pieniuha na Grodzieńszczyźnie, zm. w 1944 koło Skierniewic. Autorka wielu bardzo popularnych powieści, m.in.: *Dewajtis* (1889), *Błękitni* (1890), *Wrzos* (1903), *Czahary* (1905), *Lato leśnych ludzi* (1920).

Schweiger Clara, ur. w 1865 r. w Prusach Wschodnich, zm. w 1935. Wydała 3 powieści.

Sekulski Henryk, ur. w 1952 r. w Woli Wodyńskiej, zm. w 2011 w Warszawie. Prozaik, poeta, nauczyciel. Wydał m.in.: *Średnia wojewódzka* (1985), *Jeszcze o wędrowaniu* (1985), *Dokładam wszelkich starań* (1988).

Seltmann Uwe von, ur. w 1964 r. w miejscowości Müsen, z zawodu dziennikarz i pisarz. Wydał dotychczas kilka powieści i reportaży.

Siekierski Albin, ur. w 1920 r. w Imielinie, zm. w 1989 w Katowicach. Prozaik, scenarzysta filmowy, działacz polityczny w okresie PRL. Wcielony do Wehrmachtu, brał udział w bitwie pod Kuskiem, gdzie został ranny. Zdezerterował z wojska. Pod nowym nazwiskiem aresztowany i zesłany do obozu. Po wojnie związał się z nową władzą. Wydał liczne tomy prozy i utworów scenicznych.

Strzelec Anna, pisarka, poetka, publicystka. Autorka wielu powieści i tomów poezji.

Svensson Joanna, ur. w 1955 w Warszawie. Od wielu lat mieszka poza granicami Polski. W 2013 zadebiutowała powieścią *Tajemnica medalionu*, której kontynuacją jest *Klucz do nieba*.

Szewczyk Wilhelm ur. w 1916 r. w Czuchowie, zm. w 1991 w Katowicach. Publicysta, krytyk literacki, prozaik, poeta, tłumacz z j. niemieckiego. Brał czynny udział w życiu politycznym i kulturalnym PRL jako redaktor pism, poseł na sejm. Autor m.in. powieści: *Wyprzedaż samotności* (1959), *Od wiosny do jesieni* (1965), *Ptaki ptakom* (1971).

Świętochowski Aleksander, ur. w 1849 r. w Stoczku Łukowskim, zm. w 1938 w Gołotczyźnie k. Ciechanowa. Prozaik, dramaturg, filozof, publicysta, krytyk, aktywny działacz polityczny, społeczny i oświatowy. Siedem tomów *Pism* zbiorowych (1896–1900, wyd. I). Założyciel szkół rolniczych dla młodzieży wiejskiej.

Trott Magda, ur. w 1880 r. na Śląsku w miejscowości Freystadt (Kożuchów), zm. w 1945 roku w Misdroy (Międzyzdroje) na Pomorzu. Autorka licznych książek dla dzieci i młodzieży, poradników, powieści, opowiadań i sztuk teatralnych z zakresu literatury popularnej. Powieść *Die Heimat ruft* (Ojczyzna wzywa) pochodzi z roku 1920. Podtytuł objaśnia właściwą problematykę utworu: „Roman aus dem oberschlesischen Abstimmungsgebiet" – *Powieść z terenu plebiscytu na Górnym Śląsku*. W tym samym roku ukazały się 4 inne powieści autorki.

Wierzbiński Maciej, ur. w 1862 r. w Poznaniu, zm. w 1933 roku w Warszawie. Studiował w Berlinie, pracował w Anglii. Na stałe wrócił do kraju w 1901. Podjął aktywną działalność dziennikarską, piętnując zwłaszcza politykę antypolską Prus, za co był wielokrotnie więziony. Pracę dziennikarską łączył ze znaczną aktywnością literacką. Opublikował ponad pięćdziesiąt utworów literackich czy publicystycznych. *Pękły okowy. Powieść z czasów plebiscytu śląskiego* ukazywała się w odcinkach już w 1927 r., w całości wydana została w 1929 w Katowicach.

Zaniewicki Zbigniew, ur. w 1903 r. w Warszawie, zm. w 1991 w Anglii. Prozaik, poeta. Brał udział w obronie Lwowa, żołnierz AK, uczestnik powstania warszawskiego. Od 1950 r. mieszkał w Wielkiej Brytanii. Wydał liczne tomy wspomnień, m.in. *Moje dwudziestolecie* (1976), *Powstanie i potem* (1984), *Na pobojowisku. 1945– 1950* (1988).

Zusammenfassung

Die Idee, sich mit dem Thema binationaler deutsch-polnischer Ehen zu befassen, entstand während des von mir geführten literarischen Seminars im Slavischen Institut der Universität zu Köln in den Anfangsjahren unseres Jahrhunderts. Zu den Unterrichtsveranstaltungen meldeten sich damals am häufigsten Vertreter der Studentengeneration, deren Eltern in den achtziger Jahren des 20. Jahrhunderts aus Polen nach Deutschland gekommen waren. Diese jungen Leute waren zweisprachig und in einem gewissen Grade auch „bikulturell", geprägt von zwei Kulturen. Die übrigen Teilnehmer stellten eher zufällig anwesende Personen, nicht immer Studenten. Meistens Deutsche, die etwas mehr über die Sprache und Literatur des aktuellen Mädchens (Jungen), oder schon der Ehefrau (des Ehemannes) mit polnischen Wurzeln wissen wollten. Mit einem Wort, gemischte Gruppen, so wie die Helden dieser Erzählung.

Aus verständlichen Gründen erfreute sich das Thema der Liebe und der binationalen Ehen großen Interesses. Viele Teilnehmer des Seminars kamen aus gemischten Familien oder waren dabei, solche zu gründen. Die alte Legende von der „Wanda, die keinen Deutschen wollte" intrigierte und erregte gleichzeitig. Manche junge Polinnen, besonders die schon in Deutschland geborenen, hatten häufig nichts von ihr gehört, oder hielten ihre Botschaft für unwichtig, eine Antwort auf die Frage nach der eigenen Herkunft und die damit verbundenen Verpflichtungen vermeidend. Es ist charakteristisch, dass die Studenten nationale Bezeichnungen mieden und bewusst verminderten, oder gar Nationalitätsfragen bagatellisierten. Es war der Anfang des einundzwanzigsten Jahrhunderts.

Das von mir bei den Unterrichtsveranstaltungen vorgeschlagene historische und literarische Material war ausgewählt und präsentiert als deutsch-polnischer Zweiklang. Nicht nur zum Erhalt der Proportionen der Wichtigkeit. In sich selbst präsentierte es sich ungewöhnlich attraktiv, unbekannte Züge dieses Aspekts beidseitiger Kontakte enthüllend. Darüber hinaus bewegte es Herzen und Phantasie der jungen Hörer, provozierte Diskussionen. Diese entwickelten sich zu ganzen Reihen von Fragen und Antworten. Schließlich nahm die Idee die Buchform einer Erzählung über Geschichten der Liebe und der deutsch-polnischen Ehen im Laufe der Jahrhunderte an. Wahrer Geschichten, die das Leben schrieb, wie auch fiktiver, von Literaten erfundener. Schwieriger, verwickelter, geplatzter, schmerzhafter, selten glücklicher, so wechselhaft und dramatisch, voller Spannungen, Konflikte, Vorurteile, Dramen oder gar menschlicher Tragödien, wie die jahrhundertelangen deutsch-polnischen Beziehungen sind.

Der Titel der Erzählung müsste eigentlich lauten „Von der Wanda, die einen Deutschen nicht wollte, bis zur Wanda, die ihn wollte". Was ist passiert, dass einer der fundamental antideutschen polnischen Mythen sich in sein Gegenteil verwandelt hat? Taten das die Deutschen selbst durch die Anziehungskraft männlicher Reize, des Ruhmes, des Vermögens oder anderer Attraktionen, oder aber, wie das im Leben häufig passiert, veränderten Umstände die Entscheidungen der Fräulein, die aus dem ersten „nein" schließlich ein „ja" machten? Wie viele schmollende und stolze Mädchen, die schworen, nie einen Deutschen zu heiraten, landeten schließlich doch in seinen Armen und in seinem Bett? Wie viele widersetzten sich den heiligsten Grundsätzen und „verrieten" (das Land, den Glauben, die Familie), das Kreuz der Verdammnis bis ans Lebensende tragend? Wie viele verliebten sich glücklich und gründeten dauerhafte Familien? Und alte Jungfern, Geschiedene oder Witwen, hatten (haben) sie denn kein Recht, sich ein neues Leben zu gestalten, von einem Leben in Ruhe und Wohlstand an der Seite eines gutmütigen Deutschen in einem Häuschen mit Garten zu träumen? Die Geschichte ist voll aller möglichen Variationen.

ZUSAMMENFASSUNG

Eines scheint sicher zu sein. Ob die Verliebten das wollen oder nicht, ihre gefühlsmäßige Bindung ist nicht allein ihre Privatsache. Sie ist verhakt mit den Bindungen an die Familie, die Gleichaltrigen, die Gesellschaft, sie berührt Glaubens- und Volksgemeinschaften. Es ist schwer, alle Faktoren aufzuzeichnen, die die Akzeptanz oder Ablehnung eines Fremden voraussetzen, geschichtliche Erfahrungen zeigen, dass sie von Makrostrukturen bestimmt werden, die die Feindseligkeit oder die friedliche Koexistenz begünstigen. Es geht noch nicht einmal um ethnische Stereotypen, die immer funktionierten, sondern um herrschende Ideologien. Die jahrhundertealte deutsch-polnische Geschichte lehrt uns, wie leicht und wie lange andauernd in den Herzen und Köpfen sich Hass und Verachtung verwurzeln können.

Müssen denn junge Leute, voller Vitalität, Träume und Zukunftspläne, dem Druck der Zeit, dem Willen der Tyrannen, der Meinung der Mehrheit nachgeben? Oder haben sie auch das Recht zum Widerspruch, sich dem Druck auf ihren Willen entgegenzustemmen?

Die jüngste Vergangenheit bestätigt, dass selbst in den Zeiten des Nazi-Terrors junge Herzen und Körper aneinander hingen, trotz des Bewusstseins, dass sie hierfür eine schreckliche Strafe erwartet. Wie soll man diese Entscheidungen bewerten? Waren und bleiben sie Zeugnisse des Muts, Handlungen der Verzweiflung? Die Beurteilung ist genauso schwer, wie die Geheimnisse des menschlichen Herzens schwer zu entdecken und zu verstehen sind.

Mischehen, darunter auch deutsch-polnische, gehören zu der Gruppe einer erhöhten Risiko-Stufe. Jahrhundertelange Erfahrungen in gegenseitigen Beziehungen, besonders stark negative Stereotypen, belasten die entstehenden Gefühle. Die Verliebten sind vom ersten Tag an mit den Fragen konfrontiert, die theoretisch mit der Liebe nichts gemeinsam haben, aber dennoch... Sie müssen sich und der Umgebung erklären, warum gerade sie („diese Polin"), warum gerade er („dieser Deutsche"), als ob es keine anderen Partner (Partnerinnen) im eigenen Volk geben würde! Diese Fragen fielen „schon immer". Sie wurden von Eltern, Verwandten, Bekannten in deutschen und polnischen Häu-

ZUSAMMENFASSUNG

sern gestellt. Ob wir in eine Erzählung aus der zweiten Hälfte des 19. Jahrhunderts hineinschauen, die in der Provinz Posen spielt, oder aus den 20-er Jahren des 20. Jahrhunderts, die sich in Oberschlesien abspielt, alle drücken eine tiefe Besorgnis aus oder artikulieren einen gewaltsamen Widerspruch gegen deutsch-polnische Ehen. Sie sehen und sagen das Schlimmste voraus: Verrat der Gefühle und der nationalen Interessen, Verlust der Kinder zugunsten der anderen Seite, bis hin zum Verbrechen der „Rassenschande".

Die Anfänge sind schön und vielversprechend, aber je tiefer in den Wald... Doch selbst dann, wenn es zwischen den Partnern keine Probleme gibt, erscheinen sie zusammen mit den familiären und gesellschaftlichen Kontakten, nicht geringen Einfluss hat auch die politische Situation, und das auf beiden Seiten der Verbindung. Die Stärke des Gefühls wächst nicht immer proportional zum durchschrittenen gemeinsamen Weg, es verhält sich eher umgekehrt und nur wenigen gelingt es das Gelöbnis einzuhalten, das sie ohne größere Sorgen um die Zukunft abgelegt hatten.

Man sagt, dass es in der Ehe schon mal „krachen" muss, die Gründe hierfür sind zahllos, wie jeder weiß, der schon mal jemanden zum Altar geführt hat. Die Komponente der ethnischen Andersartigkeit erleichtert nicht das gemeinsame Leben, ist eine zusätzliche oder hauptsächliche Quelle anwachsender Probleme. Ich hörte mehr Erzählungen über missglückte Mischehen, über sie wurden mehr Bücher geschrieben, als über glückliche Verbindungen „bis zur letzten Ruhestätte". Die vorliegende Erzählung illustriert die vorstehende These mit ausgesuchten Beispielen aus der langen Liste literarischer Geschichten zum Thema Liebe und deutsch-polnische Ehen.

An der Basis der Legende liegt die Feststellung-Direktive „sie nahm keinen Deutschen". Gegenwärtige Heiratsvermittlungen empfehlen etwas anderes, bieten eine reiche Auswahl von Kandidaten und Kandidatinnen, der Legende zum Trotz. Die Angebote enthalten ausgewählte Informationen über das Aussehen, das Alter, die Vorstellungen und Wünsche der Interessierten, verschweigen die Sache der Liebe, über die aber auch in dem ge-

gebenen Moment nichts zu sagen wäre. Sie wird eventuell entstehen, wenn sich alles günstig entwickelt, anpasst, was gar nicht so einfach und offensichtlich ist. In manchen früheren Überlieferungen und literarischen Texten verkomplizierten die Autoren auch die Motive des Verhaltens der Königin der Ur-Polen, einen Liebes-Handlungsfaden einflechtend, was die Geschichte der beiden (Verliebten) und die schlussendliche Entscheidung Wandas dramatischer machte.

In der frühesten Version stellten sich die Relationen höchst einfach dar: Auf der einen Seite ein „gewisser [al]lemanischer Tyrann", der die Vernichtung „dieses Volkes" wünschte, auf der anderen – die schöne Königin jenes Volkes, die nicht durch Waffenkraft, sondern die Stärke ihres fast übermenschlichen, „unerhörten Reizes" den Feind besiegt. Der klar definierte Feind hatte das Antlitz eines Deutschen und wurde von der Anmut eines polnischen Mädchens überwältigt.

Die Legende, an der sich über Jahrhunderte patriotische Herzen erwärmten, ist einer anderen Wahrheit gegenüberzustellen. In der Vergangenheit passierte es schließlich nicht selten, und gegenwärtig passiert es alltäglich, dass Polinnen Deutsche heiraten. Warum? Auf der Wende vom 19. zum 20. Jahrhundert, in der Zeit allgemeiner Mobilisierung zum Kampf um nationales Überdauern, schob sich die Frage deutsch-polnischer Ehen in die erste Linie der Konfrontation mit dem Feind. Die Frage „wer wen besiegt", musste die Sphäre der Gefühle und der Intimität des Familienlebens betreten. Die Liebe, und in ihrer Folge die Ehe, hörte auf eine private Angelegenheit der Verliebten und ihrer Familien zu sein. Literarische Helden, auf der einen wie auch der anderen Seite der Front, verloren an Individualität, gewannen jedoch an nationaler Deutlichkeit. Ihre Gefühle, Gedanken und Vorgehen wurden zum Muster oder Gegenmuster patriotischer Haltung. Der Schriftsteller Traugott Pilf dozierte in der Einleitung zu seinem Buch 1905:

Der Zufall, dass ein polnischer Junge in sein Haus ein deutsches Mädchen einführte, geschah nicht allzu oft; gewöhnlich heiratete ein Deutscher eine Polin. Aber eins war in beiden Fäl-

ZUSAMMENFASSUNG

len sicher: die Kinder wurden katholisch und sprachen polnisch. Und auch der deutsche Mann bog sich oder wurde gebogen, gebeugt zum Wasser der polnischen Sprache wie eine sich hingebende, biegsame Weide.

Jungen Polinnen, geboren gegen Ende des 20. Jahrhunderts, brachte die Wahl eines deutschen Jungen zum Kandidaten als Ehemann ganz andere, man kann sagen „irdische" und praktische Probleme. Monika Moj, Jahrgang 1979, wohnhaft seit 20 Jahren in Deutschland, vermittelte ihre Beobachtungen zu diesem Thema im Jahrbuch „Zarys". In Nr. 8, 2009, schrieb sie:

Selbstverständlich zählen in einer Partnerschaft die Gefühle an erster Stelle und nicht die Herkunft des geliebten Menschen. Doch spätestens, wenn die ganz großen Gefühle etwas gedämpft werden und der Alltag eintritt, beginnt man langsam weiterzudenken. Plötzlich merkt man, dass man nicht über ähnliche Erfahrungen aus der Kindheit sprechen kann. Dass man nicht dasselbe für polnische Evergreens empfindet, dass man nicht über die Komödien von Stanisław Bareja lachen kann. Das Zusammenleben wird auch nicht einfacher, wenn Nachwuchs kommt. Wird das eigene Kind in beiden Sprachen erzogen, wird es sich irgendwann nur für eine Sprache entscheiden? Was wird im Falle einer Trennung sein, wenn ein Elternteil sich entschließt Deutschland zu verlassen? Fragen über Fragen, denen man sich oft stellen muss. Mit Sicherheit kann es auch in einer Mischehe, die Institution der Ehe ist unabhängig für welches Land unser Herz schlägt, problemlos funktionieren.

Die Befürchtungen eines jungen Mädchens, die mit der Wahl eines entsprechenden Lebenspartners verbunden sind, mit dem man dieses Leben verbringen möchte, haben nichts gemeinsam mit der Tradition der Wanda-Legende, mit den patriotischen Verpflichtungen der zweiten Hälfte des 19. Jahrhunderts oder dem Fluch der „Rassenschande" der Kriegs- und Besatzungsjahre. Die Herkunft des Partners, der Partnerin, wird von Monika Moj vor allem im Kontext der Dauerhaftigkeit der Verbindung gesehen. Inwieweit haben die Unterschiede, die da hineingetragen werden, eine unabwendbare Zerstörungskraft, und inwieweit lassen sich die entstehenden Spannungen schwächen und besänftigen? Die Autorin ist sich der Vielschichtigkeit der menschlichen Empfindungen und des komplizierten Charakters der daraus entstehenden Verbindungen bewusst. Aufmerksamkeit verdient die Tatsache, dass die Nationalität der Partner im Denken der Autorin in den Hintergrund tritt und kein Hindernis mehr darstellt, an dem jedes, selbst das heißeste Gefühl, sich zerschlagen könnte.

Das Erwägen und Auswägen des „für" und des „gegen", einer objektiven Erzählweise eine lange und sich mit den Umständen ändernde Geschichte der Liebe und der deutsch-polnischen Verbindungen unterzuordnen, ist eine gleich schwere Aufgabe, wie ethnische Stereotypen einer Objektivierung zu unterziehen. Sie bestanden immer, verstärkt oder geschwächt, in der kollektiven Mentalität solide verankert, entsprechend den menschlichen Bedürfnissen sich ein vereinfachtes Weltbild zu schaffen. Da man sich ihrer nicht entledigen kann, sie nicht aus dem Register eliminieren kann, muss man sie anschauen, in Bestandteile zerlegen, ihre Mechanismen der Entstehung und des Funktionierens analysieren. An die Spitze der Dringlichkeit der analytisch-kognitiven Tätigkeiten schieben sich besonders die, die nationale und konfessionelle Vorurteile betreffen. Die Stärke dieser Stereotypen ist riesig, verantwortlich für so manches Unglück. Eine besondere Rolle im Werk der zwischenmenschlichen Kommunikation fällt der Kultur zu, deren Phänomen darauf beruht, dass sie auf beiden Seiten der Front stehen kann. Sie kann sich anschließen und eine Front der Konfrontation mitschaffen, mit klar definierten Zielen der Herabwürdigung der Gegenseite, sie kann auch beitragen zur Linderung negativer Beurteilungen, Empfindungen, Bilder, Spannungen und mit der Zeit angewachsener Konflikte. Die polnische und die deutsche Literatur sind voller Werke, deren Autoren eine der Stellungen einnehmen, sich aktiv politisch engagieren. Nicht ohne Bedeutung für die Rezeption eines Werkes sind seine künstlerischen Vorzüge. Schwache Talente produzieren eindimensionale Propagandatexte, mehr ehrgeizige bemühen sich, reichere Welten zu schaffen, mit ausdrucksvolleren Charakteren oder raffinierteren Intrigen. Es lohnt, sich der

Mühe des Betrachtens jeder der Proben deutsch-polnischer Verbindungen zu unterziehen. Vom gegenseitigem Interesse, Sympathie, die sich in Liebe und Ehe wandelt, bis zur kurz andauernden Faszination, die mit Abbruch, also Verneinung, endet. Für einen polnischen Historiker ist das auch die Gelegenheit, einen kritischen Dialog mit den Werken der eigenen und fremden Literatur aufzunehmen. Er wird wiederholt feststellen müssen, welch gezielte Beobachtungen und Beurteilungen sie enthalten. Besonders, wenn sie nationale Eigenschaften betreffen, darunter für uns selbst unerträgliche Schwächen und Laster.

Über die Liebe kann man auf verschiedene Art und Weise sprechen und schreiben. Ich habe mich für eine Dokumentation und Präsentation der für das Thema wichtigen geschichtlichen Quellen und literarischen Texte aus beiden Kulturkreisen entschlossen, als Form der Narration eine sich durch die Jahrhunderte hinziehende Erzählung wählend. Erst in der Perspektive einer geschichtlichen Betrachtung (des „langen Andauerns") der schwirigen deutsch-polnischen Beziehungen sieht man, was darin ein ständiges, und was ein wechselhaftes Element ist. Was zwischen den Menschen Grenzen errichtete, und was sie zerstörte! Der Leser kann mit Leichtigkeit die Wahrheit herausholen, dass die Liebe zum „Fremden", gesellschaftliche oder nationale Tabus berührend (brechend), sich immer der Gefahr des Widerwillens, des Unverständnisses, der Ablehnung, Verdammung oder gar einer strengen Strafe aussetzt.

Auf die Auswahl des literarischen Materials, das den Kern der Erzählung darstellt, hatten zwei Elemente Einfluss: die Repräsentativität und die Zugänglichkeit. Mit dem Typisieren der Beispiele aus der polnischen Literatur waren die Probleme geringer, obwohl man auch hier sicher etwas verbessern, einige Positionen vermeiden, andere zugeben könnte. Als schwieriger erwies sich die dem Thema entsprechende Auswahl der deutschen Texte. In diesem Bereich erweitert sich das Feld für Verbesserungen bedeutend. Es geht besonders um die Frage ihrer Repräsentativität. Meine Entscheidungen sind das Ergebnis eines erforderlichen, allein zu Lasten des Autors gehenden Kompromisses. Denn jede

Wahl oder Auswahl ist ein Kompromiss. Ähnliche Entscheidungen fielen im Bereich ihrer Präsentation.

Die Anschauungen der jeweiligen Schriftsteller, der Geschichte der deutsch-polnischen Liebe entsprechend, bemühte ich mich in einem solchen Grade herauszuschälen, dass sie sowohl die einzelnen Meinungen der Autoren, wie auch die hauptsächlichen Tendenzen der Epoche darstellen. Im Falle der deutschen Literatur, gerade wegen ihrer sprachlich hermetischen Verschlossenheit und schwierigeren Zuganges, entschied ich mich für eine ausführliche Präsentation der Werke mit einer häufigeren als gewöhnlich Berufung auf die Texte. Den Ausbau der Besprechung hielt ich für praktischer, als am Ende des Buches eine abgesonderte Quellenzugabe anzubringen. Das, was aus der Perspektive des Spezialisten vielleicht überflüssig erscheinen mag, trifft mit Sicherheit das Interesse eines weniger vorbereiteten Lesers.

Eigentlich findet eine Präsentation historischen und literarischen Materials selten ohne eine ikonographische Zugabe statt. Sie ist ein unentbehrlicher Bestandteil und Ergänzung der Thesen eines Buchs, manchmal erfolgreicher auf die Vorstellung des Empfängers einwirkend als so manche Satzphrase. Deswegen bemühte ich mich auch um die Auswahl von Illustrationsmaterial, damit der Leser eine Vorstellung vom Objekt des Buches bekommt, also von der Zeit, dem Ort und den Helden (historischen oder fiktiven) der präsentierten Geschichten und Ereignisse. Die Auswahl wird ergänzt durch Bildnisse der Autoren und die Titelblätter ihrer Werke.

Źródła ilustracji

s. 24 – https://pl.wikipedia.org/wiki/Maksymilian_Piotrowski#/media/File:Wanda.jpg / Maksymilian Piotrowski

s. 42 – https://pl.wikipedia.org/wiki/Herman_I_(margrabia_Miśni)#/media/File:Hermann_von_Mei%C3%9Fen_und_Reglindis.jpg / Linsengericht

s. 49 – https://pl.wikipedia.org/wiki/Rycheza_Lotaryńska#/media/File:Rycheza-Matejko.jpg / Jan Matejko

s. 53 – https://pl.wikipedia.org/wiki/Jadwiga_Śląska#/media/File:Saint_Hedwig.jpeg / Jan Matejko

s. 60 – https://pl.wikipedia.org/wiki/Jadwiga_Jagiellonka_(1457–1502)#/media/File:JadwigaJagiellonka.jpg / Mair z Landshut

s. 64 – https://pl.wikipedia.org/wiki/Teresa_Kunegunda_Sobieska#/media/File:Therese_Kunigunde,_princess_of_Poland.jpg

s. 67 – https://pl.wikipedia.org/wiki/Eliza_Radziwiłłówna#/media/File:Eliza_Radziwi%C5%82%C5%82%C3%B3wna.jpg / August Grahl

s. 74 – W. Osmański, *Piękne warszawianki. Trzy Polki*, 1870 r.

s. 98 – https://pl.wikipedia.org/wiki/Józef_Ignacy_Kraszewski#/media/File:J%C3%B3zef_Ignacy_Kraszewski.PNG

s. 107 – https://pl.wikipedia.org/wiki/Aleksander_Świętochowski#/media/File:AleksanderSwietochowski.jpg

s. 109 – https://commons.wikimedia.org/wiki/Category:Maria_Konopnicka#/media/File:Maria_Konopnicka_Portrait.jpg

s. 115 – https://commons.wikimedia.org/wiki/Category:Bolesław_Prus#/media/File:Boles%C5%82aw_Prus_(ca._1905).jpg / Wilhelm Feldman

s. 119 – https://pl.wikipedia.org/wiki/Maria_Rodziewiczówna#/media/File:Maria_Rodiewicz%C3%B3wna_ (K%C5%82osy,_1889)_v3.jpg / Józef Holewiński

s. 126 – https://pl.wikipedia.org/wiki/Wojciech_Dzieduszycki_ (polityk)#/media/File:WojciechDzieduszycki.jpg / Józef Buszko

s. 145 – https://commons.wikimedia.org/wiki/Category:Władysław_Reymont#/media/File:Wladyslaw_Reymont_1924.jpg / Nobel Foundation

s. 152 – https://pl.wikipedia.org/wiki/Artur_Gruszecki#/media/File:Gierymski_Artur_Gruszecki.jpg / Aleksander Gierymski

s. 158 – https://pl.wikipedia.org/wiki/Adolf_Nowaczyński#/media/File:Adolf_Nowaczy%C5%84ski.PNG

s. 164 – *Piękne Polki*, pocztówka, ok. 1920 r. / Luiz Filipe Usabal y Hernandez

s. 175 – https://de.wikipedia.org/wiki/Carl_Hermann_Busse#/media/File:Carl_Busse.jpg

s. 204 – https://de.wikipedia.org/wiki/Valeska_Gräfin_Bethusy-Huc#/media/File:Valeska_Gr%C3%A4fin_Bethusy--Huc_1893.jpguploads/2016/07/29-05-1.jpg

s. 210 – https://de.wikipedia.org/wiki/Elisabeth_Grabowski#/media/File:Elisabeth_Grabowski_Portr%C3%A4t.jpg / Max Glauer

s. 224 – *Polka*, pocztówka, ok. 1920 r. / Luiz Felipe Usabal y Hernandez

s. 264 – https://pl.wikipedia.org/wiki/Wojciech_Korfanty#/media/File:Wojciech_Korfanty.PNG

s. 272 – https://pl.wikisource.org/wiki/Autor:Maciej_Wierzbiński#/media/File:Maciej_Wierzbi%C5%84ski_2.jpg / Zakłady Graficzne B. Wierzbicki i S-ka

s. 283 – https://ru.wikipedia.org/wiki/Гоявичиньская,_Поля#/media/File:Pola_Gojawiczynska.jpg

s. 286 – Rolf Hochhuth, *Miłość w Niemczech*, 1984

s. 314 – druk ulotny, ok. 1941–1944

s. 330 – Hanka Zach, *Mój wróg, moja miłość. Pamiętnik dziewczyny z okupowanej Warszawy*, 2016

s. 333 – https://pl.wikipedia.org/wiki/Jan_Dobraczyński#/media/File:Jan_Dobraczy%C5%84ski.jpg / Władysław Miernicki – Narodowe Archiwum Cyfrowe, Sygnatura: 20–26
s. 346 – https://pl.wikipedia.org/wiki/Wilhelm_Szewczyk#/media/File:Wilhelm_szewczyk.jpg
s. 349 – https://commons.wikimedia.org/wiki/Category:Marek_Hłasko#/media/File:Marek_H%C5%82asko_by_Zbigniew_Kresowaty.jpg
s. 353 – https://pl.wikipedia.org/wiki/Albin_Siekierski#/media/File:Albin_Siekierski_1.png / Damian Kowalski
s. 358 – Uwe von Seltmann, *Gabi i Uwe. Mój dziadek zginął w Auschwitz. A mój był esesmanem*, 2012
s. 365 – https://de.wikipedia.org/wiki/Helmut_Richter_(Schriftsteller)#/media/File:Hrichter.jpg / Patty
s. 369 – https://commons.wikimedia.org/wiki/Category:Günter_Grass#/media/File:G%C3%BCnter_Grass_auf_dem_Blauen_Sofa.jpg / Blaues Sofa
s. 388 – Justyna Poremba-Patze, *Niemieckie eldorado*, 2008
s. 395 – Izabella Degen, *Wygrać siebie*, 1995
s. 397 – Henryk Sekulski, *Przebitka*, 2001
s. 409 – Wiesława Śmiałkowska, *Biuro matrymonialne, czyli o Wandzie, która chciała Niemca*, 2002
s. 418 – Anna Strzelec, *Tylko nie życz mi spełnienia marzeń*, 2010
s. 419 – Joanna Svensson, *Klucz do nieba*, 2015
s. 422 – Maren Röger, *Wojenne związki. Polki i Niemcy podczas okupacji*, 2016
s. 424 – Karina Obara, *Dwa światy Zofii*, 2008
s. 428 – Mija Kabat, *Kontrakt panny Brandt*, 2009
s. 431 – Mirosława Kareta, *Pokochałam wroga*, 2017
s. 434 – Fot. Shutterstock
s. 444 – http://dyskryminacja.de
s. 462 – Ludwik Skowronek, *Droga do nieba*, 1903